Empirische und theoretische Studien
zur Europäischen Währungsunion

Europäische Hochschulschriften
Publications Universitaires Européennes
European University Studies

Reihe V
Volks- und Betriebswirtschaft

Série V Series V
Sciences économiques, gestion d'entreprise
Economics and Management

Bd./Vol. 2245

PETER LANG
Frankfurt am Main · Berlin · Bern · New York · Paris · Wien

Bernd Hayo

Empirische und theoretische Studien zur Europäischen Währungsunion

PETER LANG
Europäischer Verlag der Wissenschaften

Die Deutsche Bibliothek - CIP-Einheitsaufnahme

Hayo, Bernd:

Empirische und theoretische Studien zur Europäischen Währungsunion / Bernd Hayo. - Frankfurt am Main ; Berlin ; Bern ; New York ; Paris ; Wien : Lang, 1998
(Europäische Hochschulschriften : Reihe 5, Volks- und Betriebswirtschaft ; Bd. 2245)
Zugl.: Bamberg, Univ., Diss., 1997
ISBN 3-631-32640-8

D 473
ISSN 0531-7339
ISBN 3-631-32640-8

Für Brigitte und Helmut Hayo

Vorwort

Die vorliegende Arbeit ist als Dissertation an der Universität Bamberg angenommen worden und entstand während meiner Zeit als wissenschaftlicher Mitarbeiter am Lehrstuhl für Finanzwissenschaft.

Prof. Dr. H.-Dieter Wenzel möchte ich an dieser Stelle für die Betreuung meiner Arbeit und die fruchtbare Atmosphäre an seinem Lehrstuhl herzlich danken. Danken möchte ich auch meinen Zweikorrektor Prof. Dr. Alfred Maußner für eine Reihe hilfreicher Hinweise.

Weiterhin geht mein Dank an eine große Anzahl von Kollegen, die oft für Probleme oder Fragen zur Verfügung standen. Im besonderen gilt mein Dank Matthias Wrede, auf den ich mich in jeder Hinsicht verlassen konnte und der sich immer Zeit für kritische Diskussionen genommen hat. Für sorgfältiges Korrekturlesen und viele inhaltliche und formale Verbesserungsvorschläge möchte ich mich besonders bei Tanja Gries, Martin Eiglsperger, Anja Langfeldt und Michael Klawitter bedanken.

Für die langjährige und tatkräftige Unterstützung meines Studiums möchte ich besonders meinen Eltern Brigitte und Helmut Hayo Dank sagen. Ihnen sei daher auch diese Arbeit gewidmet. Nicht zuletzt danke ich meiner Freundin Anja Langfeldt dafür, daß sie über die Jahre hinweg immer fest zu mir gestanden und viel Verständnis für meine Arbeit aufgebracht hat.

Bamberg, im Oktober 1997 Bernd Hayo

Inhaltsverzeichnis

I. Einleitung

Das nächste, große Projekt im europäischen Integrationsprozeß ist die Errichtung einer Europäischen Währungsunion (EWU). Auf dem Treffen der Regierungschefs der Mitgliedsländer der Europäischen Gemeinschaft (EG) in Maastricht (10.12.91) wurde der Prozeß der weiteren monetären Integration aus der Taufe gehoben. Bedingt durch Widerstände in einigen der beteiligten Staaten kam es erst im November 1993 zur Ratifikation des Maastrichter Vertrages in allen Mitgliedsländern und damit zur Gründung der Europäischen Union (EU). In diesem Vertrag wurden drei sogenannte „Pfeiler" festgelegt, auf denen die EU ruhen soll.

Der erste Pfeiler erfaßt die Wirtschafts- und Währungsunion im Rahmen der EG (Maastrichter Vertrag, Titel VI, Art. 102a - 109m), die hier im Fokus des Interesses steht. Die anderen beiden Pfeiler bilden die Außen- und Sicherheitspolitische Zusammenarbeit (Titel V, Art. J - J11) und die Zusammenarbeit im Bereich des Rechts und der inneren Angelegenheiten (Titel VI, Art. K - K9). Auf eine detaillierte Darstellung der Entwicklungsgeschichte des Vertrages kann hier verzichtet werden, die wichtigsten Aspekte werden in Duff et al. (1994) ausführlich abgehandelt.[1] Auch eine Diskussion der politischen Konsequenzen und möglicher Zukunftsszenarien ist dort zu finden.

Diese Arbeit beschäftigt sich fast ausschließlich mit der EWU und den mit ihr in Verbindung stehenden Auswirkungen des Maastrichter Vertrages. Als wesentliche Komponenten der EWU sind die Schaffung einer gemeinsamen Europäischen Währung und einer für die Geldpolitik zuständigen Europäischen Zentralbank (EZB) zu nennen. Seit dem Beginn der Vereinbarung zur Gründung einer Währungsunion (WU) kommt es immer wieder zu heftigen Diskussionen hinsichtlich der Vor- und Nachteile dieser wirtschaftlichen Integrationsform. Während der gezeichnete Weg zur EWU von den meisten Regierungen - mit Ausnahme Großbritanniens - mehr oder weniger deutlich vertreten wird, herrscht Uneinigkeit bei den Vertretern der Wirtschaft und der Wissenschaft. Einige der Beobachter lehnen die Gründung einer EWU völlig ab, andere wünschten einen anderen Aufbau als im Maastrichter Vertrag vorgesehen und der (kleine?) Rest erachtet den Schritt zur EWU in der geplanten Form für gut. Diese Arbeit versucht nicht, eine Antwort auf die Frage zu finden, ob die EWU wohlfahrtsfördernd ist oder nicht. Eine Einführung in die Argumente für und gegen die Bildung einer EWU bieten die Beiträge von Artis (1994), Bean (1992), Buiter (1995), Eichengreen (1993), Eichengreen/Frieden (1995) oder Goodhart (1995). Der allgemeine Eindruck, den diese Studien vermitteln ist, daß voraussichtlich weder die Kosten noch der ökonomische Nutzen der EWU besonders hoch sein werden.

Ungeachtet der Schwierigkeiten einer volkswirtschaftlichen Bewertung der EWU, spricht einiges dafür, daß ihr Zustandekommen immer wahrscheinlicher wird. Denn trotz vieler Widerstände, beispielsweise der Ablehnung des Maastrichter Vertrages im Juni 1992 beim

[1] Eine gute Zusammenfassung der Änderungen des EG-Rechts durch den Vertrag von Maastricht ist dem Aufsatz von Duff (1994) zu entnehmen. Speziell zur Wirtschafts- und Währungsunion siehe Johnson (1994), zur Außen- und Sicherheitspolitischen Zusammenarbeit siehe Edwards/Nutall (1994), und zum Bereich des Rechts und der inneren Angelegenheiten sei auf Anderson et al. (1994) verwiesen.

Referendum in Dänemark und der vergleichsweise knappen Entscheidung in Frankreich für den Vertrag im September des gleichen Jahres, gewinnt die EWU immer mehr an Momentum. Auch wenn grundsätzliche Kritik bis heute keinesfalls verhallt ist, werden doch permanent EWU-relevante Fakten geschaffen, die vermutlich nicht ohne Wirkung bleiben.

So sind beispielsweise die Festlegung des Namens „Euro“ für die einheitliche Europäische Währung und eines bestimmten Designs für die Banknoten kein irreversibler Schritt auf dem Weg zur EWU, aber nicht umsonst wird von der „normativen Kraft des Faktischen“ gesprochen. Dazu kommen die langwierigen Verhandlungen wichtiger wirtschaftspolitischer Entscheidungsträger über die Gestaltung einer europäischen Geldpolitik und die technische Abwicklung in den Mitgliedsstaaten. Es ist unwahrscheinlich, daß die Verhandlungsträger drei oder mehr Jahre harter Arbeit einfach aufgeben wollen. Viele werden sicherlich dafür kämpfen, daß es zu keiner grundsätzlich neuen Situation im monetären Integrationsprozeß Europas kommt. Schließlich haben, wenn auch eher zögerlich, die privaten Unternehmen begonnen, sich auf die EWU einzustellen. Angefangen bei den Banken, die ihre Zahlungssysteme umstellen müssen, bis zu den Herstellern von münzbetriebenen Automaten, welche die Voraussetzung für die Verwendung von Euro-Münzen zu schaffen haben, werden Umstrukturierungsmaßnahmen geplant und in Gang gesetzt.

Über Sinn und Zweck der EWU mag noch lange gestritten werden, aber - wie die vorausgehenden Bemerkungen deutlich gemacht haben sollten -, es ist eher damit zu rechnen, daß die EWU zum geplanten Zeitpunkt am 1. Januar 1999 in Kraft tritt. Damit verlagert sich die relevante Fragestellung von der Diskussion des Für und Widers einer EWU zur Frage, welche Folgen die Gründung einer EWU für die Wirtschaftspolitik haben wird. In dieser Arbeit werden daher insbesondere die Auswirkungen der Existenz einer EWU auf die nationalen und europäischen Wirtschaftspolitiken untersucht. Aber auch wenn die praktische wirtschaftspolitische Relevanz der hier präsentierten Studien wesentlich vom Zustandekommen der EWU abhängt, so ist ein Großteil der Untersuchungsergebnisse unabhängig von der tatsächlichen Integrationsentwicklung in Europa aus rein wissenschaftlicher Sicht interessant.

Diese Arbeit kann nicht dem Anspruch genügen, auch nur annähernd alle für die Wirtschaftspolitik bedeutsamen Aspekte einer EWU aufzugreifen. Wie schon durch den Titel zum Ausdruck kommt, wird kein Versuch unternommen, eine breite und umfassende Diskussion zur EWU vorzustellen. Eine exzellente Aufarbeitung wichtiger Problembereiche einer EWU liegt mit Kenen (1995) bereits vor und zweifellos werden weitere folgen. In den letzten Jahren ist zwar eine enorme Wachstumsrate in der Anzahl der wissenschaftlichen Beiträge zum Thema der EWU festzustellen, aber bestimmte Bereiche wurden in der Literatur bisher nur relativ wenig beachtet. Anstelle einer Aufarbeitung der gesamten Literatur zur EWU werden in dieser Arbeit einzelne Themen herausgegriffen und intensiv studiert.

In Kapitel II wird der Zusammenhang zwischen Bevölkerungseinstellungen bezüglich der Bedeutung des Ziels der Preisstabilität und tatsächlicher Inflation untersucht. Die zentrale Motivation für diese Analyse beruht auf der Frage, warum einige Länder hohe Inflationsraten und andere niedrige zu verzeichnen haben. Diese Frage ist für die EWU deshalb wichtig, weil im Maastrichter Vertrag darauf eine eindeutige, auf einer spezifischen ökonomischen Theorie basierende Antwort gegeben wurde. Im wesentlichen ist dies die These der Kausa-

lität von institutioneller Zentralbankunabhängigkeit zu niedrigen Inflationsraten. In der Studie wird diese als „orthodoxe“ Position bezeichnete These kritisch hinterfragt. Als Gegenposition wird eine „alternative“ Sichtweise formuliert, welche auf der Idee aufbaut, daß die Bevölkerungspräferenzen bezüglich der Bedeutung des Ziels der Preisstabilität zwischen den Ländern variieren: Staaten mit relativ niedriger Inflation zeichnen sich danach durch einen monetären Stabilitätskonsens in der Bevölkerung aus. Die Präferenzen werden als endogen angesehen, so daß deren Veränderung über die Zeit möglich erscheint.
Diesen theoretischen Überlegungen folgen empirische Analysen, mit dem Ziel, Anhaltspunkte für die Gültigkeit der alternativen Erklärung in den Staaten der EU zu finden. Die Operationalisierung läuft dabei über die Ermittlung von „Sensitivitätsparametern“ der Bevölkerungen bezüglich der aktuellen Inflationsrate in ihrem Land. Die Sensitivitätsparameter werden aus Umfragedaten von 1976-93, welche in allen EU-Ländern erhoben wurden, abgeleitet. Falls Anhaltspunkte für die Richtigkeit der alternativen Erklärung der Inflationsdifferenzen in Europa gefunden werden sollten, könnte dies einige Konsequenzen für die Beurteilung der zukünftigen monetären Entwicklung in einer EWU haben.
Im Kapitel III wird der Aspekt der Bevölkerungseinstellungen zur monetären Integration in Europa genauer studiert. Mit Hilfe der Eurobarometer-Umfragestudien wird eine ausführliche Untersuchung der Bevölkerungseinstellungen zur EWU vorgenommen. Im ersten Teil des Kapitels steht die Beschreibung der Einstellungsentwicklung über die Zeit und der Vergleich der Mitgliedsländer im Mittelpunkt der Betrachtung. In einem polit-ökonomischen Exkurs werden einige der gewonnenen Erkenntnisse genutzt, um die herrschende Politik der deutschen Bundesregierung hinsichtlich ihrer Betonung der Maastrichter Konvergenzkriterien zu interpretieren. Im Rest des Kapitels steht im besonderen die Frage nach dem Einfluß des objektiven Wissensstandes auf die Einstellungsbildung im Mittelpunkt der Analyse. Anders ausgedrückt lautet die Frage: Sind besser informierte Leute eher für oder gegen die EWU? Das Problem wird mit einer Reihe von empirischen Methoden, beispielsweise Korrelationen, Korrespondenzanalysen und Regressionen, untersucht. Die Beantwortung dieser Frage kann, neben dem wissenschaftlichen Interesse, auch erhebliche Politikkonsequenzen haben.
Mit der Analyse theoretischer makroökonomischer Modelle einer WU beschäftigt sich Kapitel IV. Die grundlegenden Modelle einer Währungsunion (WU), bestehend aus zwei Ländern, sind von Levin (1983) und Rose/Sauernheimer (1983) Anfang der 80er Jahre formuliert worden. Die zentrale Aussage dieser Modellgeneration ist die mögliche Existenz eines negativen Einkommenseffekts expansiver inländischer Fiskalpolitik auf das Einkommen des ausländischen Mitglieds der WU. Gerade in den letzten Jahren sind eine Reihe neuer Beiträge in der Literatur hinzugekommen, welche diese Modelle erweitern und variieren. In dieser Arbeit werden weitere Modelle vorgestellt. In einem ersten Schritt erfolgt die Ableitung einer bestimmten funktionalen Form für die volkswirtschaftliche Angebotsfunktion. Diese wird dann genutzt, um das Levin-Modell einer kleinen WU um eine Angebotsseite zu erweitern. Für dieses Modell werden dann die Effekte exogener Schocks und Politikmaßnahmen auf die endogenen Variablen abgeleitet. Das Modell wird in einem nächsten Schritt um einen endogenen Zinssatz erweitert und wieder erfolgt eine ausführliche Multiplikatoranalyse.

Einen anderen Schwerpunkt bildet die Berücksichtigung staatlicher Budgetrestriktionen auf EU- und Länderebene in einem Blinder-Solow-Modellrahmen für eine geschlossene WU. Wesentlich bei dieser Modellanalyse ist die Frage der dynamischen Stabilität der langfristigen Modellgleichungen. Wie gezeigt wird, ist es erst nach einer Veränderung der grundlegenden Modellstruktur möglich, Stabilität nachzuweisen. Die Robustheit der abgeleiteten Multiplikatoren wird durch Variation einiger Prämissen untersucht. Neben der Annahme eines ausgeglichenen Budgets der Zentralinstanz in der WU wird das Modell in den Rahmen einer kleinen offenen WU übertragen.
Im letzten Kapitel des Hauptteils, Kapitel V, steht die empirische Schätzung von Geldnachfragen in Europa im Zentrum der Betrachtungen. Die Motivation für diese Analysen läßt sich an zwei wichtigen Beispielen erläutern. Erstens kann aus den vorher behandelten Makromodellen abgeleitet werden, daß eine mögliche adverse Wirkung von expansiver Fiskalpolitik auf das andere Mitgliedsland sowie die WU als Ganzes wesentlich von der Einkommenselastizität der Geldnachfrage abhängt. Zur Untersuchung dieses Aspekts werden ähnlich spezifizierte, langfristige nationale Geldnachfragen für die EU-Länder mit Hilfe des Johansen-Verfahrens (1988) geschätzt und verglichen.
Zweitens stellt sich die Frage nach der Möglichkeit der Durchführung einer EU-weiten Geldpolitik durch die EZB. Hier geht es darum, eine europäische aggregierte Geldnachfrage zu schätzen und ihre Eigenschaften zu beschreiben. Wesentlich ist dabei der Aspekt der Stabilität, sowohl für die ökonometrische Methodik, als auch für die Möglichkeiten der europäischen Geldpolitik. Der Ausgangspunkt der Analyse ist ein allgemeines VAR-System der betrachteten Variablen. Dieses wird nicht nur zur Schätzung der langfristigen Gleichgewichtsbeziehungen der Geldnachfragevariablen verwendet, sondern auch zur Ableitung eines spezifischen Fehlerkorrekturmodells (ECM).
Alle Kapitel weisen neben einer allgemeinen Einführung in die jeweilige Problematik eine Bewertung und Zusammenfassung der wesentlichen Ergebnisse der Analyse auf. In diesem Zusammenhang wird auch auf die wirtschaftspolitischen Implikationen der Untersuchungsresultate eingegangen. Die wirtschaftspolitischen Schlußfolgerungen sollten jedoch nicht allgemeingültig verstanden, sondern nur als Konsequenz der jeweiligen Studie eines Teilproblems angesehen werden. Kapitel IV weicht von der skizzierten Struktur etwas ab. Um die Übersichtlichkeit zu verbessern, werden dort die möglichen Implikationen für die Wirtschaftspolitik gleich im Anschluß an die präsentierten Ergebnisse diskutiert.
In der Schlußfolgerung der Arbeit werden einige wichtige Punkte der vorgestellten Studien noch einmal zusammengefaßt. Weiterhin ist zu erwähnen, daß ein Großteil der quantitativen Ergebnisse ausführlich in Anhängen dokumentiert wird. Nach der Auffassung des Autors verbessert dies die Lesefreundlichkeit und erhöht die Transparenz der grundlegenden Argumente. Schließlich sei noch auf die verschiedenen Verzeichnisse für Abkürzungen, mathematische Symbole, Tabellen und Graphiken verwiesen, welche das Studium der Arbeit ebenfalls erleichtern sollen.
Ein gewisser Nachteil der Aufteilung dieser Arbeit in einzelne Studien könnte darin liegen, daß nur eine begrenzte Kohärenz der Kapitel gegeben ist. Andererseits ist es damit möglich - mit Hilfe der Abkürzungs- und Symbolverzeichnisse -, die Kapitel in beliebiger Reihenfolge zu lesen. Der entscheidende wissenschaftliche Vorteil dieser Vorgehensweise besteht in der

Möglichkeit, einige ausgewählte, in der Literatur noch wenig erforschte, Bereiche genauer zu untersuchen. So sind beispielsweise die Einstellungen zur EWU und die besondere Bedeutung des faktischen Wissens für die Einstellungsbildung - nach Kenntnis des Autors - bisher noch nicht detailliert analysiert worden. Zur Erklärung international unterschiedlicher Inflationsraten wird ein alternativer Ansatz vorgestellt, der im Gegensatz zu der in der ökonomischen Literatur dominierenden Betrachtungsweise steht. Stärker ist die Anbindung an die existierende Literatur in der Diskussion und Schätzung europäischer Geldnachfragen, aber auch hier ist die Anzahl der bisher vorgestellten Studien noch gering. Am konventionellsten ist sicherlich das theoretische Kapitel zu Stabilisierungspolitiken in einer WU. Hier existiert eine wohlaufbereitete Literatur und die in dieser Arbeit präsentierten Modelle versuchen eher bestehende Lücken zu füllen als echtes Neuland zu betreten.

Obwohl die ausgewählten Themen intensiv diskutiert werden, besteht kein Zweifel darüber, daß hier viele Probleme nicht endgültig geklärt werden können. Im Gegenteil, viele Fragen werden durch die Analyse nur rudimentär beantwortet und andere erst aufgeworfen. Falls es dadurch aber gelingen sollte, knappe Forschungsressourcen von relativ sorgfältig bearbeiteten Feldern auf vernachlässigte Bereiche umzuleiten, so wäre dies bereits ein großer Erfolg. Bei wichtigen Aspekten der ersten beiden Hauptkapitel fällt die Zuordnung zu einem der traditionellen Wissenschaftszweige schwer, sie liegen an der Schnittstelle von Volkswirtschaftslehre und Soziologie bzw. Politikwissenschaft. Aufgrund der vielschichtigen Probleme interdisziplinärer Forschung ist allerdings kaum zu erwarten, daß sie Gegenstand größerer wissenschaftlicher Aufmerksamkeit werden.

An dieser Stelle ist eine kurze Beschreibung der methodologischen Position des Autors angebracht, weil diese Arbeit in mancher Hinsicht von der dominierenden Vorgehensweise zur Bearbeitung volkswirtschaftlicher Themen abweicht. Im Gegensatz zu starken Bestrebungen innerhalb der ökonomischen Profession (s. z.B. die Diskussion in Hausman (1992)), wird hier die Volkswirtschaftslehre als Teil der Sozialwissenschaften verstanden. Sie definiert sich folglich nach ihrem Untersuchungsobjekt, dem Wirtschaftssystem in einem weiten Sinne, und nicht nach ihrer zentralen Untersuchungsmethode, dem neoklassischen Optimierungsansatz. In Abhängigkeit von der bevorzugten wissenschaftsphilosophischen Einstellung des Betrachters - die Spanne reicht vom extremen Positivismus bis zum extremen Konstruktivismus - läßt sich der neoklassische Alleinvertretungsanspruch von verschiedenen Seiten kritisieren. Im Gegensatz zu der von Weintraub (1989) vertretenen Ansicht, kann die ökonomische Methodologie einen wichtigen Beitrag zu einer solchen Debatte leisten (vgl. Mäki (1994)). Darüber hinaus könnte eine Kritik innerhalb des methodischen Rahmens der neoklassischen Position ansetzen und versuchen, innere Widersprüche aufzuzeigen (vgl. Boland (1992)). Hier soll aber - an Stelle einer ausführlichen Analyse, welche wiederum Gegenstand einer eigenen Arbeit sein müßte - nur eine kurze, intuitive Erklärung zur Begründung des Abweichens von der volkswirtschaftlichen Orthodoxie gegeben werden.

Wenn akzeptiert wird, daß die Wissenschaftstheorie auf die Frage nach der „richtigen" wissenschaftlichen Methode keine eindeutige Antwort parat hat, dann erscheint es falsch, das Methodenspektrum durch Konzentration auf einen Ansatz, z.B. den neoklassischen, willkürlich einzuschränken. Eine pluralistische Wissenschaftsvorstellung, wie sie beispielsweise von Caldwell (1994) propagiert wird, erlaubt dagegen die Verwendung einer Vielzahl von Forschungsansätzen, wenn diese für die wissenschaftliche Untersuchung von Phänomenen hilfreich erscheinen. Problematisch ist bei dieser pluralistischen Vorgehensweise sicherlich die Bewertung der Forschungsergebnisse, denn den unterschiedlichen Ansätzen liegen oft divergierende Zielvorstellungen zu Grunde. Zumindest in der wissenschaftlichen Praxis gibt es aber, solange die Wissenschaftstheorie keine zwingenden Kriterien zur Theoriebewertung bereitstellt, keine Alternative zur Bewertung einer Studie durch andere fachkundige Wissenschaftler. Dieser wichtige Aspekt des Rhetorischen Ansatzes der ökonomischen Methodologie (s. z.B. McCloskey (1994)) sollte nicht ignoriert werden. Nur wenn es gelingt, den Leser durch Argumente zu überzeugen, wird er bereit sein, die präsentierten Forschungsergebnisse zu akzeptieren. Eine Forschungsarbeit im Rahmen der Neoklassik hat diesbezüglich weniger Probleme, denn die ihr zugrundeliegenden fundamentalen Annahmen sind in der Volkswirtschaftslehre weitgehend akzeptiert. Alternative Vorgehensweise haben dagegen im allgemeinen größere Überzeugungsarbeit zu leisten, und auch diese Arbeit muß sich der Herausforderung stellen.

Drei der vier Hauptkapitel dieser Arbeit beschäftigen sich mit empirischen Analysen. Ein zentrales Problem in der Präsentation empirischer Untersuchungen besteht darin, daß der Leser typischerweise keine direkte Kontrollmöglichkeit der postulierten Aussagen hat. Um den Leser von den eigenen Argumenten überzeugen zu können, muß er in eine Position versetzt werden, in der er sich einen ausreichenden Eindruck über das Vorgehen verschaffen kann. Mit anderen Worten, es muß ihm genügend relevante Information zur Bewertung bereitgestellt werden. In volkswirtschaftliche Begriffen ausgedrückt besteht eine Situation asymmetrischer Information zwischen Autor und Leser. Der Leser kann letztlich nicht ohne weiteres unterscheiden, ob er die empirischen Ergebnisse glauben soll oder nicht. Eine wesentliche Aufgabe des Autors ist somit, dem Leser zu signalisieren, daß seine Ergebnisse akzeptabel sind.

Ein zentrales Problem statistischer Analyse ist die Ableitung der Ergebnisse, das Stichwort lautet hier „Data mining" (vgl. Lovell (1983)). Ein Beispiel für eine abzulehnende empirische Vorgehensweise ist beispielsweise die Berechnung von Hunderten von Regressionen und der Präsentation des einen Ergebnisses, welches gerade in das jeweilige Konzept das Autors paßt. Das Problem ist dabei nicht unbedingt die Tatsache an sich - abgesehen von der wichtigen Frage nach der verbleibenden Validität der statistischen Inferenz -, sondern die fehlende Offenheit in der Darstellung gegenüber dem Leser.

In dieser Arbeit wird angestrebt, die empirischen Resultate offen zu präsentieren, kritisch zu hinterfragen und auf Robustheit zu untersuchen. Es wird eine Fülle an Information bereitgestellt, die Auskunft darüber geben soll, wo die Datensätze herkommen, wie sie bearbeitet wurden und welche Probleme dabei auftraten. Um eine Überlänge der Arbeit zu vermeiden, mußte trotzdem vieles undokumentiert bleiben. Zur Bestimmung der statistischen Signifikanz von Tests wurde typischerweise ein Niveau von 5% angesetzt. In einigen begründeten Ausnahmefällen wurde aber davon abgewichen. Das marginale Signifikanzniveau wird bei den präsentierten Teststatistiken im allgemeinen durch einen Stern (*) gekennzeichnet. Dabei steht * (**) für ein marginales Signifikanzniveau von 5% (1%).

Weiterhin ist zu beachten, daß den Studien typischerweise eine bestimmte Überzeugung des Autors zugrundeliegt. Beispielsweise gibt es viele Probleme bei der Interpretation und technischen Umsetzung der Schätzung von europäischen Geldnachfragen. Aber wenn die Analyse seitens des Verfassers nicht trotzdem als fruchtbringend angesehen würde, wäre sie nicht Gegenstand seiner Arbeit geworden. Im Einklang mit dem oben angesprochenen rhetorischen Ansatz besteht sein Ziel darin, den Leser ebenfalls von seiner Argumentation zu überzeugen. Dieser Hinweis soll deutlich machen, daß auch a priori kein Anspruch auf eine völlig wertfreie Analyse - falls es diese überhaupt geben kann - erhoben wird.

Die Betonung des empirischen Bezugs in der Arbeit basiert auf der Überzeugung des Autors, daß die Beschäftigung mit den formalen Aspekten der Theorien einen zu großen Anteil der volkswirtschaftlichen Ressourcen in Anspruch nimmt. Wie in Mayer (1993) überzeugend argumentiert wird, konzentriert sich eine Vielzahl ökonomischer Studien gerade auf die Bereiche, in denen die Forschung schon erhebliche Fortschritte gemacht hat. Darüber hinaus weisen sie oft nur einen begrenzten Bezug zum tatsächlichen wirtschaftlichen Geschehen auf. Für Mayer besteht der entscheidende Trade-off in der Ökonomie zwischen „Wahrheit“ und „Präzision“. Seiner Meinung nach wird typischerweise in der volkswirtschaftlichen Analyse zu sehr auf formale Exaktheit und zuwenig auf ökonomische Relevanz geachtet. In dieser Arbeit wurde daher versucht, den Schwerpunkt anders zu setzen und zumindest teilweise seiner Kritik Rechnung zu tragen.

II. Eine alternative Erklärung unterschiedlicher Inflationsraten in der EU

1. Einführung

In der Diskussion um die Einführung einer Europäischen Währungsunion (EWU) steht immer wieder die Frage nach der Aufrechterhaltung der Preisstabilität im Vordergrund. Viele der Analysen sind institutionentheoretisch oder spieltheoretisch fundiert und untersuchen die Frage, wie eine Europäische Zentralbank (EZB) gestaltet werden müßte, damit in der EWU die Inflation niedrig gehalten werden kann.[1] Als Vorbild für die Konstruktion einer EZB wird regelmäßig das Bundesbankgesetz genannt. Dies hat auch Eingang in den Vertrag von Maastricht gefunden, dessen relevante Artikel (Art. 105ff) zur EZB die Errichtung einer institutionell mindestens ebenso unabhängigen Zentralbank wie der Bundesbank ermöglichen würden.
Typisch für diese Sichtweise ist die Betonung der Unabhängigkeit der Zentralbanken. Die Unabhängigkeit wird als wesentliche Voraussetzung zur Überwindung des Problems der Zeitinkonsistenz und der Ausnutzung der Geldpolitik für fiskalische Zwecke (Seigniorage) gesehen. Kurz und prägnant wird diese - im folgenden „orthodoxe" genannte - Position von Fischer (1995) zusammengefaßt. Im Ergebnis ähnlich ist die Argumentation von McCallum (1995), der nicht die Probleme der Zeitinkonsistenz und die Frage optimaler Kontrakte (z.B. die Ausgestaltung der Arbeitsverträge für die geldpolitischen Entscheidungsträger in der Zentralbank), für das wesentliche hält, sondern die Unabhängigkeit der Zentralbank von den kurzfristigen Zwängen der Politik. Diese theoretische Literatur wird durch empirische Studien gestützt. Alesina (1988) und Grilli et al. (1991) versuchen zu zeigen, daß zwischen dem Grad der Unabhängigkeit der Zentralbank und der Inflationsrate ein wichtiger Zusammenhang besteht (siehe auch Alesina/Grilli (1992)). Sie interpretieren ihr Ergebnis als kausale Beziehung: je unabhängiger die Zentralbank eines Landes ist, desto geringer wird die dort herrschende Inflation sein.
Obwohl diese Sichtweise gegenwärtig als der „Mainstream" in der VWL bezeichnet werden kann, gibt es einige Ökonomen, die sich von den theoretischen und empirischen Argumenten nicht völlig überzeugt zeigen.[2] Auf die mögliche Existenz einer tiefsitzenden Angst vor Inflation in der deutschen Bevölkerung und ihre potentielle Wirkung auf die Geldpolitik wird beispielsweise von Bofinger (1992) oder Treutler (1993) hingewiesen. Ihre Position kann so interpretiert werden, daß die Präferenzen der Deutschen in bezug auf Preisstabilität wichtig für die Erklärung der international vergleichsweise niedrigen Inflationsraten in der Nachkriegszeit sind.
Collins/Giavazzi (1993) präsentieren einen empirischen Versuch, Präferenzen bezüglich Inflation - in der Form von Bevölkerungseinstellungen - für die Mitgliedsländer im EWS zu messen. Durch die Verwendung von Zeitreihendaten der Erwartungen der Europäer in Hinblick auf Inflation und Arbeitslosigkeit als unabhängige Variablen und die Bevölkerungsmeinungen zur allgemeinen Wirtschaftsentwicklung als abhängige Variable, können

[1] Siehe z.B. Bean (1992), Cukierman (1994), Treutler (1993), von Hagen/Süppel (1994).
[2] Andere Argumente gegen eine unabhängige Zentralbank werden z. B. in Blake/Westaway (1993) diskutiert.

die Parameterschätzungen eines solchen Modells als Gewichte in einer wirtschaftlichen Verlustfunktion (loss function) angesehen werden. Sie argumentieren, daß in den 80er Jahren ein struktureller Bruch in der Schätzung der Gewichte, hin zu einer stärkeren Bewertung der Inflation, in Europa stattfand. Darüber hinaus versuchen Collins/Giavazzi, empirische Belege für die Hypothese einer Konvergenz der Bevölkerungseinstellungen bezüglich der Gewichtung des Ziels der Preisstabilität vorzulegen. Allerdings sind sowohl ihr Ansatz als auch ihre Ergebnisse in der Literatur kontrovers diskutiert worden. Kritische Kommentare liefern Fratianni (1993) und Thygesen (1993).

Einen anderen Weg, welcher aber ebenfalls mit dem orthodoxen Ansatz nicht konform geht, beschreitet Posen (1993). Er argumentiert, daß die orthodoxe Fixierung auf Zentralbankunabhängigkeit als Erklärung für die Existenz von internationalen Unterschieden in den Inflationsraten nicht überzeugen kann. Seiner Überzeugung nach sollte eine stärkere Betonung in der Erklärung dieses Phänomens auf die Bedeutung des Einflusses von Interessengruppen innerhalb des jeweiligen nationalen politischen Systems gelegt werden. Insbesondere das (angenommene) Interesse bedeutender Teile des monetären Systems, die Inflationsrate niedrig zu halten, wird als wichtiger Einflußfaktor in der Beeinflussung der Wirtschaftspolitik hin zu einer stärkeren Betonung des Ziels der Preisstabilität gesehen. Posens Auffassung nach ist es ein Fehler, sich primär um institutionelle Belange, wie die Unabhängigkeit einer Zentralbank, zu kümmern, während die aus dem Zusammenspiel der Interessengruppen herrührenden Effekte vernachlässigt werden.

Obwohl der Ansatz von Posen viele interessante Facetten aufweist und als ernsthafte Kritik am orthodoxen Vorgehen angesehen werden sollte, weist er ebenfalls einige Schwächen auf. Einige kritische Fragen wären: Trifft es wirklich zu, daß der Finanzsektor einer Volkswirtschaft am meisten von niedrigen Preissteigerungsraten profitiert? Wie gelingt es, angesichts der Verschiedenheit der finanzwirtschaftlichen Akteure, die Interessen gemeinsam zu koordinieren? Wie schon in Olson (1965) erläutert wurde, ist es keineswegs offensichtlich, wie angesichts der relativ großen Zahl von Akteuren die entstehenden Transaktionskosten innerhalb der Interessengruppe verteilt werden sollen und wie ein allgemeines Schwarzfahrerverhalten verhindert werden kann. Weiterhin sollte der strukturelle Wandel im Finanzsektor einer Ökonomie die Zusammensetzung der Interessengruppe ändern. Warum ist dieser Effekt nicht deutlich in der Entwicklung der Inflationsraten zu beobachten?

Angesichts dieser nur schwer zu beantwortenden Fragen wird deshalb argumentiert, daß nicht allein Interessengruppen eine Rolle spielen, sondern auch der Entwicklung von Institutionen weiter Aufmerksamkeit geschenkt werden sollte. Posens Ansatz kann als interessanter Beitrag angesehen werden, aber er stellt keine vollständige Lösung des Inflationsrätsels dar. Folglich ist die Interessengruppen-Erklärung als komplementär zum hier primär vorgestellten Ansatz einzuordnen.

In Hayo (1998) wird der Versuch unternommen, eine über den orthodoxen Ansatz hinausgehende Sichtweise zu formulieren, welche der Einbeziehung von Bevölkerungspräferenzen zur Bedeutung der Inflationsrate eine zentrale Rolle zuweist. Dabei werden empirisch ermittelbare Bevölkerungseinstellungen als meßbare Indikatoren der Präferenzen angesehen. Die resultierende neue Position zur Erklärung der Unterschiede in den (europäischen) Inflationsraten wird als „alternativer" Ansatz bezeichnet. Der Startpunkt der alternativen

Sichtweise ist die Feststellung, daß die formal-institutionelle Ausgestaltung einer Zentralbank lediglich einen Gesichtspunkt eines Stabilitätsregimes reflektiert. Die Einstellung in der Bevölkerung eines Landes zur Bewertung des Ziels der Preisstabilität wird als ein weiterer, und grundlegender, Einfluß auf die monetäre Entwicklung in die Diskussion eingebracht: Falls die Bürger die Sicherung stabiler Preise als eine zentrale wirtschaftspolitische Aufgabe eines Staates erachten, dann kann dies als eine wichtige Vorbedingung zur erfolgreichen Bekämpfung der Inflation angesehen werden.

Die empirische Literatur zur Bedeutung der Zentralbankunabhängigkeit, welche oben kurz genannt wurde, kann die alternative Sichtweise nicht ohne weiteres entwerten. Die zentrale Frage der Kausalität ist empirisch nicht durch die Messung von Korrelationen zu beantworten: Ist die Unabhängigkeit der Zentralbank der entscheidende Grund für die Sicherung niedriger Inflationsraten in einigen Ländern? Oder haben nicht vielmehr die Staaten, deren Bevölkerungen Preisstabilität als wichtig ansehen, ihre Zentralbanken zur Erreichung dieses Ziels als unabhängig konzipiert?

Um zur Diskussion der EWU zurückzukommen, so ist es möglich, daß es zur Erzielung niedriger Inflationsraten nicht genügt, einer EZB die institutionelle Unabhängigkeit zu gewähren und ihr die formale Verpflichtung zur Sicherung der Preisstabilität aufzutragen. In Art. 105(1) des Maastrichter Vertrags wurde festgelegt, daß die Sicherung der Preisstabilität das primäre Ziel des Europäischen Systems von Zentralbanken (ESZB) sein soll. Die Ausgestaltung der EZB als unabhängige Institution verlangt Art. 107. Dort wird jegliche Einflußnahme der EU, der nationalen Regierungen oder anderer Körperschaften auf die Entscheidungen der EZB untersagt. Die beteiligten Regierungen haben also ganz klar die Aussagen des orthodoxen Ansatzes in politische Entscheidungen zur EZB umgesetzt.

Der alternative Ansatz argumentiert dagegen, daß diese formalen Regelungen nicht genügen könnten, um das Ziel der Preisstabilität zu erreichen. Nur wenn ein öffentlicher Konsens hinsichtlich der Bedeutung der Inflationsbekämpfung besteht, wird die formale Unabhängigkeit auch zu einer faktischen führen. Sollte dieser Konsens nicht existieren, dann erscheint es möglich, die Geldpolitik von außen zu beeinflussen oder die monetären Zielvorgaben weich auszulegen, z.B. wann genau die Preisstabilität gefährdet ist.

Von einer anderen Perspektive aus halten auch Morales/Padilla (1995) die Präferenzen bezüglich der Inflationsbekämpfung für wichtig. Auf ihrem theoretischen Modell basierend zeigen sie, daß eine Mehrheitsentscheidung im Zentralbankrat einer EWU über monetäre Maßnahmen nur dann sinnvoll ist, wenn die Mitgliedsländer ähnliche Präferenzen über die Geldpolitik der EWU haben. Ansonsten könnte ihrer Meinung nach die Geldpolitik für die EWU ineffizient sein. Wenn die in der Literatur häufig getroffene Annahme, daß die Mitglieder des Zentralbankrats bei ihren Entscheidungen die Einstellungen in ihren Heimatländern reflektieren werden, korrekt wäre, dann ist es auch von dieser Seit her wichtig, die Inflationspräferenzen in den EU-Staaten zu untersuchen.

In den folgenden Abschnitten dieses Kapitels steht die Frage der möglichen Bedeutung von Bevölkerungseinstellungen für die Erzielung niedriger Inflationsraten im Mittelpunkt der Betrachtung. Um die Diskussion zu fokussieren, wird davon abstrahiert, daß Inflation nicht nur ein monetäres Phänomen ist, sondern durch andere Faktoren ebenfalls beeinflußt wird. Es wird allerdings behauptet, daß - zumindest in der langen Frist - die monetären Einflüsse

dominieren. Abgesehen von der Formulierung verschiedener Interpretationen einer alternativen Sichtweise steht die Kritik am Anspruch des orthodoxen Ansatzes, eine ausreichende Erklärung der jüngeren inflationären Erfahrungen in Europa zu liefern, im Zentrum der Ausführungen. Neben kritischen theoretischen Überlegungen werden auf Umfragedaten basierende Resultate präsentiert, welche die Bedeutung der oben skizzierten empirischen Studien zur Unterstützung des orthodoxen Ansatzes in Frage stellen. Die - in den Mitgliedsländern der EU über den Zeitraum 1976-1993 erhobenen - Umfragedaten erlauben eine Operationalisierung des eingeführten Begriffs der Bevölkerungspräferenz für Preisstabilität.
Genauer werden in diesem Kapitel die folgenden Themen diskutiert: Nach der Einleitung steht die Diskussion des Zusammenhangs zwischen orthodoxer und alternativer Sichtweise im Vordergrund. Weiterhin wird die Plausibilität verschiedener Transmissionsmechanismen von Bevölkerungspräferenzen zur Geldpolitik untersucht. Im dritten Abschnitt wird das Forschungsdesign präzisiert, eine kurze Beschreibung der Daten präsentiert und ein erster Vergleich des Inflationsziels in den EG-Ländern durchgeführt. Die Bedeutung des Einflusses der jeweils aktuellen Inflationsraten auf die Bewertung des Preisstabilitätsziels durch die Bevölkerungen wird im vierten Abschnitt untersucht. Der fünfte Abschnitt beschreibt die Beziehungen zwischen den vorher abgeleiteten Ergebnissen und den in der Literatur verwendeten Indizes zur Messung von Zentralbankunabhängigkeit. Im Zentrum des sechsten Abschnitts steht die Untersuchung der temporalen Stabilität der abgeleiteten Indikatoren der Bedeutung des Preisstabilitätsziels in den jeweiligen nationalen Bevölkerungen. In der Schlußfolgerung werden die Ergebnisse noch einmal unter wirtschaftspolitischen Gesichtspunkten zusammengefaßt und einige Vorschläge für weitere Forschungsarbeiten vorgestellt.

2. Der Zusammenhang zwischen Bevölkerungspräferenzen und Geldpolitik

Die Attraktion des orthodoxen Ansatzes liegt in seiner Kombination von „rigorosen" theoretischen Grundlagen und empirischer Evidenz. Derzeit existiert keine andere gleichermaßen kohärente Theorie zur Erklärung unterschiedlicher nationaler Inflationsraten. Der vorgeschlagene alternative Ansatz stellt keine völlig eigenständige Erklärung dar, geht aber klar über die orthodoxe Sichtweise hinaus, indem die Bevölkerungspräferenzen ins Zentrum der Betrachtung gerückt werden. Selbst wenn der alternative Ansatz nicht als überzeugend wahrgenommen werden sollte, so ist zu hoffen, daß er zumindest Zweifel an der Tragweite der orthodoxen Erklärung anregt.
In der theoretischen Darstellung des alternativen Ansatzes gilt es, eine Begründung für die Einflüsse der Bevölkerungspräferenzen auf die Geldpolitik zu skizzieren. Vor allem ist der Zusammenhang zwischen Zentralbankunabhängigkeit und Einstellungen in der Bevölkerung zum Ziel der Preisstabilität herauszuarbeiten. Dieser Aspekt ist bei der Bewertung der im Vertrag von Maastricht verankerten Regelungen zur EZB von entscheidender Bedeutung. Im weiteren sollen zwei konkurrierende Interpretationen eines alternativen Ansatzes vorgestellt und diskutiert werden.
Eine geradlinige Umsetzung der alternativen Sichtweise wäre die Interpretation der Zentralbankunabhängigkeit als Instrument zur Erreichung des in den Präferenzen der Bevölkerung

verankerten Ziels der Preisstabilität. Im Folgenden wird diese Vorstellung als *präferenz-instrument Interpretation* des alternativen Ansatzes bezeichnet. Teilweise baut diese Sichtweise auf der Literatur zur Wirtschaftspolitik in einer Demokratie und zu politischen Konjunkturzyklen auf (Frey (1983) oder Keech (1995) geben eine Einführung). Innerhalb der präferenz-instrument Interpretation können (mindestens) zwei Wege zur Verbindung von Präferenzen und Zentralbankunabhängigkeit gezeichnet werden. Der erste konzentriert sich auf den Transmissionsprozeß in einem „normalen" demokratischen Umfeld, während der zweite auf einer grundlegenderen, konstitutionellen Ebene ansetzt.

Der erste Transmissionsweg kann als *wahlorientiert* bezeichnet werden. Dabei liegt die Annahme zugrunde, daß die Bevölkerung aus bestimmten Gründen eine Präferenz für stabile Preise hat. Da die Analyse in einem politikorientierten Rahmen abläuft, sind die Bürger mit Wählern gleichzusetzen. Durch den Wahlprozeß können die Leute ihre Präferenzen bezüglich der Bedeutung der Inflation direkt oder indirekt ausdrücken. Im ersten Fall wäre vorstellbar, daß sie in einer Hotelling-Downs-Welt (vgl. Downs (1957)) den Zentralbankrat direkt wählen. Die Entscheidung für die Richtung der Geldpolitik läge damit beim Median-Wähler. Allerdings finden sich in der jüngeren monetären Geschichte in Europa keine offensichtlichen Beispiele für ein solches Vorgehen. Im zweiten Fall werden dagegen Parteien gewählt, welche für bestimmte Positionen stehen, beispielsweise als Regierung eine auf Preisstabilität ausgerichtete Geldpolitik zu betreiben. Dieser Ansatz wird in der Literatur als ideologische Profilierung der Parteien (partisan view) beschrieben (s. z.B. Alesina (1988)).

Eine dem Ziel der Inflationsbekämpfung verpflichtete Regierung kann dann beispielsweise wie in Rogoff (1985) vorgeschlagen, einen „konservativen" Zentralbankpräsidenten bestimmen, welcher eine unabhängige Anti-Inflationspolitik betreibt. Obwohl der „konservative" Zentralbankpräsident nicht als typisch demokratische Institution bezeichnet werden kann, denn seine Präferenzen unterscheiden sich von den aggregierten Bevölkerungspräferenzen, ist diese Parallele insofern zutreffend, als eine inflationsaverse Regierung im allgemeinen nur von einem Teil der Wähler die Stimme erhalten wird. Vorausgesetzt, die Festlegung der geldpolitischen Ziele wäre ein wichtiger Aspekt in der ideologischen Parteibildung, dann wird diese Regierung inflationsaverser oder „konservativer" als der Durchschnitt der Bevölkerung sein.

Etwas abstrakter ist die Vorstellung, daß die Wählerpräferenzen die Gewichte einer wirtschaftspolitischen Wohlfahrtsfunktion bestimmen, deren Existenz typischerweise in den auf das klassische Barro/Gordon-Modell (1983) aufbauenden Ansätzen unterstellt wird. Es gibt empirische Studien (vgl. z.B. Alesina (1989), Maußner/Küppers (1996)), in denen Hinweise auf eine unterschiedliche Gewichtung des Inflationsziels bei verschiedenen Regierungsparteien gefunden werden. Dieser Fall der indirekten Wahl einer geldpolitischen Schwerpunktsetzung erscheint sowohl theoretisch als auch empirisch überzeugender als eine Hotelling-Downs-Situation.

Ein *konstitutionell-orientierter* Transmissionsmechanismus würde eher die institutionellen Grundlagen einer Zentralbank betonen. Auch hier können zwei Fälle unterschieden werden, ein vertragsbasiertes oder ein evolutionäres Szenario.

Vorstellbar wäre ein vertragsbasiertes Szenario, in welchem die Mitglieder einer Gesellschaft, in der „ursprünglichen Position“ (original position) - um einen Ausdruck von Rawls (1971) zu verwenden - über die Leitlinien der Geldpolitik beratschlagen. Wenn in den ursprünglichen Präferenzen der Leute das Ziel der Preisstabilität eine herausragende Stellung einnimmt, dann werden sie für eine Form der Zentralbankverfassung stimmen, welche die Durchführung der Geldpolitik zur Sicherung der Währungsstabilität den kurzfristigen Einflüssen der Politik entzieht. Folglich kann die Entstehung von unabhängigen Zentralbanken als Konsequenz der Freiheit der Individuen gesehen werden, Verträge über die Gestaltung von Institutionen abzuschließen (vgl. Buchanan (1977)).
In einem evolutionären Szenario bewerten die Leute niedrige Inflation ebenfalls von Anfang an als wichtiges Ziel. Aber bedingt durch die Schwierigkeiten, ein vielschichtiges Phänomen wie Inflation zu verstehen, dauert es einige Zeit, bis die Gesellschaft die Möglichkeiten unterschiedlicher Instrumente zum Erreichen dieses Ziels beurteilen kann. Alternative Instrumente wurden ausprobiert und mit der Zeit hat sich die Unabhängigkeit einer Zentralbank als probates Mittel zur Sicherung der Preisstabilität herausgestellt.
Die entscheidende Frage lautet nun: Kann die präferenz-instrument Interpretation, basierend auf einem der skizzierten Transmissionsmechanismen, als eine befriedigende Erklärung der nationalen Inflationsdifferenzen angesehen werden? Offensichtlich sind alle dieser Szenarien sehr abstrakt gehalten und werden daher die Realität nur begrenzt widerspiegeln. Aber das ist ein eher allgemeines Problem und soll hier nicht weiter problematisiert werden. Es läßt sich aber mindestens ein schwerwiegender Kritikpunkt an dieser Interpretation eines alternativen Ansatzes anbringen. Besonders zu kritisieren ist die Unterstellung einer klaren kausalen Kette ausgehend von Präferenzen zu Zentralbankunabhängigkeit. Es ist keineswegs klar, warum Präferenzen hinsichtlich Preisstabilität autonom existieren sollen. Vor allem, da bis heute das Auftreten und die Folgen von Inflation nicht völlig verstanden werden. Unwahrscheinlich erscheint auch die Vorstellung, die Leute hätten „Inflationsgene“, die ihre Präferenzen hinsichtlich der Inflationsbekämpfung beeinflussen.
Präferenzen über Preisstabilität sind vielmehr Teil der „Ökonomischen Kultur“ eines Landes, welche stark durch die geschichtliche Entwicklung geprägt wird. Unter *Ökonomischer Kultur* werden hier die Meinungen, Einstellungen und Werte einer Gesellschaft zu allen Aspekten des wirtschaftlichen Systems verstanden. Diese Definition ist in Anlehnung an die klassische Darstellung von Politischer Kultur durch Almond/Verba (1963) gewählt worden. Obwohl das politische und das ökonomische System eines Staates nicht unabhängig voneinander sind, erscheint es aus Vereinfachungsgründen und zur Fokussierung der Diskussion gerechtfertigt, eine partialanalytische Trennung der Systeme vorzunehmen.
Zur Verdeutlichung des Konzepts der Ökonomischen Kultur kann Deutschland herangezogen werden: Es wird oft argumentiert, die Einstellung der Deutschen zur Bedeutung der Preisstabilität habe sich durch die Auswirkungen zweier Hyperinflationen in diesem Jahrhundert geändert. Auch wenn einiges dafür spricht, daß die Wurzeln der Inflationsaversion in den Zeiten sehr hoher Inflation zu suchen sind, so erscheint es als unwahrscheinlich, daß die Wichtigkeit der Preisstabilität für die heutige Generation direkt mit den historischen Ereignissen in Beziehung gebracht werden kann. Die meisten Leute werden heute kaum eine genaue Vorstellung von der relevanten historischen Währungsentwicklung haben

und schon gar nicht über originäre Erfahrungen verfügen. Statt dessen sollte besser argumentiert werden, daß die Furcht vor Inflation Bestandteil der Ökonomischen Kultur in Deutschland geworden ist. Etwas spezifischer können die relevanten Meinungen, Einstellungen und Werte als „Inflationskultur" eines Landes bezeichnet werden.

Ein weiterer Punkt gegen die Existenz autonomer Präferenzen basiert auf den historischen Erfahrungen in Deutschland aus den 20er Jahren. Durch das Autonomiegesetz vom 26.5.1922 wurde dem Direktorium der Reichsbank Unabhängigkeit von der Reichsregierung zugestanden (s. Pfleiderer (1975, 160f)). Die Inflationsrate stieg aber weiter, da das Direktorium die Monetarisierung des Staatsdefizits für unumgänglich hielt. Interessant ist dabei, daß die Unabhängigkeit des Direktoriums nur aufgrund des Drucks der von den Siegermächten des Ersten Weltkriegs eingesetzten Reparationskommission implementiert wurde. Daher ist das Autonomiegesetz nicht als ein auf einem öffentlichen Konsens in Deutschland aufbauendes Reformvorhaben zu interpretieren. Diese spezifische historische Erfahrung könnte als verallgemeinerte Hypothese so formuliert werden: Solange kein öffentlicher Konsens über das Ziel der Preisstabilität besteht, ist - selbst für Deutschland - die Errichtung einer unabhängigen Zentralbank nicht ausreichend, um niedrige Inflationsraten zu garantieren.

Angesichts dieser Argumente wird hier eine andere Interpretation der alternativen Sichtweise zur Erklärung von nationalen Differenzen in den Inflationsraten vorgeschlagen. Diese erlaubt einen Rückkopplungsprozeß zwischen der institutionellen Ausgestaltung einer Zentralbank und den Einstellungen der Bürger in Hinblick auf die Bedeutung der Preisstabilität. Die *historische-rückkopplungs* Interpretation unterstellt eine Welt des Wandels, in der weder Präferenzen noch institutionelle Strukturen fix sind und in der sich diese beiden Elemente beeinflussen können. Eine beispielhafte Erklärung für die Entstehung von unabhängigen Zentralbanken in manchen Staaten im Rahmen einer historischen-rückkopplungs Interpretation könnte folgendermaßen lauten: Aufgrund ihrer alltäglichen Erfahrungen bekommen die Leute den Eindruck, daß Inflation schlecht ist, z.B. weil sie ihr Ausgabenverhalten ständig anpassen müssen, ohne daß dies bereits zu starken Anti-Inflationspräferenzen führen muß. Trotzdem wird versucht - hier könnte die Verbindung zu den oben skizzierten Szenarien der präferenz-instrument Interpretation hergestellt werden -, etwas gegen das Phänomen ständig steigender Preise zu unternehmen. Weiterhin ist bekannt, oder es wird im Zeitablauf deutlich, daß die Wirtschaftspolitik durch kurzfristige Politikinteressen beeinflußt werden kann, beispielsweise durch politische Konjunkturzyklen vom Nordhaus-Typ (1975). Hier könnte auch eine Parallele zu Posens (1993) Interessengruppen-Ansatz gezogen werden. Angesichts dieser Gefahr möchte die Gesellschaft den jeweils amtierenden Regierungen in Bezug auf die Geldpolitik die Hände binden.

Eine mögliche Lösung dieses Problems besteht in der Errichtung einer unabhängigen Zentralbank mit der Aufgabe, die Preisstabilität zu erhalten. Die resultierende Änderung in der Geldpolitik führt dann, ganz im Sinne des orthodoxen Ansatzes, zu einer niedrigeren Inflationsrate. Allerdings ist die Zentralbank in diesem Stadium noch nicht in der Lage, auch harte Maßnahmen tatsächlich durchzusetzen, denn es mangelt noch an einer breiten öffentlichen Unterstützung. Mit der Zeit vertrauen die Leute aber immer mehr den Fähigkeiten der unabhängigen Zentralbank und sie wird zu einer gesellschaftlich anerkannten, staatlichen

Institution. Um einen Begriff von Lipset (1988) zu verwenden, die Bevölkerung attestiert der unabhängigen Zentralbank einen hohen Zielerreichungsgrad (efficacy).
Darüber hinaus scheinen - zumindest im langfristigen Durchschnitt - die realen Kosten einer konsequent auf Preisstabilität ausgerichteten Geldpolitik nicht hoch zu sein, wie empirische Studien andeuten. Grilli et al. (1991) zeigen, daß Länder mit relativ geringen Inflationsraten keine korrespondierenden Einkommensverluste aufzuweisen haben. Alesina/Summers (1993) kommen zu dem Schluß, daß es keine offensichtliche, direkte Beziehung zwischen Zentralbankunabhängigkeit in einem Land und Einkommenswachstum, Arbeitslosigkeit oder Zinssätzen gibt.
Diese Erkenntnis bestärkt die Bevölkerung in ihrer Einstellung zur Bekämpfung von Inflation weiter und die Unterstützung der Zentralbank erhöht sich entsprechend. Die Zentralbank nimmt zunehmend den Charakter einer gesellschaftlichen Institution an. Dadurch kann sie eine immer effektivere Geldpolitik betreiben, und ihre Handlungen gewinnen gegenüber den Finanzmärkten ständig an Glaubwürdigkeit. Dies ist sicherlich eine etwas andere Begründung von Glaubwürdigkeit, als die dem Problem der Zeitinkonsistenz zugrundeliegende Formulierung (s. Barro/Gordon (1983) und Kydland/Prescott (1977)).
Letztlich macht ein derartiger Prozeß die Entstehung eines Stabilitätskonsenses in der Inflationskultur einer Gesellschaft möglich. Solange es nicht zu tiefgreifenden exogenen Schocks auf die Ökonomische Kultur kommt, wird die Bevölkerung die Anti-Inflationspolitiken einer unabhängigen Zentralbank unterstützen, auch wenn dies in einigen Situationen zu Nachteilen für bestimmte Bevölkerungsgruppen führt. Natürlich wird damit nicht ausgeschlossen, daß die alltägliche Politik von Interessengruppen aller Art auch Einfluß auf die Geldpolitik einer unabhängigen Zentralbank nimmt (vgl. Posen (1993)).
Wenn die Entstehung einer unabhängigen Zentralbank in diesem Referenzrahmen eingeordnet wird, dann ist sie nicht unbedingt - wie oftmals behauptet (vgl. Cukierman (1994, 1443f)) - als „undemokratische" Institution anzusehen, obwohl die Wähler keine direkte Kontrolle über die Geldpolitik haben. Um wieder auf die Begriffsbildung von Lipset (1988) zurückzukommen, die unabhängige Zentralbank erwirbt sich bei der Bevölkerung durch ihre wachsende Effektivität in der Durchführung der Geldpolitik auch *Legitimität* (legitimacy). Sie wird damit zu einer echten gesellschaftlichen Institution. Zusammenfassend kann argumentiert werden, daß die historische-rückkopplungs Interpretation eine fruchtbringende Fundierung eines alternativen Ansatzes darstellt. Folglich lautet eine knappe Zusammenfassung der alternativen Erklärung von Unterschieden in den nationalen Inflationsraten, daß die jeweiligen Inflationskulturen variieren und sich dementsprechend nur in einigen Ländern ein klarer monetärer Stabilitätskonsens in der Gesellschaft herausgebildet hat.
Ausgewogene Beobachter des Themas Zentralbankunabhängigkeit, wie z.B. Cukierman (1992), vertreten keine naive orthodoxe Sichtweise. Auf der anderen Seite findet sich aber auch kein Hinweis auf eine den diskutierten Zusammenhängen ähnliche theoretische Argumentation. So präsentiert Cukierman (1992, 422f) den empirischen Befund, daß der Zusammenhang zwischen Zentralbankunabhängigkeit und Inflation viel geringer in Entwicklungs- als in Industrieländern ist. Seiner Interpretation nach ist die hohe Wechselhäufigkeit der Zentralbankpräsidenten, welche einer faktischen Schwächung der formalen Unabhängigkeit gleichkomme, für dieses Ergebnis verantwortlich.

Eine Deutung im Rahmen des hier vertretenen alternativen Ansatzes würde betonen, daß sich in diesen Gesellschaften noch kein Konsens bezüglich einer konsequenten Anti-Inflationspolitik gebildet hat. Weiterhin waren die Erfolge der Zentralbanken bisher nicht überzeugend genug, um eine stärkere Unterstützung in der Bevölkerung zu sichern und die Ökonomische Kultur entsprechend zu beeinflussen. Der fehlende gesellschaftliche Konsens ist für die geringe öffentliche Unterstützung der Zentralbankpräsidenten verantwortlich und macht die Durchführung einer konsequenten monetären Stabilitätspolitik unmöglich. Die im alternativen Ansatz unterstellte Kausalität geht also von einem fehlenden Stabilitätskonsens zu einer hohen Wechselhäufigkeit der Zentralbankführung. Letztere ist damit als Folge und nicht als Ursache zu interpretieren. Ein Grund für die Schwierigkeiten der Zentralbanken in einer großen Zahl an Entwicklungs- und Schwellenländern liegt sicher auch in vielerlei Rigiditäten der ökonomischen Systeme begründet, welche dafür sorgen, daß die monetäre Anpassung - zumindest kurzfristig - mit erheblichen realen Kosten verbunden ist, was die Bündelung der verschiedenen gesellschaftlichen Interessen hin zu einer Preisstabilitätspolitik weiter erschwert.

Einige der europäischen Länder, welche in der weiteren Analyse untersucht werden, haben ihre Währungen mehr oder weniger konsequent an die Deutsche Mark gekoppelt. Insbesondere gilt dies für die Niederlande. Es ist daher möglich zu argumentieren, daß die Niederlande Preisstabilität aus Deutschland „importieren" (externer Anker) und es aus diesem Grund nicht der relativ hohe Grad der Zentralbankunabhängigkeit ist, der niedrige Inflationsraten fördert. Obwohl dieser Hinweis sicherlich nicht falsch ist, so bildet er höchstens ein Problem für eine orthodoxe Position, aber keines für die alternative Sichtweise. Denn dort ist nicht das spezifische monetäre Regime entscheidend, durch welches die Preisstabilität erreicht wird, sondern der zugrundeliegende Stabilitätskonsens der Bevölkerung. Folglich wäre zu argumentieren, daß die Niederländer die Aufgabe der nationalen diskretionären Geldpolitik durch Anbindung ihrer Währung an die Deutsche Mark zur Sicherung der Preisstabilität mit (bisher) allen damit verbundenen Konsequenzen unterstützen.

Schließlich ist zu bemerken, daß, die Unterschiede in den nationalen Inflationsraten nicht auf Begriffe wie „Zentralbankunabhängigkeit", „Zeitinkonsistenz" oder „Zentralbankglaubwürdigkeit" zu reduzieren sind, wenn die Argumente des alternativen Ansatzes in einer seiner hier vorgestellten Versionen akzeptiert werden. Es ist nicht so, daß solche Aspekte keine Rolle spielten, aber die Fixierung eines Großteils der Literatur auf diese Themen erscheint angesichts ihrer faktischen Bedeutung übertrieben. Die empirischen Hinweise zur Unterstützung der orthodoxen oder alternativen Sichtweise werden in den nächsten Abschnitten näher untersucht. Dabei steht der Vergleich von Bevölkerungseinstellungen bezüglich der Bedeutung des Inflationsziels in den Mitgliedsländern der EU im Mittelpunkt der Analyse. Der folgende Abschnitt widmet sich zuerst der Suche nach einem geeigneten Indikator zur Messung der Existenz eines monetären Stabilitätskonsenses in den jeweiligen Gesellschaften.

3. Datenbasis und deskriptive Analyse

Die Grundlage der folgenden Untersuchung bilden die Ergebnisse von repräsentativen Meinungsumfragen, die in den Ländern der EG durchgeführt wurden. Diese als Eurobarometer bezeichneten Umfragen werden von der EG in Auftrag gegeben und kontinuierliche, jährliche Beobachtungen für die neun Kernländer der EG existieren seit 1976. Für Griechenland sind Ergebnisse seit 1980 und für Spanien und Portugal seit 1985 erhältlich. Nähere Informationen zu den Daten befinden sich in Anhang A.

Die hier interessierende Frage ist der sogenannte Inglehard-Index, welcher versucht, die Werteorientierung einer Gesellschaft zu messen. Dabei werden vier Ziele zur Auswahl vorgegeben und es wird gefragt, welches dieser Ziele als wichtigstes vom Staat langfristig verfolgt werden sollte (siehe Anhang A für genauere Informationen). Die Ziele sind: 1. Ordnung bewahren, 2. Mehr Demokratie, 3. Inflation bekämpfen und 4. Meinungsfreiheit schützen.[3] In einer weiteren, analogen Frage wird erhoben, welches Ziel die Leute als das zweitwichtigste ansehen.

Offensichtlich wird hier die Wichtigkeit der Inflationsbekämpfung *relativ* zu den anderen Zielen gemessen. Es könnte argumentiert werden, dies sei ein Nachteil, da ein „absoluter" Indikator für Wichtigkeit gesucht würde. Diese Kritik wäre wiederum durch einen Verweis auf den Mangel an besseren Daten abzuschwächen. Aber hier erscheint dieser Hinweis gar nicht nötig, denn tatsächlich ist es ausgesprochen fraglich, ob eine Frage, „Für wie wichtig erachten Sie die Bekämpfung der Inflation?" die Wichtigkeit besser erfassen könnte. Wenn eine einfache Frage nach Wichtigkeit gestellt wird, besteht kein Sanktionsmechanismus bei einer Antwort wie z.B. „sehr wichtig". Im Inglehard-Index werden die Leute dagegen gezwungen, eine Abwägung der Alternativen vorzunehmen. Wenn sie „Preisstabilität" als sehr wichtig einstufen, dann können sie dies nicht mehr für eines der anderen Ziele tun. Da aber Wichtigkeit a priori nur relativ gemessen werden kann, wird bei der Beantwortung dieser Frage ein möglicher Trade-off der Ziele deutlich gemacht.

Ein Problem ist allerdings, daß durch die jeweils herrschenden Umstände in einem Land bestimmte Ziele über das „normale" Maß hinaus gewichtet werden. Von Interesse ist die Erfassung des „Normalzustandes" und nicht einer Extremsituation. So zeigt sich z.B. für die Daten aus Nordirland, daß im Vergleich zu allen anderen europäischen Ländern die Kategorie „Erhaltung der Ordnung" sehr viel stärker bewertet wird. In diesem Fall ist offensichtlich, daß kein Normalzustand herrscht und folglich werden die Beobachtungen für Nordirland aus der Analyse herausgenommen. Unter „England" ist hier also Großbritannien (genauer: das Vereinigte Königreich) ohne Nordirland zu verstehen. In anderen Ländern mag Ähnliches aber zu bestimmten Zeitpunkten in der Untersuchungsperiode ebenfalls zutreffen, ohne daß der Zusammenhang gleichermaßen offenbar wird. Damit sind Verzerrungen der Schätzungen kaum auszuschließen.

Ein weiteres Problem liegt in der Auswahl der Ziele. Vielleicht ist manchem Befragten keines der aufgeführten Ziele besonders wichtig. Damit verlöre die Beantwortung der Frage

[3] Eine genauere Diskussion der zwei Positionen, „Materialismus" versus „Postmaterialismus" ist z.B. in Inglehard (1977) zu finden. Die Ziele 1 und 3 stehen dabei für „Materialismus" und 2 und 4 für „Postmaterialismus".

ihren relevanten Trade-off-Charakter und die Aussage der Wichtigkeit würde verzerrt über den verwendeten Indikator gemessen. So wäre es beispielsweise interessant, die Reduktion der Arbeitslosigkeit als zusätzliches Ziel in der Auswahlmenge zu haben. Wie allerdings von Hibbs (1979) und Fischer/Huizinga (1982) für die Bevölkerung der USA empirisch gezeigt wurde, rangiert in der Bedeutung das Inflationsziel deutlich vor dem Arbeitslosigkeitsziel. Darüber hinaus ist bei der Auswahl der Antwortkategorien in der Konzipierung der Fragen die Erfahrung aus vorherigen Untersuchungen über wichtige Ziele der Leute eingeflossen (s. Inglehard (1977)). Es ist daher davon auszugehen, daß dieser Typ von potentiellen Meßfehlern hier zu keiner starken Verfälschungen der Ergebnisse führt.

Abb. 2.1: Entwicklung des Anteils (in %) der Antworten, die Inflationsbekämpfung als das wichtigste Ziel ansehen

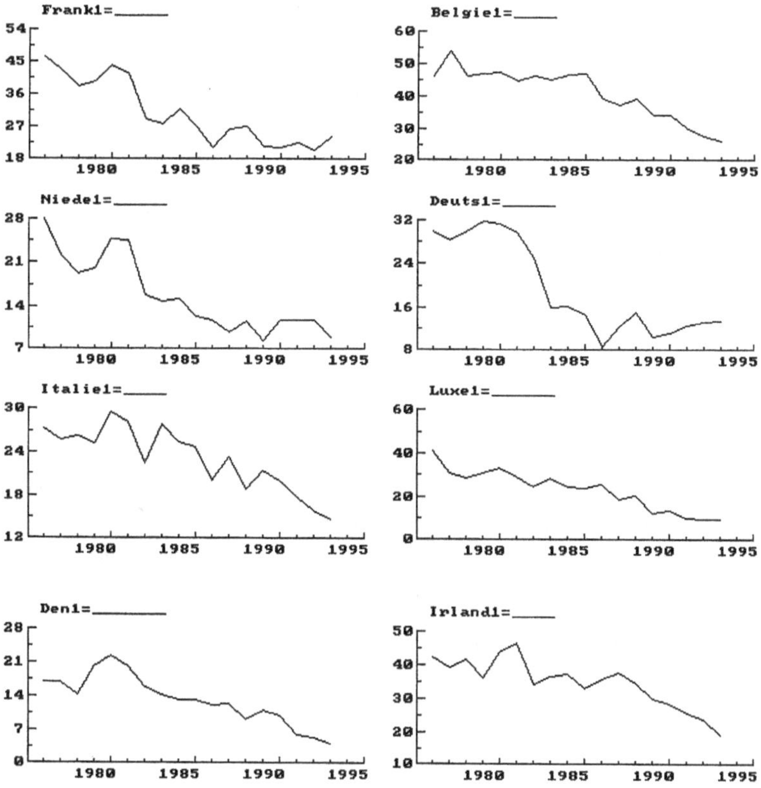

Abb. 2.1 (Fortsetzung)

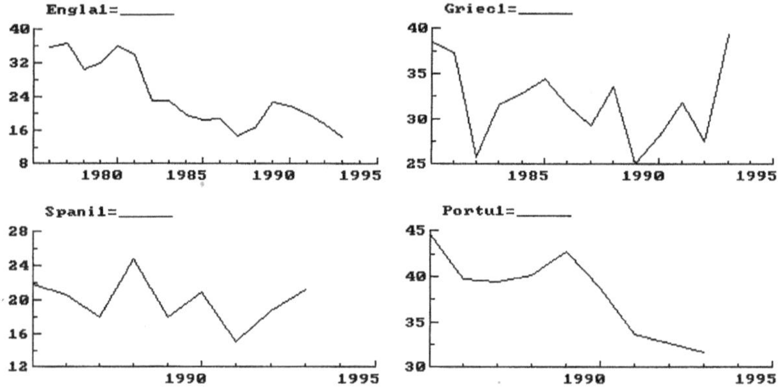

In den folgenden Abschnitten wird aus Vereinfachungsgründen oft von der „Wichtigkeit des Ziels der Inflationsbekämpfung“ die Rede sein, aber gemeint ist damit die *relative* Wichtigkeit in dem eben diskutierten Sinne. Weiterhin werden zwei Arten von Variablen untersucht. Zum einen der Anteil der Befragten, für die die Bekämpfung der Inflation die höchste Priorität genießt. Zum anderen der Anteil der Leute, die Inflationsbekämpfung entweder für das wichtigste oder das zweitwichtigste Ziel halten. Durch die Bildung der zweiten Variable wird versucht, das Problem des Einflusses von kurzfristigen Schocks auf die Antworten etwas zu mildern. Angenommen, in einem Jahr würden schwere Verstöße gegen die Meinungsfreiheit auftreten, dann stiege die Bedeutung des Ziels „Meinungsfreiheit schützen“ vermutlich stark an. Dabei wäre es möglich, daß die Leute Inflationsbekämpfung immer noch als im allgemeinen sehr wichtig einschätzen. Folglich wird durch die Bildung einer Variable, die entweder die erste oder die zweite Priorität für das Inflationsziel erfaßt, ein etwas stabilerer Index gebildet.

Variablen, die sich nur auf die Anteile aus der Festlegung der ersten Wichtigkeit beziehen, werden mit einem Index „1“ gekennzeichnet, so steht Fra_1 für den Anteil der Bevölkerung in Frankreich, der die Inflationsbekämpfung für das wichtigste Ziel des Staates hält. Dagegen werden Variablen, die sich auf die erste oder zweite Priorität beziehen, mit dem Index „12“ versehen. Deu_{12} steht beispielsweise für den Anteil der Befragten in Deutschland, die Inflationsbekämpfung entweder für das wichtigste oder zweitwichtigste Ziel des Staats halten.

Eine Übersicht der zeitlichen Entwicklung in den EG-Ländern ist Abbildung 2.1 zu entnehmen. Für die Länder Griechenland, Spanien und Portugal stehen allerdings nur kürzere Zeitreihen zur Verfügung. In den ersten neun Graphiken und in Portugal ist generell ein negativer Trend in dem Anteil der Personen gegeben, der die Bekämpfung der Inflation als wichtigstes Ziel des Staates einschätzt. In Griechenland und Spanien erscheinen die Zeitreihen eher stationär.

Abb. 2.2: Entwicklung des Anteils (in %) der Antworten, die Inflationsbekämpfung als das wichtigste oder zweitwichtigste Ziel ansehen

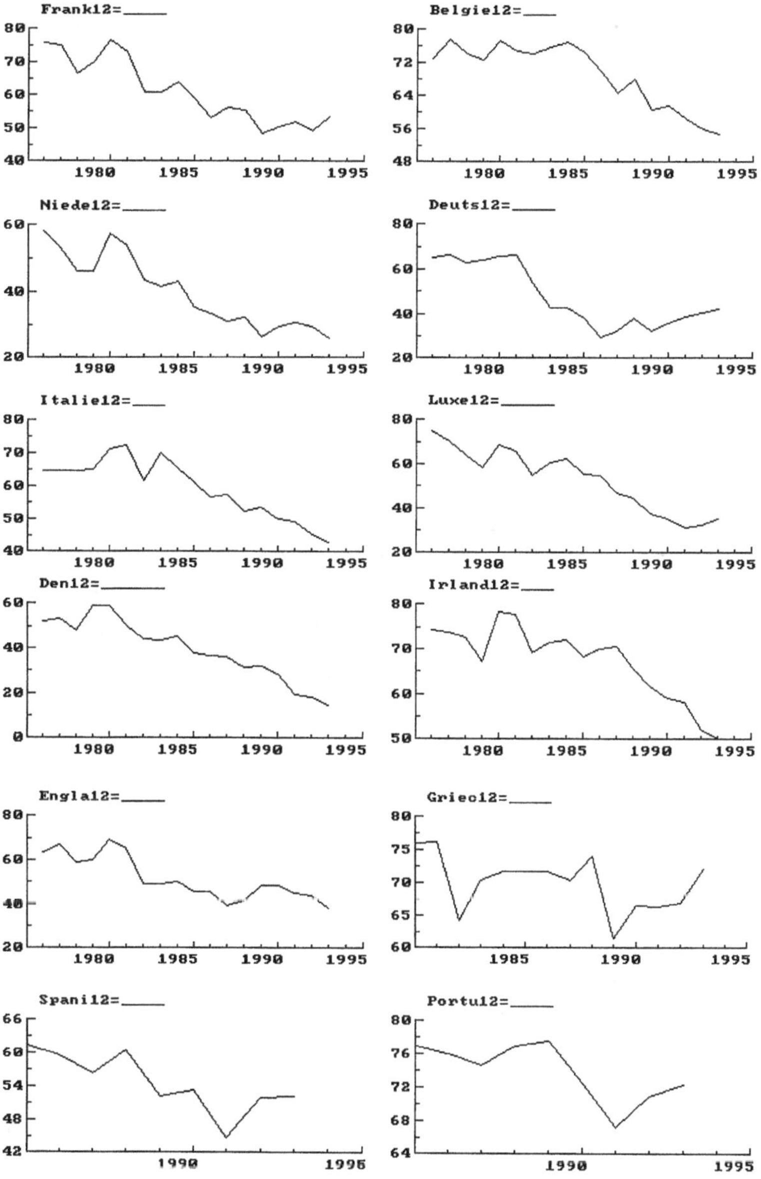

Ein ähnliches Bild ergeben die Serien, in welchen Inflation als das wichtigste oder zweitwichtigste Ziel genannt wurde, wie Abbildung 2.2 deutlich macht. Hier scheint aber auch in Spanien ein negativer Trend zu herrschen. Von den ersten neun Staaten zeichnet sich in Deutschland am ehesten eine Umkehr des negativen Trends ab, vielleicht auch in Luxemburg und Frankreich. Insgesamt führt die Verwendung dieses breiter konstruierten Indikators primär zu einem Niveaueffekt und nur geringen strukturellen Veränderungen.

Tab. 2.1: Mittelwert (in %) und Standardabweichung der Antworten zu „wichtigste Priorität“

	Fra_1	Bel_1	Nie_1	Deu_1	Ita_1	Lux_1	$Dän_1$	Irl_1	Eng_1	Gri_1	Spa_1	Por_1
$\bar{x}$	30.8	40.8	15.7	19.4	23.0	23.1	13.3	34.6	24.1	32.0	19.8	38.1
σ	3.9	7.9	6.0	8.5	4.4	9.2	5.2	7.2	7.8	4.5	2.8	4.5

Hinweis: Daten von 1976-1993, außer: Gri (1980-1993), Spa und Por (1985-1993).

Um die Serien etwas detaillierter zu beschreiben, sind in Tabelle 2.1 die Mittelwerte ($\bar{x}$) und Standardabweichungen (σ) der untersuchten Länder für die Variablen, welche nur die wichtigste Priorität erfassen, gegenübergestellt. Ein Vergleich dieser Werte ergibt, daß allgemein das Inflationsziel im Vergleich zu den anderen Zielen keinen geringen Stellenwert zu haben scheint. Genauer gesagt, sind ca. 25% der Bevölkerung in den EU Ländern (ohne Berücksichtigung der relativen Bevölkerungszahl) der Meinung, die Inflationsbekämpfung sei das wichtigste Ziel des Staates. Das Inflationsziel genießt im Ländervergleich die höchste Priorität in Belgien, Portugal und Irland, und die niedrigste in Dänemark, den Niederlanden und Deutschland. Eine Betrachtung der Werte für erste oder zweite Wichtigkeit führt zu ähnlichen Schlüssen, wie Tabelle 2.2 andeutet:

Tab. 2.2: Mittelwert und Standardabweichung der Antworten zu „wichtigste oder zweitwichtigste Priorität“

	Fra_{12}	Bel_{12}	Nie_{12}	Deu_{12}	Ita_{12}	Lux_{12}	$Dän_{12}$	Irl_{12}	Eng_{12}	Gri_{12}	Spa_{12}	Por_{12}
$\bar{x}$	60.8	69.0	39.7	47.7	59.1	53.1	39.5	67.4	51.6	69.9	54.6	73.8
σ	9.7	7.7	10.7	13.7	8.8	14.2	13.6	8.1	9.8	4.3	5.3	3.4

Hinweis: Daten von 1976-1993, außer: Gri (1980-1993), Spa und Por (1985-1993).

Hier beträgt das einfache Mittel über alle EU Länder ca. 57%, d.h. mehr als die Hälfte der Befragten halten die Bekämpfung der Inflation für das wichtigste oder zweitwichtigste Ziel des Staates. Der höchste Mittelwert wird in Portugal erzielt, gefolgt von Griechenland und Belgien. Die Länder mit den geringsten Wichtigkeitsanteilen sind in diesem Fall Dänemark, die Niederlande und Deutschland.

Diese Ergebnisse scheinen nicht dafür zu sprechen, daß die Wichtigkeitsabschätzung Einfluß auf die Inflationsrate nimmt, denn in monetär eher stabilen Ländern, wie den Niederlanden oder Deutschland, existiert eine relativ geringe Gewichtung des Inflationsziels. Zum

Vergleich wird in Tabelle 2.3 die durchschnittliche Inflationsrate der betrachteten EG-Länder angegeben.

Tab. 2.3: Mittelwert und Standardabweichung der Inflationsraten in den untersuchten Ländern[4]

	FraIn	BelIn	NieIn	DeuIn	ItaIn	LuxIn	DänIn	IrlIn	EngIn	GriIn	SpaIn	PorIn
$\bar{x}$	6.9	4.8	3.5	3.3	11.1	4.7	6.5	8.7	8.3	18.9	6.4	11.5
σ	4.1	2.6	2.5	1.7	5.9	3.0	3.6	6.5	5.0	3.7	1.6	3.7

Quelle: OECD Economic Outlook, Dezember 1988 und Juni 1995. Daten von 1976-1993, außer: Gri (1980-1993), Spa und Por (1985-1993).

Der Eindruck, daß eher eine positive Beziehung zwischen den durchschnittlichen Wichtigkeitsvariablen und Inflationsraten besteht verstärkt sich. In Tabelle 2.4 werden die relevanten Korrelationskoeffizienten angegeben:

Tab. 2.4: Korrelationen zwischen „wichtigste Priorität", „wichtigste oder zweitwichtigste Priorität" und Inflationsrate

	Fra_1	Fra_{12}	FraIn		$Dän_1$	$Dän_{12}$	DänIn
Fra_1	1	0.99	0.83	$Dän_1$	1	0.97	0.92
Fra_{12}		1	0.87	$Dän_{12}$		1	0.92
	Bel_1	Bel_{12}	BelIn		Irl_1	Irl_{12}	IrlIn
Bel_1	1	0.97	0.68	Irl_1	1	0.97	0.73
Bel_{12}		1	0.68	Irl_{12}		1	0.73
	Nie_1	Nie_{12}	NieIn		Eng_1	Eng_{12}	EngIn
Nie_1	1	0.97	0.89	Eng_1	1	0.98	0.93
Nie_{12}		1	0.85	Eng_{12}		1	0.92
	Deu_1	Deu_{12}	DeuIn		Gri_1	$Grie_{12}$	GriIn
Deu_1	1	0.98	0.66	Gri_1	1	0.87	0.28
Deu_{12}		1	0.72	Gri_{12}		1	0.37
	Ita_1	Ita_{12}	ItaIn		Spa_1	Spa_{12}	SpaIn
Ita_1	1	0.97	0.82	Spa_1	1	0.77	0.02
Ita_{12}		1	0.86	Spa_{12}		1	0.4
	Lux_1	Lux_{12}	LuxIn		Por_1	Por_{12}	PorIn
Lux_1	1	0.97	0.57	Por_1	1	0.82	0.75
Lux_{12}		1	0.59	Por_{12}		1	0.35

Hinweis: Korrelationskoeffizienten nach Pearson. Daten von 1976-1993, außer: Gri (1980-1993), Spa und Por (1985-1993).

Der direkte Vergleich der Wichtigkeit des Inflationsziels und der tatsächlichen Inflationsrate über die Länderdurchschnitte ergibt einen positiven Zusammenhang; d.h., wenn die Wichtigkeit der Inflationsbekämpfung hoch ist, dann ist auch die tatsächliche Inflationsrate hoch. Eine Hypothese, welche lautet „eine große Bedeutung des Inflationsziels verursacht hohe

[4] Die Werte geben ein Mittel und eine Standardabweichung, basierend auf dem arithmetischen Mittel, an. Eine Verwendung des (korrekten) geometrischen Mittel hätte keinen nennenswerten Einfluß auf die Ergebnisse.

Inflation“ ist kaum überzeugend. Wahrscheinlicher ist, daß die zu einem bestimmten Zeitpunkt bekundete Wichtigkeit von Preisstabilität von der Höhe der gerade herrschenden Inflation abhängt. Im nächsten Abschnitt werden daher die gemessenen Wichtigkeitsbekundungen für Preisstabilität um den Einfluß der tatsächlichen Inflationsraten bereinigt.

4. Wichtigkeit des Inflationsziels und tatsächliche Inflation

Angesichts dieser Resultate erscheint es nötig, die Wichtigkeitsanteile um die Einflüsse der tatsächlichen Inflationsrate zu bereinigen. Die Idee dahinter ist der Versuch, so etwas wie einen grundsätzlichen, von der aktuellen Inflation unabhängigen Prioritätenindikator zu erhalten. Dazu werden die Ergebnisse einer Regression von den Wichtigkeitsvariablen auf die Inflationsrate analysiert. Die Schätzgleichungen sind in (2.1a) und (2.1b) angegeben:

$$(2.1a)\quad Wichtig_{1it} = \alpha_1 + \beta_1\, Inflat_{it} + u_{1it},$$

$$(2.1b)\quad Wichtig_{12it} = \alpha_{12} + \beta_{12}\, Inflat_{it} + u_{12it},$$

wobei: t = jährlicher Zeitindex, 1976-1993,
i = Frankreich, ..., Portugal,

$Wichtig_{1i}$ = Anteil der Leute, die Inflationsbekämpfung als erstes Ziel erachten,

$Wichtig_{12i}$ = Anteil der Leute, die Inflationsbekämpfung als erstes oder zweites Ziel erachten,

$Inflat_i$ = Jährliche Inflationsrate in Land i,

u_{1it} bzw. u_{12it} = White-Noise Störterme.

Es ergeben sich zwei naheliegende Interpretationen: Zum einen kann argumentiert werden, daß die konstanten Terme α_1 bzw. α_{12} in der Regressionsgleichung die grundlegende, von der tatsächlichen Preisentwicklung unabhängige Wichtigkeit des Inflationszieles erfassen. Sollte diese Vorstellung richtig sein, dann wäre unter dem orthodoxen Ansatz zu erwarten, daß sich keine signifikanten Unterschiede in der Schätzwerten des konstanten Terms ergeben. Die alternative Hypothese der Bedeutung der Bevölkerungseinstellung würde dagegen hohe Werte für die Länder mit geringer Inflation implizieren.

Die zweite mögliche Interpretation der Regressionsergebnisse stellt auf die Sensitivität der Bevölkerungsmeinung in Hinblick auf die tatsächliche Inflation ab. Hier liegt der Fokus auf dem Wert der Schätzungen für die Parameter β_1 bzw. β_{12} der Inflationsvariablen. Wieder wäre die orthodoxe Interpretation, daß sich kein Zusammenhang zwischen niedriger Inflationsrate in einem Land und Reaktionen der Leute auf höhere Preise ergeben dürfte. Die alternative Hypothese würde für die Länder mit einer geringen Inflationsrate eine größere Sensitivität der Bevölkerungsmeinung in bezug auf die tatsächlichen Preissteigerungen postulieren.

In Tabelle 2.5 sind die Schätzungen für die $Wichtig_1$-Variable zusammengefaßt. Die t-Tests deuten in den meisten Fällen auf hochgradig signifikante Parameterschätzungen hin. Betrachtet wird zuerst die eben formulierte Interpretation über den Einfluß des konstanten Terms nach der Bereinigung um die aktuelle Inflationsrate (formale Korrelationen werden weiter unten vorgestellt). Es entsteht der Eindruck, daß Länder mit niedriger Inflation auch eher einen niedrigen Schätzer für die Konstante aufweisen. Weder der orthodoxe noch der alternative Erklärungsansatz werden dadurch gestützt. Die Verwendung der $\hat{\alpha}$-Parameter als Indikator für die grundlegende Bedeutung des Inflationsziels scheint damit nicht erfolgreich zu sein.

Tab. 2.5: OLS-Regression von Inflation auf Wichtigkeitsanteil „erste Priorität"

Land	$\hat{\alpha}_1$	$\hat{\beta}_1$	R^2	DW	AR(1-2)	ARCH	Normal	Hetero	RESET
Fra_1	18.4**	1.81**	0.69	0.7*					
Bel_1	30.8**	2.09**	0.49	0.6*	*	*			
Nie_1	8.3**	2.09**	0.79	1.0*					
Deu_1	8.7*	3.28**	0.44	0.3*	**	*			
Ita_1	16.2**	0.62**	0.68	1.5					
Lux_1	14.7**	1.78*	0.32	0.4*	**				
$Dän_1$	4.9**	1.30**	0.84	1.5					
Irl_1	27.4**	0.82**	0.54	1.0*					
Eng_1	11.9**	1.47**	0.87	2.1					
Gri_1	25.5**	0.34	0.08	1.9					
Spa_1	19.6**	0.04	0.0004	2.6					
Por_1	27.6**	0.92*	0.56	0.6*	*				

Hinweis: Daten von 1976-1993, außer: Gri (1980-1993), Spa und Por (1985-1993). Ein * (**) gibt die Ablehnung der Nullhypothese bei einem Signifikanzniveau von 5% (1%) an. Genaue Beschreibungen der Tests können Doornik/Hendry (1994a) entnommen werden.

DW = Durbin-Watson-Test,
AR(1-2) = LM-Test auf Autokorrelation erster und zweiter Ordnung,
ARCH = LM-Test auf Autoregressiv-konditionale-Heteroskedastizität,
Normal = Test auf Normalität,
Hetero = White-Test auf Heteroskedastizität,
RESET = Test auf korrekte Spezifikation.

Dafür fällt bei der Untersuchung der Steigungsparameter ein interessanter Zusammenhang auf: Länder mit niedriger Inflation zeigen eher Anzeichen für eine hohe Sensitivität in bezug auf die aktuelle Inflationsrate. Dieses Ergebnis steht im Gegensatz zur orthodoxen Hypothese und im Einklang mit der alternativen Sichtweise. Danach zeichnen sich Länder, deren Bevölkerung auf den Anstieg der aktuellen Inflationsrate durch eine stärkere Betonung des Inflationsbekämpfungsziels reagiert, durch einen tendenziell geringeren Anstieg der Preise aus. Das Ergebnis suggeriert auch, daß es so etwas wie eine „Stabilitätskultur" in den Ländern mit niedriger Inflation zu geben scheint.

Eine ähnliche Schlußfolgerung resultiert, wenn die Wichtigkeitsvariablen betrachtet werden, die als Antwort erste oder zweite Priorität zulassen. Die Schätzungen sind in Tabelle 2.6 aufgeführt. Hier tritt die positive Relation zwischen dem geschätzten konstanten Term $\hat{\alpha}_{12}$ und der Inflationsrate sowie die negative Beziehung zwischen Anpassungskoeffizient $\hat{\beta}_{12}$ und Inflation eher noch klarer hervor.

Tab. 2.6: OLS-Regression von Inflation auf Wichtigkeitsanteil „erste und zweite Priorität"

Land	$\hat{\alpha}_{12}$	$\hat{\beta}_{12}$	R^2	DW	AR(1-2)	ARCH	Normal	Hetero	RESET
Fra_{12}	46.7**	2.05**	0.75	0.9*					
Bel_{12}	59.2**	2.06**	0.47	0.6*	*	*			
Nie_{12}	27.0**	3.59**	0.72	0.6*	**	**	*		
Deu_{12}	28.8*	5.81**	0.52	0.3*	**	*			
Ita_{12}	45.0**	1.28**	0.73	1.0*					
Lux_{12}	39.7**	2.84**	0.35	0.5*	**				
$Dän_{12}$	17.2**	3.4**	0.84	1.2					*
Irl_{12}	59.4**	0.92**	0.53	0.7*	*	*			
Eng_{12}	36.5**	1.82**	0.84	1.9					
Gri_{12}	61.8**	0.43	0.14	1.8					
Spa_{12}	45.9**	1.35	0.16	1.4					
Por_{12}	70.1**	0.33	0.13	1.0*					

Hinweis: Daten von 1976-1993, außer: Gri (1980-1993), Spa und Por (1985-1993). Ein * (**) gibt die Ablehnung der Nullhypothese bei einem Signifikanzniveau von 5% (1%) an. Genaue Beschreibungen der Tests können Doornik/Hendry (1994a) entnommen werden.

DW = Durbin-Watson-Test,
AR(1-2) = LM-Test für Autokorrelation erster und zweiter Ordnung,
ARCH = LM-Test für Autoregressiv-konditionale-Heteroskedastizität,
Normal = Test für Normalität,
Hetero = White-Test für Heteroskedastizität,
RESET = Test für korrekte Spezifikation.

Um einen Eindruck von der Robustheit dieser Ergebnisse zu erhalten, werden einige weitere Untersuchungen durchgeführt. Der erste Schritt besteht dabei in der Analyse der diagnostischen Tests, welche in den Tabellen 2.5 und 2.6 skizziert worden sind. Während die meisten Tests keine Probleme signalisieren und daher die eigentlichen Statistiken nicht aufgeführt werden, findet der Durbin-Watson-Test in vielen Gleichungen autokorrelierte Residuen erster Ordnung.

Wie allgemein bekannt, wird durch das Vorliegen eines autokorrelierten Störterms nicht die Eigenschaft der Unverzerrtheit des OLS-Schätzers beeinträchtigt. Allerdings sind die Schätzungen der Varianzen verzerrt und strenggenommen die Tests auf Signifikanz ungültig. Typischerweise werden die Varianzen unterschätzt und daher die Signifikanz der Parameterwerte überschätzt. Könnte es daher sein, daß die oben konstatierte Signifikanz auf ungültigen Tests beruht?

Um diese Frage zu klären, sind in Tabelle 2.7 und 2.8 die Gleichungen (2.1a) und (2.1b) noch einmal geschätzt wurden, diesmal aber mit autoregressivem Fehlerterm (RALS). Die Fehlerterme in den Gleichungen nehmen dabei folgende Form an: $u_{1it} = \delta_1 u_{1it-1} + \varepsilon_{1it}$ und $u_{12it} = \delta_{12} u_{12it-1} + \varepsilon_{12it}$, wobei ε_{1it} und ε_{12it} White-Noise sind.

Es ist klar, daß die Schätzer, welche durch einen geringen Wert des Durbin-Watson-Test aufgefallen sind, in beiden Fällen nun einen signifikanten autoregressiven Fehlerterm aufweisen. Auffällige Änderungen der Steigungsparameter ergeben sich insbesondere für Belgien und Luxemburg und der konstanten Terme für Belgien und Dänemark.

Tab. 2.7: Regression mit autoregressivem Fehlerterm von Inflation auf Wichtigkeitsanteil „erste Priorität“

Land	$\hat{\alpha}_1$	$\hat{\beta}_1$	$\hat{\delta}_1$	Pseudo R^2	ARCH	Normal	Hetero
Fra_1	19.2**	1.49**	0.52*	0.83			
Bel_1	-8.8	0.41	0.98**	0.78			
Nie_1	9.3**	1.3*	0.70**	0.81			
Deu_1	5.04	1.57*	0.90**	0.89			
Ita_1	16.3**	0.59**	0.20	0.67			
Lux_1	11.9	0.16	0.84**	0.79			
$Dän_1$	5.0**	1.27**	0.23	0.84			
Irl_1	27.8**	0.33	0.78**	0.61			
Eng_1	11.4**	1.53**	0.13	0.85			
Gri_1	27.5**	0.21	-0.19	0.04			
Spa_1	20.3**	-0.11	-0.35	0.14			
Por_1	27.6*	0.55	0.84*	0.72			

Hinweis: Daten von 1976-1993, außer: Gri (1980-1993), Spa und Por (1985-1993). Ein * (**) gibt die Ablehnung der Nullhypothese bei einem Signifikanzniveau von 5% (1%) an. Genaue Beschreibungen der Tests können Doornik/Hendry (1994a) entnommen werden.

Insgesamt sind die RALS-geschätzten Parameter tendenziell niedriger als die OLS-Schätzer. Der Kern der oben getroffenen Aussagen scheint zwar geschwächt, aber nicht unbedingt widerlegt.

Tab. 2.8: Regression mit autoregressivem Fehlerterm von Inflation auf Wichtigkeitsanteil „erste und zweite Priorität“

Land	$\hat{\alpha}_{12}$	$\hat{\beta}_{12}$	$\hat{\delta}_{12}$	Pseudo R^2	ARCH	Normal	Hetero
Fra_{12}	47.4**	1.80**	0.46*	0.84			
Bel_{12}	-952.2	0.10	0.99**	0.82			
Nie_{12}	21.8	2.05*	0.90*	0.86			
Deu_{12}	27.3	2.82*	0.89**	0.91			
Ita_{12}	47.4**	0.92*	0.72**	0.80			
Lux_{12}	32.9	-0.02	0.89**	0.84			
$Dän_{12}$	-851.8	0.77	0.99**	0.88		*	
Irl_{12}	45.3	0.24	0.94**	0.72			
Eng_{12}	35.9**	1.93**	-0.04	0.84			
Gri_{12}	64.4**	0.27	0.02	0.06			
Spa_{12}	54.3**	-0.26	0.43	0.22			
Por_{12}	73.6**	-0.10	0.55	0.34			

Hinweis: Daten von 1976-1993, außer: Gri (1980-1993), Spa und Por (1985-1993). Ein * (**) gibt die Ablehnung der Nullhypothese bei einem Signifikanzniveau von 5% (1%) an. Genaue Beschreibungen der Tests können Doornik/Hendry (1994a) entnommen werden.

Allerdings ist nicht gesagt, daß durch die RALS-Schätzung auch die Ursache für die Autokorrelation beseitigt wurde. Andere Gründe könnten z.B. im Weglassen weiterer relevanter Variablen oder einer fehlenden dynamischen Anpassung bestehen. Ein dynamisches Modell ist aber angesichts der kleinen Stichprobe nicht präzise zu schätzen. Vorläufige Experimente mit Zeitverzögerungen erster Ordnung deuten außerdem keine vollständige Lösung des Autokorrelationsproblems an. Auf die Hinzunahme weiterer Variablen ist wegen der Knappheit an Freiheitsgraden verzichtet worden.
Eine Charakterisierung der Datenreihen mit Hilfe von Einheitswurzeltests und der graphischen Darstellung des Spektrums weist darauf hin, daß Nicht-Stationarität der Variablen vorliegen könnte. Die Analyse der Zeitreiheneigenschaften von statistischen Serien wird ausführlicher in Kapitel V beschrieben. Angesichts der Tatsache, daß bei dieser Stichprobengröße die bekannten Tests hoffnungslos überfordert sind, wurde von einer ausführlichen Analyse abgesehen.[5] Eine Regression der Gleichungen (2.1a und 2.1b), in der anstelle der Niveaugrößen die einfachen Differenzen der Variablen angesetzt werden, ergibt ähnliche Schätzwerte wie bei der RALS-Schätzung. Allerdings sind nur noch die Koeffizienten für Deutschland, Niederlande, und England signifikant.

Tab. 2.9: Regression mit SURE von Inflation auf Wichtigkeitsanteil „erste Priorität"

Land	$\hat{\alpha}_1$	$\hat{\beta}_1$	σ	AR(1-1)	ARCH	Normal
Fra_1	20.4**	1.51**	5.31	**		
Bel_1	31.4**	1.96**	5.91	**		
Nie_1	8.5**	2.03**	2.82	**		
Deu_1	8.3**	3.4**	6.53	**		
Ita_1	16.2**	0.62**	2.59	**		
$Dän_1$	4.6**	1.33**	2.12	**		
Irl_1	28.1**	0.74**	5.07	**		
Eng_1	11.9**	1.46**	2.90	**		
loglike	-116.02					
VecAR(1-1)	1.45					
VecNorm	19.6					

Hinweis: *Hinweis:* Daten von 1976-1993. Ein * (**) gibt die Ablehnung der Nullhypothese bei einem Signifikanzniveau von 5% (1%) an. Genaue Beschreibungen der Tests können Doornik/Hendry (1994b) entnommen werden.

σ = Standardabweichung der Regression,
VecAR(1-1) = LM-Test für Autokorrelation erster Ordnung über alle Gleichungen,
VecNorm = Test für Normalität über alle Gleichungen,
loglike = Loglikelihood-Wert der Schätzung.

Mit der Beeinflussung der Zeitreiheneigenschaften der Daten durch einfache Differenzenbildung geht auch ein inhaltlicher Wechsel des Zusammenhanges einher. Die Beziehung ist dann zwischen dem Effekt einer *Veränderung* der Inflationsrate auf die *Veränderung* der

[5] Siehe z.B. den Übersichtsartikel von Campbell/Perron (1991) und insbesondere die Kommentare von Cochrane (1991) und Miron (1991).

Einstellungen zum Ziel der Preisstabilität. Auch wenn diese Interpretation theoretisch nicht uninteressant ist, zeigen doch beispielsweise die Studien von Hibbs (1979, 725f), daß die Befragten bei ihrer Meinungsbildung auf das *Niveau* der Inflation schauen, aber *nicht* auf die *Veränderung* der Wachstumsrate der Preise. In jedem Fall ist die Korrelation zwischen den Sensitivitätsschätzern der Variablen in Differenzen und der durchschnittlichen Inflationsrate etwas höher als im Falle der RALS-Schätzer (die Korrelationen werden unten in Tabelle 2.13 gegeben).

Eine weitere Analyse der OLS-Residuen der jeweiligen Periode deutet an, daß die Residuen über die verschiedenen Länder-Gleichungen hinweg korreliert sind. Es liegt daher nahe, die Effizienz der Schätzungen durch die Verwendung des SURE-Schätzers (Seemingly unrelated regression estimator) zu erhöhen. Der SURE-Schätzer berücksichtigt die Tatsache, daß die Residuen über alle Gleichungen hinweg in der aktuellen Periode korreliert sind (s. z.B. Darnell (1994, 363f)). Um Freiheitsgrade zu sparen, wird in den Tabellen 2.9 und 2.10 nur eine Schätzung mit acht Ländern präsentiert.

Tab. 2.10: Regression mit SURE von Inflation auf Wichtigkeitsanteil „erste und zweite Priorität"

Land	$\hat{\alpha}_{12}$	$\hat{\beta}_{12}$	σ	AR(1-1)	ARCH	Normal
Fra_{12}	48.6**	1.79**	5.08	**		
Bel_{12}	62.2**	1.43**	6.05	**	**	*
Nie_{12}	28.3**	3.22**	5.99	**	*	*
Deu_{12}	29.1**	5.71**	9.77	**		
Ita_{12}	48.1**	0.99**	4.99	**	*	
$Dän_{12}$	20.4**	2.93**	5.86	**		*
Irl_{12}	62.5**	0.56**	6.21	**	*	
Eng_{12}	36.6**	1.81**	3.99	**		
loglike	-161.64					
VecAR(1-1)	1.61					
VecNorm	20.9					

Hinweis: Daten von 1976-1993. Ein * (**) gibt die Ablehnung der Nullhypothese bei einem Signifikanzniveau von 5% (1%) an. Genaue Beschreibungen der Tests können Doornik/Hendry (1994b) entnommen werden.

σ = Standardabweichung der Regression,
VecAR(1-1) = LM-Test für Autokorrelation erster Ordnung über alle Gleichungen,
VecNorm = Test für Normalität über alle Gleichungen,
loglike = Loglikelihood-Wert der Schätzung.

Im Vergleich zu den OLS-Schätzern ändert sich nur wenig. Während für die Residuen des Systems keine Autokorrelation konstatiert werden kann, weisen die LM-Tests für die einzelnen Gleichungen immer noch auf eindeutige Probleme hin. Aus einigen Gleichungen in Tabelle 2.10 ergeben sich weitere Anhaltspunkte für eine Abweichung von der Annahme der unabhängig und identisch verteilten Fehlerterme. Auch beim SURE-Ansatz kann daher eine Verzerrung der ermittelten Varianz- und Kovarianzschätzer nicht ausgeschlossen werden.

5. Einstellungen, Inflation und Zentralbankunabhängigkeit

Um die Ergebnisse des vorhergehenden Abschnitts zusammenzufassen, werden nun Rangkorrelationen zwischen den Indikatoren berechnet. Weiterhin ist zu überprüfen, wie sich der Zusammenhang zu den Indizes für die Zentralbankunabhängigkeit darstellt. In den folgenden Tabellen 2.11 und 2.12 wurden die Länder nach der jeweiligen Höhe ihrer geschätzten Parameter geordnet und mit dem Rang in der Reihung der durchschnittlichen Inflationsraten der Länder in Beziehung gesetzt worden. Für Frankreich ermittelt sich beispielsweise der vierthöchste Wert bei den Steigungsparametern in der OLS-Schätzung und es bekommt daher den Rang vier in der Position $\hat{\beta}_1$ zugewiesen, verbunden mit dem sechsten Rang im Vergleich der durchschnittlichen Inflationsraten.

Tab. 2.11: Kendall's und Spearman's Rangkorrelationskoeffizienten für Inflation mit den geordneten Reihen der deskriptiven Statistiken und OLS-Schätzwerte

Inflat	$Wichtig_1$	$Wichtig_{12}$	$StdWi_1$	$StdWi_{12}$	$\hat{\alpha}_1$	$\hat{\alpha}_{12}$	$\hat{\beta}_1$	$\hat{\beta}_{12}$
Kendall	0.36	0.48*	-0.33	-0.52*	0.33	0.48*	-0.61**	-0.79**
Spearman	0.51	0.66*	-0.51	-0.69*	0.48	0.66*	-0.73**	-0.91**

Hinweis: Ein * (**) gibt die Ablehnung der Nullhypothese bei einem Signifikanzniveau von 5% (1%) an.
$Wichtig_1$ = Anteil der Leute, die Inflationsbekämpfung für das wichtigste Ziel halten,
$Wichtig_{12}$ = Anteil der Leute, die Inflationsbekämpfung für das wichtigste oder zweitwichtigste Ziel halten,
$StdWi_1$ = Standardabweichung von $Wichtig_1$,
$StdWi_{12}$ = Standardabweichung von $Wichtig_{12}$,
$\hat{\alpha}_1$ = konstanter Term in $Wichtig_1$-OLS-Schätzung,
$\hat{\alpha}_{12}$ = konstanter Term in $Wichtig_{12}$-OLS-Schätzung,
$\hat{\beta}_1$ = Steigungsparameter in $Wichtig_1$-OLS-Schätzung,
$\hat{\beta}_{12}$ = Steigungsparameter in $Wichtig_{12}$-OLS-Schätzung.

Aus Tabelle 2.11 ist zu erkennen, daß die oben nur verbal diskutierten Korrelationen tatsächlich bestehen und signifikant sind. Länder, die eine vergleichsweise hohe Inflation aufweisen, sind durch einen relativ größeren Anteil an Personen gekennzeichnet, der die Bekämpfung der Inflation als wichtigstes Ziel des Staates ansieht. Dagegen ist die Standardabweichung der Wichtigkeits-Variablen negativ mit dem Inflationsrang korreliert. Folglich weisen Länder mit einer geringen Schwankung in ihrer Bewertung des Inflationsziels einen niedrigeren Rang bei der Reihung der durchschnittlichen Inflationsraten auf. Stabilitätsländer sind mit einer eher konstanten Wichtigkeitsbekundung ihrer Bevölkerung ausgestattet.
Werden die Schätzungen der OLS-Regressionen näher betrachtet, dann zeigt sich eine positive Korrelation zwischen dem Rang eines Landes bezüglich des konstanten Terms und des Ranges in der Inflationsordnung. Dagegen gilt ein negativer Zusammenhang für die Ränge bei den Steigungsparametern und Preissteigerungen. Dies reflektiert die oben geäußerte Hypothese, daß Länder mit einer relativ geringen Inflationsrate Bevölkerungen aufweisen, die bei einer höheren Inflationsrate sensitiver auf die Verletzung der Preisstabili-

tät reagieren. Die Steigungsparameter können daher auch als „Sensitivitätsparameter" bezeichnet werden. Wie aus Tabelle 2.12 erkennbar ist, bleibt auch bei der SURE-Regression die eben beschriebene Korrelation der Ränge erhalten. Dagegen ist bei RALS nur die positive Korrelation zwischen Inflation und konstantem Term signifikant. Die Reihung basierend auf den Sensitivitätsparametern ist zwar immer noch negativ mit der Inflationsordnung korreliert, aber diese Korrelation ist nicht mehr signifikant.

Tab. 2.12: Kendall's und Spearman's Rangkorrelationskoeffizienten für Inflation mit den geordneten Reihen der SURE- und RALS-Schätzwerte (SURE nur über 8 Länder)

Inflat	SURE $\hat{\alpha}_1$	SURE $\hat{\alpha}_{12}$	SURE $\hat{\beta}_1$	SURE $\hat{\beta}_{12}$	RALS $\hat{\alpha}_1$	RALS $\hat{\alpha}_{12}$	RALS $\hat{\beta}_1$	RALS $\hat{\beta}_{12}$
Kendall	0.29	0.29	-0.86**	-0.64*	0.48*	0.55*	-0.18	-0.18
Spearman	0.40	0.48	-0.93**	-0.81*	0.69*	0.73**	-0.22	-0.27

Hinweis: Ein * (**) gibt die Ablehnung der Nullhypothese bei einem Signifikanzniveau von 5% (1%) an.
SURE = jeweilige Parameter aus SURE-Schätzung,
RALS = jeweilige Parameter aus RALS-Schätzung.

Zusammenfassend läßt sich sagen, daß die alternative Sichtweise von nationalen Differenzen in den Inflationsraten in ihrer Formulierung als Sensitivität der Bevölkerungseinstellung bezüglich der gerade herrschenden Inflation empirische Unterstützung findet. Etwas eingeschränkt wird diese Aussage durch die aufgespürte Autokorrelation der Residuen.

Nun gilt es noch zu untersuchen, ob und wie die Indikatoren für die Wichtigkeit des Inflationsziels in der öffentlichen Meinung mit den Indizes für die Unabhängigkeit der Zentralbanken in Zusammenhang stehen. Zur Beantwortung dieser Frage wird auf die von Bade/Parkin (1982), Grilli et al. (1991, 366ff) und Alesina/Summers (1993, 154) konstruierten Indizes zur Messung der Unabhängigkeit von Zentralbanken zurückgegriffen. Der Index in Cukierman (1992, 422f) ist den vorher aufgeführten sehr ähnlich und wird hier nicht weiter berücksichtigt.

Während Bade/Parkin's und Alesina/Summers' Indizes versuchen, Unabhängigkeit im allgemeinen abzubilden, unterscheiden Grilli et al. zwischen politischer und ökonomischer Unabhängigkeit. Unter politischer Unabhängigkeit (PolIn) verstehen sie die Autonomie der Zentralbank, ohne Beeinflussung durch die Regierung das Ziel niedriger Inflationsraten zu verfolgen. Der Begriff der ökonomischen Unabhängigkeit (ÖkoIn) faßt die Möglichkeit der Zentralbank zusammen, ihre geldpolitischen Instrumente selber zu wählen. Der Index von Alesina/Summers (AleSu) besteht aus den kombinierten Indizes von Grilli et al. und Bade/Parkin (Bade). Dabei werden die zwei Indikatoren von Grilli et al. aufsummiert und nach einem Konvertierungsschema auf eine vergleichbare Dimension mit dem Bade/Parkin-Index gebracht. Dann werden die Indizes von Grilli et al. und Bade/Parkin addiert und das einfache Mittel gebildet.

Die oben mit Hilfe der Rangkorrelationen ermittelten Ergebnisse lassen sich auch auf die Beziehungen zwischen den absoluten Werten übertragen. Tabelle 2.13 faßt die direkten

Korrelationen zwischen den absoluten Werten, also *nicht* den Rängen, zwischen den Indikatoren für die Unabhängigkeit von Zentralbanken und den ermittelten Koeffizienten sowie den durchschnittlichen Inflationsraten zusammen.[6]

Tab. 2.13: Pearson's und Spearman's Korrelation zwischen Zentralbankunabhängigkeit, den Sensitivitätsparametern und durchschnittlicher Inflation

	PolIn	ÖkoIn	Bade	AleSu	OLS_1	OLS_{12}	SU_1	SU_{12}	RA_1	RA_{12}	Inflat
PolIn	1	.18	.52	.68	.48	.72*	.44	.65	.39	.62*	-.41
ÖkoIn	.01	1	.74*	.66	.82**	.74**	.78*	.59	.59	.54	-.72*
Bade	.24	.87**	1	.96**	.91**	.90**	.92**	.91**	.65	.75*	-.55
AleSu	.52	.65	.90**	1	.84**	.98**	.89**	.99**	.61	.72*	-.62
OLS_1	.18	.80**	.88**	.76*	1	.84**	.99**	.84**	.74**	.77**	-.67*
OLS_{12}	.47	.77**	.85**	.95**	.78**	1	.89**	.99**	.69*	.77**	-.73*
$SURE_1$	.22	.68	.80*	.67	.99**	.83**	1	.89**	.53	.66	-.87**
$SURE_{12}$	.44	.49	.80*	.95**	.69	.90**	.74*	1	.68	.75*	-.74*
$RALS_1$	.28	.56	.79*	.68	.76**	.64*	.57	.79*	1	.90**	-.47
$RALS_{12}$	.56	.41	.71*	.69	.63*	.64*	.55	.76*	.87**	1	-.46
Inflat	-.38	-.72*	-.52	-.60	-.69*	-.91**	-.93**	-.81*	-.40	-.37	1

Hinweis: Abkürzungen: OLS-Schätzer (OLS_1 und OLS_{12}), SURE-Schätzer (SU_1, SU_{12}), RALS-Schätzer (RA_1, RA_{12}) und durchschnittliche Inflation (Inflat). Oberhalb der Hauptdiagonale ist der Korrelationskoeffizient nach Pearson, unterhalb nach Spearman berechnet.

Aus dem Vergleich der Korrelationen ergeben sich folgende Schlußfolgerungen:
Die Zentralbankindizes sind negativ mit der durchschnittlichen Inflationsrate korreliert. Ein signifikant negativer Zusammenhang besteht lediglich für die ökonomische Unabhängigkeit. Alle geschätzten Sensitivitätsparameter weisen ebenfalls eine negative Assoziation mit den jeweiligen Preissteigerungen auf. Dabei sind bis auf die RALS-Schätzungen alle Korrelationen signifikant.

Der eindeutig höchste Korrelationskoeffizient mit der Inflationsrate wurde für $SURE_1$ errechnet.[7] Dann kommen die OLS-Schätzer und die ökonomische Unabhängigkeit der Zentralbank. Die niedrigsten Korrelationen weisen die RALS-Schätzer und die politische Unabhängigkeit auf. Die Indizes für ökonomische und politische Unabhängigkeit der Zentralbank sind positiv mit den geschätzten Sensitivitätsparametern korreliert. In den meisten Fällen ist dieser Zusammenhang aber nicht statistisch signifikant.

Damit ergibt sich das Problem der Beobachtungsäquivalenz, d.h. sowohl die orthodoxe als auch die alternative Sichtweise finden empirische Unterstützung. Die Feststellung, daß die Sensitivitätsschätzer eher höher als die Unabhängigkeitsvariablen mit der Inflationsrate

[6] Die Verwendung von Kendall's Tau b Korrelationskoeffizienten würde nichts an den qualitativen Resultaten ändern.

[7] Das Ergebnis liegt aber darin begründet, daß nur acht Länder in der SURE-Schätzung verwendet worden. Betrachtet man alle Korrelationsbeziehungen über diese acht Länder, dann sind die OLS-Schätzer am höchsten mit der Inflationsrate korreliert.

korreliert sind, regt immerhin Zweifel, ob die Betonung der formal-institutionellen Ausgestaltung der Zentralbank in der Literatur ihrer tatsächlichen Bedeutung in der Realität gerecht wird. Weiterhin ist unter der alternativen Sichtweise zu erwarten, daß sowohl die Einstellungsparameter als auch die Indizes für Zentralbankunabhängigkeit mit der Inflationsrate negativ korrelieren.

Auf der anderen Seite läßt die Analyse aber auch nicht den Schluß zu, die Bevölkerungseinstellungen zur Inflation seien der kausal relevante Faktor. Es ist immer noch möglich zu argumentieren, daß die Meinung in der Bevölkerung durch die Ausgestaltung der Zentralbank beeinflußt wird. Mit anderen Worten könnten die Leute womöglich das Inflationsziel höher einschätzen, wenn ihnen gezeigt würde, daß die Inflationsbekämpfung durchführbar und wichtig ist. Allerdings wird dieser Aspekt in der historischen-rückkopplungs-Interpretation des alternativen Ansatzes aufgegriffen und integriert.

Es wäre verlockend, die alternative und die orthodoxe Hypothese direkt gegeneinander zu testen. Denkbar wäre eine multivariate Regression mit den Sensitivitätsparametern und Indizes für Zentralbankunabhängigkeit als unabhängige und tatsächliche Inflation als abhängige Variable. Praktisch hat dieses Vorgehen aber wenig Aussicht auf Erfolg, denn bei einer so geringen Stichprobengröße ist nicht zu erwarten, daß die statistischen Tests zwischen den stark kollinearen erklärenden Variablen differenzieren können.

Tatsächlich ergibt sich ein der präsentierten Korrelationsanalyse sehr ähnliches Bild.[8] Bis auf den Index für ökonomische Unabhängigkeit erreicht keiner der Zentralbankindikatoren gegenüber den Sensitivitätsparametern statistische Signifikanz, und typischerweise weisen sie ein - im Vergleich zur orthodoxen Hypothese - inkonsistentes Vorzeichen auf. Die Sensitivitätsparameter, welche auf OLS und SURE-Schätzungen beruhen, dominieren die Regressionen auch bei Verwendung des Index zur ökonomischen Zentralbankunabhängigkeit. Letzterer erreicht dagegen gegenüber den RALS-Schätzern statistische Signifikanz und ein theoriekonformes Vorzeichen. Schließlich ist noch anzumerken, daß, unter der Annahme einer Rückkopplungsbeziehung zwischen Präferenzen und Zentralbankunabhängigkeit, in einer solchen Eingleichungsregression Verzerrungen der Parameterschätzungen auftreten können. Dies ist ein weiterer Grund, warum auf eine ausführliche Darstellung der Regressionsergebnisse verzichtet wurde.

Wenn das Argument akzeptiert wird, daß die Bevölkerungseinstellungen von Bedeutung für die Inflationsentwicklung sein könnten, dann stellt sich die Frage, ob innerhalb des betrachteten Zeitraums eine Veränderung der Sensitivitätsparameter stattgefunden hat. Neben der Bedeutung der Stabilitätsannahme für die statistische und inhaltliche Interpretation ist auch die Problematik einer möglichen Konvergenz von Einstellungen in Europa zu untersuchen. Mit Hilfe graphischer Methoden und statistischer Tests werden diese Fragestellungen im nächsten Abschnitt weiter verfolgt.

[8] Die Ergebnisse der Regressionen sind auf Anfrage beim Autor erhältlich.

6. Zur zeitlichen Konstanz der Inflationseinstellungen

In einem ersten Ansatz werden die Parameterschätzungen für die OLS-Sensitivitätsparameter graphisch auf ihre Stabilität untersucht. Dabei wird das Verfahren der rekursiven Schätzung eingesetzt. Im Prinzip wird für jede Beobachtung, d.h. für jeden Zeitpunkt (abzüglich einer bestimmten Initialisierungsperiode), die Regression wiederholt und die sich ergebene Parameterschätzung in einem Parameterwert-Zeit-Diagramm abgetragen. Es ist damit sehr gut möglich zu beobachten, ob der betreffende Parameter zeitlich stabil ist. Ein vollständig stabiler Sensitivitätsparameter wird zu jedem Zeitpunkt den gleichen Wert annehmen und damit eine horizontale Linie im Diagramm bilden. Angesichts der üblichen Schätzungenauigkeiten in kleinen Stichproben ist es allerdings sehr unwahrscheinlich, daß dies bei realen Phänomenen beobachtet werden kann. Ein realitätsnäheres Kriterium ist der Vergleich, ob der Parameter zu allen Zeiten innerhalb der jeweiligen Konfidenzintervalle (hier approximativ als zwei Standardfehler berechnet) liegt. Ist das der Fall, dann kann von Parameterstabilität gesprochen werden, auch wenn leichte Schwankungen des Schätzwertes auftreten.

Da die Stabilitätsuntersuchung nur bei einer entsprechend langen Zeitreihe überhaupt anwendbar ist, konzentriert sich die Analyse auf die Länder, für welche Beobachtungen über den Zeitraum 1976-1993 vorliegen.

Abb. 2.3: Rekursive Schätzung der Sensitivitätsparameter für erste Priorität ($\hat{\beta}_1$)

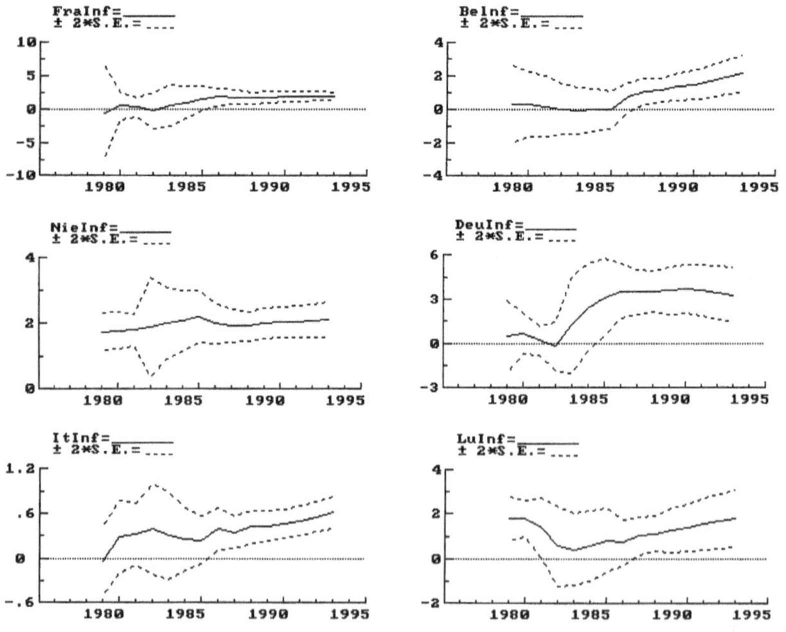

Abb. 2.3 (Fortsetzung)

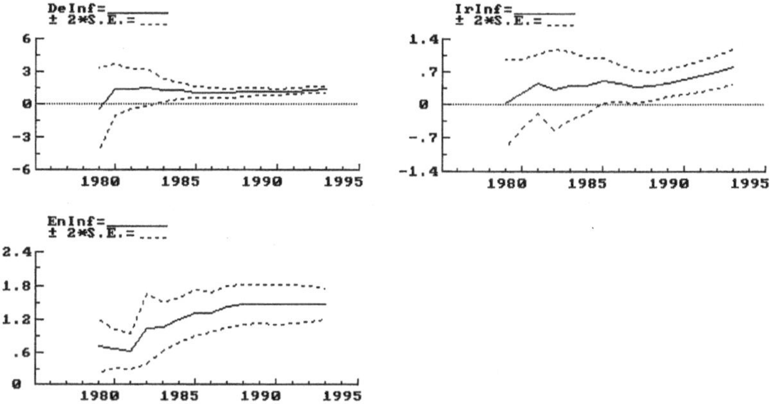

In Abbildung 2.3 sind die rekursiven Parameterschätzungen für $\hat{\beta}_1$ abgetragen. Ein eindrucksvolles Beispiel für eine temporär fast völlig stabile Parameterschätzung liefert Dänemark (DenInf). Nicht nur die Schwankungen sind minimal, auch die Konfidenzintervalle sind extrem eng. Es kann kaum ein Zweifel daran bestehen, daß die Bevölkerung im Dänemark der achtziger und frühen neunziger Jahre völlig gleich auf die Veränderungen der Inflationsrate reagiert hat. Etwas abgeschwächt gelten diese Aussagen auch für Frankreich. Diese Beobachtung trifft für andere Länder allerdings nur begrenzt zu. Es wird deutlich, daß Parameterinstabilitäten insbesondere in Deutschland (DeInf), aber auch in England (EnInf) und Belgien (BeInf) zu entdecken sind. Hier scheint es einen Strukturbruch ungefähr in der Mitte der achtziger Jahre zu geben. Dort erhöht sich klar die Sensitivität der Bevölkerung bezüglich steigender Preise. Ein eher langsamer, aber stetiger Anstieg der Sensitivitätsparameter kann für die anderen Länder konstatiert werden.

Wird die Entwicklung der Inflationsbekämpfung als erste oder zweite Priorität des Staates in Abbildung 2.4 betrachtet, dann ist ein sehr ähnlicher Kurvenverlauf für die $\hat{\beta}_{12}$-Parameter zu erkennen. Auch hier kommt zum Ausdruck, daß die Nennung der Inflationsbekämpfung als erstes Ziel die treibende Variable ist, während die Einbeziehung der zweiten Priorität lediglich zu einem Niveaueffekt führt.

Bevor geschlossen wird, die Parameter seien temporal instabil, ist darauf hinzuweisen, daß die anfänglichen Beobachtungen nicht zu ernst genommen werden können. Eine Mindestgröße der Stichprobe ist unerläßlich, um halbwegs konstante Parameter zu erhalten. Wenn dementsprechend die Vergleichsperiode ab Mitte der 80er Jahre angesetzt wird, dann ergeben sich für die meisten Länder relativ stabile Funktionen. Insgesamt dürfen aber die auftretenden Instabilitäten nicht verkannt werden. Hier wäre es interessant, die Analyse zu wiederholen, wenn eine größere Anzahl von Beobachtungen zur Verfügung steht.

Abb. 2.4: Rekursive Schätzung der Sensitivitätsparameter für erste und zweite Priorität ($\hat{\beta}_{12}$)

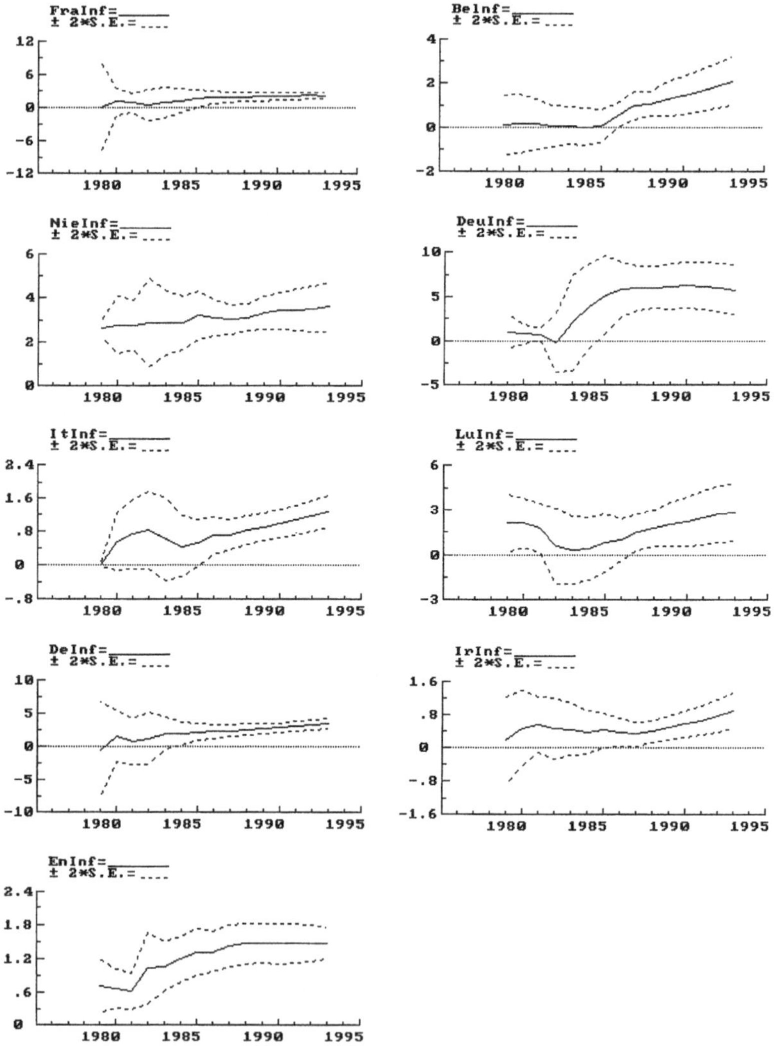

Nach der graphischen Analyse können die ermittelten Sensitivitätsparameter unter anderem mit Hilfe eines Chow-Tests formal auf Konstanz getestet werden. Um diesen Test zu implementieren, wird die Stichprobe in zwei Teile geteilt, und zuerst nur über die erste Teilperiode die Regressionen geschätzt. Die restlichen Beobachtungen werden dann zur Berechnung der Vorhersagefehler herangezogen. Weichen Vorhersage und tatsächliche Beobachtung deutlich

voneinander ab, dann wird die Chow-Statistik signifikant und die Hypothese konstanter Parameter muß verworfen werden.
Eine wichtige Rolle spielt die Festlegung des Zeitpunktes, zu dem die Stichprobe geteilt wird. Da die graphische Analyse auf einen Strukturbruch in einigen Ländern Mitte der achtziger Jahre hindeutet, wird die Stichprobe genau in der Hälfte geteilt, d.h. die Datenwerte von 1976-1984 gehen in die erste Schätzung ein und die restlichen Beobachtungen finden als Testperiode Verwendung.

Tab. 2.14: Chi²-Vorhersage- und Chow-Test-F-Statistiken für die Periode 1985-1993, sowie Hansen-Parameterinstabilitätstests

	Chi²(9)	F(9,7)	Hansen $\hat{\beta}_1$	Hansen $\hat{\alpha}_1$		Chi²(9)	F(9,7)	Hansen $\hat{\beta}_{12}$	Hansen $\hat{\alpha}_{12}$
Fra_1	11.5	0.21	0.36	0.39	Fra_{12}	15.5	0.29	0.30	0.34
Bel_1	200.6**	6.5*	0.41	0.67*	Bel_{12}	435**	15.4**	0.38	0.64*
Nie_1	14.9	1.39	0.64*	0.63*	Nie_{12}	74.2**	4.8*	0.90**	0.86**
Deu_1	28.3**	1.6	1.45**	1.32*	Deu_{12}	26.1**	1.28	1.37**	1.29**
Ita_1	56.7**	2.12	0.09	0.28	Ita_{12}	88.6**	2.39	0.18	0.37
Lux_1	63.6**	3.5	0.97**	1.01**	Lux_{12}	108.4**	4.8*	0.93**	1.02**
$Dän_1$	9.4	0.96	0.08	0.16	$Dän_{12}$	59.8**	1.4	0.06	0.24
Irl_1	36.4**	2.2	0.07	0.35	Irl_{12}	75.1**	4.3*	0.08	0.41
Eng_1	24.9**	1.1	0.27	0.38	Eng_{12}	28.1**	1.2	0.24	0.38

Hinweis: Genaue Beschreibungen der Tests können Doornik/Hendry (1994a) entnommen werden.

Die Ergebnisse für den Chow-Test in F-Form und einen vom Prinzip her ähnlichen, auf dem durchschnittlichen Vorhersagefehler beruhenden Chi²-Vorhersage-Test sind in Tabelle 2.14 dargestellt (für genauere Informationen zu den Tests, s. Doornik/Hendry (1994a)). Für den Anteil der Leute, die Inflationsbekämpfung als erstes Ziel des Staates definieren, ist bei drei Ländern keine Ablehnung der Tests zu verzeichnen: Frankreich, Niederlande und Dänemark. Eindeutig ist der Strukturbruch nur in Belgien, wo beide Tests die Nullhypothese konstanter Parameter verwerfen. Bei allen anderen Ländern deutet der Chi²-Vorhersage-Test auf instabile und der Chow-Test auf stabile Parameter hin. Für die Variablen, welche die erste oder zweite Wichtigkeit des Inflationsziels erfassen, gilt die Hypothese konstanter Parameter eher weniger. Nur in Frankreich scheint das Modell stabil zu sein. Bei allen anderen Ländern weisen entweder der Chi²-Vorhersage-Test oder beide Tests auf eine Ablehnung der Nullhypothese hin.
Etwas problematisch ist hier die chronische Widersprüchlichkeit der Tests, wobei der Chi²-Vorhersage-Test die Nullhypothese ablehnt, während der Chow-Test in vielen Fällen keine Anzeichen für Instabilitäten erkennt. Der Chi²-Vorhersage-Test hat im allgemeinen nur eine geringe Mächtigkeit, d.h. die Wahrscheinlichkeit, daß der Test eine falsche Nullhypothese verwirft, ist klein (s. z.B. Charemza/Deadman (1992, 43)). Hier liegt allerdings kein Problem der Mächtigkeit vor, denn der Test verwirft gerade - im Gegensatz zum Chow-Test - die Nullhypothese.

Um die Probleme in den Vorhersagen genauer bestimmen zu können, werden die einperiodigen Vorhersagen über den Zeitraum 1985-1993 betrachtet. Es ergibt sich typischerweise eine Überschätzung der tatsächlichen Wichtigkeitseinschätzung durch das gewählte Regressionsmodell (hier nicht weiter dokumentiert). Die Vorhersagefehler sind daher nicht symmetrisch um Null verteilt und dieses wird durch den Chi^2-Vorhersage-Test aufgegriffen. Ein Problem beider Tests besteht darin, daß eigentlich nicht nach Strukturbrüchen im Sensitivitätsparameter alleine getestet wird. Vielmehr wird die Vorhersagegenauigkeit des Modells als Ganzes, also hier zusätzlich mit dem konstanten Term, bei den Tests zugrundegelegt. Wird die Nullhypothese konstanter Parameter verworfen, dann kann das sowohl an einer Veränderung des Sensitivitätsparameters als auch des konstanten Terms liegen. Aufgrund dieser Tatsache sollte noch ein weiterer Test zur Hilfe genommen werden, bevor auf die Instabilität der betreffenden Parameter geschlossen werden kann.

Der dritte Instabilitätstest, dessen Ergebnisse ebenfalls in Tabelle 2.14 zusammengefaßt wurden, beruht auf einem Ergebnis von Hansen (1992). Durch diesen Test ist zwar der Zeitpunkt eines Strukturbruchs nicht genau festzustellen, aber es gibt auch keine Probleme mit der willkürlichen Festlegung eines bestimmten Zeitpunkts wie bei den eben betrachteten Tests. Auch kann jeder Schätzparameter einzeln getestet werden, wobei hier nur die Sensitivitätsparameter und konstanten Terme untersucht werden. Die Statistik wird über die gesamte Stichprobe berechnet. Hohe Werte der Teststatistik (ungefähr größer 0.5) signalisieren einen nicht-konstanten Parameter. Allerdings sind die kritischen Werte nur bei stationären Zeitreihen gültig. Wie oben bereits beschrieben, ist nicht auszuschließen, daß Nicht-Stationarität vorliegt. Über die üblichen Probleme mit asymptotisch abgeleiteten Tests in kleinen Stichproben hinaus sind folglich auch diese Tests mit Vorsicht zu interpretieren.

Nach den Hansen-Tests ergibt sich wieder ein etwas anderes Bild: Nur für die Niederlande, Deutschland und Luxemburg wird die Nullhypothese eines konstanten Sensitivitätsparameters und eines stabilen konstanten Terms verworfen. Zusätzlich kann für den α-Parameter für Belgien Stabilität abgelehnt werden. Folglich liegt ein Teil der in dem Chi^2-Vorhersage-Test aufgefangenen Instabilität in der Veränderung des konstanten Terms und nicht in einem instabilen Sensitivitätsparameter.

Die Schlußfolgerungen, die aus den Robustheitsanalysen gezogen werden können, lauten: Die Bedeutung des konstanten Terms ist im Vergleich zum Zeitraum 1976-1984 tendenziell in den untersuchten Ländern gesunken. Signifikant ist dieser Strukturbruch aber nur für Belgien, Niederlande, Deutschland und Luxemburg. Für drei dieser Länder, ohne Belgien, ist darüber hinaus aber auch eine statistisch-signifikant höhere Sensitivität der Bevölkerung bezüglich einer Änderung der aktuellen Inflationsrate zu konstatieren. In den verbleibenden Staaten sind, wie die graphische Analyse andeutet, die Werte der Sensitivitätsparameter leicht angestiegen. Im weiteren konzentriert sich die Diskussion auf die relevanten Sensitivitätsparameter.

Ein tendenzieller, langfristiger Anstieg der meisten Sensitivitätsparameter sagt nichts über mögliche Konvergenzeffekte aus. Konvergenz besteht erst dann, wenn sich die Sensitivitätsparameter tatsächlich einander annähern. Zur Beantwortung dieser Frage werden der Mittelwert und die Standardabweichung der Sensitivitätsschätzer für die Periode 1976-1984 mit dem Schätzer, der über den gesamten Zeitraum 1976-1993 ermittelt wurde, verglichen.

Aufgrund der Resultate der Parameterstabilitätsanalyse wäre ein höherer Mittelwert für die längere Periode zu erwarten. Eine Konvergenz in der Inflationssensitivität der Bevölkerung ließe vermuten, daß die relative Standardabweichung zurückgeht. Tabelle 2.15 listet die entsprechenden Statistiken auf:

Tab. 2.15: Mittelwert, Standardabweichung und Variationskoeffizient für die Schätzer der Perioden 1976-1984 und 1976-1993

	Mittel $\hat{\beta}_1$	Mittel $\hat{\beta}_{12}$	St.Abw. $\hat{\beta}_1$	St.Abw. $\hat{\beta}_{12}$	Var.Ko. $\hat{\beta}_1$	Var.Ko. $\hat{\beta}_{12}$
1976-1984	1.0	1.371	0.829	1.294	0.83	0.94
1976-1993	1.694	2.641	0.788	1.489	0.47	0.56

Über die gesamte Stichprobe hinweg sind die Mittelwerte der Sensitivitätsparameter höher als über die erste Hälfte. Andererseits sind die Varianzen für die Variable, welche Inflation als erstes Staatsziel enthält, für den langen Zeitraum niedriger. Umgekehrt ist es bei der Variable, die die Bekämpfung der Inflation als erstes oder zweites Ziel enthält.
Da der Vergleich der reinen Varianzen angesichts der Änderung des Mittelwertes nur begrenzt aussagekräftig ist, wird ein standardisiertes Variationsmaß gebildet, der Variationskoeffizient. Dabei wird lediglich die Standardabweichung durch den Mittelwert der Serie dividiert. Ein Vergleich der Variationskoeffizienten zeigt auf, daß die Werte für die Gesamtperiode eindeutig niedriger sind. Es hat folglich über den betrachteten Zeitraum eine durchschnittliche Angleichung der Sensitivitätsparameter gegeben. Mit anderen Worten, dieses Ergebnis deutet auf eine Konvergenz der Bewertung des Inflationsziels in den Bevölkerungen der untersuchten EU-Ländern hin.

7. Zusammenfassung und wirtschaftspolitische Schlußfolgerungen

Zusammenfassend lassen sich aufgrund der oben geführten Analyse folgende Punkte herausheben:
Erstens, es wurden zwei grundlegende Hypothesen zur Erklärung von nationalen Inflationsdifferenzen vorgestellt: die alternative und die orthodoxe Hypothese. In der Diskussion wird die orthodoxe Hypothese als letztlich unzureichend zurückgewiesen. Von den möglichen Transmissionsmechanismen zwischen Einstellungen und Zentralbankunabhängigkeit sowie niedriger Inflation wurde die sogenannte historische-rückkopplungs-Interpretation bevorzugt. Sie unterstellt, daß weder Präferenzen noch Institutionen a priori völlig festliegen und es im Laufe der Zeit zu den heute zu beobachtenden Inflationsdifferenzen in den einzelnen Ländern gekommen ist. Ein wesentlicher Grund dafür liegt - nach Aussage dieser Hypothese - in der Existenz eines spezifischen monetären Stabilitätskonsenses in der Ökonomischen Kultur der Bevölkerungen in den Niedriginflationsländern.
Zweitens, in der empirischen Analyse konnte letztlich nicht entscheidend zwischen beiden Hypothesen diskriminiert werden. Allerdings stimmen die Beobachtungen eher mit der alternativen Hypothese überein, da die orthodoxe Hypothese einen etwas geringeren Varianzerklärungsgrad aufweist und bei ihrer Richtigkeit keine Beziehungen zwischen

Bevölkerungseinstellungen und Inflationsraten sowie Zentralbankunabhängigkeit zu erwarten wären.
Drittens, wenn die alternative Sichtweise akzeptiert wird, dann stellt sich immer noch die Frage des Zusammenhangs zwischen Präferenzen und Zentralbankunabhängigkeit. Hier wurden der historische-rückkopplungs- und der präferenz-instrument-Mechanismus ausführlicher diskutiert. Die Durchführung einer statistischen Granger-Kausalitätsanalyse würde bei einer Entscheidung zwischen den Mechanismen helfen. Wenn die Existenz einer zweiseitigen Kausalität zwischen Inflationseinstellungen gegeben wäre, dann spräche dies für den ersteren Transmissionsmechanismus, eine einseitige Kausalität von Einstellungen zu Zentralbankunabhängigkeit hingegen für letzteren. Das Fehlen von gegenseitigen Einflüssen würde wiederum die orthodoxe Position unterstützen.
Angesichts der vorliegenden Datenreihen ist eine Granger-Kausalitätsanalyse aber nicht inhaltlich bedeutsam durchzuführen. Für die Sensitivitätsparameter und die Indizes für Zentralbankunabhängigkeit gibt es keine verwertbaren Längsschnittdaten. Selbst für Granger-Analysen der Zusammenhänge zwischen aktueller Inflation und Einstellungen sind die Daten ungeeignet. Die Mächtigkeit des Tests in kleinen Stichproben ist sehr gering und es stehen keine Freiheitsgrade für die Durchführung einer Spezifikationssuche durch Variation der Länge der Verzögerungen zur Verfügung (s. Thornton/Batten (1985)). Auf der anderen Seite darf der Hinweis nicht fehlen, daß sowieso nur wenige Philosophen das Konzept der Granger-Kausalität als eine ausreichende Abbildung von Kausalität ansehen würden (vgl. Holland (1986)). Trotzdem könnte die Studie der Kausalitätsbeziehungen mit den entsprechenden Daten einige interessante Ergebnisse liefern.
Mit Hilfe eines indirekten Arguments kann man vielleicht doch etwas zur Frage des Transmissionsmechanismus sagen. Aus den Korrelationen in Tabelle 2.13 ist zu ersehen, daß teilweise eine hohe Korrelation zwischen Zentralbankunabhängigkeit und den Sensitivitätsparametern besteht. Daraus läßt sich auf eine nicht geringe, gemeinsame Variation der Datenreihen schließen. Wenn die Korrelationen zwischen diesen Variablen nur niedrige Werte annehmen, z.B. zwischen OLS_1 und politischer Unabhängigkeit, dann ist auch die Assoziation der letzteren Variable mit der durchschnittlichen Inflationsrate nicht besonders hoch. Eine Erklärung dafür wäre, daß formale und tatsächliche Unabhängigkeit in diesem Fall voneinander abweichen.
Wenn nun sowohl die Sensitivitätsparameter als auch die Zentralbankindizes hoch mit der Inflationsrate korrelieren, dann könnte dies auf die gemeinsame Variation der beiden konkurrierenden Erklärungsvariablen zurückzuführen sein. Das wiederum würde die Interpretation unterstützen, daß Zentralbankunabhängigkeit und Einstellungen interdependent sind. Aus dieser Argumentation heraus ließe sich eine indirekte Unterstützung für die historische-rückkopplungs Interpretation ableiten. Allerdings sollte klar sein, daß diese Schlußfolgerung allenfalls heuristischer Natur, aber nicht logisch zwingend ist.
Viertens, die Stabilitäts- und Robustheitsanalyse der Sensitivitätsparameter hat auf mögliche Instabilitäten aufmerksam gemacht. Sowohl die graphische Analyse als auch die Chi^2-Vorhersage-Tests deuten instabile Parameter an. Weniger klar ist das Ergebnis, wenn die Chow-Testwerte herangezogen werden. Die Hansen-Tests schließlich weisen nur in wenigen Fällen auf Parameterinstabilitäten hin. Insgesamt macht die Kürze der Stichprobe eine

genaue Bewertung unmöglich, aber eine gewisse Skepsis, ob die Sensitivitätsparameter zeitlich invariant sind, erscheint durchaus angebracht.

Fünftens besteht aufgrund der präsentierten Analysen Anlaß, die Schlußfolgerung von Collins/Giavazzi (1993) zu stützen. Eine Konvergenz der Gewichtung des Inflationsziels in den europäischen Ländern kann auch hier festgestellt werden. Zum einen ergibt sich ein genereller Anstieg der Sensitivitätsparameter für viele Länder, zum anderen passen sich Mittelwert und Varianz über den Zeitablauf einander an. Die Konvergenz findet auf einem relativ hohen Niveau der Betonung des Ziels der Preisstabilität statt. Auch diese Beobachtung verträgt sich kaum mit der Annahme zeitlich konstanter Sensitivitätsparameter.

Schließlich ist im Hinblick auf die Konsequenzen der Analyse dieses Kapitels für die EWU folgendes anzumerken: Falls obige Analyse der Bedeutung der Bevölkerungseinstellung korrekt ist, dann bestehen berechtigte Zweifel daran, daß es genügt, zur Sicherung der Preisstabilität in der EWU eine unabhängige Zentralbank zu gründen. Viel entscheidender könnte es sein, einen monetären Stabilitätskonsens in den beteiligten Ländern herbeizuführen. Dafür wäre es nötig, die Ökonomische Kultur der beteiligten Länder dahingehend zu beeinflussen, daß die Inflationsbekämpfung als wichtiges Ziel erkannt wird.

Positiv für den Erfolg einer EWU stimmt dagegen die Beobachtung einer Konvergenz der Einstellungen bezüglich des Ziels der Preisstabilität. Bei einer Annäherung der nationalen Interessen hin zu einer höheren Inflationssensitivität sollte es einfacher sein, die formelle Zentralbankunabhängigkeit in faktische Unabhängigkeit umzusetzen und damit in Europa eine Zone monetärer Stabilität zu schaffen. Gleichzeitig beständen bessere Chancen für die Wirksamkeit des historischen-rückkopplungs Effekts, denn wenn die EZB auf einem höheren Unterstützungsniveau startet, dann kann sie leichter Erfolge erzielen und wiederum das in sie gesetzte Vertrauen der Bevölkerung stärken. Gerade dieser Aspekt ist bei der Transformation der EZB von einer *formalen* Institution hin zu einer gesellschaftlich *legitimierten* Institution von besonderer Wichtigkeit.

Auch das von Morales/Padilla (1995) angesprochene Problem unterschiedlicher nationaler Interessen in einem Europäischen Zentralbankrat wäre bei einer Konvergenz der Einstellungen nicht mehr so bedeutsam, solange die nationalen Vertreter auch die Meinung der jeweiligen Bevölkerung wiedergäben. Sollten die Mitglieder eines Europäischen Zentralbankrats, wie in Public-Choice-Modellen oft angenommen, nur ihren eigenen Nutzen maximieren, dann käme es darauf an, ob es gelingt, eine Zentralbankkultur ähnlich derjenigen in der Bundesbank herauszubilden. In diesen Zusammenhang paßt auch ein organisationspsychologisches Argument. Dieses besagt, daß die Mitglieder, solange keine harten externen Restriktionen vorliegen, den Erfolg der Organisation fördern werden, der sie angehören, weil sie damit auch ihr eigenes Prestige erhöhen können.[9]

Nachdem die mögliche Bedeutung der Bevölkerungsmeinung in den Ländern der EU für die Wirkungsweise einer EZB aufgezeigt wurde, gilt es, im nächsten Kapitel die Einstellungen zum Konzept einer EWU genauer zu untersuchen. Insbesondere wird die Frage analysiert, welche Auswirkungen der objektive Wissensstand der Bevölkerung auf ihre Meinungsbildung zur EWU hat.

---

[9] Eine Variante dieses Argumentes wird z.B. in dem Public-Choice-Ansatz von Vaubel (1986) zur Analyse internationaler Organisationen verwendet.

III. Bevölkerungseinstellungen zur Europäischen Währungsunion

1. Einführung

Wie im vorhergehenden Kapitel deutlich gemacht wurde, spielt die Einstellung der Bevölkerung zu ökonomischen (wie auch zu anderen) Themen eine wichtige Rolle bei der Formulierung der Wirtschaftspolitik. Gegen den Widerstand der Bevölkerung eine bestimmte Politik durchzusetzen, ist immer schwierig und erfordert einen erhöhten Einsatz von Ressourcen (vgl. Hibbs (1982, 222f)). In manchen Fällen steigen die Kosten der Implementierung durch den aktiven oder passiven Widerstand der Bevölkerung so an, daß Regelungen nicht zustande kommen oder rückgängig gemacht werden. Von besonderer Bedeutung sind beispielsweise die Einstellungen der Bevölkerung in den osteuropäischen Transformationsländern, da dort die Stabilisierung des Wirtschaftsablaufs nach den tiefgreifenden Veränderungen wesentlich ist (vgl. Hayo (1995), (1997b)). Boykottiert die Bevölkerung die neue Ordnung, dann bestehen ernste Zweifel, ob der Übergang in ein marktwirtschaftliches - und demokratisches - System, zumindest ohne sehr große Friktionen, gelingt.
Ausgehend vom Idealtypus einer präferenzorientierten Wirtschaftspolitik erscheint die Untersuchung der Vorstellungen der Bevölkerung natürlich von entscheidender Wichtigkeit. Es ist in einer Demokratie allerdings nicht zu erwarten, daß sich die Präferenzen von Politikern und Bürgern völlig decken. Dies muß nicht allein auf die Nutzenmaximierung der Politiker zurückzuführen sein, wie in der Public-Choice-Theorie normalerweise angenommen wird (s. z.B. Mueller (1993)). Einige Überlegungen im Sinne der Public-Choice-Sichtweise finden sich in den wirtschaftspolitischen Schlußfolgerungen zu den makroökonomischen Modellresultaten in Kapitel IV. Aber insbesondere die Diskussion des Problems der Zeitinkonsistenz in der Geldpolitik (s. Kapitel II.2) mit dem Rogoff-Vorschlag des „konservativen" Zentralbankpräsidenten (Rogoff (1985)) erinnert daran, daß auch ein Tradeoff zwischen streng demokratischer und Pareto-optimaler Wirtschaftspolitik auftreten kann. Auch wenn hier auf eine ausführliche Diskussion dieser Problematik verzichtet werden muß, so bleibt festzuhalten, daß wenn die Präferenzen der Bevölkerung ein wichtiges Kriterium für die Politikformulierung sein sollen, die Bevölkerungseinstellungen zu wirtschaftspolitischen Themen nicht ignoriert werden können.
Im folgenden werden daher die Einstellungen der Europäer zum Vertrag von Maastricht und insbesondere zur EWU untersucht (vgl. auch Hamaui (1996)). Die Datengrundlage bilden von der EG in Auftrag gegebene, repräsentative Umfragen in allen Mitgliedsländern, die Eurobarometer (EB). Im ersten, eher deskriptiven Teil dieses Kapitels wird auf die in den Heften Eurobarometer 40 (1993), Eurobarometer 41 (1994), Eurobarometer 42 (1995) und Eurobarometer 43 (1996) dokumentierten Ergebnisse zurückgegriffen. Zusätzlich wird die entsprechende Information aus den Rohdatensätzen für EB 38 (erhoben im Herbst 1992) und EB 39 (erhoben im Frühjahr 1993) aufbereitet und nutzbar gemacht. Die Umfrage zum EB 40 fand im Herbst 1993 statt, EB 41 wurde im Frühjahr 1994, EB42 im Herbst 1994 und EB43 im Frühjahr 1995 erhoben. Zur Unterscheidung in der weiteren Diskussion signalisiert der Zusatz „a" oder „b" hinter dem Umfragejahr, ob die Primärforschung im Frühjahr (z.B.

1994a) oder Herbst (z.B. 1994b) eines Jahres stattfand. Aus Gründen der Vergleichbarkeit erfolgt eine Beschränkung auf die 12 EU-Mitgliedsländer, die den Vertrag von Maastricht ursprünglich vereinbart haben.

Im ersten Teil (Abschnitte 2-4) steht die deskriptive Analyse der Bevölkerungseinstellungen zum Vertrag von Maastricht, der Einführung einer einheitlichen Europäischen Währung und einer EZB im Vordergrund der Analyse. In Abschnitt 2 wird eine Übersicht über die zeitliche Entwicklung (1992-1995) der Einstellungen zur EWU in den EU-Bevölkerungen gegeben. In einem Exkurs in Abschnitt 3 wird eine Interpretation der Gründe vorgestellt, warum die Deutsche Bundesregierung der Einhaltung der Konvergenzkriterien aus dem Vertrag von Maastricht so große Bedeutung beimißt. Schließlich werden die Ergebnisse aus der Einstellungsanalyse in Abschnitt 4 weiter diskutiert.

Der zweite Teil der Analyse (Abschnitt 5) wendet sich der Frage zu, welche Einflußfaktoren für die geäußerten Einstellungen verantwortlich sind. Dabei wird insbesondere der Einfluß, den der Informationsstand der Befragten auf ihr Antwortverhalten hat, genauer studiert. Als Untersuchungsverfahren finden der Vergleich von Mittelwerten, Regressionsansätze und das Verfahren der Korrespondenzanalyse Anwendung. Im letzten Abschnitt dieses Kapitels werden wirtschaftspolitische Schlußfolgerungen aus den präsentierten empirischen Ergebnissen gezogen.

2. Ein Vergleich der Bevölkerungseinstellungen zur EWU

Wie bereits angedeutet werden die, soweit verfügbar, neuesten EB-Umfrageergebnisse ab 1992 in der Analyse verwendet. Die gültigen Antworten der jeweils ca. 14000 Befragten in Europa zu ihrer Einstellung zum Maastrichter Vertrag werden als Häufigkeiten in den folgenden Abbildungen dargestellt. Die betrachteten Fragen lauten (aus dem Englischen übersetzt und etwas gekürzt, siehe Anhang B für den genauen Text):

MAASTRI: Würden Sie im Falle eines Referendums für oder gegen den Vertrag von Maastricht stimmen?

Unabhängig von den anderen Details im Vertrag von Maastricht, wie ist Ihre Meinung zu den folgenden Vorschlägen?

SINGCUR: Es soll eine EWU mit einer einheitlichen Europäischen Währung bis 1999 geben, die alle nationalen Währungen der EG-Mitgliedsländer ersetzt.

CENBANK: Es soll eine EWU mit einer EZB geben, die eine stabilitätsorientierte Geldpolitik verfolgt, d.h. die Inflation bekämpft.

Typische Probleme bei Daten aus Umfragen mit geschlossenen Fragen (nur solche werden hier betrachtet) resultieren aus der Anordnung der Fragen innerhalb des Fragebogens und der Reihenfolge der Antwortkategorien. Verzerrungen in den absoluten Antworthäufigkeiten aufgrund dieser Einwirkungen können nicht ausgeschlossen werden. Schuman/Presser (1981) geben eine gute Darstellung dieser und anderer Probleme bei der Umfragedatenanalyse. In allen verwendeten Eurobarometer-Umfragen ist die Positionierung der relevanten Fragen innerhalb der jeweiligen Fragebögen ziemlich konstant. Damit sollte zumindest die relative Vergleichbarkeit der ermittelten Antworthäufigkeiten aus verschiedenen Umfragen gewährleistet sein. Was die Reihenfolge der Antworten betrifft, so gilt das Argument der relativen Vergleichbarkeit noch mehr, da hier keine Variationen zwischen den Fragebögen auftreten.

Darüber hinaus liegt der Analyseschwerpunkt weniger auf der Betonung absoluter Werte, als auf dem Vergleich zwischen den betrachteten Ländern. Neben den Häufigkeiten werden die Mittelwerte und Standardabweichungen in der Analyse betrachtet. Durch die Kodierung der Variablen (1: dafür, 0: unentschieden, -1: dagegen) bedingt, deutet ein Mittelwert größer (kleiner) Null an, daß sich die Probanden mehrheitlich positiv (negativ) zum Fragegegenstand äußern. Die Standardabweichung wird hier als ein Indikator für das Bestehen eines Konsenses innerhalb eines Landes interpretiert. Eine hohe Varianz deutet an, daß die Antworten weit um den Mittelwert streuen. Es sei darauf hingewiesen, daß diese Sichtweise nicht ganz unproblematisch ist, da die Benennung der mittleren Kategorie als „unentschieden" zu berücksichtigen ist. Angenommen der Mittelwert sei ungefähr Null, dann müßte eine geringe Varianz als Konsens der Bevölkerung, sich im unklaren über ihre Einstellung zur Währungsintegration zu sein, gedeutet werden. Ob man diese Einstellung noch als echten Konsens deuten kann, ist fraglich. Da hier keine Einzelbeobachtungen, sondern lediglich Häufigkeiten für die EB 40, EB 41, EB42 und EB43 vorliegen, sind Mittelwerte und Standardabweichung nicht direkt zu berechnen. Aufgrund der Kodierung der Variablen mit 1, 0 und -1 ist es aber möglich, die gesuchten Werte indirekt zu ermitteln.

Die aus allen Antworten berechneten Häufigkeiten für MAASTRI sind in Abbildung 3.1 für die Jahre 1992b, 1993a und 1993b dargestellt (1994 und 1995 wurde die Frage nicht mehr gestellt):

Abb. 3.1: Zustimmung zum Vertrag von Maastricht

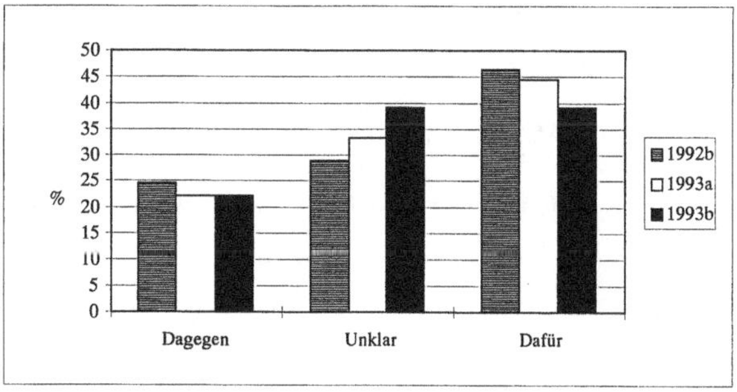

Für 1992b ist zu erkennen, daß 46.5 % der Befragten aus den EG-Ländern dem Vertrag zustimmen, 29 % unentschieden sind und etwa 24.5 % dagegen sind. Aus Tabelle 3.1 ist zu entnehmen, daß das arithmetische Mittel der Antworten 0.22 beträgt. Die Standardabweichung nimmt den Wert 0.81 an (siehe Tabelle 3.2). Ungefähr ein halbes Jahr später ist der Anteil der Vertragsgegner, aber auch der Befürworter, etwas gefallen. Auf der Aggregatebene sind diese Leute zur Gruppe der Unentschlossenen abgewandert. Das Mittel nimmt

1993a leicht auf 0.23 zu und die Standardabweichung auf 0.79 ab. In 1993b ergibt sich eine deutliche Verringerung des Mittels auf 0.17 und eine leicht geringere Standardabweichung (0.76).
Wie sieht es mit den wesentlichen Elementen der geplanten EWU aus, die in dieser Arbeit besonders interessieren? Bezüglich der Frage nach der Einführung einer einheitlichen Europäischen Währung (SINGCUR) ergeben sich die Verteilungen in Abbildung 3.2:

Abb. 3.2: Zustimmung zur Bildung einer einheitlichen Europäischen Währung

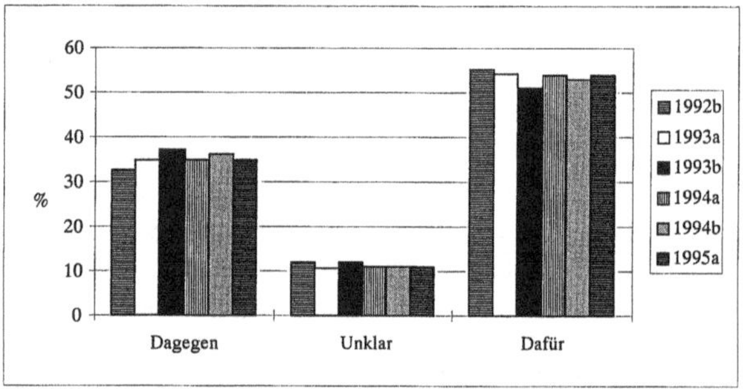

In 1992b sind 55.3 % der Befragten für die Einführung einer einheitlichen Europäischen Währung, 32.7 % dagegen und 12 % unentschieden. Das Mittel beträgt 0.23 und die Standardabweichung 0.91 (siehe Tabellen 3.3 und 3.4). Im darauffolgenden halben Jahr ist der Anteil der Befürworter und der Unentschiedenen gesunken, während die Gegner Zulauf bekommen haben. In der zweiten Hälfte von 1993 ist eine Fortsetzung dieses Trends zu beobachten. In den Folgezeitpunkten kehrt sich dieser Trend aber weitgehend wieder um, so daß für 1995a das Mittel einen Wert von 0.19 annimmt. Dies entspricht einer Abnahme von vier Prozentpunkten zwischen 1992b und 1995a.
Im Hinblick auf CENBANK, die Frage nach der Einrichtung einer stabilitätsorientierten EZB, sind die Häufigkeiten in Abbildung 3.3 gegeben.

Abb. 3.3: Zustimmung zur Bildung einer Europäischen Zentralbank

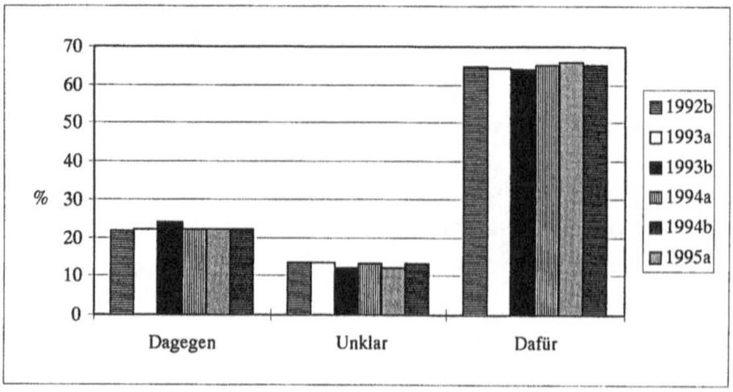

Ein Großteil der Befragten steht dem Vorschlag positiv gegenüber (64.9 %), dagegen sind 21.6 % und unentschieden 13.5 %. Wie aus Tabelle 3.3 ersichtlich ist, sind die Änderungen über den betrachteten Zeitraum hinweg gering, zwischen 1992b und 1995a besteht sogar kein Unterschied im Mittelwert, und die durchschnittlichen Einstellungen können deshalb als sehr stabil bezeichnet werden.

Ein Vergleich dieser Ergebnisse ergibt folgende Schlußfolgerungen: Insgesamt sprechen sich die Europäer mehrheitlich für den Vertrag von Maastricht als Ganzes aus (MAASTRI). Die Unsicherheit über die Beurteilung des Maastrichter Vertrages, gemessen durch die Standardabweichung, scheint in 1993 größer geworden zu sein. Allerdings ist zu erwarten, daß im Zuge der leichten Erholung der Position der Befürworter einer einheitlichen Europäischen Währung in 1994-95 (s. Abb. 3.2), sich auch die durchschnittliche Unterstützung für den Maastrichter Vertrag wieder erhöht. Während im Hinblick auf eine gemeinsame Währung (SINGCUR) die größte Gruppe der Befragten dem Vorschlag gegenüber positiv eingestellt ist, ist eine leichte Abnahme in der Unterstützung im Jahresvergleich auszumachen. Auffällig ist auch die deutliche Polarisierung in den Einstellungen. Die Leute beziehen eher Position dafür oder dagegen. Dies kommt auch in der relativ hohen Varianz zum Ausdruck. Schließlich stellt der Anteil der Leute, die für die Schaffung einer EZB eintreten (CENBANK), die eindeutige Mehrheit der Befragten. Angesichts der zeitlichen Konstanz in den aggregierten Einstellungsbekundungen liegt die Schlußfolgerung nahe, daß in der europäischen Bevölkerung ein Konsens darüber besteht, daß die Einführung einer EZB wünschenswert ist.

Es liegt natürlich auf der Hand, daß die EU-Aggregatzahlen nur eine theoretische Bedeutung für die gesetzlichen Regelungen in der Gemeinschaft haben. Selbst wenn eine direkte Einflußnahme der Bevölkerungsmeinungen auf die Europaparlamentarier unterstellt wird, ist die Möglichkeit der Durchsetzung durch das Europäische Parlament (EP) keineswegs klar. Die Bedeutung des EPs in der Legislative wurde zwar durch den Maastrichter Vertrag eindeutig gestärkt, in den meisten Fällen ist aber immer noch der Ministerrat die entscheidende Instanz.[1] Das gilt nicht nur für die Bereiche, in denen das EP keine legislative Befugnis hat, z.B. in den Feldern der zweiten und dritten Säule, sondern auch teilweise für die „Gemeinsamen Entscheidungen“ von Ministerrat und EP.

Einzelne Regierungen können einen wichtigen Einfluß auf die endgültigen legislativen Regelungen nehmen, denn auch in den Fällen, in denen die Einstimmigkeit im Ministerrat aufgehoben wurde, sind die Regierungen bemüht, einen Kompromiß zu finden, der alle Länder einigermaßen zufriedenstellt. Das EP wird kaum einen Gesetzesvorschlag ablehnen, bei dem klar ist, daß er nicht in anderer Form vom Ministerrat verabschiedet werden wird. Die Einigungsprobleme im Ministerrat können daher spieltheoretisch als Bindung (commitment) an eine bestimmte Haltung interpretiert werden. Die Drohung des EP, den Gesetzesentwurf zu blockieren, ist in vielen Fällen unglaubwürdig, da es an einer nicht vollständig befriedigenden Regelung meist mehr interessiert sein wird, als an einer unbestimmten Vertagung von Beschlüssen.

[1] Siehe z.B. Corbett (1994).

Daher ist es wichtig, die Aggregateinstellungen in ihre nationalen Komponenten zu zerlegen, denn dann läßt sich eher ausmachen, wie die Fronten im Ministerrat verlaufen (vorausgesetzt die jeweilige Regierung spiegelt die Präferenzen der eigenen Bevölkerung wider, s. Abschnitt 3 unten). In Tabelle 3.1 sind die Mittelwerte der Einstellungen zum Vertrag von Maastricht nach Ländern (Deutschland aufgeteilt in West- und Ostdeutschland und Großbritannien wieder in „England" und Nordirland) und über die Beobachtungszeitpunkte aufgegliedert. Wenn Werte größer als 0 erreicht werden, dann bedeutet dies, daß eine einfache Mehrheit der Bevölkerung für die Schaffung einer gemeinsamen europäischen Währung existiert. Die Zahlen geben den Anteil der Befürworter der gemeinsamen europäischen Währung minus dem Anteil der Gegner an. Um einen groben Eindruck von der zeitlichen Veränderung der Einstellungen zu erhalten, werden die Differenzen zwischen dem ersten und letzten vorliegenden Umfragedatum ebenfalls angegeben.

Tab. 3.1: Mittelwerte: Zustimmung zum Vertrag von Maastricht

Land	Mittel 1992	Mittel 1993a	Mittel 1993b	Diff. Mittel 1993b-1992b
Italien	0.46	0.35	0.34	-0.12
Niederlande	0.45	0.45	0.30	-0.15
Griechenland	0.44	0.29	0.46	0.02
Belgien	0.41	0.30	0.29	-0.12
Luxemburg	0.35	0.26	0.30	-0.05
Portugal	0.33	0.18	0.23	-0.10
Irland	0.31	0.46	0.30	-0.01
Spanien	0.18	0.20	0.30	0.12
W.-Deutschland	0.14	0.17	0.15	0.01
O.-Deutschland	0.14	0.13	0.13	-0.01
Frankreich	0.08	0.08	0.06	-0.02
N.-Irland	-0.09	0.09		
Dänemark	-0.10	0.21	0.13	0.23
England	-0.17	-0.07	-0.13	0.04
Alle Befragten	0.22	0.23	0.17	-0.05

Hinweis: Die Kodierung der Antworten ist: Dafür = 1, Unklar = 0, Dagegen = -1. Ab 1993b enthält die Variable England auch Nordirland.

Es ist zu erkennen, daß in 1992b die Differenz zwischen dem Land mit der größten durchschnittlichen Zustimmung, Italien (0.46), und dem Land mit der größten Ablehnung, England (-0.17), eine absolute Differenz von 0.63 herrscht. In 1993a sinkt diese auf 0.53 ab und steigt 1993b auf 0.59 an. Die Länder, welche an einem der Befragungszeitpunkte zu den drei größten Unterstützern des Maastrichter Vertrages gehören, sind: Italien, Niederlande, Griechenland und Irland. Mit entsprechend negativer Einstellung sind zu nennen: England, Dänemark, N.-Irland und Frankreich. Der deutlichste Meinungsumschwung zwischen 1993b und 1992 fand in Dänemark statt, wo die Zustimmung klar angestiegen ist. Von allen Staaten haben die Niederländer am meisten von ihrer positiven Einstellung zum Vertrag von Maastricht eingebüßt.

Schließlich ist zu fragen, wie stark sich die Rangfolge der nationalen Bevölkerungen in ihrer durchschnittlichen Zustimmung zum Maastrichter Vertrag verändert hat. Eine Möglichkeit, dies festzustellen, ist die Berechnung der Korrelation der Ränge zwischen dem ersten und dem letzten Beobachtungszeitpunkt. Damit wird natürlich nicht die mögliche Variation innerhalb der beiden Beobachtungspunkte erfaßt. Es ist deshalb eher ein Indikator für eine langfristige Strukturänderung der Rangfolge als für kurzfristige Schwankungen. Die Korrelationskoeffizienten für den Vergleich zwischen 1992b und 1993b betragen 0.24 (Spearman) bzw. 0.13 (Kendall's Tau b).[2] Es zeigt sich eine positive Korrelation der Ränge, d.h. ein Land, welches 1992 in überdurchschnittlichem Maße für den Maastrichter Vertrag war, wird auch 1993 so urteilen. Aber die Koeffizienten sind absolut gesehen nicht sehr hoch und bei einem Testniveau von 5% auch nicht signifikant.

Die Untersuchung der Standardabweichung ergibt folgende Fakten (s. Tab. 3.2): Der nationale Konsens über den Vertrag von Maastricht scheint in Dänemark, Frankreich und Westdeutschland am wenigsten ausgeprägt zu sein. Dies sind gleichzeitig Länder, die dem Vertrag eher skeptisch gegenüberstehen. Auf der anderen Seite finden sich Portugal, Italien, Spanien und Griechenland als Länder mit einer vergleichsweise großen Übereinstimmung der Bevölkerungseinstellungen.

Tab. 3.2: Standardabweichungen: Zustimmung zum Vertrag von Maastricht

Land	St.Abw.1992	St.Ab.1993b	St.Ab. 1993b	Diff. St.Abw. 1993b-1992
Dänemark	0.95	0.90	0.95	0
Frankreich	0.91	0.89	0.85	-0.06
W.-Deutschland	0.86	0.83	0.78	-0.08
O.-Deutschland	0.83	0.83	0.77	-0.06
Irland	0.83	0.76	0.71	-0.12
Luxemburg	0.81	0.77	0.74	-0.07
England	0.81	0.80	0.76	-0.05
Niederlande	0.77	0.73	0.67	-0.10
N.-Irland	0.75	0.70		
Griechenland	0.73	0.73	0.65	-0.08
Belgien	0.69	0.74	0.70	0.01
Spanien	0.69	0.72	0.67	-0.02
Italien	0.66	0.62	0.64	-0.02
Portugal	0.66	0.69	0.65	-0.01
Alle Befragten	0.81	0.79	0.76	-0.05

Hinweis: Die Kodierung der Antworten ist: Dafür = 1, Unklar = 0, Dagegen = -1. Ab 1993b enthält die Variable England auch Nordirland.

[2] Korrelationskoeffizienten wurden ohne Nordirland berechnet.

Es scheint nahe zu liegen, diese Ergebnisse auf die Ebene der Bevölkerungs*präferenzen* zu übertragen. Eine Mehrgipfligkeit der Präferenzen läge dann in den Ländern mit einer hohen Varianz vor, während die Länder mit einer geringen Varianz eher über eingipflige Präferenzen verfügten. Bei einer nationalen Abstimmung nach dem Mehrheitsprinzip käme es somit in den Ländern mit einer geringen Varianz weniger wahrscheinlich zu einem „Wahlparadoxon", d.h. die Reihenfolge der Abstimmung wäre dort nicht von Bedeutung. Im Gegensatz dazu könnte diese Gefahr in den Ländern mit mehrgipfligen Präferenzen bestehen. Diese Interpretation ist hier aber nur wenig hilfreich, da die mittlere Wahlalternative eigentlich gar keine ist, denn die Position „unentschieden" steht nicht zur Abstimmung. Von daher ist die oben gegebene Interpretation der Varianz als Indikator eines nationalen Konsenses überzeugender.

Auch hier ist nach der temporalen Stabilität der Rangordnung der Länder bezüglich der Höhe der Standardabweichung zu fragen. Die Koeffizienten für 1992b und 1993b sind 0.95** (Spearman) und 0.82** (Kendall). Daraus ergibt sich, daß die Reihenfolge in 1993b sehr ähnlich derjenigen in 1992b ist.

Wie sieht diese Analyse aus, wenn die Einstellungen zur Einführung einer einheitlichen europäischen Währung verglichen werden? In Tabelle 3.3 sind die Mittelwerte über die verschiedenen Länder gegeben.

Tab. 3.3: Mittelwert: Zustimmung zur Bildung einer einheitlichen Europäischen Währung

Land	Mittel 1992b	Mittel 1993a	Mittel 1993b	Mittel 1994a	Mittel 1994b	Mittel 1995a	Diff. Mittel 1995a-1992b
Italien	0.68	0.69	0.67	0.61	0.62	0.63	-0.05
Griechenland	0.57	0.55	0.57	0.44	0.51	0.48	-0.09
Irland	0.47	0.50	0.49	0.49	0.49	0.50	0.03
Luxemburg	0.44	0.35	0.40	0.33	0.5	0.52	0.08
Belgien	0.42	0.47	0.37	0.34	0.44	0.45	0.03
Spanien	0.42	0.49	0.40	0.48	0.4	0.38	-0.04
Portugal	0.42	0.34	0.35	0.13	0.22	0.24	-0.18
Niederlande	0.31	0.30	0.23	0.27	0.24	0.33	0.02
Frankreich	0.27	0.26	0.28	0.40	0.28	0.32	0.05
O.-Deutschland	-0.09	-0.27	-0.24	-0.25	-0.22	-0.21	-0.12
N.-Irland	-0.13	-0.03					
W.-Deutschland	-0.18	-0.31	-0.27	-0.21	-0.13	-0.10	0.08
England	-0.29	-0.30	-0.36	-0.21	-0.27	-0.17	0.12
Dänemark	-0.29	-0.38	-0.43	-0.36	-0.42	-0.36	-0.07
Alle Befragten	0.23	0.19	0.14	0.19	0.17	0.19	-0.04

Hinweis: Die Kodierung der Antworten ist: Dafür = 1, Unklar = 0, Dagegen = -1. Ab 1993b enthält die Variable England auch Nordirland.

Über alle Befragungen hinweg sind die Italiener relativ gesehen am meisten für die Einführung einer gemeinsamen europäischen Währung. Vergleichsweise positiv wird sie auch in Griechenland, Irland, Luxemburg und Spanien beurteilt. Von einer Mehrheit abgelehnt wird

der Vorschlag in England und Nordirland, Dänemark und West- und Ostdeutschland. Die Differenz zwischen dem deutlichsten Befürworter, Italien, und dem deutlichsten Gegner, Dänemark, beträgt absolut 0.97 in 1992b und 0.99 in 1995a. Was die Veränderung der eigenen Position anbelangt, so hat sich in Portugal im Vergleich von 1992 zu 1995 die Unterstützung um 0.18 verringert. Der höchste Anstieg der Unterstützung ist in England festzustellen, wo das Mittel von -0.29 auf -0.17 gestiegen ist. Wenn die Korrelation der Ränge der Länder in 1992b versus 1995a betrachtet wird, ergeben sich Koeffizienten von 0.83** (Spearman) und 0.72** (Kendall). Die Konstanz der Rangfolge ist wieder relativ hoch.
In Tabelle 3.4 sind die Werte für die Varianzen abgetragen.

Tab. 3.4: Standardabweichung: Zustimmung zur Bildung einer einheitlichen Europäischen Währung

Land	St.Abw. 1992b	St.Abw. 1993a	St.Abw. 1993b	St.Abw. 1994a	St.Abw. 1994b	St.Abw. 1995a	Diff. St.Abw. 1995-1992
O.-Deutschland	0.94	0.90	0.93	0.92	0.93	0.91	-0.03
Dänemark	0.94	0.90	0.87	0.90	0.89	0.91	-0.03
W.-Deutschland	0.93	0.90	0.90	0.92	0.95	0.93	0
Frankreich	0.92	0.91	0.91	0.86	0.92	0.92	0
England	0.90	0.90	0.88	0.93	0.90	0.95	0.05
Niederlande	0.89	0.90	0.91	0.91	0.91	0.88	-0.01
N.-Irland	0.89	0.90					
Luxemburg	0.85	0.89	0.86	0.93	0.81	0.81	-0.04
Belgien	0.84	0.83	0.88	0.89	0.83	0.83	-0.01
Spanien	0.82	0.79	0.80	0.77	0.84	0.80	-0.02
Irland	0.80	0.79	0.79	0.79	0.79	0.78	-0.02
Portugal	0.77	0.85	0.84	0.89	0.88	0.86	0.09
Griechenland	0.73	0.75	0.72	0.82	0.78	0.79	0.06
Italien	0.67	0.66	0.69	0.71	0.72	0.70	0.03
Alle Befragten	0.91	0.93	0.93	0.92	0.93	0.92	0.01

Hinweis: Die Kodierung der Antworten ist: Dafür = 1, Unklar = 0, Dagegen = -1. Ab 1993b enthält die Variable England auch Nordirland.

Länder mit einer relativ geringen Standardabweichung in 1995a sind Italien, Irland und Griechenland. Dort ist ähnlich wie bei der Zustimmung zum Vertrag von Maastricht ein Konsens vorhanden. Dagegen sind in Dänemark, Ost- und Westdeutschland, Frankreich, und England die Fronten gespalten, die Befürworter und Gegner einer Europawährung bilden unterschiedliche Pole in den Gesellschaften. Während in Deutschland und Frankreich die Varianz im Vergleich zu 1992b konstant ist, ist in England eine Polarisierung der Positionen zu beobachten. Dies geht einher mit dem deutlich höheren Mittelwert für England in 1995a (s. Tabelle 3.3). Die auffälligste Abnahme des Konsenses in der Bevölkerung ist allerdings in Portugal zu beobachten (Standardabweichung in: 1992b: 0.77; 1995a: 0.86), wo, wie oben beschrieben, die Zustimmung zur gemeinsamen Währung im Mittel klar abgenommen hat.

Die Korrelationen zwischen den Rangfolgen 1992b und 1995a betragen 0.83** (Spearman) und 0.64** (Kendall). Die Konstanz der Ordnung der Länder nach den Varianzen ist damit etwas weniger stabil als die nach den Mittelwerten.
Schließlich bleibt noch die Zustimmung zur Schaffung einer EZB, die relevanten Mittelwerte sind in Tabelle 3.5 zusammengefaßt.

Tab. 3.5: Mittelwert: Zustimmung zur Bildung einer Europäischen Zentralbank

Land	Mittel 1992b	Mittel 1993a	Mittel 1993b	Mittel 1994a	Mittel 1994b	Mittel 1995a	Diff. Mittel 1995a-1992b
Italien	0.67	0.69	0.75	0.66	0.71	0.73	0.06
Niederlande	0.60	0.53	0.63	0.58	0.54	0.55	-0.05
Griechenland	0.58	0.68	0.66	0.56	0.64	0.68	0.10
Portugal	0.55	0.52	0.57	0.39	0.41	0.47	-0.08
Belgien	0.53	0.62	0.59	0.51	0.59	0.55	0.02
Luxemburg	0.53	0.54	0.59	0.48	0.61	0.63	0.10
Irland	0.52	0.59	0.52	0.57	0.6	0.60	0.08
Spanien	0.52	0.59	0.53	0.55	0.52	0.49	-0.03
Frankreich	0.45	0.40	0.38	0.54	0.5	0.48	0.03
O.-Deutschland	0.37	0.24	0.28	0.37	0.35	0.36	-0.01
W.-Deutschland	0.26	0.17	0.23	0.29	0.33	0.35	0.09
N.-Irland	0.09	0.19					
Dänemark	0.07	0.02	0.07	0.05	0.03	0.15	0.08
England	0.03	0.05	0.04	0.11	0.12	0.13	0.10
Alle Befragten	0.43	0.42	0.40	0.43	0.44	0.43	0

Hinweis: Die Kodierung der Antworten ist: Dafür = 1, Unklar = 0, Dagegen = -1. Ab 1993b enthält die Variable England auch Nordirland.

In keinem Land gibt es eine Mehrheit gegen die Einführung der EZB. Am schwächsten ist die Unterstützung in Dänemark, England und Westdeutschland. Relativ stark ist die Zustimmung in Italien, Luxemburg und Griechenland in 1995a. Der Abstand zwischen dem Land mit dem niedrigsten Mittelwert (Dänemark) und dem höchsten (Italien) beträgt 0.60 in 1992b und 0.58 in 1995a. Die größte absolute Veränderung über diesen Zeitraum ist in Luxemburg und Griechenland festzustellen, wo die Zustimmung um 0.10 gestiegen ist. In Portugal ist dagegen ein Absinken um 0.08 zu beobachten. Die Rangkorrelationen zwischen 1992b und 1995a betragen 0.83** (Spearman) und 0.72** (Kendall). In der Rangordnung der Länder hat folglich wenig Bewegung stattgefunden.
Aus den Standardabweichungen in Tabelle 3.6 ist zu ersehen, daß für 1995a das Maximum in Dänemark zu finden ist. Relativ hoch ist die Streuung auch in England und Deutschland. Für Westdeutschland, Dänemark und England ist eine leichte Abnahme im Vergleich zu 1992b festzuhalten.
Eher gering sind die Varianzen in Italien, Griechenland, Irland und Luxemburg. In Portugal läßt sich ein Trend hin zu einer größeren Spaltung der Gesellschaft beobachten, während in Griechenland und Luxemburg dagegen ein Prozeß der Konsensbildung zu erfolgen scheint.

Die Berechnung der Rangkorrelationen ergibt 0.75** (Spearman) und 0.56** (Kendall). Damit ist die Ordnung der Länder nach ihrer Varianz in den Einstellungen zur EZB weniger stabil als im Falle der Mittelwerte.

Tab. 3.6: Standardabweichung: Zustimmung zur Bildung einer Europäischen Zentralbank

Land	St.Abw. 1992b	St.Abw. 1993a	St.Abw. 1993b	St.Abw. 1994a	St.Abw. 1994b	St.Abw. 1995a	Diff. St.Abw. 1995-1992
Dänemark	0.97	0.96	0.97	0.94	0.96	0.95	-0.02
England	0.94	0.93	0.93	0.92	0.91	0.92	-0.02
W.-Deutschland	0.90	0.92	0.91	0.90	0.91	0.86	-0.04
N.-Irland	0.88	0.86					
O.-Deutschland	0.87	0.89	0.91	0.87	0.89	0.87	0
Frankreich	0.84	0.85	0.86	0.78	0.82	0.83	-0.01
Luxemburg	0.78	0.77	0.74	0.81	0.72	0.67	-0.11
Belgien	0.76	0.71	0.74	0.79	0.71	0.74	-0.02
Irland	0.76	0.69	0.74	0.71	0.71	0.69	-0.07
Spanien	0.76	0.71	0.71	0.73	0.75	0.73	-0.03
Niederlande	0.71	0.77	0.69	0.74	0.74	0.75	0.04
Griechenland	0.71	0.63	0.65	0.71	0.67	0.61	-0.10
Portugal	0.67	0.74	0.72	0.81	0.80	0.77	0.10
Italien	0.57	0.64	0.61	0.65	0.64	0.60	0.03
Alle Befragte	0.82	0.83	0.85	0.83	0.83	0.83	0.01

Hinweis: Die Kodierung der Antworten ist: Dafür = 1, Unklar = 0, Dagegen = -1. Ab 1993b enthält die Variable England auch Nordirland.

Zusammenfassend ist klar geworden, daß deutliche Meinungsunterschiede in den potentiellen Mitgliedsländern über die Bildung einer EWU bestehen. Zum einen gibt es Unterschiede in der durchschnittlichen Zustimmung der Staaten zu den EWU-Vorschlägen, zum anderen aber auch Differenzen in der Homogenität der aggregierten nationalen Einstellungen.

Typische Gegner einer EWU sind Dänemark, Deutschland und England, während die Befürworter besonders in Italien, Griechenland, Luxemburg und Irland stark vertreten sind. Die Gegnerländer sind im allgemeinen durch einen geringeren Konsens über die Entscheidung gekennzeichnet, während in den Befürworterländern die Schwankungen um die durchschnittliche Beurteilung niedriger sind. England und Dänemark haben sich in einem Zusatzprotokoll die Möglichkeit offengehalten, der Bildung einer EWU fernzubleiben. Angesichts der präsentierten Untersuchungsergebnisse ist eindeutig zu erkennen, daß die Zurückhaltung der Politiker dieser Länder die Einstellungen ihrer jeweiligen Bevölkerungen widerspiegelt.

Ein Widerspruch zwischen dem Verhalten der Politiker und der geäußerten Meinung der Bevölkerung besteht lediglich in Deutschland, welches massiv für die irreversible Einbindung der EWU in den Maastrichter Vertrag eingetreten ist. Es bleibt abzuwarten, ob sich die Politiker an die eher reservierte Einstellung der deutschen Bevölkerung anpassen, oder ob es ihnen gelingt, die Bevölkerungsmeinung positiv für die Einführung einer EWU zu beeinflussen. Auf dieser Erkenntnis aufbauend, läßt sich eine polit-ökonomische Interpretation der Position der deutschen Bundesregierung zu den Maastrichter Konvergenzkriterien vornehmen (s. Hayo (1997c)).

3. Exkurs: Eine polit-ökonomische Erklärung der Betonung der Konvergenzkriterien in Deutschland

3.1 Einleitung

In der Diskussion um die EWU wird in Deutschland der Einhaltung der im Maastrichter Vertrag festgelegten Konvergenzkriterien besondere Bedeutung zugemessen. Von offizieller politischer Seite wird immer wieder betont, der Erfolg einer EWU hänge wesentlich davon ab, daß nur Länder teilnehmen würden, die diese Kriterien erfüllten. Dabei wird immer wieder auf die Wichtigkeit einer harten Auslegung der Kriterien hingewiesen.
In den folgenden Ausführungen soll deutlich gemacht werden, warum ein Fokus der Politik auf die Konvergenzkriterien aus volkswirtschaftlicher Sicht nicht nur unbegründet, sondern auch schädlich sein kann. Aufbauend auf der vergleichenden Analyse im vorhergehenden Abschnitt wird eine Erklärung dafür vorgestellt, warum die deutsche Bundesregierung die Maastrichter Kriterien trotzdem so stark betont. Schließlich wird kurz skizziert, warum die gegenwärtige offizielle Position der Bundesregierung, aber auch vieler Oppositionspolitiker, zur EWU wenig hilfreich und vielleicht sogar schädlich für die erfolgreiche Gründung einer stabilen Europawährung sein kann.

3.2 Die ökonomische Diskussion der Konvergenzkriterien

Im Einklang mit vielen anderen Ökonomen soll dargelegt werden, daß die ökonomischen Gründe für die Einhaltung der Kriterien für die erfolgreiche Schaffung einer Währungsunion wenig überzeugend sind. Hier können viele Fragen nur kurz angerissen werden, siehe daher z.B. Bean (1992), Artis (1994), Buiter (1995), De Grauwe (1995), Eichengreen/von Hagen (1995) oder Goodhart (1995) für genauere Analysen.
Die Kritik an den fiskalischen Kriterien, welche insbesondere von Buiter et al. (1993) angestoßen wurde, richtet sich keineswegs gegen die Verringerung der öffentlichen Schulden an sich (s. auch Bovenberg et al. (1991)). Die meisten Ökonomen gehen durchaus konform mit der Ansicht, daß die Verschuldung in vielen EU-Ländern zu hoch ist. Die entscheidende Frage ist aber doch: Sind die Konvergenzkriterien für die Errichtung einer Währungsunion von besonderer Bedeutung? Der entscheidende Grund, warum die Länder fiskalisch diszipliniert werden sollen, ist die Gefahr, daß ein Land übermäßige Schulden anhäufen könnte und dadurch negative externe Effekte auf die anderen Mitglieder entstehen würden.
Ein Argument basiert auf der Idee, daß durch die hohe Verschuldung eines Mitgliedslands die Zinsen in der EWU steigen könnten. Es ist aber unwahrscheinlich, daß bei einer hohen Defizitfinanzierung seitens eines der EWU-Mitglieder der reale Zinssatz wesentlich berührt

würde. Nicht nur innerhalb der EU, sondern auch mit dem Rest der Welt besteht freier Kapitalverkehr. Da auch die EWU nicht in der Lage sein wird, den Weltkapitalmarkt zu dominieren, ist ein starkes Ansteigen des Zinses aufgrund einer Knappheit an Kapital nicht zu erwarten. Damit ist die Gefahr einer Rezession aufgrund hoher Zinsen oder von Effizienzverlusten, bedingt durch eine intertemporale Fehlallokation von Ressourcen, gering. Wenn die EZB eine stabilitätsorientierte Geldpolitik verfolgt, dann ist gleichzeitig für die höher verschuldeten Länder die Chance größer, in einer EWU ihre Schulden zu reduzieren. Die Inflationserwartungen werden dann nämlich nicht mehr national, sondern europaweit gebildet. Folglich werden die Zinsen in den stark verschuldeten Ländern sinken und sich bis auf eine geringe Risikoprämie an die der anderen EWU-Mitglieder annähern. Die Staatshaushalte der Schuldnerländer können daher mit einer Reduktion der Zinsbelastung rechnen.

Ein stark verschuldetes Land könnte versuchen, Druck auf die EZB auszuüben, um über einen Anstieg der EWU-Inflationsrate die reale Belastung der Schuldenlast zu verringern. Die institutionellen Arrangements für die Schaffung der EZB erscheinen aber als relativ immun in Hinblick auf solche Attacken. Neben der Ausgestaltung der Unabhängigkeit (s. Kapitel II) wird zusätzlich in Art. 21 des Protokolls über die Bildung des ESZB eindeutig festgelegt, daß die EZB keine öffentlichen Schuldtitel direkt erwerben darf.

Größer erscheint daher die Gefahr, daß die anderen Länder sich genötigt sehen, einem fast bankrotten Mitglied zu helfen. Allerdings gibt es eine Stelle im Maastrichter Vertrag, in welcher darauf Bezug genommen wird, die sogenannte „No-bail-out"-Klausel in Art. 104b. Dort wird die klare Aussage gemacht, daß kein Mitglied oder die EWU als Ganzes für die staatlichen Schulden eines anderen Mitgliedes einzustehen hat. Natürlich können Regierungen trotzdem helfen, wenn sie wollen, aber das ist dann eine rein diskretionäre politische Entscheidung und kein rechtlicher Automatismus des Vertrages. Allerdings ist es denkbar, daß der Bankrott eines oder mehrerer Mitglieder der Währungsunion dazu führt, daß die Anleihen anderer Mitgliedsländer auf den Finanzmärkten ebenfalls mit einer Risikoprämie gehandelt werden.

Warum letztlich auch kein ökonomischer Zwang zum Eingreifen bestehen würde, versuchen Eichengreen/von Hagen (1995) zu zeigen. Sie machen deutlich, daß in der Wirtschaftsgeschichte Verschuldungsgrenzen in föderalen Staaten nur dann eingeführt und erhalten wurden, wenn die davon betroffenen staatlichen Einheiten nicht über eine eigene Steuerbasis verfügten. Für die Länder der EU trifft dieser Umstand aber nicht zu, vielmehr bleibt allen eine weitgehende Autonomie in ihrer Steuergesetzgebung und damit die Fähigkeit, ihre Verschuldung über höhere Einnahmen zu verringern. Allerdings nimmt die Steuerkonkurrenz durch das Entstehen der gemeinsamen Währung weiter zu und die Staaten müssen sich überlegen, ob die Einnahmeeffekte höherer Steuersätze nicht durch die Abwanderung der Steuerzahler konterkariert werden. Zur Zeit ist allerdings die Mobilität des Faktors Arbeit in Europa noch so gering, daß die praktische Bedeutung dieses Einwandes sich allein auf die Kapitalbesteuerung beziehen kann (s. Decressin/Fatas (1994) oder Bayoumi/Prasad (1995)).

Dagegen können deutliche Gefahren für die Konjunktur von einer ernsthaften, gemeinsamen Defizitreduzierung in den EU-Staaten ausgehen (s. Hughes Hallett/McAdam (1996)). Das gleichzeitige Zurücknehmen der öffentlichen Ausgaben in eng miteinander verknüpften Volkswirtschaften hätte wahrscheinlich größere negative Multiplikatoreffekte zur Folge.

Wenn aber die Staaten inmitten einer Rezession in die EWU eintreten würden, dann dürfte der Druck auf die EZB, - in der wichtigen Anfangsphase - die Zinsen niedrig zu halten, hoch sein. Gleichzeitig wird aber gerade dann die EZB gegenüber den Finanzmärkten ihre Stabilitätsorientierung beweisen müssen, so daß schwere Interessenkonflikte entstehen können, bevor die EZB ihre Position konsolidieren kann.

Ein großer Teil der Literatur zur Problematik der optimalen Währungsräume nennt insbesondere den Verlust der Geldpolitik und des Wechselkursinstruments als ein entscheidendes Hindernis für die erfolgreiche währungspolitische Integration. Wenn dieser Verlust der monetären Autorität tatsächlich bedeutsam sein sollte, dann käme es bei der Bekämpfung nationaler Schocks um so mehr auf alternative Instrumente an. Dementsprechend sollte die Flexibilität des zweiten wichtigen Stabilisierungsinstrumentes, der Fiskalpolitik, zur Bekämpfung nationaler Schocks erhalten bleiben (vgl. Masson/Taylor (1993)). Die Einführung der fiskalischen Konvergenzkriterien schränkt aber die Verwendbarkeit der Fiskalpolitik ein und wirkt ihrer Funktion als Ersatz für die Geldpolitik entgegen. Dazu kommt, daß gegebenenfalls die nationalen Fiskalpolitiken in einer Währungsunion abgestimmt werden sollten. Bryson (1994) und Andersen/Sorensen (1995) argumentieren für eine stärkere Koordinierung der Fiskalpolitiken in einer EWU (s. auch die etwas anderen Ergebnisse in Masson/Melitz (1991)). Eine Verringerung des diskretionären Spielraumes für die Fiskalpolitik aufgrund der Konvergenzkriterien würde eine wirtschaftspolitische Koordinierung der Mitgliedsländer erschweren.

In Hinblick auf die nominalen Kriterien Inflationsrate und Zinssatz sei auf die Argumentation von De Grauwe (1994) hingewiesen. Seiner Auffassung nach machte die Konvergenz dieser Variablen im Vorfeld der EWU wenig Sinn, da die Angleichung der Inflationsraten und Zinssätze nach einer gewissen Anpassungszeit eine Folge der Währungsunion sein werde. Durch die nominalen Konvergenzkriterien würden Voraussetzungen und Folgen einer EWU verwechselt. Für die Länder mit relativ hohen Zinsen und Inflationsraten wird es schwer sein, die Inflationserwartungen zu senken. Mit großer Wahrscheinlichkeit müßten dafür rezessive Tendenzen in Kauf genommen werden. Abgesehen von der Verschärfung der Situation für das Erreichen der fiskalischen Kriterien ist es fraglich, ob der Reputationsgewinn der „Hochinflationsländer" dann auch an eine EZB weitergegeben werden kann. Wenn die Märkte die EZB aber als glaubwürdigen Neubeginn akzeptieren, dann sind die Konvergenzanstrengungen der betreffenden Länder wenig hilfreich, aber volkswirtschaftlich teuer.

Selbst wenn diese Argumente gegen die Konvergenzkriterien nicht akzeptiert werden, dann stellt sich immer noch die Frage nach der Rationalität der genauen numerischen Festlegung. Was für einen Unterschied macht es, ob der Schuldenstand 60% oder 67.3% beträgt? Bei der Festsetzung der genauen Höhe der Kriterien war, letztlich unvermeidbar, ein Großteil von Willkür im Spiel. Warum sollten sich die Staaten also an eine strikte Festlegung der Kriterien halten? Wie das Beispiel Irland zeigt, wird vernünftigerweise durch die EU bereits die Verbesserung der entsprechenden Kriterien als ausreichend für die Qualifikation zur Mitgliedschaft gewertet.

Schließlich sollte darauf hingewiesen werden, daß die theoretischen Vorteile einer Währungsunion um so größer sind, je mehr Länder daran teilnehmen (vgl. Dowd/Greenaway

(1993) und Vinals (1996)). Die potentiellen Einsparungen an Transaktionskosten steigen überproportional mit der Anzahl der Mitgliedsländer (bzw. ihrer Bevölkerungszahl). Es wäre daher ökonomisch äußerst zweifelhaft, beispielsweise ein Land wie Belgien nicht in die EWU aufzunehmen, obwohl es niemals in der Lage sein wird, fristgerecht das Schuldenkriterium zu erfüllen.

3.3 Eine polit-ökonomische Erklärung

Alle diese Punkte zusammengenommen sollten deutlich machen, daß nur wenig dafür spricht, die Konvergenzkriterien bei der Gründung der EWU hart anzuwenden. Warum also besteht die Bundesregierung auf einer strikten Auslegung? Drei Begründungen liegen nahe: Erstens, die gerade diskutierten Argumente. Allerdings wäre Deutschland wenig gut beraten, deswegen auf einer strikten Einhaltung der Konvergenzkriterien zu bestehen.
Zweitens, um innenpolitischen Druck aufgrund einer starken Kürzung der Staatsausgaben oder Erhöhung der Einnahmen auf die Vereinbarungen zur EWU schieben zu können. Diese Begründung erscheint allerdings nur begrenzt überzeugend. Zum einen hat Deutschland selbst Probleme, die fiskalischen Kriterien zu erfüllen. Zum anderen betont der Bundesfinanzminister immer wieder, daß die nötigen Kürzungen im Bundeshaushalt unabhängig von Maastricht gesehen werden sollten. Wenn bezweckt würde, die Verantwortung für die Kürzungen auf die EU abzuwälzen, dann gingen die regierenden Politiker sicher anders vor.
Drittens, es liegt an der skeptischen Einstellung der deutschen Bevölkerung. In Abbildung 3.4 sind die durchschnittlichen Einstellungen der EU-Bevölkerungen zur Einführung einer einheitlichen Europäischen Währung über die letzten Jahre graphisch aufgeführt (aus Tab. 3.3 oben):

Abb. 3.4: Einstellungen zur einheitlichen Europäischen Währung

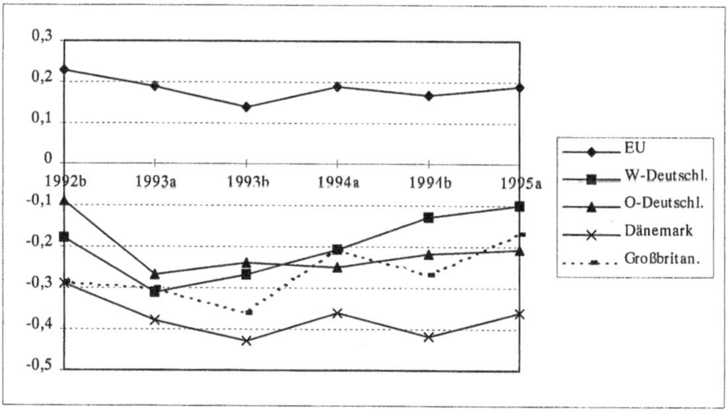

In der Graphik bildet die obere Linie den EU-Durchschnitt und die anderen stellen die Entwicklung in Deutschland (nach Ost und West unterteilt), Dänemark und England dar, in

denen die Bevölkerung stärkere Vorbehalte gegen die EWU äußert. Während jedoch sowohl die Politiker in England als auch in Dänemark der innenpolitischen öffentlichen Meinung Tribut gezollt und eine Ausstiegsklausel aus dem Maastrichter Vertrag vereinbarten, haben die deutschen Politiker nichts dergleichen getan. Im Gegenteil, die deutsche Regierung ist eine der Triebkräfte auf dem Weg zur EWU.

Worin ist diese spezifisch deutsche Politikposition begründet? Sie läßt sich wahrscheinlich auf die persönliche Nutzenmaximierung der Regierung und insbesondere des Bundeskanzlers zurückführen. Seiner Ansicht nach ist die EWU ein Jahrhundertprojekt, welches er für die spätere Geschichtsschreibung mit seinem Namen verknüpfen möchte. Weiterhin wird die EWU auch für wichtig in Hinblick auf die zukünftige Entwicklung der Integration in Europa erachtet. Es kann kaum ein Zweifel daran bestehen, daß die Schaffung einer Währungsunion in Europa zusätzliche Beziehungen (linkages) zwischen den beteiligten Ländern herstellen wird (s. Frankel (1973, 42ff) für eine kurze Zusammenfassung des Linkage-Ansatzes). Die entstehenden Asymmetrien in der Gestaltung der EU werden bald zu Forderungen führen, auch den politischen Ast der Integration entsprechend zu entwickeln. Gleichzeitig ist aber die Regierung auf die Unterstützung der Bevölkerung angewiesen. Zum einen in ihrer direkten Funktion als Wähler, zum anderen, weil passiver Protest auch eine Regierung oder ihren Chef zu Fall bringen kann. Ein Beispiel dafür ist der Versuch der Durchsetzung der Poll-Tax in Großbritannien, welcher den Sturz von Margaret Thatcher ausgelöst hat.

In Kapitel II wurde versucht zu zeigen, daß unterschiedliche Stabilitätskulturen in Europa existieren. Die Deutschen scheinen danach sensitiver auf hohe Inflationsraten zu reagieren als die meisten anderen Bevölkerungen in Europa. Es kann daher argumentiert werden, daß sich durch diese Stabilitätsorientierung auch teilweise ihre Ablehnung gegenüber dem Projekt einer EWU erklären läßt. Was nun kann eine Regierung tun, um die eigene Bevölkerung für eine Politik zu gewinnen, die aufgrund einer spezifischen „Ökonomischen Kultur" eigentlich abgelehnt wird? Sie kann Scheingefechte liefern, d.h. inhaltlich wenig informierten Bürgern (s. Abschnitt 5.2) glaubhaft versichern, der Erfolg einer EWU beruhe letztlich auf der Erfüllung der Konvergenzkriterien. Nicht umsonst werden diese auch oft als *Stabilitäts*kriterien bezeichnet. Deshalb ist für die deutschen Regierungspolitiker die Einhaltung dieser Kriterien so wichtig, sozusagen als greifbare Orientierungspunkte, um die Ängste der eigenen Bevölkerung zu beruhigen. Wenn schon die DM verloren geht, dann soll wenigstens das Gefühl vermittelt werden, daß die neue gemeinsame Europäische Währung ihr an Stabilität nicht nachstehen wird. Tatsächliche ökonomische Zusammenhänge sind vor diesem Hintergrund für die Politik zweitrangig.

3.4 Ökonomische Folgen einer Überbetonung der Konvergenzkriterien

Wie aus Abbildung 3.4 ersichtlich, ist die Zustimmung zur einheitlichen Europäischen Währung in der deutschen Bevölkerung seit 1993 ständig gestiegen. Das Absinken der Unterstützung von 1992b auf 1993a ist durch einen verzögerten Informationseffekt zu erklären. Es brauchte einige Zeit, bis die Bevölkerung verstand, daß es letztlich um die Abschaffung der DM geht. Wenn dieser ansteigende Trend in der Unterstützung der gemeinsamen Europäischen Währung extrapoliert wird, dann könnte es sogar kurz vor dem Start der

EWU in Deutschland zu einer Mehrheit dafür kommen. Unter der Annahme, daß die hier präsentierten Argumente korrekt sind, ist die Informationspolitik der Bundesregierung mit ihrer Fokussierung auf die Konvergenzkriterien vermutlich erfolgreich. Allerdings ist auch in den anderen betrachteten Staaten ein Anstieg der EWU-Unterstützung zu beobachten, so daß der Anstieg in Deutschland auch auf einen allgemeinen Trend zurückzuführen sein könnte. Verursacht nun dieser politische Schachzug, der sicherlich hilft, die innere Position der Bundesregierung zu sichern, ökonomischen Schaden? Dies ist schwierig zu beantworten, aber es spricht einiges dafür. Problematisch ist die in der Bevölkerung geförderte Assoziation zwischen der Einhaltung der Konvergenzkriterien und der Bildung einer erfolgreichen EWU.

Was passiert bei der Festlegung der Gründungsmitglieder? Wenn Deutschland tatsächlich seine vorher gemachten Bindungen an eine harte Interpretation der Kriterien durchzusetzen versucht, dann könnte die EWU mit einer zu geringen Anzahl von Ländern starten. Folglich ist es möglich, daß die Vorteile einer Währungsunion nur unvollständig ausgenutzt werden. Falls aber ein Einschwenken auf die Linie der politischen Entscheidung erfolgt, im Sinne einer angemessenen Annäherung an die Kriterien, dann könnte schon von Anfang an ein Vertrauensverlust der Bevölkerung auftreten, der nur langsam wieder abzubauen ist. Ein ähnliches Phänomen ist bereits bei der Finanzierung der deutschen Einheit aufgetreten. Auch damals haben es die Politiker vermieden, auf die tatsächlich zu erwartenden Belastungen hinzuweisen. Sie haben lieber die späte Empörung der Bevölkerung in Kauf genommen, als eine Diskussion am Anfang des Prozesses riskiert.

Sollte die Argumentation im Kapitel II zu Inflationseinstellungen in Europa zutreffen, dann ist das Vertrauen der Bevölkerung in die EZB mindestens ebenso bedeutsam, vermutlich sogar wichtiger, als ihre formelle Unabhängigkeit. Gibt die politische Elite in einem Land falsche Signale und lenkt sie die Aufmerksamkeit der Bevölkerung auf ökonomische Kriterien, deren tatsächliche Bedeutung für eine EWU von zweifelhafter Bedeutung ist, dann wird die Chance vertan, das Vertrauen und die Unterstützung zu erhalten, die für einen Erfolg des Projektes von großer Wichtigkeit sind. Wie bedeutend das objektive Wissen für die Einstellungen zur EWU sein kann, wird im weiteren Verlauf dieses Kapitels noch deutlich werden. Eine Aufgabe der Ökonomen sollte es folglich sein, stärker als bisher darauf hinzuweisen, daß die Bedeutung der Konvergenzkriterien volkswirtschaftlich zweifelhaft ist, und damit der Bevölkerung vor Augen führen, daß eine strikte Einhaltung dieser Kriterien kaum etwas mit dem Erfolg einer EWU zu tun hat.

4. Diskussion der Ergebnisse aus der Einstellungsanalyse

Nach diesem kurzen Exkurs in die politische Ökonomie werden nun noch andere Aspekte der Einstellungsanalyse hervorgehoben. Interessant sind dabei die Unterschiede in der Beurteilung der Einführung einer gemeinsamen Währung und der EZB. Es ist nicht ganz klar, welche Funktion eine EZB ohne gemeinsame Währung übernehmen könnte. Eine Gründung der EZB vor Einführung der gemeinsamen Europäischen Währung wurde jedenfalls auch von Bundesbankpräsident Tietmeyer befürwortet (Frankfurter Allgemeine

Zeitung, 14.11.95, S. 19). Er argumentiert, daß sich die neue EZB auf ihre Rolle der Ausgestaltung einer Europäischen Geldpolitik einstellen muß. Sie hat zu entscheiden, welche Instrumente sie einsetzen möchte und sie muß lernen, in welcher Art und Weise die Märkte darauf reagieren. Dafür sei nach Tietmeyer ein entsprechender Vorlauf wichtig und nützlich. Sollte eine EZB deutlich früher eingerichtet werden, als die gemeinsame Währung, dann wären folgende Überlegung relevant: Die Existenz einer EZB könnte positive Effekte auf die Einstellung der Bevölkerungen zur Europäischen Währung haben. Sollte die EZB entsprechend früh eingerichtet werden, dann könnte ein reibungsloses Funktionieren eine Signalwirkung in Hinblick auf eine gemeinsame Währung haben. Fehler seitens der EZB dürften geringere Auswirkungen haben, solange die nationalen Währungen noch existieren und die Verantwortung für die Geldpolitik letztlich bei den nationalen Zentralbanken oder Regierungen liegt.

Eine Alternative zu diesem Szenario könnte in der Einführung fixer Wechselkurse bei gleichzeitiger Beibehaltung der nationalen Währungen gesehen werden. Die Unterstützung der Bevölkerung für diesen Integrationsschritt wäre vermutlich ebenfalls gesichert und darüber hinaus sind theoretisch die wesentlichen Vorteile einer WU realisierbar. Auf der anderen Seite spricht vieles dafür, einen klaren Unterschied zwischen einer echten WU und fixen Wechselkursen zu machen (s. z.B. Unger (1995)). Insbesondere die Möglichkeit der Währungsspekulation kann in einem Festkurssystem oft nur schwer ausgeschlossen werden. Allerdings könnte der Vorschlag von Bofinger, die nationalen Zentralbanken mit unlimitierten Zugriffsrechten auf die Währungen der anderen teilnehmenden Staaten des Fixkurssystems auszustatten und damit jegliche Versuche von Spekulation zu vermeiden (s. Collignon et al. (1994)), hier in leicht modifizierter Form eingebracht werden.

So wäre es vorstellbar, einer EZB die Kontrolle über die Währungen der Mitgliedsländer zu überlassen, mit der Auflage, die vorher festgelegten Paritäten garantiert fix zu halten. Durch die Möglichkeit der EZB, auf die Währungen aller Mitgliedsstaaten der WU zurückgreifen zu können, kann sie jeglichen spekulativen Attacken auf die Paritäten widerstehen. Solange sie den Devisenmärkten gegenüber deutlich machen kann, daß sie bereit ist, die fixen Kurse zu verteidigen, wird es erst gar nicht zu spekulativem Druck kommen. Allerdings müßte noch ein Mechanismus eingebaut werden, welcher die Inflationierung einer Währung auf Kosten der anderen Währungen verhindert. Sollten sich trotz fester Paritäten Inflationsunterschiede zwischen WU-Mitgliedsländern ergeben, z.B. durch exzessive Staatsausgaben, hohe Lohnabschlüsse, starke Nachfrage, etc., so müßte eine EZB dann mit den relativ starken Währungen die schwachen Währungen auf dem Markt stützen. Letztlich führte dies zu einer Ausdehnung des Geldangebots in den inflationsschwachen Ländern, welches dort ebenfalls Preisdruck erzeugen kann.

Bei der Vermeidung dieses Problems ist mit einigen Schwierigkeiten zu rechnen, denn damit müßten Auflagen an die jeweiligen Staaten für fiskalische und lohnpolitische Disziplin formuliert werden, welche noch über die Maastrichter Kriterien hinausgehen. Vorstellbar ist beispielsweise die Verhängung einer Strafsteuer gegen die Länder, deren Währung an den Märkten unter Druck gerät. Die Höhe und die genauen Umstände der Strafsteuer wären aber sicherlich Gegenstand schwieriger politischer Verhandlungen. Denn wie die Geschichte des EWS zeigt, so waren es meist die Währungen der wirtschaftlich schwachen Länder, die

abgewertet wurden. Deren Möglichkeiten, eine abschreckende Strafsteuer zu zahlen, sind sicherlich eingeschränkt.
Ausgangspunkt der Diskussion war die Ablehnung der Einführung einer gemeinsamen Währung in Europa und die Zustimmung zur Bildung einer EZB durch die Bevölkerungen. Ob die eben skizzierten Vorschläge tatsächlich die Zustimmung der Europäer treffen würde, ist unsicher. Mit Hilfe der hier vorhandenen Umfrageergebnisse kann nicht eindeutig herausgefunden werden, welcher Aspekt die Bevölkerungen an einer gemeinsamen Währung stört (Inflationsangst, Aussehen, Name, etc.). Daher ist es auch entsprechend schwierig, praktische Vorschläge für die Wirtschaftspolitik zu entwerfen, die den Einstellungen der Bevölkerung gerecht werden. Es wäre denkbar, daß die Befragten mit der Bildung einer EZB keine konkreten Änderungen verbinden und daher diesen Integrationsschritt als „harmlos“ einstufen. Die Währung ist aber etwas sehr Konkretes für die Menschen und deshalb reagieren sie vielleicht sehr viel ablehnender. Insbesondere könnte dabei die bereits erwähnte Stabilitätsorientierung der deutschen Bevölkerung zum Ausdruck kommen (s. Kapitel II). Hier besteht sicherlich noch Forschungsbedarf, denn erst wenn klarer wird, was die Befragten mit den Konzepten zur EWU eigentlich verbinden, sind eindeutige Aussagen bezüglich der Vorstellungen der Bevölkerung möglich.
Wenigstens ein erster Schritt hin zu einer möglichen Erklärung wird hier aber gemacht. Es soll die Hypothese untersucht werden, ob die Ablehnung der gemeinsamen Europäischen Währung bei vielen Probanden auf direkte Inflationsängste zurückzuführen ist oder ob die Ablehnung eher diffuser Natur - im Sinne von Easton (1979) - ist. Es bietet sich an, eine Brücke zum Kapitel II über die Bevölkerungseinstellungen und Inflation in Europa zu schlagen. Im vorhergehenden Kapitel wurde argumentiert, daß die Bevölkerungseinstellung zur Inflation durch die Nennung der Inflationsbekämpfung als wichtiges Staatsziel operationalisiert werden kann. Nun wird untersucht, ob ein direkter Zusammenhang zwischen der Betonung des Inflationsziels und der Einstellung zur EWU besteht. Dafür wird auf die Variablen MAASTRI, SINGCUR und CENBANK als Indikatoren zur EWU-Einstellung zurückgegriffen. Für die Inflationseinstellung werden die aus Kapitel II bekannten Dummy-Variablen $Wichtig_1$ und $Wichtig_{12}$ genutzt, wobei erstere die Leute beschreibt, die Inflationsbekämpfung als wichtigstes Ziel ansehen. $Wichtig_{12}$ erfaßt dagegen die Befragten, die Inflationsbekämpfung entweder als erstes oder als zweites Ziel des Staates bezeichnen. Die Korrelationen dieser Variablen über den aggregierten Datensatz aus EB38 und EB39 sind in Tabelle 3.7 aufgezeichnet. Es ist offensichtlich, daß die Korrelationen ausgesprochen schwach sind. Zwar sind die Koeffizienten für MAASTRI und SINGCUR bei einem Niveau von 1% signifikant, aber das ist in erster Linie ein Effekt der großen Stichprobe. Weiterhin ist zu erkennen, daß die signifikanten Effekte unterschiedliche Vorzeichen haben.

Tab. 3.7: Korrelation von EWU-Einstellungen und Inflationswichtigkeit

	MAASTRI	SINGCUR	CENBANK
$Wichtig_1$	-0.024** (-0.032**)	0.019** (0.015*)	0.002 (-0.009)
$Wichtig_{12}$	-0.031** (-0.041**)	0.027** (0.023**)	0.011 (0.001)

Hinweis: Korrelationskoeffizienten nach Pearson und (Spearman). Signifikanzniveau: 1% = ** und 5% = *.

Während für die Einstellung zum Vertrag von Maastricht gilt, daß inflationsaverse Leute eher den Vertrag ablehnen, sind sie, was die einheitliche Europäische Währung betrifft, eher dafür. Die ökonomische Schlußfolgerung kann - trotz statistischer Signifikanz - nur lauten, daß keine eindeutigen Zusammenhänge auf der europäischen Aggregatebene ableitbar sind.
Da aber eine Aggregatanalyse immer die Gefahr in sich birgt, Korrelationen von Teilpopulationen zu überdecken, werden im folgenden disaggregierte Korrelationskoeffizienten genauer betrachtet. In Tabelle 3.8 sind einige Assoziationsmaße, nach den Umfragezeitpunkten gegliedert, über alle Befragten aufgelistet:

Tab. 3.8: Korrelation von EWU-Einstellungen und Inflationswichtigkeit (1992 und 1993)

	MAASTRI	SINGCUR	CENBANK
$Wichtig_1$ (1992)	-0.003 (-0.010)	0.006 (0.001)	-0.013 (-0.025**)
$Wichtig_{12}$ (1992)	-0.007 (-0.018*)	0.019* (0.014)	-0.004 (-0.017)
$Wichtig_1$ (1993)	-0.045** (-0.054**)	0.030** (0.027**)	0.015 (0.006)
$Wichtig_{12}$ (1993)	-0.056** (-0.065**)	0.034** (0.030**)	0.025** (0.016)

Hinweis: Korrelationskoeffizienten nach Pearson und (Spearman). Signifikanzniveau: 1% = ** und 5% = *.

Es wird deutlich, daß die Korrelationskoeffizienten in 1993 absolut größer und signifikanter als in 1992 sind. Allerdings sind die statistischen Zusammenhänge immer noch sehr schwach. Auch bleibt die theoretische Interpretation unklar, denn die Vorzeichen sind nicht einheitlich. Es ist daher fraglich, ob der Unterschied in den Perioden hilft, den Zusammenhang zu verstehen. Schließlich bietet es sich an zu fragen, ob vielleicht für bestimmte Länder klare Korrelationen zu finden sind. In Tabelle 3.9 werden die Ergebnisse der Querschnittsanalyse präsentiert.
Auf der Länderebene gibt es fünf Fälle, die eine recht eindeutige Struktur aufweisen: Frankreich, Belgien, Niederlande, Italien und Ostdeutschland. In diesen Ländern besteht ein signifikant negativer Zusammenhang zwischen den EWU-Variablen und der Inflationseinstellung. Wer die Inflationsbekämpfung für sehr wichtig hält, ist eher gegen die EWU. Dies würde im Einklang mit der oben formulierten Hypothese stehen, daß die Leute eine EWU aus Angst vor höherer Inflation ablehnen. Ob allerdings die ermittelten Resultate die Hypothese als robust erscheinen lassen, ist mehr als fraglich. Zum einen kann für die meisten EU-Länder solch ein Zusammenhang nicht nachgewiesen werden. Damit ist eine Verallgemeinerung auf alle untersuchten Länder problematisch. Zum anderen ist der absolute Korrelationskoeffizient in den angeführten Ländern immer noch nicht sehr groß.
Es ist auch nur bedingt mit dem theoretischen Argument in Einklang zu bringen, daß die Leute in Frankreich oder Italien am meisten Angst vor höherer Inflation durch die EWU haben sollen. Denn wie in Kapitel II über Inflationseinstellungen deutlich geworden ist, gehören diese Länder über den betrachteten Zeitraum nicht zu den besonders preisstabilen Staaten. Vielmehr wäre zu erwarten gewesen, daß für Länder wie Westdeutschland oder die Niederlande ein signifikant negativer Zusammenhang gefunden wird. Umgekehrt hätten Länder mit einer überdurchschnittlichen Inflationsrate eine positive Korrelation der Variablen aufweisen müssen. Aber in den Staaten mit der höchsten durchschnittlichen Inflation

(Griechenland, Portugal, Italien, Irland und England) läßt sich keine signifikant positive Korrelation feststellen. Im Gegenteil, wie bereits angesprochen, findet sich in Italien sogar ein klar negativer Zusammenhang. Ein ähnlich unklares Bild ergibt sich auch in der Analyse von Hamaui (1996).

Tab. 3.9: Korrelation von EWU-Einstellungen und Inflationswichtigkeit nach Ländern

Land		MAASTRI	SINGCUR	CENBANK
Frankreich	$Wichtig_{12}$	-0.13**	-0.13**	-0.10**
Belgien	$Wichtig_{12}$	-0.12**	-0.11**	-0.08**
N.-Irland	$Wichtig_{12}$	-0.09**	-0.06	-0.07
Belgien	$Wichtig_{1}$	-0.08**	-0.09**	-0.08**
Italien	$Wichtig_{12}$	-0.08**	-0.12**	-0.11**
Griechenland	$Wichtig_{1}$	-0.08**	-0.04	-0.01
N.-Irland	$Wichtig_{1}$	-0.08	-0.06	-0.04
Italien	$Wichtig_{1}$	-0.07**	-0.09**	-0.08**
Luxemburg	$Wichtig_{12}$	-0.07*	-0.01	-0.03
Niederlande	$Wichtig_{12}$	-0.06**	-0.04	-0.07**
O.-Deutschland	$Wichtig_{1}$	-0.06*	-0.06**	-0.06**
Luxemburg	$Wichtig_{1}$	-0.06	-0.004	-0.01
Niederlande	$Wichtig_{1}$	-0.05*	-0.03	-0.08**
Irland	$Wichtig_{1}$	-0.04	-0.03	-0.04
Irland	$Wichtig_{12}$	-0.04	-0.04	-0.03
Spanien	$Wichtig_{12}$	-0.04	-0.06**	-0.09**
O.-Deutschland	$Wichtig_{12}$	-0.04	-0.06**	-0.09**
Frankreich	$Wichtig_{1}$	-0.03	-0.08**	-0.04
England	$Wichtig_{1}$	-0.03	-0.01	0.01
Griechenland	$Wichtig_{12}$	-0.03	0.03	0.04
England	$Wichtig_{12}$	-0.02	-0.03	0.01
Spanien	$Wichtig_{1}$	-0.02	-0.03	-0.07**
Portugal	$Wichtig_{1}$	-0.02	-0.02	-0.004
Dänemark	$Wichtig_{1}$	-0.01	0.03	-0.02
Dänemark	$Wichtig_{12}$	-0.004	0.0002	0.008
W.-Deutschland	$Wichtig_{1}$	0.03	0.01	-0.03
Portugal	$Wichtig_{12}$	0.02	0.04	0.03
W.-Deutschland	$Wichtig_{12}$	0.001	-0.07**	-0.03

Hinweis: Korrelationskoeffizienten nach Pearson. Signifikanzniveau: 1% = ** und 5% = *.

Obwohl sich keine endgültige Schlußfolgerung aus der präsentierten Analyse ableiten läßt, so ist doch klar geworden, daß die Angst vor höherer Inflation keineswegs ein offensichtlicher Grund dafür zu sein scheint, daß die Befragten die EWU ablehnen. Die Ablehnung beruht wohl eher auf einer diffusen Einstellung zu dieser Fragestellung, wie sie von Easton (1979) theoretisch aufgearbeitet wurde. Andere Motive, wie z.B. der Stolz auf die eigene nationale Währung oder die Angst vor Veränderungen, könnten ebenfalls von Bedeutung sein. In Abschnitt 5 wird speziell der Einfluß wichtiger Einflußfaktoren auf die EWU-

Einstellungen untersucht. Auch der Bedeutung des objektiven und subjektiven Informationsstand der Befragten für ihr Antwortverhalten wird nachgegangen.
Ein anderes, aus der Einstellungsforschung bekanntes Problem, welches die hier präsentierten Ergebnisse sicherlich auch beeinflußt, ist das der „Nicht-Einstellungen" (non-attitudes), welches von Converse (1970) beschrieben wurde.[3] Es kann vorkommen, daß einige der Probanden sich gar nicht für das jeweilige Umfragethema interessieren, sich nicht damit auskennen oder sich aus anderen Gründen keine Meinung darüber gebildet haben. Durch den Fragebogen oder Interviewer können sie aber direkt oder indirekt gezwungen werden, eine konkrete Antwort abzugeben, welche zwar keine echte Einstellung zu einem Themenkomplex darstellt, aber bei der Analyse als solche behandelt wird. Gerade im Bereich der Fragen zur EWU könnte dieses Problem der Nicht-Einstellungen auftreten, da zum einen die EU als fern und abstrakt gilt und zum anderen Konzepte wie „Europäische Zentralbank", oder „Konvergenzkriterien" etc. nur wenig verstanden werden.[4] Auf der anderen Seite wurden bei allen hier berücksichtigten Fragen „Weiß nicht"-Kategorien angegeben, die einen Großteil der Leute mit Nicht-Einstellungen abgefangen haben dürften (s. Schuman/Presser (1981), Kapitel 4 und 5). Trotzdem kann nicht ausgeschlossen werden, daß es aufgrund dieses Problems zu Datenunreinheiten kommt.
Wesentlich für die Bildung einer fundierten Meinung und die Vermeidung von Nicht-Einstellungen ist eine „ausreichende" Menge an Information über das jeweilige Thema. Es ist daher zu fragen, wie die Einstellungen der Befragten mit ihrem Wissensstand zum Thema der EWU variieren, ob unterschiedliche Information zur Bildung einer unterschiedlichen Meinung beiträgt, oder ob sich die Einstellungsdifferenzen auch bei verschiedenen Informationsgraden der Probanden erhalten. Eng damit verbunden ist die Frage nach den Möglichkeiten der Politiker, die Einstellungen der Bevölkerung in Hinblick auf die EWU zu beeinflussen. Könnten beispielsweise die deutsche Bundesregierung oder die EU-Kommission hoffen, durch eine Verbesserung des Informationsstands die Zustimmung der deutschen Bevölkerung zur EWU zu erhöhen? Im nächsten Abschnitt soll daher der Zusammenhang zwischen Informationsstand und Einstellung zur EWU untersucht werden.

5. Der Zusammenhang zwischen objektivem Wissen und Einstellung zur EWU

5.1 Einleitung

Die Frage, der nun nachgegangen werden soll, ist der Zusammenhang zwischen faktischem oder „objektivem" Wissen über die EWU und der Einstellung ihr gegenüber. Mit anderen Worten wird untersucht, ob Personen, die einen relativ hohen Wissensstand haben, eher für oder gegen die EWU sind. Hier werden keine Unterschiede untersucht, die durch den Einfluß

[3] Vgl. unter anderem auch Achen (1975) und Norpoth/Lodge (1984). Ersterer argumentiert, daß die Nicht-Einstellungen, auf welche Converse (1970) aufmerksam gemacht hat, auf Daten- bzw. Meßprobleme zurückgeführt werden können. Norpoth/Lodge dagegen versuchen zu zeigen, daß die Befragten tatsächlich Nicht-Einstellungen aufweisen, aber durch wahlloses Ankreuzen in den Fragebögen diese als vermeintliche Einstellungskategorien vom Sekundärforscher interpretiert werden.

[4] Vgl. die Umfragen nach Maastricht (EB 37, 38, 39, 40) oder Pryce (1994, 11f) für eine kurze Diskussion.

von Expertenwissen bedingt sind. Vielmehr wird das Basiswissen von Leuten erfaßt, die sich nicht intensiv mit dem Thema auseinandergesetzt haben. Wie gezeigt werden kann, siehe Abschnitt 5.2, sind die erhobenen Fragen aber schwierig genug, um die Probanden in unterschiedliche Wissensgruppen einzuteilen.

In dieser Untersuchung wird lediglich EB 39 (1993b) verwendet. Leider sind in keiner der neueren Umfragen echte Wissensfragen enthalten. Die neueste, im Untersuchungszeitraum dieser Arbeit als Rohdatensatz zur Verfügung stehende Umfrage war EB 42.[5] Angesichts der Konstanz der oben präsentierten Ergebnisse über den betrachteten Zeithorizont 1993-1995 ist kaum zu erwarten, daß sich die Resultate der folgenden Analyse änderten, wenn aktuellere Daten zur Verfügung ständen. Natürlich ist Konstanz auf einer Aggregatebene keine hinreichende Bedingung für unveränderte Werte auf der Individualebene, wie schon Robinson (1950) gezeigt hat. Auf der anderen Seite besteht aber auch kein Anlaß, eine Veränderung in der durchschnittlichen Einstellung und im Wissen der Individuen zu erwarten.

Um die Einstellung zur EWU abzubilden, finden die oben bereits eingeführten Fragen zum Vertrag von Maastricht (MAASTRI), zur Einführung einer einheitlichen europäischen Währung (SINGCUR) und einer EZB (CENBANK) Verwendung. Weitere Aspekte der Studie umfassen einen Vergleich des Wissensstandes zwischen den Mitgliedsländern der EU, eine Untersuchung über den Zusammenhang zwischen objektivem und subjektivem Wissen, sowie die Analyse von anderen Faktoren, die neben dem Wissensstand, die Einstellungen zur EWU beeinflussen.

Bevor mit der eigentlichen Analyse begonnen wird, soll noch eine ganz zentrale methodische Schwierigkeit angesprochen werden: Das Problem der Kausalität. Falls sich ergeben sollte, daß beispielsweise die Befürworter der EWU eher besser informiert wären als die Gegner, dann implizierte dies nicht notwendigerweise: *Weil* die Leute weniger über die EWU wissen, sind sie dagegen. Es ist möglich, daß die Einstellung einem Thema gegenüber die Zeit und Aufmerksamkeit beeinflußt, die zur Informationssuche aufgebracht werden. Wenn jemand der Auffassung ist, die Europäische Integration sei ein Fehler, dann könnte er es als reine Zeitverschwendung ansehen, sich genauer darüber zu informieren. Darüber hinaus existiert die Möglichkeit eines Rückkopplungseffektes, d.h. Einstellung und Wissen könnten sich gegenseitig beeinflussen.

Ähnlich wie in Kapitel II kann auch hier das Kausalitätsproblem nicht vollständig untersucht und eliminiert werden. Neben den philosophischen Schwierigkeiten in der Erfassung eines befriedigenden Kausalitätsbegriffs (s. Holland (1986) und die folgenden Kommentare), kann angesichts der reinen Querschnittsdaten keine empirische Granger-Kausalitätsanalyse betrieben werden (s. Granger (1968)). Statt dessen wird hier ein multivariater Analyserahmen verwendet, der auf einem theoretischen Ansatz zur Einstellungsbildung aufbaut. Innerhalb dieses Rahmens wird versucht zu zeigen, daß die anderen in Frage kommenden Variablen in Hinblick auf den Wissensindikator exogen sind. Damit könnte zumindest die Existenz von Rückkopplungseffekten ausgeschlossen und die Relevanz der unterstellten

[5] Die Rohdatensätze der Umfragestudien erhalten unterschiedliche Einstufungen im Hinblick auf ihre öffentliche Zugänglichkeit. Typischerweise besteht für „brisante" Fragenbereiche aus den Eurobarometern eine Zeitverzögerung von rund 2 Jahren, bevor sie an der Primärforschung unbeteiligten Wissenschaftlern zugänglich gemacht werden.

Wirkungsrichtung verdeutlicht werden. Die Frage der Kausalität wird damit aber lediglich konditional bezüglich des verwendeten theoretischen Ansatzes gelöst.
Der nächste Abschnitt geht näher auf die Konstruktion eines Indikators zur Erfassung von objektivem Wissen ein. Anhand dieses Wissensindikators erfolgt ein Vergleich der Wissensstände in den EU-Staaten. Darüber hinaus wird kurz die Frage des Zusammenhangs zwischen objektivem und subjektivem Wissen angerissen. In Abschnitt 5.3 werden die bivariaten Beziehungen zwischen faktischem Wissen und Einstellungen zur EWU mit der Hilfe von Korrespondenz- und Korrelationsanalysen studiert. Es wird gezeigt, daß die drei oben untersuchten Einstellungsfragen zur EWU durch Anwendung eines faktoranalytischen Verfahrens in einen gemeinsamen Faktor „Einstellung zur EWU" kondensiert werden können. Im Abschnitt 5.4 wird ein multidimensionales Modell zur Einstellungserklärung vorgestellt. Dieses wird hinsichtlich der relevanten Fragestellung und vorhandenen Datenbasis operationalisiert. Im letzten Teil dieses Abschnitts erfolgt die Dokumentation und Bewertung der Ergebnisse einer multivariaten Schätzung des Modells.

5.2 Konstruktion und Vergleich eines Indikators für objektives Wissen

Etwas problematisch ist auch die Frage nach der Messung des „objektiven" Informationsstandes. Zum einen muß geklärt werden, was „objektiv" in diesem Zusammenhang bedeutet und zum anderen, in welcher Form ein Indikator gebildet werden soll. Zur Definition von „objektivem" Wissensstand soll nicht in erkenntnisphilosophische Bereiche vorgestoßen werden, vielmehr soll eine eindeutige Abgrenzung zur Messung des „subjektiven" Wissensstandes erreicht werden.[6] Der objektive Wissensstand wird hier mit dem gezeigten faktischen Wissen zu einem Thema gleichgesetzt. Als subjektiver Wissensstand ist z.B. die Antwort auf die Frage zu verstehen: Wie informiert fühlen Sie sich über die EU? Hier kann es möglich sein, daß der Befragte annimmt, er sei gut informiert, tatsächlich aber wesentliche Fakten nicht kennt. Der Zusammenhang zwischen „subjektivem" und „objektivem" Wissen wird weiter unten kurz angesprochen.
Schließlich zum Problem der Konstruktion eines Indikators, welcher den objektiven Wissensstand eines Probanden wiedergibt. In den bis jetzt (d.h. bis EB 42) als vollständige Datensätze vorliegenden Eurobarometerumfragen sind keine direkten Wissensfragen zur europäischen Währungsintegration gestellt worden. Immerhin befinden sich in dem im Frühjahr 1993 erhobenen EB 39 allgemeine institutionelle Fragen zur EG. Genauer sind unter anderem folgende vier Fragen enthalten (Der exakte Fragentext ist Anhang B zu entnehmen):

- Anzahl der Mitgliedsstaaten der EG,
- „Hauptstadt" der EG,
- Name des Präsidenten der EG-Kommission,
- Institution mit der größten legislativen Macht.

[6] Zur Frage, ob es objektives Wissen geben kann, siehe z.B. die Argumentation in Roy (1989), insbesondere Kapitel 4, in welchem er versucht, die Existenz objektiven Wissens aufzuzeigen.

Die ersten drei Fragen sind reine Wissensfragen und bei den Antworten (12, Brüssel, Delors) kann es nur richtig oder falsch geben. Bei der Frage nach der legislativen Machtverteilung ist es schon schwerer, eine klare Antwort festzulegen. Wie oben schon angesprochen, hat das EP durch den Vertrag von Maastricht einige neue legislative Rechte erhalten (vgl. Duff (1994)). In letzter Konsequenz ist aber immer noch der Ministerrat die entscheidende Instanz in der Legislative. Daher wurde die Antwort „Ministerrat" als die richtige angesetzt.
Der Indikator für den Wissensstand der Befragten, im folgenden „KNOWIND" genannt, setzt sich nun einfach als Summe der richtigen Antworten zu den Wissensfragen zusammen. Wenn jemand keine der Fragen richtig beantworten konnte, dann wurde der Variable KNOWIND eine Null zugewiesen. Bei Kenntnis aller Antworten ist die Variable KNOWIND für den jeweiligen Probanden mit einer Vier kodiert worden. A priori ist es nicht klar, ob das Wissen von institutionellen Aspekten der EU auch das Wissen über die geplante EWU reflektiert. Es kann aber argumentiert werden, daß jemand, der sich im Bereich der EWU auskennt, auch die meisten institutionellen Fragen über die EU beantworten könnte. Diese Annahme wird durch die empirischen Ergebnisse von Delli Carpini/Keeter (1993), welche keine großen Vorteile durch die Verwendung eines themenspezifischen Wissensindikator feststellen konnten, gestützt.
Daher wird der beschriebene Wissensindex hier als Indikator für das Wissen über die EWU interpretiert. Die Verteilung der Antworten über alle Länder ist in Abbildung 3.5 wiedergegeben („Niedrig" entspricht dabei „keine richtige Antwort" und „Hoch" steht für „alles richtig"):

Abb. 3.5: Objektiver Wissensindex (KNOWIND) über alle Befragten für 1993

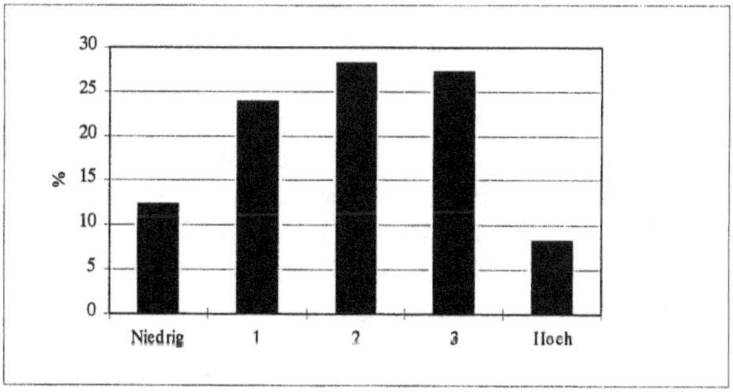

Wie zu erkennen ist, verteilen sich die korrekten Antworten in Annäherung an eine Normalverteilung. Über 28% der Befragten haben die Hälfte der Antworten richtig und mehr als 27% lagen drei Mal richtig. Eine korrekte Antwort wußten knapp 24% und fehlerlos blieben über 8%. Keine richtige Antwort gaben über 12% der Leute. Das einfache Mittel beträgt knapp zwei (1.95), Median und Modus liegen auch dort. Die Standardabweichung berechnet sich als 1.16. Disaggregiert auf die Länderebene ergeben sich folgende Durchschnitte und Varianzen für KNOWIND (s. Tabelle 3.10). Die durchschnittlich geringste Anzahl an korrekten Antworten weist Portugal auf, gefolgt von Ostdeutschland und Italien. Besonders oft lagen dagegen die Belgier, Franzosen und Iren richtig. Was die Verteilung der Antworthäufigkeiten anbelangt, so ist das Wissen der Bevölkerung in einem Land eher homogen, wenn die Standardabweichung relativ gering ist. Hier sind dies Frankreich, Italien und Ostdeutschland. Dagegen deutet eine hohe Varianz auf einen stark unterschiedlichen Wissensstand der Leute innerhalb eines Landes hin. Solch eine relativ hohe Streuung tritt in Spanien, England und Westdeutschland auf.

Tab. 3.10: Objektiver Wissensindex (KNOWIND) nach Ländern (Min: 0, Max: 4)

Land	Mittel 1993	St.Abw.1993	Land	Mittel 1993	St.Abw.1993
Belgien	2.54	1.10	W.-Deutschland	1.93	1.24
N.-Irland	2.40	1.10	Griechenland	1.91	1.12
Frankreich	2.36	0.96	Niederlande	1.73	1.13
Irland	2.16	1.12	Italien	1.68	0.97
Dänemark	2.03	1.12	O.-Deutschland	1.64	1.08
Luxemburg	1.96	1.13	Portugal	1.53	1.17
England	1.94	1.25			
Spanien	1.94	1.27	Alle Befragten	1.95	1.16

Nun soll kurz der Frage des statistischen Zusammenhanges zwischen subjektivem und objektivem Wissen angesprochen werden. Die Eurobarometer erfassen zwei Fragen, die subjektives Wissen über die EWU direkt und indirekt messen könnten (s. Anhang B):
SUBWISS: Wieviel glauben Sie über den Vertrag von Maastricht zu wissen?
POLDIS: Wie oft nehmen Sie an politischen Diskussionen teil?

Die SUBWISS-Variable fragt direkt nach dem subjektivem Wissensstand zum Maastrichter Vertrag. Durch POLDIS erfolgt die Messung eher indirekt. Wenn die Probanden behaupten, daß sie relativ häufig an politischen Diskussionen teilnehmen, dann werden sie i. allg. der Überzeugung sein, auch mehr über politische Themen zu wissen. Darunter fällt natürlich auch der Bereich der europäischen Währungsintegration. Es ist allerdings a priori ein stärkerer Zusammenhang zwischen objektivem und SUBWISS zu erwarten. In Tabelle 3.11 werden die relevanten Assoziationsmaße aufgeführt.

Tab. 3.11: Korrelation zwischen subjektivem und objektivem Wissen

	POLDIS	SUBWISS	KNOWIND
POLDIS	1	.32 (.33) [.30]	.26 (.26) [.23]
SUBWISS	.	1	.38 (.38) [.33]
KNOWIND	.	.	1

Hinweis: Korrelationskoeffizienten nach Pearson, (Spearman), [Kendall]. Alle Koeffizienten sind eindeutig signifikant bei einem Niveau von 1%.

Während alle Koeffizienten signifikant positiv sind, findet sich der stärkste Zusammenhang zwischen KNOWIND und SUBWISS mit fast 40% erklärter Variation. Die Korrelation zwischen POLDIS und KNOWIND ist mit 26% deutlich geringer, aber immer noch von substantieller Bedeutung. Die subjektiven Wissensindikatoren sind untereinander nur wenig höher korreliert. Daraus ist zu schließen, daß sie eher unterschiedliche Bereiche subjektiven - aber auch objektiven - Wissens abbilden. Es verbleibt letztlich eine beträchtliche Variation in KNOWIND, die durch keine der beiden subjektiven Wissensvariablen erklärt wird.
Daher werden, in Anlehnung an neuere Arbeiten zur Erklärung von Bevölkerungseinstellungen (s. Zaller (1992) oder Nadeau/Niemi (1995)), die subjektiven Wissensvariablen anders interpretiert. Die Beantwortung dieser Fragen könnten eher den Versuch der Probanden, dem Interviewer gegenüber ihr Interesse an seinen Fragenkomplexen zu signalisieren, als der Reflexion faktischen Wissens dienen. Obwohl es angesichts der signifikanten Korrelationen möglich wäre, diese Variablen als Proxy-Variablen für Wissen zu verwenden, würden sie wahrscheinlich verzerrte Schätzer liefern, wenn es speziell darum geht, die Einflüsse objektiven Wissens zu studieren.
Die subjektive Wissensvariable SUBWISS wird in den folgenden Untersuchungen als Indikator eines generellen Interesses an den Thema EWU genutzt, der analytisch vom Konzept eines faktischen Wissensstandes getrennt werden sollte. Die Nützlichkeit von SUBWISS scheint im Rahmen der Analyse größer zu sein, als die von POLDIS. Es sei noch darauf hingewiesen, daß der subjektive Wissensstand auf das Verhalten eines Individuums, sich durch eine Suche nach relevanten Informationen seinen tatsächlichen Wissensstand zu verbessern, vermutlich einen größeren Einfluß als der objektive hat (s. Radecki/Jaccard (1995)). Dieser Aspekt wird in der Schlußfolgerung zu diesem Kapitel noch einmal aufgegriffen.

5.3 Bivariate Zusammenhänge

Der nächste Schritt besteht darin zu untersuchen, ob sich ein signifikanter Zusammenhang zwischen KNOWIND und den Einstellungen zur EWU ergibt. Die berechneten Korrelationen sind für alle Befragten in Tabelle 3.12 wiedergegeben:

Tab. 3.12: Korrelation zwischen dem Wissensindex und den Einstellungen zur EWU

	MAASTRI	SINGCUR	CENBANK	KNOWIND
MAASTRI	1	.36 (.35) [.33]	.34 (.33) [.31]	.14 (.15) [.13]
SINGCUR	.	1	.58 (.57) [.31]	.12 (.13) [.11]
CENBANK	.	.	1	.13 (.16) [.14]

Hinweis: Korrelationskoeffizienten nach Pearson, (Spearman), [Kendall]. Alle Koeffizienten sind eindeutig signifikant bei einem Niveau von 1%.

Die erste Beobachtung ist die, daß alle Variablen positiv assoziiert sind. In Hinblick auf die Fragestellung ist besonders die positive Korrelation zwischen den EWU-Variablen und dem Wissensindex festzuhalten. Weiterhin sind die Koeffizienten statistisch klar signifikant. Die

Stärke des Zusammenhangs variiert deutlich zwischen den Variablenpaaren. Während aber die EWU-Fragen untereinander mindestens mit 0.3 korreliert sind, liegt die Stärke des Zusammenhangs zum Wissensindex höchstens halb so hoch. Ein Vergleich der Korrelationen des Wissensindex mit den einzelnen EWU-Variablen deutet keine großen Unterschiede an. Unabhängig davon, ob nach der Einstellung zum Vertrag von Maastricht, zur Europäischen Währung oder zur EZB gefragt wird, ist die Korrelation mit dem objektiven Wissen über die EU in etwa gleich hoch. Der Schluß liegt nahe, daß Leute mit einem relativ höheren Wissen über die EU der Währungsintegration gegenüber positiver als andere eingestellt sind. Diese Korrelation ist zwar nicht sonderlich hoch, aber signifikant.
Hamaui (1996) erhält in seiner Studie, welche Daten von 1992-1994 umfaßt, ein anderes Ergebnis. Er findet einen negativen Zusammenhang zwischen Wissen und Einstellung zur gemeinsamen Europäischen Währung. Das Ergebnis kann aber methodisch nicht überzeugen, denn als Indikator wird hauptsächlich eine Variable verwendet, die lediglich subjektives, aber nicht direkt objektives Wissen erfaßt. Darüber hinaus berechnet er nur Korrelationen zwischen den Aggregatwerten der einzelnen Länder. Bei dieser Vorgehensweise besteht aber die Gefahr, einem „ökologischen Fehlschluß" (s. Robinson (1950)) zu erliegen. Schließlich untersucht er sein Resultat nicht in einem multivariaten Rahmen auf Robustheit. Hamaui kann daher nicht sicher sein, durch welchen theoretischen Einfluß seine Korrelationsergebnisse letztlich bedingt sind.

Tab. 3.13: Korrelation von KNOWIND mit MAASTRI, SINGCUR und CENBANK auf Staatenebene

	MAASTRI	SINGCUR	CENBANK
Luxemburg	.19 (.21) [.18]	.11 (.13) [.11]	.16 (.21) [.19]
Dänemark	.17 (.18) [.16]	.13 (.13) [.12]	.11 (.11) [.10]
Italien	.16 (.19) [.17]	.15 (.17) [.15]	.13 (.15) [.13]
Irland	.15 (.18) [.16]	.11 (.13) [.12]	.16 (.21) [.18]
N.-Irland	.15 (.17) [.15]	.01♣ (.01)♣ [.01]♣	-.01♣ (.01)♣ [.01]♣
Belgien	.15 (.16) [.14]	.17 (.18) [.16]	.23 (.24) [.22]
Spanien	.14 (.16) [.14]	.20 (.22) [.19]	.23 (.26) [.23]
Portugal	.14 (.16) [.13]	.09 (.12) [.10]	.15 (.21) [.18]
Niederlande	.13 (.16) [.14]	.13 (.14) [.12]	.14 (.18) [.16]
Frankreich	.13 (.13) [.11]	.15 (.16) [.14]	.14 (.16) [.14]
O.-Deutschland	.13 (.13) [.11]	.10 (.08) [.07]	.09 (.10) [.08]
Griechenland	.11 (.13) [.12]	.13 (.17) [.15]	.14 (.19) [.17]
W.-Deutschland	.10 (.12) [.10]	.16 (.15) [.13]	.20 (.20) [.17]
England	.09 (.08) [.07]	.07* (.05)♣ [.05]♣	.07* (.06)* [.05]*

Hinweis: Korrelationskoeffizienten nach Pearson, (Spearman), [Kendall]. Alle Koeffizienten sind signifikant bei einem Niveau von 1%, außer bei * = 5% und ♣ = nicht signifikant bei 5%.

Für die vorliegende Analyse stellt sich ebenfalls die Frage, ob das für alle befragten Europäer abgeleitete Ergebnis auch auf der Staatenebene Bestand hat. Das heißt, ob nur in einer Mehrzahl der Staaten eine (hohe) positive Korrelation vorliegt, in einigen Staaten aber ein negativer Zusammenhang, oder ob über alle Staaten hinweg der positive Zusammenhang gilt. In Tabelle 3.13 sind die Korrelationskoeffizienten von KNOWIND mit den EWU-Einstellungen für alle Staaten dargestellt.

Die positive Korrelation zwischen KNOWIND und den EWU-Variablen bleibt auch auf der Staatenebene erhalten. Wenig überraschend ist die Tatsache, daß sich numerische Unterschiede ergeben. Bei der Korrelation mit MAASTRI weist Luxemburg den stärksten Zusammenhang und England den schwächsten auf. Im Falle von SINGCUR hat Spanien den größten Koeffizienten und Nordirland den kleinsten. Schließlich ist für CENBANK der Zusammenhang in Belgien am ausgeprägtesten, während er in Nordirland praktisch Null ist. Für die Länder mit vergleichsweise wenigen Beobachtungen, Luxemburg und Nordirland, sind viele der Korrelationen nicht signifikant. Insgesamt dominiert der Eindruck, daß sich die postulierten Zusammenhänge eindeutig auf der disaggregierten Ebene wiederfinden. Eine Ausnahme stellt Nordirland da, während England und Ostdeutschland für SINGCUR und CENBANK niedrige Korrelationen aufweisen. Daraus folgt, daß der positive Zusammenhang zwischen dem Grad des Wissens über die EU und der Einstellung zur monetären Integration über die untersuchten Länder hinweg stabil ist.

Trotzdem ist in den meisten Fällen die absolute Korrelation nicht sehr stark. Eine Begründung dafür liegt in der Möglichkeit, daß andere Variablen die Einstellungsbildung beeinflussen. Dieser wichtige Punkt wird weiter unten wieder aufgegriffen. Eine andere Möglichkeit wäre die Existenz eines nicht-linearen Zusammenhanges, der nicht voll über den Korrelationskoeffizienten erfaßt werden kann. Um diesen Aspekt näher zu untersuchen, findet ein relativ neues graphisches Verfahren der statistischen Zuordnung Verwendung, die Korrespondenzanalyse. Die Korrespondenzanalyse ermöglicht es, die statistische Nähe der Ausprägungen zweier (oder mehr) Variablen graphisch sehr übersichtlich darzustellen (siehe Greenacre (1984) für eine gute Darstellung des Verfahrens). Weiterhin ist günstig, daß die Variablen lediglich nominalskaliert sein müssen. Die Korrespondenzanalyse wandelt im Prinzip die Spalten und Zeilen einer Kontingenztabelle in orthogonale Vektoren um. Diese orthogonal aufeinander stehenden Vektoren spannen dann einen niederdimensionalen Raum auf. Im Falle der hier gewählten graphischen Darstellung können höchstens zwei Dimensionen direkt berücksichtigt werden.

Die gesamte Varianz der analysierten Variablen wird durch die unterschiedlichen Dimensionen erklärt. Wenn es nur zwei Dimensionen gibt, dann kann die Varianz vollständig durch die zwei Achsen im Diagramm abgebildet werden. Die Abszisse reflektiert dabei definitionsgemäß die erste und die Ordinate die zweite Dimension. Die Korrespondenz der Kategorien von zwei Variablen kann aus der Graphik anhand des horizontalen bzw. vertikalen Abstands voneinander abgelesen werden. In der Interpretation der Nähe von Kategorien ist darauf zu achten, welchen Erklärungsanteil an der Gesamtvarianz die beiden Dimensionen haben. In den folgenden Abbildungen weist - konstruktionsbedingt - immer die horizontale Dimension den klar höheren Varianzerklärungsanteil auf. Die Anzahl der benötigten Dimensionen läßt sich wie folgt ermitteln: Die Anzahl der Kategorien der Variable mit der geringsten Zahl an Kategorien minus eins. Im hier zuerst betrachteten Fall mit den EWU-Einstellungsvariablen (MAASTRI, SINGCUR, CENBANK) und dem Wissensindex (KNOWIND) sind die EWU-Variablen die Variablen mit der geringeren Anzahl an Katego-

rien, nämlich drei. Die Anzahl der Dimensionen entspricht also zwei. Im Diagramm wird deshalb die gesamte Varianz der Variablen über die beiden Achsen erklärt.
In Abbildung 3.6 ist die Korrespondenzanalyse für die Variablen MAASTRI und KNOWIND durchgeführt worden:[7]

Abb. 3.6: Korrespondenzanalyse der Einstellung zum Maastrichter Vertrag (MAASTRI) und Wissensindex (KNOWIND)

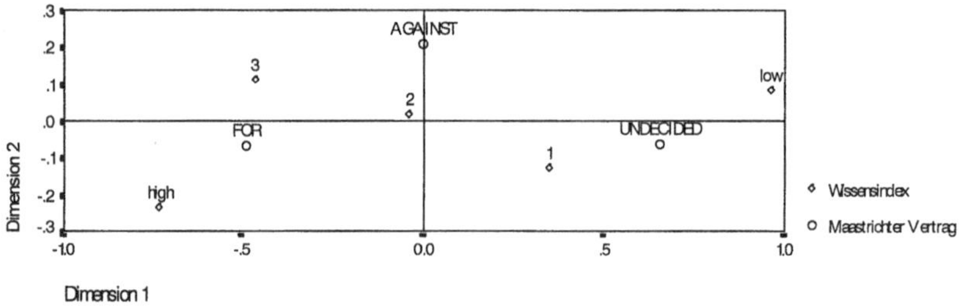

Es ist zu erkennen, daß die erste Dimension im Hinblick auf die MAASTRI-Variable im negativen Bereich durch die Zustimmung (for) zum Maastrichter Vertrag und im positiven durch die Unentschiedenen determiniert wird. Die Kategorie „dagegen“ (against) ist in erster Linie für die Lage der zweiten Dimension verantwortlich. Die Ziffern an den Achsen haben keine direkte inhaltliche Bedeutung. Die Kategorien des Wissensindex liegen in erster Linie entlang der Abszisse, wobei die Positionen „high“ und „3“ eher den negativen und „low“ und „1“ den positiven Bereich der Dimension 2 bestimmen. Der Varianzerklärungsanteil der ersten Dimension liegt bei 0.997. Damit spielt die Dimension 2 praktisch keine Rolle in der Interpretation der Distanzen innerhalb der Graphik. Entscheidend für die Korrespondenz zweier Kategorien ist somit in erster Linie der horizontale Abstand. Die Zuordnung der Kategorien der Wissensvariable zu denen der Einstellungsvariable ist damit folgendermaßen:

Dafür:	High, 3
Dagegen:	2
Unentschieden:	1, Low

Für die Kategorie „1“ des Wissensindex ist die Zuordnung nicht eindeutig, aber wenn in diesem Zweifelsfall die zweite Dimension noch hinzugezogen wird, dann besteht eine größere Affinität zu „unentschieden“ als zu „dagegen“. Dieses Ergebnis hilft zu erklären, warum die positiven Korrelationen nicht sehr stark ausgeprägt waren. Es ist offensichtlich nicht so, daß diejenigen Befragten, welche einen sehr geringen Wissensstand über die EU haben, durchschnittlich gegen den Vertrag von Maastricht sind, sondern daß sie sich vielmehr keine Meinung gebildet haben. Die Bürger mit einem mittleren Informationsstand sind eher Gegner des Vertrages, während diejenigen, die einen hohen Wert des Wissensindex erreicht haben, tendenziell für den Maastrichter Vertrag sind.

[7] Die numerischen Werte der Korrespondenzanalyse sind auf Anfrage beim Autor erhältlich.

Wie sieht das Ergebnis für den Zusammenhang zwischen Wissensindex und Einstellung zur Bildung einer Europäischen Währung aus? In Abbildung 3.7 ist die zugehörige Korrespondenzgraphik dargestellt:

Abb. 3.7: Korrespondenzanalyse der Einstellung zur gemeinsamen Europäischen Währung (SINGCUR) und Wissensindex (KNOWIND)

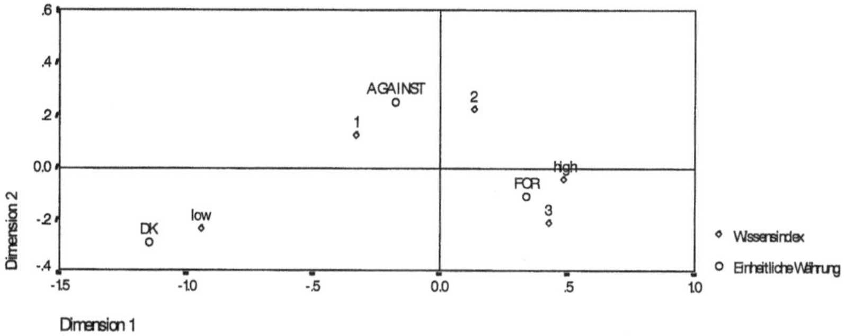

Der Varianzerklärungsanteil von Dimension 1 liegt bei 0.97 und der von Dimension 2 bei 0.03. Die Dimension 2 ist sehr schwach, so daß die erste Dimension als wichtigstes Kriterium herangezogen werden sollte. Die Zuordnung hat hier folgendes Aussehen:

Dafür: High, 3
Dagegen: 2, 1
Unentschieden: Low

Die Kategorie „2" ist nicht eindeutig zuzuordnen, hier hat die Zuordnung über die Dimension 2 wieder den Ausschlag gegeben. Es ergibt sich abermals die Interpretation, daß die Personen mit niedrigem Wissen über die EU sich einer Meinung zur einheitlichen Europäischen Währung enthalten. Die Probanden, die einen hohen Wissensindex aufweisen, sind für die Einführung einer Europäischen Währung und diejenigen mit einem mittleren Wissenswert sind dagegen.

Schließlich soll in Abbildung 3.8 der Sachverhalt auch für die Einstellung zur EZB untersucht werden. Erneut ist festzustellen, daß die Dimension 1 den Großteil der Varianz erklärt (0.984). Weiterhin kann auch die Interpretation von vorher übertragen werden, die konkrete Zuordnung lautet:

Dafür: High, 3, 2
Dagegen: 1
Unentschieden: Low

Es bleibt festzuhalten, daß die einfache positive Korrelation zwischen der Zustimmung zur Währungsintegration und dem Wissen über die EU zu ergänzen ist. Tatsächlich haben die Leute mit einem sehr geringen Wissen über die EU im allgemeinen keine Meinung, was die EWU betrifft. Die Befragten mit einem etwas höheren Wissensstand sind eher gegen die EWU und diejenigen mit dem höchsten Wissensindexwert sprechen sich eher für die weitere

Integration im Bereich der Währung aus. Schließlich sollte noch angemerkt werden, daß diese Ergebnisse auch weitgehend auf der Staatenebene erhalten bleiben.

Abb. 3.8: Korrespondenzanalyse der Einstellung zur europäischen Zentralbank (CENBANK) und Wissensindex (KNOWIND)

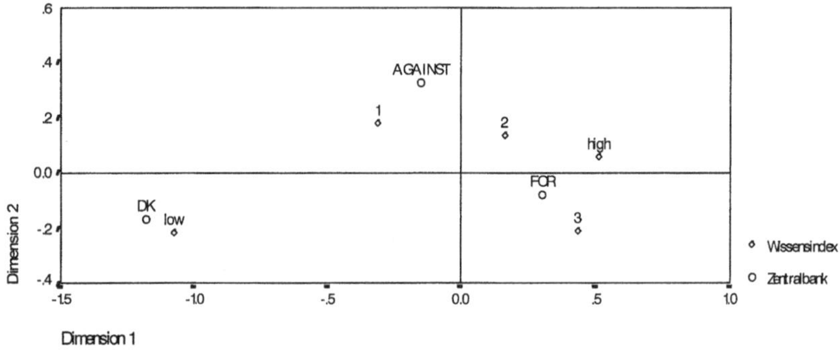

In der Analyse verhalten sich die Ergebnisse für die drei EWU-Variablen, MAASTRI, SINGCUR und CENBANK sehr ähnlich. Es kann daher vermutet werden, daß sie alle einen gemeinsamen, hinter den jeweiligen Antworten stehenden Faktor abbilden. Dieser Faktor kann allgemein als „Einstellung zur EWU" bezeichnet werden. Durch eine Schätzung dieses Faktors ist es möglich, die Informationen aus den drei Einstellungsvariablen in einer Variable zu kondensieren. Daher wird ein faktoranalytisches Verfahren (Hauptkomponentenanalyse) angewendet (s. Anhang C). Basierend auf konventionellen Kriterien (Eigenwert- und Scree-Kriterium) kann ein Faktor extrahiert werden, welcher 63% der Varianz der drei EWU-Variablen erklärt. Die Faktorladungen sind deutlich größer als der üblicherweise gewählte Grenzwert von 0.5, und auch die Kommunalitäten sind hoch. Dieser Faktor wird im folgenden als „EWUFAC" bezeichnet und dient als abhängige Variable in der weiteren Untersuchung. Im nächsten Abschnitt ist zu klären, ob durch KNOWIND *allein* objektives Wissen gemessen wird. In dem Zusammenhang ist auch das oben angesprochene Kausalitätsproblem wieder von Bedeutung.

5.4 Methodische Überlegungen zur multivariaten Einstellungsmessung

In den bisherigen Abschnitten wurde die Beziehung zwischen objektivem Wissen und Einstellung zur EWU in einem bivariaten Rahmen studiert. Mit dieser Art der Analyse kann nicht beantworten werden, ob größeres objektives Wissen zu einer positiveren EWU-Einstellung führt oder umgekehrt. Da, wie oben angedeutet, keine Granger-Kausalitätsanalyse durchführbar ist, bleibt nur der Weg, die Kausalitätsfrage theoretisch anzugehen. Um Mißverständnisse zu vermeiden, sei darauf hingewiesen, daß dieser Umstand typisch für alle empirischen Analysen ist, welche eine Wirkungsrichtung unterstellen, und nicht speziell mit dieser EWU-Studie zusammenhängt. In vielen empirischen Anwendungen erscheint die

Kausalitätsfrage aber als theoretisch wenig unstrittig und muß deshalb nicht so deutlich problematisiert werden.
Für die skizzierte Problemstellung bedeutet dies nach den Einflußfaktoren auf die Einstellungsbildung zu fragen (s. Chisman (1976) für eine Zusammenfassung klassischer Ergebnisse). Ein bekannter Ansatz basiert auf der Unterteilung von Einflüssen nach ihrem Ursprung in Affekt und Kognition. Dabei treten allerdings viele Probleme in der klaren Abgrenzung dieser beiden Konzepte und der Operationalisierung der Indikatoren aus dem Fragenkatalog der vorhandenen empirischen Erhebungen auf. Folglich wird ein anderer Weg beschritten. Um die wesentlichen Dimensionen der Einstellungsbildung zu beschreiben, konzentriert sich die Untersuchung auf das Interesse des Befragten am Themengebiet, seine persönliche Betroffenheit, Sozialisationseinflüsse, demographische Faktoren, die Kohärenz von Überzeugungssystemen und objektives Wissen.
Das Interesse des Probanden am jeweiligen Thema der Frage ist eine wichtige Dimension bei der Einstellungsbildung. Er wird bei entsprechendem Interesse die Bedeutung der Frage hoch einschätzen und bei der Beantwortung nicht indifferent sein. Es besteht auch die Vermutung, welche durch die Studie von Nadeau/Niemi (1995) unterstützt wird, daß die Motivation des Probanden in der Interviewsituation wesentlich mit seinem Interesse am Thema zusammenhängt. Wie oben bereits angedeutet, wird die Variable SUBWISS als Indikator für das Interesse der Befragten an der EWU genutzt.
Es gibt eine Reihe von psychologischen Studien, welche die Bedeutung der persönlichen Relevanz für den Grad der Aufmerksamkeit und Infomiertheit der Leute dokumentiert (s. z.B. Iyengar (1990)). Die Dimension der persönlichen Betroffenheit ist schwierig zu messen, insbesondere bei einer Frage zur EWU. Angesichts des vorhandenen Datenmaterials findet sich keine Frage, die sich direkt diesem Aspekt zurechnen läßt. Es ist allerdings zu vermuten, daß Teile dieses Einflusses durch gemeinsame Varianz mit anderen Variablen aufgegriffen werden. Beispiele dafür sind, neben der eben beschriebenen interessenorientierten Frage, einige der demographischen Variablen: Geschäftsinhaber könnten von der Wechselkurssicherheit profitieren, ältere Leute lehnen vielleicht die EWU ab, weil es ihnen schwerer fällt, sich an Veränderungen anzupassen (s. z.B. die Ergebnisse in Hayo (1997b) für Osteuropa), Gewerkschaftsmitglieder fürchten sich vor stärkerer Lohnkonkurrenz wegen einer größeren Vergleichbarkeit in den jeweiligen nationalen Lohnverhandlungen, etc.
Es existiert eine große Anzahl von demographischen und Sozialisationsindikatoren, welche die Einstellung zur EWU beeinflussen könnten. Hier begrenzt im wesentlichen die Datenverfügbarkeit die maximale Anzahl von verwendeten Variablen. Ein a priori als wichtig anzusehender Indikator ist die Ausbildungszeit der Befragten (EDUCAGE, gemessen in Jahren). Es wäre zu erwarten, daß höher gebildete Leute einen vollständigeren und kohärenteren Eindruck von einem Fragengebiet aufweisen (s. Mutz (1993)). Aber es ist zu betonen, daß Ausbildung hier konzeptionell nicht mit objektivem Wissen gleichzusetzen ist, obwohl ein positiver empirischer Zusammenhang zwischen beiden Variablen besteht. Da dieser Umstand auch für andere Dimensionen gilt, ist ein nicht geringes Maß an Kollinearität der Regressoren unvermeidbar. Aber angesichts der großen Stichprobe sollte die dadurch bedingte, geringere Mächtigkeit der Tests keine so große Rolle spielen.

Alter (AGE, gemessen in Jahren) ist eine wichtige Variable, welche unterschiedliche Aspekte der Sozialisation widerspiegeln kann. Zusätzlich wird auch das Quadrat von AGE (AGESQUAR) verwendet, um mögliche Nicht-Linearitäten im Einfluß der Alters-Variable zu erfassen. LEFRIG (gemessen: politisch rechts (5) bis politisch links (-5)) mißt die politische Orientierung des Befragten auf einer diskreten Links-Rechts-Skala. Dies ist kein sehr differenziertes Maß, vor allem in einer Querschnittsanalyse über verschiedene Länder, und es sind kaum klare Ergebnisse zu erwarten.
Geschlecht (SEX, gemessen: weiblich: 1, männlich: 0) ist für viele Fragestellungen eine kraftvolle erklärende Variable. Auch heute noch ist die Anteilnahme an politischen oder ökonomischen Geschehnissen bei Frauen geringer ausgeprägt als bei Männern (s. z.B. Gabriel (1992, 571f)). HHINC (gemessen: Einkommensgruppe/Haushaltsgröße) versucht die Einkommenssituation des Haushalts zu messen, wobei die Größe des Haushalts berücksichtigt wird. Die Mitgliedschaft eines Haushaltsmitglieds in einer Gewerkschaft wird durch UNION (gemessen: Mitglied: 1, kein Mitglied: 0) erfaßt. Darüber hinaus sind eine große Anzahl von Berufsgruppen als Dummy-Variablen in die Analyse aufgenommen worden, dabei bildet „Haushaltsführung" die Referenzkategorie. Eine genauere Beschreibung dieser Variablen findet sich in Anhang C.
Eine weitere Dimension des Modells zur Einstellungsbildung wird durch die Kohärenz von Überzeugungssystemen bestimmt. Die Bedeutung dieses Einflusses kann auf zwei Wegen erläutert werden. Die eher traditionelle Erklärung basiert auf der Idee, daß die fragenspezifischen Antworten sich von abstrakteren Überzeugungen ableiten lassen. Dieser Ansatz würde beispielsweise folgern, daß wer gegen die europäische Integration an sich ist, auch negativ gegenüber der EWU eingestellt sein wird. Eine neue Richtung in der Einstellungsforschung betont die Bildung von Einstellungen zum Zeitpunkt des Interviews (s. Strube (1987)). Es wird behauptet, daß die Leute in einer Befragung keineswegs eine wohlüberlegte Einstellung zu einem Thema wiedergeben, sondern die Bildung einer Einstellung erst durch die Fragen ausgelöst wird. Falls diese Ansicht korrekt sein sollte (Zaller (1992) präsentiert zentrale Argumente), dann bedeutete dies für die Dimension der Kohärenz in den Einstellungen, daß der Proband während der Befragung versuchen wird, Widersprüchlichkeiten in seinen Antworten zu vermeiden.
Für die vorliegende Problemstellung sind die Konsequenzen der beiden antagonistischen Erklärungsansätze in der Einstellungsforschung ziemlich gleich. Es wird eine Variable benötigt, welche die allgemeine Einstellung zum Thema Integration in Europa abbildet. Ob der Befragte seine Antwort zur EWU daran orientiert, weil dieses seine Grundeinstellung reflektiert oder weil er momentane Widersprüche in der Interviewsituation vermeiden möchte, ist dabei nicht so wichtig. Die Variable, welche als Indikator in diesem Zusammenhang gewählt wurde, ist die allgemeine Einstellung zur europäischen Integration (EUINT, gemessen: sehr dagegen (-2), sehr dafür (2)).
Die letzte der betrachteten Dimensionen der Einstellungsbildung ist diejenige, welche bisher im Zentrum der Untersuchung stand, das objektive Wissen. Faktisches Wissen sollte die Bevölkerung befähigen, eine fundierte Einstellung zu einem Thema zu entwickeln, auf der psychologischen Ebene dominieren dabei kognitive Einflüsse. Nadeau/Niemi (1995) argumentieren, daß die Probanden vielerlei Hinweise, wie Fragentext, vorherige Fragen, etc.,

zur Hilfe nehmen, um faktische Fragen zu beantworten. Obwohl sie sicherlich nicht unrecht mit dieser Ansicht haben, scheint ihr Einwand bezüglich der Bewertung der Fragen aus EB 39 nicht sehr besorgniserregend. Wie aus Anhang B ersichtlich ist, enthalten sie nur wenig Information, welche es dem Befragten erleichtern würde, die Wissensfragen korrekt zu beantworten. Auch aus anderen Fragen des kompletten Interviews lassen sich nur begrenzt hilfreiche Informationen ableiten.

A priori ist unklar, ob ein wohlfundiertes Wissen über die EWU eine eher positive oder negative Einstellung impliziert. Darüber hinaus geht es hier nicht um Expertenkenntnisse, sondern über eine viel einfachere Form des Wissens. In ausgewogenen Untersuchungen über die Vorteilhaftigkeit sind viele Ökonomen der Auffassung, es sei nicht ganz offensichtlich, ob die EWU insgesamt nützlich sein wird oder nicht (s. Artis (1994), Bean (1992), Eichengreen/Frieden (1995) oder Goodhart (1995)). Vergleiche hierzu auch die Ausführungen zur Bedeutung der Konvergenzkriterien für den Erfolg der EWU in Abschnitt 3. Dabei abstrahieren diese Analysen bereits von den komplizierten politischen Konsequenzen, die mit der EWU verbunden sein werden.

Solche Unklarheiten in den Expertenmeinungen reduzieren den Einfluß der gesellschaftlichen Eliten auf die Bevölkerungseinstellungen (s. Zaller (1992, 16f)). Diese Art von „Cleavages“ taucht nicht nur innerhalb einer Gruppen von Eliten auf, sondern auch zwischen unterschiedlichen Elitegruppen. In Deutschland kann man zum Beispiel beobachten, daß eine Mehrheit der - sich zu Wort meldenden - akademischen Volkswirte der EWU eher skeptisch gegenüber steht. Dagegen (s. 3.3 oben) finden sich die Befürworter in der politischen Elite. Vertreter der Wirtschaft scheinen dagegen eine Zwischenposition einzunehmen. Für die deutsche Bevölkerung wird somit der Einfluß der Eliten eher Verwirrung hervorrufen, als zur einfachen Meinungsbildung beitragen.

Schließlich sind nationale Differenzen zu erwarten, nicht zuletzt aufgrund von Unterschieden in der Politischen und Ökonomischen Kultur und dem Einfluß anderer nicht-berücksichtigter Variablen. Um diese nationale Komponente abzufangen, werden Länder-Dummy-Variablen eingesetzt, mit den Niederlanden als Referenzkategorie. Wie im bisherigen Teil der Analyse finden auch die disaggregierten Daten für Ostdeutschland und Nordirland Verwendung.

Die analytische Aufteilung der Einstellungsdeterminanten in unterschiedliche Dimensionen macht eine Trennung der Einflüsse empirisch möglich. Ansonsten bestände die Gefahr, daß - bedingt durch Kollinearität der unabhängigen Variablen - in der Analyse die Effekte von Interessiertheit, persönlicher Betroffenheit, Sozialisation und Demographie oder sogar Kohärenz von Überzeugungssystemen denen des objektiven Wissens zugeordnet werden und somit empirische Fehlschlüssen auftreten.

Diese theoretischen Überlegungen determinieren die Kausalitätsrichtung in Hinblick auf die zu untersuchende Fragestellung. Da für alle wesentlichen Dimensionen der Einstellungsbildung Kontrollvariablen eingeführt wurden, sollten die Parameterschätzungen für KNOWIND nur noch den Einfluß des faktischen Wissens enthalten. Es wird aber noch eine entscheidende Annahme für die Durchführung einer Eingleichungsregression benötigt, nämlich daß alle erklärenden Variablen schwach exogen in Hinblick auf die interessierende

Variable, d.h. KNOWIND, sind.[8] Um herauszufinden, ob darauf verzichtet werden kann, ein simultanes Gleichgewichtssystem zu schätzen und damit die marginale Verteilung der potentiell endogenen Regressoren zu modellieren, wird der allgemeine Exogenitätstest von Hausman (1978) angewendet.

Als Schätzverfahren in der Regressionsanalyse kommt die Methode der kleinsten Quadrate (OLS) zum Einsatz. Genaugenommen ist OLS kein gültiges Verfahren für die zugrundeliegenden Variablen, da diese oft nur ordinales Skalenniveau erfüllen. Die Gründe für die Verwendung von OLS sind in erster Linie pragmatischer Natur. Das technisch am ehesten korrekte Verfahren wäre die Geordnete PROBIT (Ordered PROBIT) Analyse (s. Maddala (1983, 46f)). Im Vergleich zu OLS hat diese aber auch Nachteile, so muß beispielsweise eine nicht ganz einfache Maximum-Likelihood-Funktion geschätzt werden. Damit verbunden sind rechentechnische und interpretatorische Probleme, sowie die Annahme der Normalverteilung des Fehlerterms. Der Rechenaufwand ist insbesondere dann von Bedeutung, wenn methodisch vom „Allgemeinen-zum-Speziellen" vorgegangen wird (s. unten), da dann eine große Zahl von Schätzungen durchzuführen ist. Der Aspekt der Nicht-Normalität ist von Bedeutung, weil eine Verletzung dieser Annahme bei Maximum-Likelihood-Schätzungen zu verzerrten Ergebnissen führen kann. OLS weist diesen Nachteil nicht auf, allerdings wird die Normalitätsannahme benötigt, um die statistischen Tests durchführen zu können. Weiterhin ist es bei der Geordneten PROBIT-Analyse nicht möglich, a priori die Veränderung der Wahrscheinlichkeit, daß der Befragte in eine der mittleren Kategorien fällt, zu ermitteln, falls eine der unabhängigen Variablen um eine Einheit verändert würde (s. Becker/Kennedy (1992) für eine klare Darstellung).

Die Verwendung von OLS auch bei ordinalen Variablen hat in der sozialwissenschaftlichen Literatur breite Verwendung gefunden, da sich das Verfahren als recht robust erwiesen hat. Argumente für OLS in diesem Zusammenhang werden z.B. von Labovitz (1970) oder Golden/Brockett (1987) vorgebracht. Weiterhin ist zu berücksichtigen, daß durch die Schätzung eines kardinal-skalierten Faktors (EWUFAC) aus ordinalen Variablen bereits statistische Annahmen verletzt wurden. Praktisch ist in der empirischen Sozialforschung fast immer lediglich die Verwendung ordinaler Variablen zur Faktoranalyse möglich und die langjährigen Erfahrungen mit diesem Verfahren deuten auch auf eine akzeptable Robustheit der Schätzungen hin.

Eine weitere methodische Frage betrifft die Vorgehensweise bei der Modellkonstruktion. Die einschlägigen methodologischen Ansätze in der Ökonometrie werden von Hayo (1997a) zusammengefaßt und diskutiert. Wichtig ist dabei die Frage, ob die Analyse von einem kleinen, speziellen Modell aus startet und dieses durch die Hinzunahme weiterer Variablen erweitert wird. Oder ob am Anfang ein allgemeines Modell steht, welches alle in Betracht kommenden Variablen enthält und die dann aufgrund von statistischen Tests gegebenenfalls eliminiert werden. Letztere Vorgehensweise wird seit Jahren insbesondere von David Hendry (siehe z.B. das Sammelwerk von Hendry (1993)), mit dem Schlagwort des „Allgemeinen-zum-Speziellen-Modellierens" (general-to-specific-modelling) vertreten. Dabei geht er davon aus, daß das allgemeine Modell den zugrundeliegenden daten-generierenden Prozeß

[8] Das Konzept der schwachen Exogenität wurde von Engle et al. (1983) eingeführt.

(DGP) adäquat wiedergibt, d.h. die wesentlichen diagnostischen Tests übersteht.[9] Hendrys wesentlichen Kritikpunkte am umgekehrten Verfahren der Modellierung vom „Speziellen-zum-Allgemeinen" (bottom-up) sind:

- Testen ist wesentlich in der Modellformulierung. Wenn ein Test ein Problem im Rahmen einer vom Speziellen-zum-Allgemeinen-Modellierungsstrategie aufdeckt, dann sind alle früheren Inferenzen ungültig. Damit ist diese empirische Vorgehensweise ineffizient.
- Wenn ein Test ein Problem entdeckt, wie ist weiter vorzugehen? Es ist gefährlich, einfach die Alternativhypothese als wahr anzusehen und von da aus weiterzumachen.
- Was ist zu tun, wenn zwei oder mehr Statistiken die Nullhypothese ablehnen? Sind beide oder nur ein Problem zu ändern? Wie soll das spezifische Modell erweitert werden?
- Beim Speziellen-zum-Allgemeinen-Ansatz ist es fast unvermeidlich, daß zwei Forscher mit den gleichen Daten zu unterschiedlichen Modellen kommen. Dieses Resultat kann zwar bei einer Allgemeinen-zum-Speziellen-Modellierung auch nicht ganz ausgeschlossen werden, aber es kommt viel weniger häufig vor.

Ein Problem des Allgemeinen-zum-Speziellen-Verfahrens ist die Nichtunabhängigkeit der Tests. Wenn die Reduktion der Variablen beispielsweise in drei Stufen aufgrund von F-Tests bei einem Signifikanzniveau von 0.05 erfolgt, dann beträgt das tatsächliche Signifikanzniveau nach der dritten Testrunde nur noch $1-(1-0.05)^3 = 0.143$. Es ist daher darauf zu achten, daß bei mehreren Testrunden das nominale Signifikanzniveau nicht zu schwach gewählt wird. Die Formel $1-(1-\alpha)^i$, wobei α das nominale Signifikanzniveau und der Index i für die Teststufe steht, gilt aber nur bei aufeinander aufbauenden oder „genesteten" (nested) Tests. Sind die Restriktionen, die getestet werden, nicht aufeinander aufbauend, dann hat diese Faustformel zur Berechnung des tatsächlichen Signifikanzniveaus keine Gültigkeit mehr (vgl. Charemza/Deadman (1992, 107f)). Es kann an dieser Stelle keine weitere Diskussion der Methodik erfolgen, praktisch werden im weiteren Vorgehen wesentliche Charakteristika des Allgemeinen-zum-Speziellen-Ansatzes genutzt. Dabei ist aber zu berücksichtigen, daß es bei Umfragedaten dieser Art kaum gelingt, den DGP präzise abzubilden. Folglich ist eine Verletzungen von Annahmen praktisch unvermeidbar, wenn die Analyse nicht bei einfachen Verfahren der Datenbeschreibung stehenbleiben soll.

Diese Argumente entheben eine wissenschaftliche Untersuchung aber nicht von der Verantwortung, auf die aufgedeckten Unzulänglichkeiten der verwendeten Modelle hinzuweisen. Wenn die diagnostischen Tests bei einem Modell deutliche Mängel andeuten, so sollten die Modellergebnisse mit gebührender Vorsicht interpretiert werden. Auf der anderen Seite finden sich immer wieder Studien, die nicht offen legen, wie die jeweiligen Resultate erzielt wurden. Das Stichwort lautet hier „Data mining", d.h. die Daten werden solange bearbeitet, bis das gewünschte Ergebnis herauskommt, oftmals nach Hunderten von Schätzungen. Da letztlich nur eine Gleichung präsentiert wird, werden alle Voraussetzungen der statistischen Inferenz verletzt und die Gültigkeit des Ergebnisses untergraben. Insbesondere besteht eine Tendenz, sich auf die Maximierung des R^2 oder einer verwandten Maßzahl bei der Modellspezifizierung zu konzentrieren und dann nur diese anzugeben (vgl. z.B. die Diskussion in Lovell (1983)). Wie in der Einleitung zu dieser Arbeit ausgeführt, wird hier dagegen

---

[9] Eine ausführliche Darstellung des Ansatzes von Hendry findet sich in Gilbert (1986). Ein Vergleich dieser Vorgehensweise mit den Ansätzen von Leamer und Sims wird in Pagan (1987) vorgestellt.

versucht, die Stärken und Schwächen des geschätzten Modells offenzulegen, um dem Leser eine bessere Bewertungsmöglichkeit zu geben. Insbesondere fällt es leichter, der Argumentation des Autors zu folgen oder die Ergebnisse als unzureichend abgesichert einzustufen, wenn die wesentlichen Resultate der diagnostischen Tests bekannt sind.
Abgesehen von den angesprochenen Problemen mit der Datenskalierung und möglichen anderen Verunreinigungen reagieren die verwendeten Tests bedingt durch die hohe Fallzahl extrem sensitiv. Wenn eine Gruppe von Variablen unter diesen Bedingungen nicht signifikant ist, dann ist es sehr unwahrscheinlich, daß ein Fehler zweiter Art vorliegt, d.h. die Nullhypothese nicht verworfen wird, obwohl sie falsch ist. Damit kann das Signifikanzniveau niedrig gewählt werden, ohne befürchten zu müssen, daß die Mächtigkeit der Tests stark absinkt. Dies ermöglicht es, die „genesteten“ Tests bei einem geringen nominalen Signifikanzniveau durchzuführen und damit das tatsächliche Niveau auch bei mehreren Teststufen angemessen niedrig zu halten.
Das Signifikanzniveau sollte auch nach der Einschätzung von Leamer (1978) niedriger gesetzt werden, wenn die Stichprobe groß ist (vgl. die Diskussion in Keuzenkamp/Magnus (1995)). Sein Vorschlag beruht auf der Tatsache, daß praktische jede Nullhypothese verworfen werden kann, wenn der Stichprobenumfang groß genug gewählt wird. Dieses reflektiert den eben angesprochene Punkt der „harten“ Tests. Sind die Fallzahlen hoch, dann wird der Standardfehler sehr klein und die Testwerte rutschen sehr leicht über die Signifikanzschwelle. Um zu vermeiden, daß ein Parameter zwar praktisch Null ist, aber aufgrund der geringen Varianz der Schätzung als signifikant verschieden von Null getestet wird, sollte ein niedrigeres Signifikanzniveau als die üblichen 5% gewählt werden. Folglich wird hier ein halb so großes Signifikanzniveau von 2.5% angesetzt. Damit soll den eben geschilderten Problemen Rechnung getragen werden, ohne die vergleichsweise geringe statistische Qualität der zugrundeliegenden Daten zu ignorieren.

5.5 Ein Regressionsansatz zur Erklärung der Einstellungen zur EWU

Nachdem die wichtigsten methodischen Probleme angesprochen wurden, kann nun mit der konkreten Analyse fortgefahren werden. Vor der Interpretation der Regressionsergebnisse sind die Resultate der diagnostischen Statistiken in Tabelle 3.14a zu bewerten:

Tab. 3.14a: Diagnostische Statistiken zur EWUFAC-Regression

Fallzahl	R^2	F-test (15,8360)	σ	Normalitäts-Test: Chi^2 (2)	White-Test F(20,8339)	RESET F(1,8359)	Hausman-Test F(3,8357)
8376	0.34	289.4**	0.811	441.2**	13.7**	2.30	1.074

Hinweis: Ein ** deutet Signifikanz bei einem 1%-Niveau an. σ ist der Standardfehler der Regression. Der RESET- und der Normalitäts-Test sind in Doornik/Hendry (1994a) beschrieben.

Das Bestimmtheitsmaß ist für diese Art der Querschnittsanalyse nicht gering und der F-Test signalisiert, daß die verbleibenden Variablen gemeinsam klar signifikant sind. Es findet sich zwar eine deutliche Ablehnung der Hypothese, daß die Residuen normalverteilt seien, aber bei dieser hohen Fallzahl wäre es auch eher überraschend, keine Ablehnung der Nullhypothese zu erhalten. Eine graphische Darstellung der geschätzten Dichtefunktion macht die vom Test aufgedeckten Probleme offensichtlich: die Funktion ist rechtssteil und hat eine zu geringe Wahrscheinlichkeitsmasse in den Schwänzen der Verteilung. Trotzdem wirkt die Abbildung der Dichte und des Histogramms relativ symmetrisch und die Abweichung von der Normalitätsannahme nicht zu extrem.

Der RESET-Test auf Fehlspezifikationen weist keine Ablehnung der Nullhypothese auf, was als beachtlicher Erfolg angesehen werden sollte. Dagegen macht der White-Test (1980) auf Verletzungen der Homoskedastizitätsannahme aufmerksam. Um die mögliche Heteroskedastizität der Residuen in Betracht zu ziehen, werden heteroskedastizitäts-konsistente Standardfehler (HCSE) berechnet, wobei das Verfahren des „Jack-knifing" Verwendung findet (s. White (1980) und Doornik/Hendry (1994a)). Die Ergebnisse in der letzten Spalte von Tabelle 3.14b deuten an, daß zwar Abweichungen zu den konventionell berechneten Standardfehlern vorliegen, diese aber kaum die Signifikanz der t-Tests beeinflussen.

Schließlich muß das Problem der potentiellen Endogenität der Variablen KNOWIND, SUBWISS und EUINT angegangen werden. Dafür wird der Exogenitätstest von Hausman (1978) eingesetzt und alle anderen Variablen (außer LEFRIG, welche auch endogen sein könnte) fungieren als Instrumente. Aus Tabelle 3.14a ist zu erkennen, daß der gemeinsame Einfluß der geschätzten Werte aus den Instrumentschätzungen auf EWUFAC nicht signifikant ist. Daraus folgt der Schluß der Exogenität der betreffenden Variablen und die Zulässigkeit der Modellierung in einem Eingleichungsmodell mit der angenommenen Kausalitätsrichtung. Allerdings dürfte die Mächtigkeit des Hausman-Tests in diesem Fall gering sein, da es mit Hilfe der vorhanden Variablen schwierig war, die marginalen Prozesse befriedigend zu spezifizieren. Ein Inferenzfehler kann deshalb nicht mit großer Wahrscheinlichkeit ausgeschlossen werden.

Die Ergebnisse der Regression sind in Tabelle 3.14b aufgelistet. Nur die Variablen mit numerischen Informationen sind am Ende des Modellierungsprozesses in der Gleichung übriggeblieben. Für die anderen Variablen wurde lediglich das Vorzeichen ihres Koeffizienten in der allgemeinsten Schätzung aufgezeichnet, um einen Eindruck von der potentiellen Wirkungsrichtung zu vermitteln. Wenn Variablen aber bei dieser großen Zahl von Beobachtungen keine signifikanten Testergebnisse aufweisen, dann ist es unwahrscheinlich, daß ein nennenswerter Einfluß besteht. Bei der Interpretation der Ergebnisse sollte zuerst der signifikant positive Koeffizient für KNOWIND hervorgehoben werden, auch wenn sein absoluter Einfluß nicht sehr hoch ist. Damit wird das oben abgeleitetes Ergebnis, Leute mit einem größeren Wissen über die EWU seien eher Befürworter, gestützt. Weiterhin ist zu betonen, daß diese Schätzung der Wirkung objektiven Wissens eher konservativer Natur ist, denn wie vorher abgeleitet wurde, besteht kein einfacher linearer Zusammenhang zwischen der Einstellung zur EWU und KNOWIND. Sowohl SUBWISS als auch EUINT zeigen positive Koeffizienten. Besonders letztere Variable hat einen großen Einfluß auf EWUFAC. Das impliziert, daß die Kohärenz von Überzeugungssystemen stark auf die Bevölkerungseinstellungen zur EWU einwirkt.

Tab. 3.14b: Erklärung der Einstellung zur EWU (Abhängige Variable: EWUFAC)

Variable	Koeffizient	Std. Fehler	t-Wert	t-Wahrsch.	HCSE
Konstante	-0.072	0.057	-1.27	0.2037	0.058
KNOWIND	0.039	0.009	4.38	0.0000	0.009
SUBWISS	0.087	0.012	6.97	0.0000	0.012
EUINT	0.375	0.008	46.61	0.0000	0.009
EDUCAGE	0.005	0.002	2.25	0.0244	0.002
SEX	-0.073	0.019	-3.93	0.0001	0.019
AGE	-0.001	0.0006	-2.25	0.0248	0.0006
AGESQUAR	+				
LEFRIG	+				
HHINC	+				
UNION	+				
UNEMP	-				
RETIRED	-				
FARMER	-				
FISHER	+				
PROFESS	+				
BUSINESS	-				
EMPPROF	-				
GENMANAG	+				
MIDMANAG	+				
EMPDESK	-				
EMPTRAV	-				
EMPSERV	-				
SUPERVI	+				
MANWOR	-				
SKILWOR	+				
SHOPOWN	-				
ITALIEN	0.136	0.038	3.61	0.0003	0.032
BELGIEN	+				
GRIECHENLAND	+				
IRLAND	+				
SPANIEN	-				
LUXEMBURG	-0.120	0.049	-2.47	0.0135	0.045
PORTUGAL	-0.220	0.035	-6.33	0.0000	0.035
FRANKREICH	-0.288	0.034	-8.35	0.0000	0.037
N-IRLAND	-0.523	0.072	-7.26	0.0000	0.078
O.-DEUTSCHLAND	-0.540	0.033	-16.34	0.0000	0.036
W.-DEUTSCHLAND	-0.635	0.033	-19.27	0.0000	0.035
ENGLAND	-0.663	0.035	-19.11	0.0000	0.037
DÄNEMARK	-0.697	0.035	-20.00	0.0000	0.036

Die Signifikanz des Parameters für SUBWISS deutet an, daß ein starkes Interesse an der EU ebenfalls einen positiven Einfluß auf die Sichtweise der EWU hat. Der Effekt der Geschlechtervariable (SEX) erscheint ebenfalls wirkungsvoll. Ihre negative Wirkung kann durch die vergleichsweise zögernde Haltung von Frauen erklärt werden, sich für politische oder ökonomische Fragen zu engagieren (vgl. Gabriel (1992, 571f)). Eine Folge davon können geringere Erwartungen bezüglich der Sinnhaftigkeit oder des Erfolges der EWU sein. Hier mag auch eine geringere Risikoneigung eine Rolle spielen. Ähnliche Ergebnisse ergeben sich tendenziell auch für die Länder Osteuropas, wenn nach der Einschätzungen zur wirtschaftlichen Transformation gefragt wird (vgl. Hayo (1995, 1997b)).

AGE und EDUCAGE sind bei dem gewählten Signifikanzniveau nur marginal signifikant und daher nicht als sehr wichtige Einflußfaktoren einzuschätzen. Da ihre Vorzeichen aber im Einklang mit theoretischen Überlegungen stehen, wurden sie in der Schätzgleichung belassen.

In Übereinstimmung mit der soziologischen und politischen Literatur zur Modernisierung (s. z.B. Apter (1969) oder Huntington (1968)) ist die Beobachtung, daß ältere Leute relativ skeptisch auf ökonomische und politische Veränderungen reagieren. Analoge empirische Ergebnisse für Osteuropa finden sich auch in Hayo (1997b). Eine Erklärung, warum besser ausgebildete Leute eher die EWU unterstützen - nachdem eine Reihe von anderen Einflüssen berücksichtigt wurde -, kann in der Tatsache begründet liegen, daß diese Gruppe entweder während der Ausbildungszeit oder in ihrem Beruf einem internationalen Umfeld ausgesetzt ist. Damit kommt es, um den Bezug zu einem Begriff des Interpretativen Ansatzes der Soziologie herzustellen, zu einer Internationalisierung der Lebenswelt. Mit anderen Worten, der vergleichsweise häufige und natürliche Kontakt zu Ausländern im Alltag kann die persönliche Bereitschaft zu weiterer europäischer und internationaler Integration - auch im monetären Bereich - fördern.

Ansonsten haben nur noch Länder-Dummies einen statistisch signifikanten Einfluß. Nachdem der Einfluß der genannten Variablen kontrolliert wird, ergibt sich, daß die Leute in Dänemark, England, Deutschland, Frankreich, Portugal und Luxemburg negativer auf die EWU reagieren als die Niederländer. Das einzige Land mit einem signifikant positiven Parameter ist Italien.

Die Einbeziehung von Regionen für Deutschland und Großbritannien in die Analyse ermöglicht einen Vergleich der Subpopulationen. Eine Betrachtung der absoluten Werte verdeutlicht, daß die Differenzen zwischen den beiden Teilen Deutschlands geringer sind, als zwischen England und Nordirland. Werden die Koeffizienten formal auf Gleichheit getestet, dann resultiert das paradox erscheinende Ergebnis der Ablehnung der Nullhypothese für Deutschland ($F(1,8360) = 5.3^*$) und keine Ablehnung im Falle Englands ($F(1,8360) = 3.3$). Dieses statistische Rätsel ist aber leicht erklärbar, wenn auf die vergleichsweise geringe Fallzahl für Nordirland verwiesen wird.

Schließlich ist die Hypothese nicht zu verwerfen, daß die Koeffizienten für Dänemark, Westdeutschland und England gleich sind ($F(2,8360)=1.04$). Diese Länder erscheinen, nachdem andere Dimensionen der Einstellungsbildung berücksichtigt wurden, als noch ähnlicher in ihrer Einstellung zur EWU als in den bivariaten Analysen.

Zum Abschluß sollen noch ein paar Bemerkungen zu den nicht-signifikanten Variablen gemacht werden. Wie bereits angedeutet, ist auf der Aggregatebene für Europa der Nutzen einer einfachen politischen Links-Rechts-Einordnung eher gering (LEFRIG). Dazu kommt die Tatsache, daß die europäische Integration sich nicht einfach als tendenziell linke oder rechte Politikmaßnahme einordnen läßt. Das Haushaltseinkommen (HHINC) weist ebenfalls keinen spezifischen Varianzerklärungsanteil auf, allerdings ist bereits die bivariate Korrelation praktisch Null. Eine korrespondierende Erklärung gilt für auch für UNION. Die verschiedenen Berufsgruppen schließlich erweisen sich auch nicht als hilfreich bei der Erklärung. Das unterstreicht möglicherweise die Schwierigkeit der Zuordnung von Gewinnen und Verlusten aus der EWU auf einzelne Berufsgruppen.

6. Zusammenfassung und wirtschaftspolitische Schlußfolgerungen

Zusammenfassend lassen sich folgende Schlußfolgerung aus den Ergebnissen dieser Studie ableiten:

Erstens existieren klare nationale Unterschiede im objektiven Wissen über die EU. Die oft genutzte Nord-Süd-Unterscheidung zur Klassifikation der EU-Mitglieder erscheint in dieser Hinsicht wenig hilfreich. Die Bevölkerungen in europäischen Kernländern, wie den Niederlanden oder Deutschland, zeigen keineswegs ein überdurchschnittliches Wissen über die EU.

Zweitens kann man eine positive Korrelation zwischen dem objektiven Wissen über die EU und der Einstellung zur EWU feststellen. Dieser Zusammenhang hält nicht nur auf der aggregierten EU-Ebene, sondern auch in den einzelnen Staaten. Diejenigen Leute, die mehr über die EU wissen, werden auch eher die EWU unterstützen und vice versa. Eine auf diesem Ergebnis aufbauende, einfache Politikmaßnahme, wie die EU-Kommission oder die nationalen Regierungen die Unterstützung für die EWU erhöhen könnten, wäre die Verbesserung des faktischen Wissens der Bevölkerungen. Die wichtigste Voraussetzung dabei ist die Annahme der Kausalitätsrichtung von Wissen zu Einstellungen, welche oben bereits ausgiebig problematisiert wurde.

Allerdings könnte es zusätzlich nötig sein, den Leuten die Defizite in ihrem objektiven Wissensstand vor Augen zu führen. Wenn Radecki/Jaccard (1995) mit ihren Ergebnissen richtig liegen, dann spielt der subjektive Eindruck über das eigene Wissen eine zentrale Rolle für das Ausmaß der Suchaktivität zur Informationsgewinnung. Beispielsweise wäre zu erwarten, daß die Bereitschaft der Deutschen zur Erweiterung ihres objektiven Wissens größer wäre, wenn sie realisieren würden, wie wenig sie tatsächlich über die EU wissen. Eine Politikmaßnahme, der es gelingt, die Leute über ihr tatsächliches Wissensniveau in Kenntnis zu setzen und gleichzeitig leicht aufnehmbare Information bereitzustellen, müßte eine gute Chance auf Erfolg haben. Ein - absolut gesehen - größerer Effekt wäre durch die Veränderung der Einstellung zur europäischen Integration insgesamt zu erreichen. Dieser Weg erscheint weniger klar, denn die Determinanten zur Beeinflussung der Einstellung zur EU als Ganzes sind hier nicht explizit herausgearbeitet worden und bedürfen einer gesonderten Untersuchung.

Drittens wurde demonstriert, daß der Zusammenhang zwischen Wissen und Einstellung kein linearer ist. Vielmehr tendieren Personen mit einem sehr geringen Wissen über die EU dazu, sich ihrer Meinung zu enthalten. Dieses Resultat bestätigt die Auffassung von Schuman/Presser (1981), daß die Einführung von „Weiß nicht"-Kategorien die Anzahl der Nicht-Einstellungen bei den Befragungen reduziert. Probanden, welche die EWU ablehnen, zeigen dagegen ein höheres Wissen als die unentschiedenen. Im Durchschnitt verfügen die EWU-Befürworter aber über das größte faktische Wissen. Angesichts dieser Erkenntnis müßte die einfache Politikmaßnahme zur Erhöhung der EWU-Unterstützung in der Bevölkerung modifiziert werden. Es reicht nicht, das Wissen nur etwas zu verbessern, wenn es fast Null ist. Damit wären die Erfolgsaussichten einer nur halbherzig geführten Informationskampagne als nicht sehr hoch einzuschätzen.

Viertens, durch den multivariaten Analyserahmen konnte gezeigt werden, daß der Effekt der Wissensvariable hinsichtlich anderer Einflußdimensionen der Einstellungsbildung robust ist. Auch wenn die theoretische Dimension der Kohärenz von Überzeugungen den höchsten Varianzerklärungsanteil aufweist, erscheint - wie bereits argumentiert - die politische Umsetzung eher schwierig. Dagegen ist das Ziel des höheren Informationsstandes zur EU im Prinzip unproblematisch und die Operationalisierbarkeit relativ hoch. Die Frage nach dem besten Weg, das objektive Wissen über die EU zu erhöhen, muß allerdings wiederum Gegenstand einer eigenen detaillierten Untersuchung sein und kann hier nicht weiter diskutiert werden.

IV. Makroökonomische Modelle einer Währungsunion

1. Einführung

Der Beitritt zu einer Währungsunion (WU) bringt für ein Land vielfältige ökonomische Konsequenzen mit sich. Als wesentliches Charakteristikum einer WU wird an dieser Stelle die Existenz einer gemeinsamen Währung und einer einheitlichen Geldpolitik hervorgehoben. Es ist den nationalen Regierungen nicht mehr möglich, eine eigene Geldpolitik zu betreiben, während prinzipiell (fast) alle anderen wirtschaftspolitischen Instrumente weiterhin zur Verfügung stehen. Folglich ist eine wichtige Frage für die nationale Wirtschaftspolitik, wie sich die Wirkungen der klassischen wirtschaftspolitischen Instrumente ändern werden, wenn das Land Mitglied einer WU wird. Interessante Fragen in diesem Zusammenhang sind beispielsweise: Ist die Fiskalpolitik oder die Geldpolitik effektiver? Welche Auswirkungen hat eine erfolgreiche Arbeitsmarktpolitik? Wie steht es mit den Belastungen durch zwischenstaatliche Transfers, wird beispielsweise ein Geberland stärker belastet, wenn Einkommen an ein Mitgliedsland der WU oder an einen Staat im „Rest der Welt" (RDW) übertragen wird? Welche Einflüsse gehen von der Existenz mehrerer autonomer fiskalischer Einheiten auf die wirtschaftspolitischen Instrumente aus? Wie machen sich deren Budgetbeschränkungen bemerkbar?

Natürlich sind diese Fragen nur schwer zu beantworten und die Antworten sollten in den meisten Fällen die spezifischen Umstände in dem jeweiligen Land berücksichtigen. In diesem Kapitel wird allerdings ein anderer Weg beschritten. In der Analyse wird versucht, wichtige Wirkungsmechanismen von wirtschaftspolitischen Instrumenten in theoretischen Modellen einer Währungsunion aufzudecken. Dabei wird fast völlig von realen Staaten abstrahiert und es werden auch nur bestimmte Bereiche einer Volkswirtschaft modelliert.

Die präsentierten Modelle erweitern die Ansätze von Levin (1983) und Rose/Sauernheimer (1983). Diese haben zwar ihre Modelle zur Abbildung von Mischwechselkurssystemen konstruiert, d.h. eine Gruppe von Staaten hat untereinander feste Wechselkurse vereinbart, während die Währungen gegenüber dem RDW flexibel sind, aber die Übertragung auf eine WU ist problemlos möglich. Zur Vereinfachung wird im folgenden dieses Grundmodell als „Levin-Modell" bezeichnet und die in der Literaturübersicht vorgestellten Modelle zu Mischwechselkurssystemen werden als Darstellungen einer WU interpretiert.

Levin (1983) und Rose/Sauernheimer (1983) haben eine Anpassung des IS-LM-Modells für den Fall einer Währungsunion vorgenommen. Sie befinden sich dabei in der Tradition der Festpreismodelle von Mundell (1963, 1964) und Fleming (1962). Das Modell ist ein Dreiländermodell, wobei aber nur die zwei Mitgliedsländer der WU explizit modelliert werden. Die WU-Mitglieder werden im weiteren als „Inland" und „Ausland" bezeichnet, wobei die Analyse der Politikwirkungen das Inland als das politikaktive Land spezifiziert. Das dritte (implizite) Land im Modell ist der „Rest der Welt" (RDW). Gegenüber dem RDW ist die WU ein kleines Land, d.h. der Zins in der WU ist gegeben und es existieren keine Rückwirkungen auf das Einkommen im RDW. Die Erwartungen, wie bei fast allen hier diskutierten Modellen, sind statischer Natur.

Das interessanteste Ergebnis des Levin-Modells liegt in der Wirkung einseitiger nationaler Fiskalpolitik: Wenn die Staatsausgaben im Inland erhöht werden, dann steigt das inländische Einkommen und das ausländische reduziert sich.[1] In der weiteren Darstellung wird dies als „adverser Effekt“ der nationalen Fiskalpolitik bezeichnet. Der Anpassungsmechanismus funktioniert folgendermaßen:

Expansive inländische Fiskalpolitik stimuliert die Nachfrage im Inland und damit das Einkommen. Durch die Handelsbeziehungen mit dem Ausland steigt auch dort das Einkommen. Die höhere Transaktionskassennachfrage in der WU sorgt für Knappheit auf dem Geldmarkt und Zinssteigerungsdruck. Aufgrund der Annahme des kleinen Landes kann der Zins aber nicht wirklich ansteigen, weil sofort „unendlich“ viel Kapital aus dem RDW in die WU einströmt. Die WU-Währung wertet sich auf und damit gehen die Nettoexporte der WU zurück.[2] Der Rückgang an Exportnachfrage hält solange an, bis sich der Geldmarkt wieder im Gleichgewicht befindet. Da die Anfangswirkung im Inland größer als im Ausland war, bleibt es dort bei einem Anstieg des Einkommens, während die Verluste an Exportnachfrage im Ausland nicht kompensiert werden können. Dort ist ein Rückgang des Einkommens zu konstatieren, expansive nationale inländische Fiskalpolitik verursacht adverse Effekte auf das ausländische Einkommen. Aufgrund der expansiven nationalen Fiskalpolitik kann sogar das aggregierte Einkommen der WU fallen, d.h. die Einkommensverluste im Ausland sind größer als die Gewinne im Inland. Das Unionseinkommen wird aber nicht sinken, wenn die Einkommenselastizität der Geldnachfrage im Inland kleiner oder gleich der ausländischen ist.[3] In Kapitel V, in welchem die Schätzung von Geldnachfragen im Mittelpunkt steht, wird unter Bezugnahme auf die EWU dieser Aspekt noch einmal genauer diskutiert.

Die Möglichkeit adverser Effekte ist auch deshalb interessant, weil sie als Grundlage für ein Argument gegen die unkoordinierte Nutzung der Fiskalpolitik in einer WU angesehen werden kann. Auf die EWU übertragen bedeutet dies, daß die im Maastrichter Vertrag angestrebte Situation des (weitgehend) unkoordinierten Einsatzes nationaler Fiskalpolitiken die Gefahr von „Beggar-my-neighbour“-Politiken enthält. Die oft vertretene Vorstellung einer fiskalischen Konkurrenz zwischen den Mitgliedsstaaten der EWU erscheint danach makroökonomisch wenig attraktiv. Bevor aber voreilige Schlüsse gezogen werden, ist daran zu erinnern, daß die Struktur des Levin-Modells sehr einfach ist. Genauer gesagt ist das Resultat des adversen Effekts von Fiskalpolitik letztlich durch die Exogenität aller geldmarktrelevanten Variablen außer den beiden WU-Einkommen zu erklären. Es ist daher zu erwarten, daß bei Endogenisierung einer zweiten Geldmarktvariablen das Ergebnis adverser Effekte weniger klar ausfällt.

Eine einfache Erweiterung präsentiert beispielsweise Grassinger (1994). Dort wird die Annahme des exogenen Zinssatzes aufgehoben und der Kapitalverkehr in traditioneller

[1] Die Diskussion der Anpassungsmechanismen geht immer von einer exogenen Erhöhung der Politik- oder Schockvariablen aus, aber die Übertragung auf den Fall einer Verringerung ist ohne weiteres möglich.

[2] Zur sprachlichen Vereinfachung wird im folgenden nur von dem Rückgang der Exporte gesprochen und die Importe nicht explizit in der Diskussion berücksichtigt.

[3] Eigentlich geht es hier nicht um die Elastizität sondern lediglich um die partielle Ableitung der Geldnachfrage nach dem Einkommen. Aus sprachlichen Vereinfachungsgründen wird der Elastizitätsbegriff durchgängig im Kapitel verwendet. Bei den in den weiteren Abschnitten vorgestellten Modellen in Logarithmen ist die Bezeichnung aber wieder korrekt.

Mundell-Fleming-Art modelliert. Wie bereits vermutet, treten in diesem Modell die adversen Effekte nationaler Fiskalpolitik nicht mehr zwangsläufig auf. Die oben erwähnte Bedingung für die Vermeidung eines Rückgangs des aggregierten Unionseinkommens gilt auch hier. Ähnliche Ergebnisse werden in dem etwas komplexeren Modell von Papadopoulou (1993) abgeleitet. Dort wird das Levin-Modell auf den Fall großer symmetrischer Länder erweitert, d.h. sowohl Zins als auch Einkommen des RDW sind nun endogen. Allerdings betrachtet Papadopoulou nur einen gemeinsamen Weltzins, welcher in der WU und im RDW gilt. Die Analyse inländischer expansiver Fiskalpolitik ergibt ebenfalls ein unbestimmtes Ergebnis für das ausländische Einkommen. Dafür steigt das RDW-Einkommen sicher an, denn der RDW profitiert von der Aufwertung der WU-Währung.

In der bisher vorgestellten Literatur wird ausgiebig auf die Probleme der unkoordinierten Nutzung nationaler Fiskalpolitik in einer WU hingewiesen. In mancher Hinsicht handelt es sich dabei aber um Scheingefechte, denn die Verwendung einer expansiven Geldpolitik bringt in allen drei Modellen den beteiligten WU-Ländern steigende Einkommen. Folglich besteht in diesem Modellrahmen gar keine Notwendigkeit, auf Fiskalpolitik zurückzugreifen. Natürlich wird implizit davon ausgegangen, daß eine exzessive Erhöhung der Geldmenge Preisniveausteigerungen mit sich bringt. In einer EWU, in der die EZB der Bekämpfung der Inflation verpflichtet ist, siehe Kapitel II, wird sich daher die Geldpolitik nur begrenzt als Stabilisierungsinstrument einsetzen lassen. Aber diese Argumentation ist nicht ganz überzeugend, denn schließlich wird über die in diesen Modellen getroffene Fixpreisannahme auch eine wichtige Anpassungsvariable für den Geldmarkt exogenisiert. Es ist daher für eine weitere Beurteilung der Möglichkeit adverser Effekte der Fiskalpolitik nötig, das Preisniveau explizit im Modell zu berücksichtigen.

Ein erster Ansatz wurde von Feuerstein/Siebke (1990) vorgestellt. Sie modellieren jeweils eine Güterangebotsfunktion für die beiden WU-Länder, während ansonsten die um Preise erweiterte Spezifikation des Levin-Modells gewählt wird. Um das resultierende System zu vereinfachen, machen Feuerstein/Siebke (1990) ausgiebigen Gebrauch von der symmetrischer Länder. Die Ergebnisse der expansiven nationalen Fiskalpolitik sind wieder ähnlich wie bei den Modellen von Grassinger (1994) und Papadopoulou (1993). Es ist nicht auszuschließen, daß adverse Effekte auftreten können. Das aggregierte Einkommen der WU steigt aber auf jeden Fall. Damit kann wieder die Forderung nach einer Koordination der Fiskalpolitiken unterstützt werden, denn auch wenn die WU als Ganzes immer einen Einkommenszuwachs erfährt, müssen doch Regeln für die zwischenstaatliche Verteilung der Einkommensgewinne geschaffen werden, um „Beggar-my-neighbour"-Effekte auszuschließen.

Die Geldpolitik ist nun nicht mehr so hilfreich. Solange die Löhne nicht völlig indexiert sind, können zwar reale Effekte erzielt werden, aber die Preise steigen ebenfalls. Allgemein gilt, daß die reale Wirkung der Geldpolitik von der Gestaltung der Arbeitsverträge abhängt: je schneller die Löhne auf Preisänderungen reagieren, desto wirkungsloser ist die Geldpolitik. Folglich ist die Geldpolitik aufgrund der Inflationsgefahren, die in ihrem Modell bei der Fiskalpolitik nicht auftreten, keine klare Alternative zur Fiskalpolitik.

Allerdings sind die Zinssätze immer noch exogen und Feuerstein/Siebke (1990) stellen auch einen ersten Versuch vor, über die Modellierung einer Zinsparitätenbedingung den Zins zu endogenisieren. Die Ergebnisse dieses erweiterten Modells sind in den meisten Fällen unbestimmt. Eine positive Übertragung der fiskalpolitischen Wirkungen hängt wesentlich von dem relativen Zins-crowding-out zwischen Inland und Ausland ab. Je weniger das inländische Einkommen steigt, weil die Investitionen sinken, desto wahrscheinlicher ist es, daß es keine adversen Effekte auf das Ausland gibt.

Jarchow (1993) geht in seinen Beitrag einen anderen Weg zur Endogenisierung des Zinses. Er modelliert dabei explizit für alle drei Länder (Inland, Ausland und RDW) Angebots- und Nachfragefunktionen. Seine Darstellung weicht auf den ersten Eindruck von den bisher diskutierten Modellen ab, aber das ist nur auf die Verwendung von logarithmierten Variablen zurückzuführen. Letztlich ist die Struktur den anderen Modellen sehr ähnlich und auch die Gefahr adverser Effekte der Fiskalpolitik bleibt bestehen.

Interessanter ist die Wirkung der Fiskalpolitik auf das Preisniveau der WU. So ergibt sich die Möglichkeit, daß als Folge einer expansiven Fiskalpolitik die Preise sinken. Eine zentrale Voraussetzung für dieses Resultat ist letztlich die Annahme einer konstanten Geldmenge. Die wesentlichen Gründe für die deflationäre Wirkung höherer Staatsausgaben liegen in ihren Zinswirkungen und deren Einflüsse auf den Wechselkurs. Da sich das Preisniveau im Modell aus den Preisen der Güter aus dem Inland, dem Ausland und dem RDW zusammensetzt, kann eine Verbilligung der Importe durch eine nominale Aufwertung der WU-Währung für Preissenkungsdruck sorgen.

Ein weiteres, von Jarchow (1994) vorgestelltes Modell befaßt sich mit der Erweiterung des Levin-Modells um eine dynamische Preisanpassung im Sinne von Dornbusch (1976). Es wird dabei angenommen, daß sich kurzfristig nur die Outputmengen und der Wechselkurs anpassen können, aber die Preise fix sind. Langfristig sind dagegen die Mengen fest und die Preise sind flexibel. Aufgrund dieser Annahmen ist es möglich, wie Dornbusch gezeigt hat, daß sich der Wechselkurs kurzfristig nach einem Schock über den langfristigen Gleichgewichtswert, bzw. die Kaufkraftparitätenbedingung, hinaus verändert (overshooting). Der zentrale Wirkungsmechanismus ist in den (kurzfristig) festen Preisen zu suchen, die dazu führen, daß der Wechselkurs ihren Teil der Anpassung mit übernehmen muß. Da die Outputmengen oder Realeinkommen lediglich kurzfristig variabel sind, kann der adverse Effekt expansiver Fiskalpolitik zwangsläufig nur kurzfristig auftreten und genau das ist auch zu beobachten. Langfristig ist über die Modellstruktur festgelegt, daß beide Länder ihren Potentialoutput produzieren. Konsequenterweise muß das Einkommen damit langfristig im Inland sinken und im Ausland steigen. Bei der Rückkehr zum Potentialoutput hat das Inland auch noch mit steigenden Preisen zu rechnen, während es zu einer Deflation im Ausland kommt.

Ein verwandtes, aber etwas komplexeres Modell wurde von Wohltmann (1993) in die Literatur eingebracht. Sein Ansatz enthält neben den keynesianischen Güter- und Geldmärkten und der ungedeckten Zinsparität noch dynamische Preisgleichungen basierend auf Phillips-Kurven-Zusammenhängen. Ein Kennzeichen seiner Ergebnisse ist die langfristige Neutralität von Geld- und Fiskalpolitik auf das Einkommen der WU. Kurzfristig hat die Geldpolitik reale Effekte, langfristig beeinflußt sie nur die Preise. Hinsichtlich der Fiskalpolitik tritt in der kurzen Frist wieder die Möglichkeit adverser Effekte auf, aber langfristig

kommt es zu einer Rückkehr der Realeinkommen zu ihrem Anfangsniveau und wie im Jarchow-Modell (1994) ändern sich nur die Preise.
Schließlich konzentriert sich Daseking (1996) bei ihrer Modellierung auf den Aspekt asymmetrischen Angebotsverhaltens der beiden Unionsländer (vgl. auch Daseking (1994)). Im besonderen analysiert sie die Effekte von unterschiedlicher Reallohnrigidität in den Ländern. Die Grundstruktur ihres Modells ist relativ ähnlich zu Feuerstein/Siebke (1990) und Jarchow (1993). Neue Effekte lassen sich sowohl für Geld- als auch für Fiskalpolitik ableiten. Genauer hängen nun die Wirkungen einer Geldmengen- oder Staatsausgabenerhöhung von der relativen Rigidität des Reallohnes in einem Land ab. Für das Land mit der relativ stärkeren Fixierung des Reallohnes ergibt sich aufgrund einer Geldmengenerhöhung die Möglichkeit einer Einkommensverringerung. Allerdings wächst immer noch das WU-Einkommen.
Dagegen kann als Folge einer Erhöhung der Staatsausgaben durch das Land, mit der relativ geringeren Reallohnrigidität ein Einkommensrückgang auftreten. Führte das relativ reallohnrigidere Land eine expansive Fiskalpolitik durch, so stiege dessen Einkommen, während der Effekt für das andere Mitgliedsland unbestimmt wäre. Sowohl Geld- als auch Fiskalpolitik können zu „Beggar-my-neighbour"-Effekten führen, da sich jeweils die Leistungsbilanz zwischen den Mitgliedsstaaten der Wechselkursunion verschlechtert. Daseking (1996, 184) folgert daraus, daß in den einzelnen Mitgliedsstaaten bei unterschiedlichen Bedingungen auf den Arbeitsmärkten Differenzen über einen adäquaten Politikeinsatz auftreten könnten. Das Land mit dem relativ flexibleren Reallohn wird eher auf eine monetäre Expansion und das andere Land auf eine Erhöhung der Staatsausgaben zur Überwindung einer Rezession setzen wollen. Damit wären Konflikte über den Politikeinsatz unausweichlich.
Soweit die Darstellung wesentlicher Modellansätze in der Literatur. In den verbleibenden Abschnitten dieses Kapitels werden alternative Modelle zur Diskussion gestellt. Die Neuerung im Modell einer kleinen WU im nächsten Abschnitt beruht auf einer spezifisch konstruierten Angebotsfunktion. Diese erlaubt insbesondere die Untersuchung der Effekte, die von erfolgreicher Arbeitsmarktpolitik in einem Lande auf die Einkommen und Preise in der WU ausgehen. Im dritten Abschnitt wird dieses Modell um die explizite Modellierung des internationalen Kapitalverkehrs erweitert und der Zinssatz endogenisiert. Im Gegensatz zu Grassinger (1994) wird hier der Kapitalverkehr nicht als Stromgröße und auch nicht als Zinsparität, wie in den meisten der anderen Modelle, spezifiziert. Vielmehr findet eine portfoliotheoretische Begründung des Kapitalverkehrs Anwendung, wie sie beispielsweise von Branson (1977) vorgeschlagen wurde. Im vierten Abschnitt werden die Auswirkungen einer Berücksichtigung dynamischer Budgetbeschränkungen auf Staaten- und Unionsebene diskutiert. Da die wesentlichen wirtschaftspolitischen Konsequenzen aus Gründen der Übersichtlichkeit in der Darstellung direkt im Anschluß an die Modellanalyse präsentiert werden, kann auf eine separate Diskussion am Ende des Kapitels verzichtet werden.

2. Ein Modell einer kleinen Währungsunion mit Angebotsseite

2.1 Die Modellierung der Angebotsseite

Am Anfang dieses Abschnitts steht die Formulierung einer Angebotsfunktion für die Länder der WU. Zu diesem Zweck wird explizit auf eine Mikrofundierung der Angebotsfunktion zurückgegriffen. Dann wird das Gesamtmodell aufgestellt und die Wirkung unterschiedlicher Schocks untersucht. Am Schluß stehen einige Bemerkungen über die wirtschaftspolitischen Konsequenzen der Analyse. Zuerst muß das Aussehen der Produktionsfunktion für das Unternehmen i festgelegt werden (s. Anhang D für Details). Diese wird in konventioneller Weise als Cobb-Douglas-Funktion modelliert. Die Produktion des Unternehmens i hängt von der eingesetzten Menge an Kapital und Arbeit ab. Nach einer Logarithmierung der Variablen ergibt sich Gleichung (4.1):

(4.1) $y_i = \mu (n_i - k_i) + k_i$,
wobei: y_i = ln (Output des Unternehmens i),
n_i = ln (eingesetzte Arbeit des Unternehmens i)),
k_i = ln (eingesetztes Kapital des Unternehmens i),
μ = Outputelastizität der Arbeit.

In einem nächsten Schritt wird die Lohnsetzungsgleichung entwickelt, wobei davon ausgegangen wird, daß es in jedem Land eine alle Arbeitnehmer vertretene Gewerkschaft gibt. Eine entscheidende Annahme ist nun, daß die nationalen Gewerkschaften die Löhne in ihrem jeweiligen Land bestimmen. Mit den Löhnen als Datum legen die Unternehmen dann die Menge an Arbeit fest, die sie beschäftigen wollen. Die Idee dieses „Monopol-Gewerkschafts-Modells“ (monopoly union model) existiert schon recht lange in der Volkswirtschaftslehre (vgl. Dunlop (1944)), eine neuere Formulierung präsentiert Oswald (1982). Dabei enthält die Nutzenfunktion des Median-Arbeiters den Lohnsatz und die Beschäftigung als Argumente. Die Spezifizierung der Nutzenfunktion des Median-Arbeiters erlaubt es, diese als gewerkschaftliche Nutzenfunktion zu verallgemeinern, wenn der Entscheidungsprozeß innerhalb der Gewerkschaft einem einfachen Mehrheitswahlrecht in einer Hotelling-Downs-Welt (s. Downs (1957)) unterliegt. Prinzipal-Agent-Probleme (Gewerkschaftsführung als „Agent“ und Arbeiter als „Prinzipal“) werden hier nicht berücksichtigt. Angesichts der vielen Vereinfachungen, die in einem noch überschaubaren Modell stecken, erscheint dies aber kaum beunruhigend.

Weiterhin wird eine explizite Form für die Nutzenfunktion der Gewerkschaft eingeführt: eine Stone-Geary-Nutzenfunktion. Eine oft gemachte Beobachtung über die Lohnsetzung in Europa ist die Existenz von Reallohnrigidität (s. z.B. van der Ploeg (1990, 415f)). Davon ausgehend erscheint es sinnvoll, den Konsumentenpreisindex als ein „Rückfallniveau“ (fallback level) in der gewerkschaftlichen Nutzenfunktion zu verwenden. In Hinblick auf das Beschäftigungsziel wird angenommen, daß die „natürliche“ Arbeitslosigkeit bzw. deren Kompliment, die „natürliche“ Beschäftigung, als Rückfallniveau fungiert. Damit akzeptieren die Gewerkschaften, daß es in einer Marktwirtschaft Friktionsarbeitslosigkeit geben muß.

Über die Höhe der natürlichen Arbeitslosigkeit (AL) kann hier aus Platzgründen nicht ausgiebig diskutiert werden (s. z.B. Layard et al. (1991)). Es bleibt nur festzuhalten, daß erstens die Auffassungen darüber, was genau natürliche AL umfaßt, auseinandergehen und zweitens, daß sie nur „natürlich" innerhalb eines bestimmten institutionellen Rahmens einer Volkswirtschaft zu einer bestimmten Zeit ist. Die hier vertretene Ansicht ist, daß in den Zeiten, in denen die AL sehr hoch ist, diese nur mit einer recht zynischen Einstellung als „natürlich" oder gar „optimal" im Sinne der Suchtheorie zu bezeichnen ist.[4] Im folgenden wird deshalb die tatsächliche *nicht* mit der natürlichen AL gleichgesetzt.
Die Nutzenfunktion der Gewerkschaften hat das Aussehen von Gleichung (4.2), wobei die üblichen Annahmen ordinaler Nutzenfunktionen unterstellt werden:

(4.2) $U(wa, n) = (wa - p)^{o} (n - nat)^{(1-o)}$,
wobei: wa = ln (Lohnsatz),
p = ln (Konsumentenpreisindex),
nat = ln (Erwerbspersonen - natürliche AL),
o = Gewichtungsfaktor, $o \leq 1$.

Die Gewerkschaft maximiert diese Nutzenfunktion durch eine optimale Wahl des Lohnes. Die Lohnsetzungsgleichung ergibt sich dann als (4.3):

(4.3) $$wa = p - \frac{o}{(1 - o)\, n_{wa}} (n - nat),$$
wobei: n_{wa} = ln (Lohnelastizität der Arbeitsnachfrage).

Wird n_{wa} eingesetzt, dann resultiert Gleichung (4.4):

(4.4) $$wa = p + \frac{o}{(1-o)} (1-\mu)(n - nat).$$

An dieser Stelle erscheint eine Diskussion der Implikationen von Gleichung (4.4) angebracht. Eine natürliche AL von Null (nat = n) führt dazu, daß der zweite Term wegfällt und der Lohn nur noch von den Preisen abhängt. Dieses wäre praktisch eine Situation der vollkommenen Nominallohnindexierung, wie sie beispielsweise in den Modellen von Feuerstein/Siebke (1990) und Jarchow (1993) auch diskutiert wurde.
Im allgemeinen wird aber nicht nat = n sein und daher findet eine Anpassung der Löhne aufgrund von Ungleichgewichten auf dem Arbeitsmarkt statt. Wenn eine Situation entstünde, bei der die tatsächliche AL größer (kleiner) als die natürliche AL wäre, dann ergäbe sich ein negativer (positiver) zweiter Term und die Nominallöhne sänken (stiegen) dadurch unter (über) das Preisniveau. Die Stärke des Einflusses des Arbeitsmarktes hängt von den Parametern μ und o ab. Je kleiner μ und je höher o, desto empfindlicher reagiert der Lohnsatz auf Ungleichgewichte auf dem Arbeitsmarkt. Wenn μ, die Outputelastizität der Arbeit, klein ist,

[4] Zur Suchtheorie der Arbeitslosigkeit siehe die Übersicht in Mortensen (1986).

dann ist die Bedeutung von Arbeit in der Produktionsfunktion relativ gering und die Nachfrage nach Arbeit relativ unelastisch. Dadurch kann die Gewerkschaft die Löhne in Zeiten hoher Arbeitsnachfrage kräftig erhöhen. Hingegen muß sie aber in der Rezession starke Lohneinbußen hinnehmen, um die Beschäftigung wieder zu erhöhen.
Ein hoher Parameterwert des Gewichtungsfaktors o deutet an, daß die Gewerkschaft dem Lohnziel einen großen Stellenwert zumißt. Wenn die Beschäftigung höher als das Rückfallniveau ist, dann wollen die Gewerkschaften lieber mehr Lohn, als noch niedrigere AL. Um die Anzahl der Variablen im späteren Modell angemessen klein zu halten, werden n und nat durch in Einkommensgrößen ausgedrückte Werte ersetzt, und es ergibt sich Gleichung (4.5):

$$(4.5) \quad wa = p + \frac{(1-\mu)}{\mu} \frac{o}{(1-o)} (y - y^{nat}),$$

wobei: y = ln (Einkommen oder Output),
y^{nat} = ln (Einkommen bei natürlicher AL).

Im nächsten Schritt ist das Preissetzungsverhalten des Unternehmens i zu modellieren. Dazu wird angenommen, daß eine Situation der unvollkommenen Konkurrenz vorliegt, genauer, eine Art monopolistischer Konkurrenz. Die Unternehmen sind dabei in der Lage, einen positiven Aufschlag auf ihre Kosten zu verlangen, der aber nicht größer als eins sein darf, sonst verlieren sie alle ihre Kunden an die Konkurrenz.[5]
In logarithmierter Schreibweise berechnet sich der Zusammenhang in Gleichung (4.6) als:

$$(4.6) \quad p^d_i = F_i + w_i - mpn_i ,$$

wobei: p^d_i = ln (heimischer Produktpreis von Unternehmen i),
mpn_i = ln (Grenzprodukt der Arbeit in Unternehmen i),
F_i = Aufschlag (mark-up), $0 \leq F_i \leq 1$.

Für das weitere Vorgehen wird die übliche, aber keineswegs triviale, Annahme getroffen, alle Unternehmen seien identisch. Sie ist nicht trivial, weil damit im allgemeinen das Aggregationsproblem völlig umgangen wird.[6] Einige Aspekte der Aggregationsproblematik werden in Kapitel V ausführlich diskutiert. In mancher Hinsicht ist damit die explizite Mikrofundierung von makroökonomischen Sachverhalten kein großer Fortschritt zu den kritisierten „ad hoc"-Formulierungen traditioneller Makromodelle. Es ist von daher auch fraglich, ob daraus abgeleitet werden kann, daß die Mikrofundierung einer plausiblen „ad hoc"-Makrofundierung methodologisch überlegen ist.[7] An dieser Stelle wird deshalb die Mikrofundierung weniger wegen ihrer vermeintlichen methodologischen Vorzüge benutzt,

[5] Der Grund, warum der Aufschlag gerade kleiner als Eins sein soll, liegt allein in der Möglichkeit der Vereinfachung durch Approximation. Je kleiner der Aufschlag, desto genauer sind mathematisch die durchgeführten Umformungen. Dementsprechend wäre die Analyse für eine Situation der vollkommenen Konkurrenz, d.h. Preis gleich Grenzkosten, mathematisch genau.
[6] Zum Aggregationsproblem siehe z.B. die Diskussion in Allen (1966, 697ff).
[7] Hausmann (1992, 95f) und Mayer (1993, 81ff) nennen weitere Argumente, warum „ad hoc"-Formulierungen in der Makrotheorie nicht grundsätzlich abzulehnen sind. Für eine wissenschaftstheoretische Diskussion der unterschiedlichen Bedeutung des Begriffs „ad hoc" siehe auch Hands (1988).

sondern aufgrund der Möglichkeit, explizit eine bestimmte Basis für das Angebotsverhalten der Wirtschaftssubjekte zu modellieren. Im Prinzip erscheint es problemlos möglich, die hier sehr spezifisch abgeleitete Angebotsfunktion auch durch Verwendung anderer fundamentaler Verhaltensfunktionen zu modellieren. Hiermit soll also lediglich *ein* möglicher Mechanismus skizziert werden, der einer Angebotsfunktion dieser Art zugrunde liegen könnte.

Für die Makroanalyse ist es aber oft gleichgültig, auf welche konkrete Weise eine Verhaltensfunktion zustandekommt, solange sie für das Geschehen auf der Aggregatebene befriedigende Vorhersagen liefert (instrumentales Theorieverständnis, vgl. z.B. Friedman (1953)). Dessen ungeachtet kann in einigen Fällen eine angemessene Politikdiagnose nicht darauf verzichten, eine Erklärung für das Entstehen einer spezifischen Makrofunktion zu geben, insbesondere dann, wenn es nur schwer möglich erscheint, wirtschaftliche Probleme auf der Makroebene zu lösen. Konkret auf dieses Modell angewendet bedeutet das, daß neben den traditionellen Stabilitätspolitiken auch eine eher mikroökonomisch ansetzende Angebotspolitik - die Senkung der natürlichen AL - genauer analysiert wird.

Wenn die Grenzproduktivität der Arbeit (mpn) in (4.6) eingesetzt und die Lohngleichung (4.5) genutzt wird, ergibt sich Produktpreisgleichung (4.7).

$$(4.7) \quad p^d = p + \frac{1}{(1-o)} \frac{(1-\mu)}{\mu} (y - o\, y^{nat}) + F - \ln \mu - \frac{(1-\mu)}{\mu} k\,.$$

Die Unternehmen erhöhen danach ihre Preise, wenn:

- der Konsumentenpreisindex ansteigt, da dann die Löhne steigen,
- der Gewinnaufschlag angehoben wird,
- die natürliche AL ansteigt, weil daraufhin die Löhne erhöht werden,
- der Kapitaleinsatz zurückgeht und damit die Produktivität der Arbeit sinkt.

Unklar ist die Veränderung der Preise bei Änderung von o oder μ. Wenn die Gewichtung des Lohnsatzes durch die Gewerkschaft sich erhöht (o ansteigt), dann steigen die Produktpreise, wenn eine geringere als die natürliche AL herrscht, und umgekehrt. Die Begründung dafür wurde im Zusammenhang mit der Lohngleichung (4.4) schon diskutiert. Im Falle von μ wird es schwierig, einen eindeutigen Effekt zu lokalisieren. Bei einem Anstieg von μ steigt die Grenzproduktivität der Arbeit, von daher geht ein Preissenkungseffekt aus. Durch die Wirkung auf die Grenzproduktivität des Kapitals entsteht ein positiver Impuls auf die Produktpreise. Schließlich hat auch die Lage auf dem Arbeitsmarkt einen Einfluß: Wenn die AL kleiner als die natürliche AL ist, dann führt eine Erhöhung von μ zu einem tendenziell sinkenden Produktpreis.

Zur Vereinfachung wird im folgenden angenommen, daß Kapital, Gewinnaufschlag, Gewichtungsfaktor o und die Outputelastizität der Arbeit konstant sind. Für die komparativ-statische Analyse vereinfacht sich die Preisgleichung (4.8) zu:

$$(4.8) \quad p^d = p + h\,(y - o\, y^{nat}),$$

wobei: $h = \frac{(1-\mu)}{\mu} \frac{1}{(1-o)}$.

Schließlich ist eine Annahme über die Zusammensetzung des Konsumentenpreisindexes zu treffen. Wenn von einer Cobb-Douglas-Nutzenfunktion der Konsumenten ausgegangen wird, welche als Argumente die Güter aus dem Inland, dem Ausland und dem RDW enthält, dann läßt sich ableiten, daß die Budgetanteile der jeweiligen Güter konstant sind (s. Anhang D). Es wird daher die Prämisse formuliert, daß die Gewichte der Güter im Verbraucherpreisindex ebenfalls konstant sind. Der Preisindex wird dann als geometrisches Mittel aus den Produzentenpreisen gebildet. In der Logarithmusschreibweise ergibt sich als Konsumentenpreisindex (4.9):

(4.9) $p = a\,p^{d} + a^{*}\,p^{d*} + (1 - a - a^{*})\,(p^{dw} + e),$

wobei: a = geometrisches Gewicht der inländischen Güter am Preisindex, $a + a^{*} \leq 1$,

e = ln (Wechselkurs).

Die Gleichungen (4.8) und (4.9) werden im weiteren Modellaufbau zur Abbildung der Angebotsseite explizit verwendet. Es sollte aber klar sein, daß über die in der Herleitung aufgeführten Gleichungen auch Aussagen über die Veränderung der Variablen gemacht werden können, die nicht mehr explizit im Modell auftreten. Im nächsten Schritt wird diese Angebotsseite mit der oben ausführlich diskutierten keynesianischen Modellierung der Nachfrageseite und dem Geldmarkt einer WU zusammengebracht.

2.2 Das Modell einer kleinen Währungsunion

Um die Nachfrageseite konsistent zur konstruierten Angebotsseite zu modellieren, sind auch dort alle Variablen nun zu logarithmieren. Strenggenommen wird damit die Welt des IS-LM-Modells verlassen, da die Logarithmierung einer additiven Funktion nicht den Logarithmen der Einzelterme entspricht. Hier erscheint allerdings weniger die formale Spezifikation der Funktionen entscheidend, sondern die qualitative Modellierung wichtiger Variablenbeziehungen. Im folgenden wird ein Modell einer kleinen WU betrachtet, d.h. das Einkommen des RDW und der Zinssatz sind exogene Variablen. Weiterhin gibt es annahmegemäß in der WU drei Konsumgüter, die auch als Bündel von Konsumgütern interpretiert werden können. Dabei produzieren jedes Land der WU und der RDW jeweils ein Gut bzw. ein Güterbündel.

Die Produzenten der Güterbündel befinden sich in einer Marktform der monopolistischen Konkurrenz. Sie machen sich Konkurrenz, aber jeder sieht sich einer fallenden Preisabsatzfunktion gegenüber. Wenn also die Preise der RDW-Produzenten steigen, dann werden einheimische Konsumenten anfangen, die RDW-Güter gegen Güter aus der WU zu substituieren. Im Gegensatz zur Marktform der vollständigen Konkurrenz wird die Nachfrage nach Gütern aus dem RDW nicht auf Null absinken. Eine gute Erklärung für diese Situation monopolistischer Konkurrenz wäre die Existenz von Transportkosten, welche den heimischen Produzenten einen Vorteil gegenüber den Importeuren sicherte. Wenn die einheimischen Güterpreise anstiegen, dann ginge dieser Kostenvorteil teilweise verloren und die einheimischen Produzenten würden weniger Produkte verkaufen.

Diese Beschreibung paßt gut zu einer Situation des Handels zwischen den industrialisierten Ländern, welche durch einen hohen Anteil an intrasektoralen Handel gekennzeichnet ist (s. Grimwade (1989)). Die Konsumenten können zwischen einem Gut aus heimischer, ausländischer oder RDW-Produktion wählen. Dieses Argument kann dann einfach auf Güterbündel übertragen werden, d.h. jedes Land stellt alle Güter her und die Länder konkurrieren in allen Gütern untereinander. Wenn jetzt der Preis für das heimische Güterbündel steigt, dann werden mehr Konsumenten ausländische oder RDW-Güter kaufen und weniger heimische. Im internationalen Handel ist nicht der jeweilige heimische Produzentenpreis für die Konsumentscheidung von Bedeutung, sondern der Produzentenpreis in der relevanten Landeswährung. Damit spielt der Wechselkurs eine ähnliche Rolle wie der Produzentenpreis selber. Von anderen Einflüssen auf die Preise, wie Steuern, Zöllen, Überführungsgebühren etc. wird hier abgesehen.

Eine weitere Annahme besteht in der Gültigkeit der Marshall-Lerner-Bedingung, nicht nur für die WU als Ganzes, sondern für jedes einzelne Land der WU. Mit anderen Worten verbessert sich die Leistungsbilanz jedes Mitgliedes der WU gegenüber dem RDW durch eine Abwertung der WU-Währung. Um diese Zusammenhänge zu erfassen, wird im weiteren der reale Wechselkurs als Indikator für die Wettbewerbsfähigkeit einer Volkswirtschaft genutzt. Wenn der reale Wechselkurs steigt (fällt), dann verschlechtert (verbessert) sich die Wettbewerbsfähigkeit und damit die Leistungsbilanz einer Wirtschaft.

Es könnte argumentiert werden, daß die Konzentration des Modells auf Fertigwaren nicht unbedingt die tatsächliche Güterzusammensetzung im internationalen Handel widerspiegelt; intermediäre Güter (Vorleistungen) spielen ohne Zweifel eine wichtige Rolle in den internationalen Wirtschaftsbeziehungen.[8] Aber was ist der wesentliche Effekt des Handels mit Intermediärgütern auf eine Volkswirtschaft? Offensichtlich ist die Abhängigkeit der Preise für heimische Fertigwaren von ihren Inputfaktoren. Wenn die Preise für Vorleistungsgüter ansteigen, dann werden (cet. par.) auch die Preise für Fertigwaren ansteigen. Indirekt wird dieser Effekt im Modell durchaus erfaßt: Der Anstieg der Produktpreise findet dann zwar nicht über teurere Vorleistungen statt, sondern über den Anstieg des allgemeinen Preisniveaus und dessen Einfluß auf die Lohnbildung, aber die Wirkung ist sehr ähnlich.

Nach diesen Bemerkungen ergibt sich das Gesamtmodell (4.10), wobei inländische Variablen und Parameter ohne Index, ausländische durch einen Stern (*), RDW-Terme durch ein w und gemeinsame WU-Terme durch ein u gekennzeichnet sind. Es wird unterstellt, daß die typischerweise in der Makroökonomik angenommenen funktionalen Beziehungen zwischen den Variablen herrschen. Ableitungen werden durch einen tiefgestellten Index gekennzeichnet, z.B. $\partial l(y,r)/\partial r \equiv l_r$.

Die Gleichungen (4.10a) und (4.10b) sind IS-Kurven in Logarithmen, welche die Gütermarktgleichgewichte in den beiden WU-Ländern angeben. Lediglich der Zinssatz wird nicht logarithmiert, eine Begründung dafür wird in Kapitel V genannt. Zur Vereinfachung wurde angenommen, daß der Einfluß des realen Wechselkurses auf die Leistungsbilanz in beiden Ländern der WU gleich ausfällt, d.h. $B_{re} = B^*_{re}$.

[8] Vergleiche z.B. die Analyse in Helliwell/Padmore (1985).

Gleichung (4.10c) beschreibt das Geldmarktgleichgewicht in der WU, wobei hier zur Deflationierung der Geldmenge das Preisniveau der WU - modelliert in (4.10f) - angesetzt wird. Diese Spezifikation weicht von Feuerstein/Siebke (1990) und Jarchow (1993) ab, die nur die inländischen Produktpreise in der Geldmarktgleichung ansetzen. Da die Konsumenten aber nicht nur inländische Güter erwerben, erscheint es plausibler, das Preisniveau der WU als Geldmengendeflator zu wählen.
Aus Vereinfachungsgründen wurde eine aggregierte WU-Geldnachfrage für die Geldhaltung aufgrund des Spekulationsmotivs modelliert. In den Gleichungen (4.10d) und (4.10e) erfolgt die Darstellung des Preissetzungsverhaltens der Produzenten. Aufgrund der Annahme des kleinen Landes muß der Kapitalverkehr nicht explizit spezifiziert werden.

(4.10a) $y = c(y) + i(r) + g + B(y, y^*, y^w, re, tr, tr^w)$,
(4.10b) $y^* = c^*(y^*) + i^*(r) + g^* + B^*(y, y^*, y^w, re^*, tr)$,
(4.10c) $m - p^u = l(y) + l^*(y^*) + l^u(r)$,
(4.10d) $p^d = p^u + h\,(y - o\,y^{nat})$,
(4.10e) $p^{d*} = p^u + h^*\,(y^* - o^*\,y^{nat*})$,
(4.10f) $p^u = a\,p^d + a^*\,p^{d*} + (1-a-a^*)\,(p^{dw} + e)$,

wobei:
B = ln (Leistungsbilanz),
re = ln (realer Wechselkurs) = $p^d - b\,p^{d*} - (1-b)\,(p^w + e)$, mit $b \leq 1$,
e = ln (Wechselkurs),
y = ln (Einkommen),
$c(y)$ = ln (Konsumfunktion), hier marginale Konsumquote = c,
i = ln (Investitionen),
r = Zinssatz,
g = ln (Staatsausgaben),
tr = ln (Transfer an das Ausland der WU),
tr^w = ln (Transfer an den RDW),
m = ln (Geldmenge),
p^u = ln (Preisniveau der WU),
l = ln (Geldnachfrage),
p^d = ln (Produzentenpreis),
$h = \frac{(1-\mu)}{\mu}\frac{1}{(1-o)}$,
o = Gewicht des Reallohnsatzes in der gewerkschaftlichen Nutzenfunktion,
μ = Outputelastizität der Arbeit,
a = Gewichtungsfaktor einheimischer Produkte im WU-Warenkorb.

Endogen: $y, y^*, p^u, p^d, p^{d*}, e$.

Bevor die Multiplikatoren näher untersucht werden, ist es nötig, eine weitere Vereinfachung vorzunehmen, da die Determinante der Jacobi-Matrix des Modells kein eindeutiges Vorzeichen aufweist. Eine hinreichende, aber keinesfalls notwendige, Bedingung für die Eindeutigkeit des Vorzeichens ist Gleichung (4.11).

(4.11) $b = b^* = a + a^*$,
wobei: b = Anteil der inländischen Produzentenpreise am realen Wechselkurs des Auslands,
b^* = Anteil der ausländischen Produzentenpreise am realen Wechselkurs des Inlands.

Durch den ersten Teil der Bedingung werden die Anteile der jeweiligen Produzentenpreise am realen Wechselkurs in den beiden Ländern der WU identisch. Damit hat z.B. der Anteil des Preises für RDW-Güter im Inland den gleichen Einfluß auf die relative internationale Wettbewerbsfähigkeit wie im Ausland. Der zweite Teil legt die Bedingung fest, daß die Gewichte für die Produktpreise der in- und ausländischen Anbieter im Preisindex der WU gleich dem Anteil des aus- bzw. inländischen Preises auf die Wettbewerbsfähigkeit des In- bzw. Auslands sind. Damit stehen die Anteile der Produktpreise für die Berechnung des Konsumentenpreisindexes mit der relativen Bedeutung der Preise für die Berechnung der jeweiligen nationalen realen Wechselkurse in einem strengen Zusammenhang. Selbst wenn die Bedingung nicht unplausibel erscheint, so wird doch ein Teil der Komplexität des Modells geopfert, um klare Ergebnisse zu erhalten. Bei Annahme realistischer Größen für die Modellparameter werden aber die qualitativen Ergebnisse nur selten durch diese Vereinfachung tangiert (vergl. die Multiplikatoren in Anhang E). Auch ist (4.11) nicht in allen Fällen nötig, um eindeutige Multiplikatorwirkungen ablesen zu können.
Schließlich findet in der nachfolgenden Multiplikatoranalyse nur die Diskussion der endogenen Variablen y, y^*, p^u und e statt, welche als wesentliche Zielvariablen der Wirtschaftspolitik zu bezeichnen sind. Die Produktpreise p^d und p^{d*} haben dabei nur den Charakter von Zwischenzielen. Da die Multiplikatoren für die Produktpreise meist sehr unübersichtlich ausfallen, soll auf eine genauere Analyse verzichtet werden. Dementsprechend könnte das Modell auf vier Gleichungen zusammengefaßt werden. Aufgrund der relativ großen Komplexität der Zusammenhänge erscheint es aber sinnvoll, die Übersichtlichkeit der Variablenbeziehungen nicht noch weiter zu reduzieren.
An dieser Stelle sei darauf hingewiesen, daß die hier präsentierten Modell vom AD/AS-Typ sind. AD/AS-Modelle werfen aber i. allg. bestimmte Konsistenzprobleme auf, wie von einigen Kritikern betont wird.[9] Obwohl diese Probleme nicht zu verleugnen sind, erscheint der Modelltyp als heuristisches Instrument zur Diskussion von ökonomischen Prozessen durchaus geeignet. Dies entspricht auch der Auffassung vieler Autoren, die diese Art von Modellen ausgiebig diskutieren.[10] Weiterhin zeigen empirische Studien mit strukturellen

[9] So hebt beispielsweise Barro (1994) hervor, daß die AD-Kurve aus dem IS/LM-Modell für feste Preise und einem Angebotsüberschuß an Gütern abgeleitet wird. Im AD/AS-Modell eliminiert aber die Preisanpassung den Angebotsüberschuß, womit wiederum die Annahmen, unter denen die AD-Kurve abgeleitet wurde, verletzt werden. Daher sollte man Barro zufolge entweder nur das IS/LM-Modell oder ein Modell mit rationalen Erwartungen verwenden, nicht aber das AD/AS-Modell.

[10] Neben den oben zitierten Ansätzen zur Beschreibung einer WU wird das AD/AS-Modell z.B. in den weit verbreiteten Lehrbüchern von Baumol/Blinder (1988), Dornbusch/Fischer (1989), Gordon (1987), Lipsey et al. (1987) oder Mankiw (1992) genutzt.

VAR-Modellen (s. Blanchard (1989) oder Gali (1992)), daß die tatsächlichen volkswirtschaftlichen Zusammenhänge akzeptabel durch diese Modelltypen abgebildet werden können.

2.3 Multiplikatoranalyse

In der folgenden komparativ-statischen Analyse werden zuerst die Effekte exogener Schocks betrachtet, bevor dann mit der ausführlichen Untersuchung der Politikwirkungen fortgefahren wird.

Externe Schocks aus dem RDW

In Tabelle 4.1 sind die qualitativen Multiplikatoren für verschiedene exogene Schocks angegeben. Ein „+" steht für einen positiven, „-" für einen negativen und „?" für einen nicht eindeutigen Zusammenhang.

Tab. 4.1: Multiplikatoreffekte nach externen Schocks im RDW

	dy	dy*	dp^u	de
dy^w	+	+	-	-
dr	-	-	?	?
dp^w	0	0	0	-

Einkommensschock aus dem RDW (dy^w)
Wenn das Einkommen im RDW steigt, dann erhöhen sich die Importe aus der WU. Der WU-Output steigt und die WU-Währung wertet sich auf. Höhere Einkommen in der WU sorgen für eine Zinssteigerungstendenz. Die einsetzenden Kapitalströme in die WU führen zu einem weiteren Absinken des Wechselkurses. Die Importe aus dem RDW werden für die Konsumenten in der WU billiger und das Preisniveau fällt. Interessant dabei ist, daß trotz eines Anstiegs der Produktion in der WU das Preisniveau letztlich sinkt. Die höhere Produktion ist möglich, weil die Arbeiter wegen der Verbilligung der Importe bereit sind, Nominallohnkürzungen hinzunehmen. Gleichzeitig geht vom Geldmarkt eine Preissenkungstendenz aus, da sich durch den Produktionsanstieg die reale Geldnachfrage erhöht. Bei einem konstanten Geldangebot muß zwangsläufig das Preisniveau sinken, um das Gleichgewicht auf dem Geldmarkt wiederherstellen zu können.

Zinsschock aus dem RDW (dr)
Sofort nach dem Anstieg des Weltzinsniveaus hat sich auch der Zinssatz in der WU an das höhere Niveau angepaßt. In der WU fallen die Einkommen als Folge des Investitions-crowding-outs, und auf dem Arbeitsmarkt ergibt sich eine Tendenz zur Lohnsenkung. Diese wird aber durch die Abwertung der WU-Währung nach dem Zinsanstieg im RDW, welche zu einer Verteuerung der Importe führt, konterkariert. Vom Geldmarkt gehen keine klaren Signale für die Preisentwicklung aus. Zum einen besteht eine Deflationstendenz wegen des

Zinsanstiegs, zum anderen aber - bedingt durch die gesunkene Nachfrage nach Transaktionskasse - eine Preissteigerungstendenz. Eine genauere Analyse der Multiplikatoren deutet an, daß ein Sinken der Preise umso wahrscheinlicher ist, je höher die (absolute) Zinselastizität der Geldnachfrage und je niedriger die Einkommenselastizität der Geldnachfrage und die (absolute) Zinselastizität der Investitionsnachfrage. Damit einhergehen würde dann eine Aufwertung der WU-Währung.

Preisschock aus dem RDW (dp^{W})

Wenn die Preise im RDW steigen, dann verbessert sich die Wettbewerbsfähigkeit der WU-Güter. Die Exporte aus der WU und damit das Unionseinkommen steigen an. Durch die dadurch ausgelöste Geldknappheit kommt es zu einer Zinssteigerungstendenz, welche wiederum zu einer Aufwertung der WU-Währung führt. Die Aufwertung sorgt für den Rückgang der WU-Einkommen durch Export-crowding-out, bis das Ausgangsniveau der Einkommen und Preise wieder erreicht ist.

Einsatz von wirtschaftspolitischen Instrumenten

Nun sind die Effekte des Einsatzes von Wirtschaftspolitik zu erläutern. In Tabelle 4.2 werden die qualitativen Multiplikatoren dazu angegeben.

Tab. 4.2: Multiplikatoreffekte nach wirtschaftspolitischen Maßnahmen

	dy	dy*	dp^{u}	de
dmo	0	0	1	1
dg	+	+	-	-
dtr	-	+	?♦	?♦
tr^{w}	-	-	+	+
dy^{nat}	+	?	?♠	?

Hinweis: ♦: 0 bei Symmetrie, ♠: - bei Symmetrie.

Geldpolitik (dmo)

Eine expansive Geldpolitik erzielt keine realen Wirkungen in der WU. Die höhere Geldmenge findet ihren Niederschlag in einer proportionalen Erhöhung des Preisniveaus und des Wechselkurses. Das gleiche gilt übrigens auch für die Produktpreise im In- und Ausland der WU. Der Anpassungsprozeß läßt sich graphisch z.B. in einem IS/LM-AS/AD-Diagramm verdeutlichen (s. Abbildung 4.1). Um die Übersichtlichkeit zu erhalten, wurden nur die wesentlichen Effekte in der Graphik dargestellt.

Im Diagramm rechts oben sind drei durchgezogene Kurven eingetragen. Die y-Kurve (Gleichung (4.10a)) gibt das inländische Gütermarktgleichgewicht in Abhängigkeit vom in- und ausländischen Einkommen an. Für das Ausland ist analog dazu die y*-Kurve (4.10b) abgetragen. Durch die m-Kurve wird das Geldmarktgleichgewicht beschrieben (4.10c). Das Diagramm links oben dient nur als Spiegelachse. In den beiden unteren Diagrammen sind die

Kurven für die aggregierte Nachfrage (ad, ad*) und das Angebot (as, as*) eingezeichnet, links für das Ausland und rechts für das Inland.

Abb. 4.1: Geldpolitik im Modell einer kleinen Währungsunion mit Angebotsseite

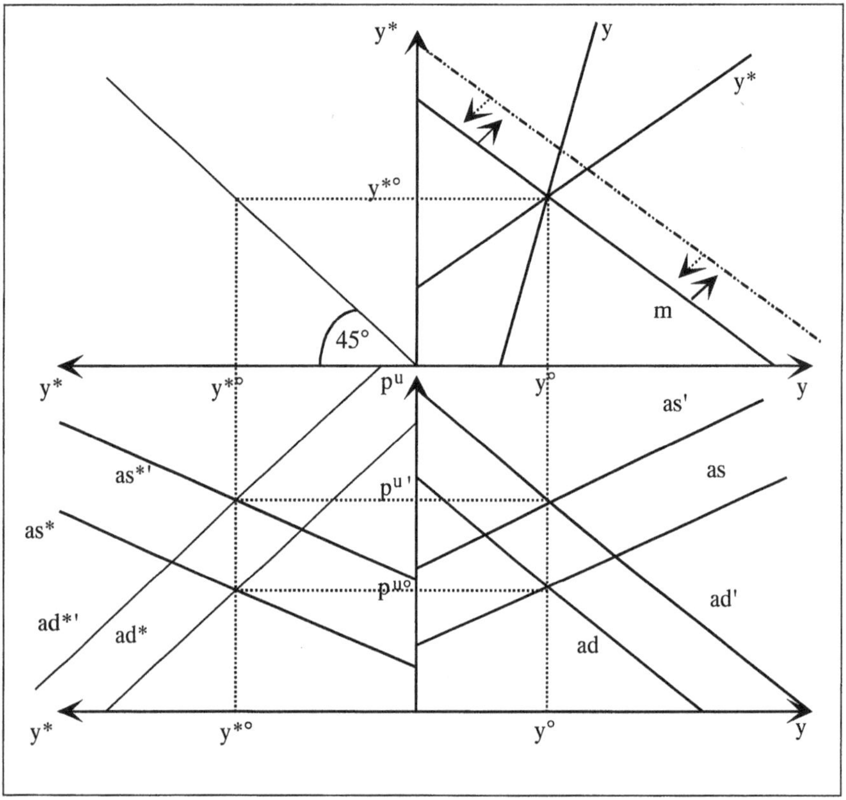

Die as/as*-Kurven werden aus den Gleichungen (4.10d-4.10f) und die ad/ad*-Kurven aus dem IS/LM-Modell abgeleitet. Es ist zu beachten, daß auf der Ordinate das Konsumentenpreisniveau der WU und nicht einer der Produktpreise abgetragen ist. Die Multiplikatorwirkungen sind in der Graphik in rein qualitativer Art und Weise abgetragen, während die jeweiligen quantitativen Effekte deutlich davon abweichen können.

Im Falle der expansiven Geldpolitik verschiebt sich die m-Kurve nach oben, was einen Spielraum für Outputsteigerungen eröffnet. Tatsächlich kommt es über die Abwertung zu einer Verschiebung der ad/ad*- und as/as*-Kurve auf ad'/ad*' und as'/as*'. Der damit einhergehende Anstieg des Preisniveaus senkt die reale Geldmenge wieder und die m-Kurve bewegt sich auf ihre ursprüngliche Position zurück.

Nationale Fiskalpolitik (dg)

Nach einer Ausweitung der Staatsausgaben im Inland wird die heimische Nachfrage angeregt und das Einkommen steigt. Damit verbunden sind Handelseffekte mit dem Ausland, welche dort ebenfalls für ein höheres Einkommen sorgen. Durch die verstärkte Nachfrage nach Transaktionskasse kommt es auf dem Geldmarkt zu einer Zinssteigerungstendenz. Folglich reagiert der Wechselkurs mit einer Aufwertung der WU-Währung. Zum einen gehen die Exporte in den RDW zurück, und zum anderen fällt das WU-Preisniveau wegen der Senkung der Importpreise in WU-Währung. Da durch den höheren Output in der WU über die Produktionsseite Lohndruck und damit Preisdruck besteht, ist - wie eine nähere Analyse der Multiplikatoren zeigt - die Aufwertung des Wechselkurses stärker als die Senkung des Preisniveaus in der WU. Graphisch könnte dieser Anpassungsprozeß wie in Abbildung 4.2 dargestellt werden:

Abb. 4.2: Fiskalpolitik im Modell einer kleinen Währungsunion mit Angebotsseite

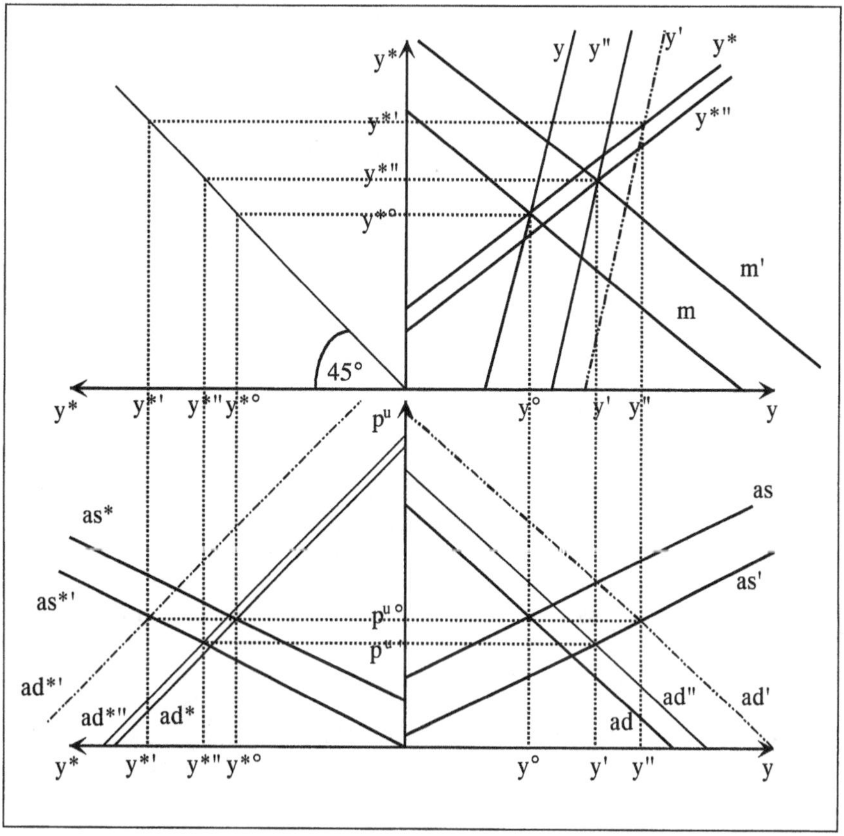

Die wesentlichen Anpassungsschritte nach einer Staatsausgabenerhöhung lassen sich wie folgt erläutern (Ausgangswerte werden durch ° gekennzeichnet): Zuerst sorgen die höheren Staatsausgaben im Inland für eine Bewegung der y-Kurve nach rechts (y'-Kurve) und der ad-Kurve nach oben (ad'). Unter der Annahme konstanter Preise verschiebt sich über den Handelseffekt die ad*-Kurve ebenfalls nach oben (ad*'). Die Einkommen in der WU steigen von y° auf y', bzw. y*° auf y*'. Der Druck auf die Zinsen, bzw. die resultierende Exporteinbuße, manifestiert sich in einer Rückverschiebung der ad- und ad*-Kurven (ad'', ad*''), sowie der y- und y*-Kurven (y''- und y*''-Kurve). Parallel zu dieser Entwicklung kommt es zu einer Verschiebung der as- und as*-Kurven (as' und as*') nach unten. Dies ist eine Folge des durch die Wechselkursaufwertung fallenden Lohndrucks. Schließlich erfolgt eine Senkung des Preisniveaus (p'') und ein Anstieg der Einkommens auf y'' und y*'', welcher durch eine Bewegung entlang der ad''- und ad*''-Kurve realisiert wird. Gleichzeitig erhöht sich die reale Geldmenge und die m-Kurve verschiebt sich solange nach außen, bis in y'' und y*'' das neue Gleichgewicht erreicht ist.

Intra-WU Transfer (dtr)
Durch den Einkommenstransfer vom Inland ins Ausland erfolgt ein Rückgang des Einkommens im Inland und ein Anstieg im Ausland. Dabei kann das Einkommen der WU steigen oder fallen, je nachdem welche Größen die Parameter der beiden Länder annehmen. Dementsprechend sind die Effekte auf das Preisniveau und den Wechselkurs unklar. Wird der Fall symmetrischer Länder betrachtet, so kommt es zu keinen Wirkungen außer einer einfachen Umverteilung von Einkommen vom In- ins Ausland. Dabei bleiben Preisniveau, Wechselkurs und aggregiertes WU-Einkommen von der Politikmaßnahme unberührt.

Transfer an den RDW (dtr^{w})
Findet ein Transfer vom Inland an den RDW statt, so ergeben sich analoge Wirkungen zu denen einer Reduzierung der Staatsausgaben. Beide Länder müssen Einkommenseinbußen hinnehmen und es resultiert ein Anstieg des Preisniveaus und des Wechselkurses in der WU.

Arbeitsmarktpolitik (dy^{nat})
An dieser Stelle soll der Begriff „Arbeitsmarktpolitik“ die Senkung der natürlichen AL im Inland beschreiben. Dabei wird angenommen, daß es für den Staat möglich ist, auf die natürliche AL (indirekt) Einfluß zu nehmen. Diese Annahme ist in der Volkswirtschaftslehre sicherlich umstritten. Hier soll aber auf eine Diskussion der jeweiligen Argumente verzichtet werden. Die dem Modell zugrundeliegende Ansicht geht davon aus, daß es Maßnahmen gibt, die der Staat durchführen kann und die gute Aussichten haben, die beabsichtigte Wirkung auf die AL zu entfalten (vgl. z.B. Layard et al. (1991) oder Calmfors (1994)). Einige Beispiele wären die Verbesserung der beruflichen Fertigkeiten von Arbeitslosen, eine verkürzte Leistungsdauer der Arbeitslosengeldzahlungen, die Verbesserung der regionalen Mobilität von Arbeitslosen, begrenzte Beschäftigungssubventionen und die Reduzierung übertriebener arbeitsrechtlicher Schutzbestimmungen.

Niedrigere natürliche AL führt im Modell zu einem höheren natürlichen Output, welcher, ceteris paribus, den Lohndruck und folglich den Produktpreisdruck im Inland reduziert. Damit wächst die Wettbewerbsfähigkeit der inländischen Wirtschaft gegenüber dem Ausland und dem RDW an, und die gestiegenen Exporte erhöhen das inländische Einkommen. Für das Ausland in der WU treten nun mehrere gegenläufige Effekte auf: Zum einen profitiert es durch höhere Exporte vom gestiegenen Einkommen im Inland. Weiterhin tragen die gesunkenen Produktpreise für Inlandsprodukte in der WU dazu bei, den Lohndruck durch Senkung des Preisniveaus zu vermindern. Zum anderen reduzieren sich aber die ausländischen Exporte ins Inland und den RDW durch die gesunkene relative Wettbewerbsfähigkeit. Der Nettoeffekt dieser Wirkungen ist im allgemeinen unbestimmt. In gleicher Weise gilt dies für den Wechselkurs und das Preisniveau.

Ein genauer Vergleich der Multiplikatoren macht deutlich, daß für realistische Parameterwerte der Effekt auf das Auslandseinkommen negativ sein dürfte. Nur bei einem sehr hohen Parameterwert für die Importquote des Inlands für Auslandswaren und niedriger inländischer Sparquote, sowie einer geringen Importquote für RDW-Güter, kann das Ausland von der inländischen Arbeitsmarktpolitik profitieren. Wenn der Fall symmetrischer Länder betrachtet wird, dann ergibt sich als Folge der inländischen Arbeitsmarktpolitik eine Steigerung des aggregierten WU-Einkommens. Klar ist dann auch die Entwicklung des Preisniveaus: es wird fallen. Dieses entspricht auch der Intuition, denn nur wenn sich die reale Geldmenge erhöht, besteht die Möglichkeit, das Unionseinkommen zu steigern. Dagegen bleibt es immer noch unklar, ob das Auslandseinkommen und der Wechselkurs steigen oder fallen werden.

2.4 Wirtschaftspolitische Schlußfolgerungen

Aufbauend auf den vorliegenden Ergebnissen der Multiplikatoranalyse lassen sich folgende wirtschaftspolitische Anmerkungen machen:

Hinsichtlich der externen Schocks ist aus der Sicht der WU der Einkommensanstieg im RDW besonders positiv hervorzuheben. Hier profitieren beide Länder mit einem Anstieg ihrer Einkommen. Gleichzeitig sinken das Preisniveau und der Wechselkurs. Umgekehrt fällt die Beurteilung von exogenen Zinsschocks aus. Steigt der Zins im RDW, dann müssen die Länder der WU Einkommensrückgänge hinnehmen. In beiden Fällen, Einkommens- und Zinsschocks, isoliert der flexible Wechselkurs mit dem RDW die WU nicht vor realen Wirkungen. Dagegen werden RDW-Preisschocks durch die Anpassung des Wechselkurses völlig aufgefangen und haben keine Einkommenswirkungen.

Bezüglich der Politikvariablen ist auffällig, daß im Gegensatz zum Levin-Modell die Geldpolitik keine Outputeffekte hat. Veränderungen in der nominalen Geldmenge werden durch die Anpassung von Preisen und Wechselkurs aufgefangen. Trotzdem kann die Geldpolitik als ein nützliches Instrument angesehen werden, um Inflationsbekämpfung zu betreiben. Durch eine Reduktion der Geldmenge ist es möglich, das Preisniveau zu senken, ohne daß es zu Einkommenseinbußen kommt. Diese Wirkungen stehen durchaus im Einklang mit den empirischen Ergebnissen der in Kapitel II genannten Studien zu den Zusammenhängen zwischen Inflation und Wachstum.

Allerdings wird die Geldpolitik durch eine andere Wirtschaftspolitik dominiert, nämlich durch die nationalen Fiskalpolitiken. Diese können zum einen das Preisniveau senken und die Währung aufwerten, zum anderen haben sie positive Effekte auf die Einkommen in der WU. Auch hier wird ein deutlicher Unterschied zum Levin-Resultat der adversen Fiskalpolitik offensichtlich: Nicht nur das politikaktive Land, sondern auch die ausländische Ökonomie profitiert von der expansiven Fiskalpolitik. In diesem Modell ist Fiskalpolitik ein sehr effektives Instrument für den Wirtschaftspolitiker. Unberücksichtigt bleibt freilich der Finanzierungsaspekt einer expansiven Fiskalpolitik, der später noch zu analysieren sein wird.
Der Intra-Unions-Transfer hat wenige überraschende Wirkungen aufzuweisen. Das Inland muß Einkommensverluste hinnehmen, während das Ausland von dem Transfer profitiert. Bei Symmetrie der Länder handelt es sich um eine einfache Umverteilungsmaßnahme, die keine weiteren Effekte mit sich bringt. Dagegen fällt beim Transfer an den RDW auf, daß bei Symmetrie alle Mitglieder der WU eine Reduktion des Outputs hinnehmen müssen. Dieses Resultat steht auch im Gegensatz zum Levin-Ergebnis, wo das Ausland der WU als Folge inländischer Transfers an den RDW Einkommenssteigerungen realisieren kann.[11] Der politische Verteilungskampf um die Mittel wird hier sehr viel ausgeprägter sein.
Auch für das Geberland stellt sich die Frage, durch welche Art des Transfers es stärker belastet wird. Im Levin-Modell kann gezeigt werden, daß das Geberland weniger belastet wird, wenn es einen Transfer an den RDW leistet. Für dieses, um eine Angebotsseite erweiterte, Modell ergibt eine nähere Inspektion der Multiplikatoren ein gegenteiliges Ergebnis. Das Einkommen des Geberlandes fällt stärker, wenn es einen Transfer an einen Staat außerhalb der WU leistet, als wenn es Einkommen an ein Mitgliedsland überträgt. Bedingt durch diese beiden Belastungswirkungen erscheint es wahrscheinlich, daß in solch einer Situation ein größerer Anteil der Transfermittel in relativ einkommensschwache Länder der WU gelenkt würde, anstatt in die ärmeren Staaten des RDW zu gehen.
Von besonderem Interesse sind die Ergebnisse einer Variation der natürlichen AL. In Europa wird z.Zt. viel über den Stand der internationalen Wettbewerbsfähigkeit der europäischen Wirtschaft diskutiert. Ein Ansatzpunkt zur Stärkung der Wettbewerbsposition liegt im Arbeitsmarkt begründet. Modelltheoretisch läßt sich die Frage, ob sich die Einkommenssituation in Europa durch Arbeitsmarktpolitik verbessern ließe, beantworten: Für den Spezialfall zweier symmetrischer Länder, kann bei einer simultanen Reduktion der natürlichen AL das Einkommens in jedem Mitgliedsstaat und der WU als Ganzes steigen. Unter diesen Rahmenbedingungen machen Anstrengungen der Union zur Verbesserung der Situation auf dem Arbeitsmarkt durchaus Sinn. Dieses Resultat hält aber nicht unter allen Parameterkonstellationen.
Es stellt sich auch die Frage nach eher einzelstaatlich bedingten Veränderungen. Profitiert beispielsweise die WU als Ganzes, wenn nur eines der Länder erfolgreiche Arbeitsmarktpolitik betreibt? Kommt es dabei für beide Länder zu einem Anstieg des Einkommens, oder nur für das politikaktive Land? Die erste Frage ist für den Fall symmetrischen Länder zu bejahen. Es kann berechnet werden, daß der Nettoeffekt der Einkommensveränderung in der

[11] Auf die Darstellung der quantitativen Multiplikatoren von Transferwirkungen im Levin-Modell wird hier verzichtet, sie sind auf Anfrage beim Autor erhältlich.

WU nach einem Rückgang der natürlichen AL im Inland positiv ist. Auch hier ist das Resultat schon durch die Aufhebung der Symmetrieannahme nicht mehr zwangsläufig.
Was die Beantwortung der zweiten Frage betrifft, so ist es keineswegs klar, ob sich der aggregierte Einkommensanstieg auch in einem Anstieg der Einzelgrößen wiederfindet. Selbst im symmetrischen Fall ist nicht sichergestellt, daß das Ausland von einer Verringerung der natürlichen AL im Inland profitiert. Der Grund dafür liegt in den - in der Multiplikatoranalyse beschriebenen - gegenläufigen Effekten auf das Auslandseinkommen. Wie bereits angedeutet, dürfte es wahrscheinlicher sein, daß sich der Konkurrenzeffekt durchsetzt, d.h. daß das Ausland mit Einkommensverlusten rechnen muß.
Wird diese Beobachtung als Ausgangspunkt für eine Public-Choice-orientierte Betrachtungsweise der EU-Arbeitsmarktpolitik genommen, so ergibt sich eine interessante Interpretation der Bestrebungen, die arbeitsmarktpolitischen Rahmenbedingungen durch eine EU-Sozialcharta zu vereinheitlichen. Sie könnten als ein Versuch gesehen werden, mögliche adverse Effekte einer erfolgreichen Arbeitsmarktpolitik eines Staates auf die anderen Staaten auszuschließen. Negativer ausgedrückt, wäre es den potentiell erfolgreichen Ländern verwehrt, bei einer Vereinheitlichung der arbeitsmarktpolitischen Möglichkeiten ihre wirtschaftspolitischen Standortvorteile in diesem Bereich auszunutzen.
Festzuhalten bleibt, daß das Modell einige der Resultate des Levin-Modells geradezu umkehrt und daß sich nützliche Überlegungen in Hinblick auf arbeitsmarktpolitische Maßnahmen ableiten lassen.

3. Das Portfolio-Balance-Modell einer Währungsunion

3. 1 Modellspezifikation

Um die Annahme des kleinen Landes etwas zu lockern, wird nun das eben vorgestellte, angebotsseitige Modell mit einem Portfolio-Balance-Ansatz der Wechselkurserklärung kombiniert (vgl. die Übersicht in Branson/Henderson (1985)). Als zusätzliche endogene Variablen ergeben sich der Zinssatz und die privaten Schuldverschreibungen der Mitgliedsländer der WU (WU-Bonds). Für ein echtes Modell eines großen Landes fehlt aber noch mindestens die Einbeziehung von Einkommensrückwirkungen. Dieser Schritt ist aber im gegebenen Modellrahmens nicht zu vollziehen, da die Komplexität des entstehenden Systems zu groß wäre. Das Portfolio-Balance-Modell mit Angebotsseite wird durch die Gleichungen (4.11) beschrieben. Die meisten Variablen sind aus den vorhergehenden Abschnitten bekannt. Die wesentliche Neuerung steckt in der Formulierung von Gleichung (4.11g), die eine logarithmierte Version der beispielsweise von Sinn (1983) vorgeschlagenen portfoliotheoretischen Modellierung des Kapitalverkehrs darstellt.

(4.11a) $y = c(y) + i(r) + g + B(y, y^*, y^w, re, tr, tr^w)$,
(4.11b) $y^* = c^*(y^*) + i^*(r) + B^*(y^*, y, y^w, re^*, tr)$,
(4.11c) $m - p^u = l(y, r) + l^*(y, r)$,
(4.11d) $p^d = p^u + h\,(y - o\,y^{nat})$,

(4.11e) $p^{d*} = p^{u} + h^{*}(y^{*} - o^{*} y^{nat*})$,
(4.11f) $p^{u} = a p^{d} + a^{*} p^{d*} + (1 - a - a^{*})(p^{dw} - e)$,
(4.11g) $a^{port} = e + a^{port\prime}(r)$,
(4.11h) $\dot{a}^{port} = -[B(y, y^{w}, p^{d}, p^{dw}, e, tr^{w}) + B^{*}(y^{*}, y^{w}, p^{d*}, p^{dw}, e)] = 0$,

wobei: B = Leistungsbilanz des Inlands mit dem RDW,
a^{port} = ln (Bestand an WU-Bonds),
$a^{port\prime}$ = ln (Nachfrage nach WU-Bonds),
$\dot{a}^{port}$ = Veränderung von a^{port} über die Zeit.

Endogen: $y, y^{*}, r, p^{u}, p^{d}, p^{d*}, e, a^{port}$.

Im Gegensatz zur traditionellen Annahme im Mundell-Fleming-Modell hat hier der Zins keinen Einfluß auf die Anpassungsgeschwindigkeit der Kapitalströme, diese wird immer als unendlich angesehen. Dafür beeinflußt eine relative Änderung des Zinssatzes die Struktur des Portfolios von Kapitalanlegern. Die Portfolios werden dann so umstrukturiert, daß die im Zins gestiegenen Bonds einen größeren Anteil ausmachen. Steigt z.B. der WU-Zins, dann erfolgen Kapitaleinflüsse aus dem RDW.
Zusätzlich bestehen Interdependenzen mit dem Wechselkurs. Kommt es beispielsweise zu einer Aufwertung der WU-Währung, dann steigt der in RDW-Währung gemessene Wert der WU-Bonds im Portfolio der Kapitalanleger. Geht man davon aus, daß die Zusammensetzung des Portfolios vorher optimal war, dann werden die Kapitalanleger eine Umstrukturierung ihres Portfolios vornehmen, um zum Ausgangszustand zurückzukehren. Bei einer Aufwertung der WU-Währung wird die Zahl der WU-Bonds reduziert, weil sie - in RDW-Währung umgerechnet - nun einen größeren Anteil des Portfolios ausmachen. Dadurch fließt Kapital aus dem RDW in die WU zurück.
Im Modell wird aus Vereinfachungsgründen angenommen, daß es zwei Arten von Wirtschaftssubjekten gibt. Die eine Gruppe geht den „üblichen" wirtschaftlichen Tätigkeiten, wie Konsum, Investition, etc., nach und hält in ihrem Portfolio Geld und WU-Bonds. Letztere Annahme sichert die Existenz von Geldhaltung aufgrund des Spekulationsmotivs. Die andere Gruppe wird als multinationale Vermögensbesitzer bezeichnet und beherrscht den Markt für Wertpapiere. Sie hält ein optimales Portfolio aus internationalen Bonds, welches unter anderem auch WU-Bonds enthält. Auf die üblichen wirtschaftlichen Tätigkeiten in der WU hat sie keinen Einfluß. Durch die Anpassung von Wechselkurs und Zinssatz kann die Gleichgewichtsbedingung (4.11g) für den Kapitalmarkt erfüllt werden. Aus dieser Gleichung folgt auch, daß der Bestand an WU-Bonds bei einer gleichgerichteten Änderung des Wechselkurses und der Zinsen sich ebenfalls in dieselbe Richtung bewegt. Beispielsweise verursachen eine Abwertung und Zinssteigerung zwangsläufig einen Anstieg der WU-Bonds im Portfolio der multinationalen Vermögensbesitzer.
Weiterhin gibt es eine dynamische Gleichung (4.11h), welche den Zusammenhang zwischen Leistungsbilanz und Veränderung des Bestandes an WU-Bonds herstellt, den Kapitalverkehr. Einem Anstieg des Bestandes an WU-Bonds der multinationalen Vermögensbesitzer steht somit ein Leistungsbilanzdefizit gegenüber und umgekehrt. Der durch Zinszahlungen und

die Effekte des Sparens von multinationalen Vermögensbesitzern bedingte Kapitalverkehr findet keine Berücksichtigung. Es kann argumentiert werden, daß dieser gegenüber den Umschichtungen in den Portfolios unbedeutend ist (s. Sinn (1983, 39)). Langfristig wird in Gleichung (4.11h), welche wieder als Approximation verstanden werden kann, verlangt, daß die Leistungsbilanz ausgeglichen sein sollte, bzw. sich der Bestand an WU-Bonds in den Portfolios der multinationalen Vermögensbesitzer nicht mehr ändert.
Angesichts der Komplexität des Modells wird nur die Situation symmetrischer WU-Länder betrachtet. Die in Anhang F dargestellten Multiplikatoren sind für den Fall berechnet, daß alle inländischen Verhaltensparameter gleich den ausländischen sind. Die einzige Ausnahme bildet der Preisindex. Hier wird im allgemeinen $a \neq a^*$ angenommen. Bei der Bestimmung von einigen unklaren Multiplikatoren wird aber in der Diskussion speziell der Fall $a = a^*$ untersucht.
Die Stabilität der langfristigen Gleichung (4.11h) ist gegeben, wie in Anhang F gezeigt wird. Es werden zuerst die kurzfristigen Wirkungen der exogenen Variablen diskutiert (Gleichung (4.11a)-(4.11g)), wobei die Unionsbonds-Variable a^{port} als exogen angenommen wird. Dann erfolgt die Analyse der langfristigen Wirkungen; dafür wird das Modell um Gleichung (4.11h) und a^{port} als endogene Variable ergänzt. Es wird deutlich werden, daß in der kurzen Frist die Argumentation oft über den WU-Bondsmarkt läuft, während langfristig die Anpassung über die Leistungsbilanz zum Ausgangspunkt der Erörterungen genommen wird. Dieses entspricht durchaus ökonomischer Intuition und den Beobachtungen, die in der Realität gemacht werden. So sind kurzfristige Entwicklungen von ökonomischen Variablen durch die fundamentalen volkswirtschaftlichen Daten oft weniger beeinflußt als ihre langfristigen Trends. Ein typisches Beispiel dafür ist der Wechselkurs, der in der kurzen Frist praktisch gar nicht durch Änderungen der Kaufkraftparität beeinflußt wird, während langfristig viele Studien die Hypothese der (relativen) Kaufkraftparität nicht verwerfen können (s. Bundesbank (1993) oder Frankel/Rose (1995)).

3.2 Die kurzfristigen Multiplikatoren

In Tabelle 4.3 findet sich eine Übersicht der qualitativen Multiplikatorwirkungen für die kurze Frist.

Tab. 4.3: Kurzfristige Multiplikatoreffekte im Portfolio-Balance-Modell

	dg	dmo	dy^w	dp^{dw}	dtr	dtr^w	dy^{nat}	da^{port}
dy	+	+	+	-	-	-	?♣	-
dy^*	?	+	+	-	+	?	?	-
dp^u	?	+	-	?	?♠	?	?♦	+
de	?♦	+	-	-	?♠	?♣	?	+
dr	?♣	-	+	+	?♠	?♦	?	+

Hinweis: ♣: für a=a* und a+a*=b gilt +, ♦: für a=a* und a+a*=b gilt -, ♠: für a=a* gilt 0.

Im Einzelnen ergeben sich die Anpassungsvorgänge wie folgt:

Fiskalpolitik (dg)
Wie aus der Tabelle 4.3 ersichtlich, führt der Anstieg der inländischen Staatsausgaben zu einem höheren Einkommen im Inland. Alle anderen Wirkungen sind unklar. Es wird deshalb die, aus dem Angebotsmodell einer kleinen WU bereits bekannte, Annahme gemacht, daß $a = a^*$ und $a + a^* = b$ ist. Dann ergibt sich, daß über die Handelsverflechtungen das Auslandseinkommen nach der expansiven inländischen Fiskalpolitik erstmal steigt. Dadurch kommt es zu einer Erhöhung der Zinsen. Der Zinsanstieg führt zu einem Crowding-out der Investitionen und zu einer Aufwertung der Währung, was beides kontraktive Einkommenseffekte zur Folge hat. Diese gegenläufigen Effekte zu den gestiegenen Staatsausgaben können das Einkommen im Ausland schließlich wieder sinken lassen.
Eine hinreichende Bedingung für eine positive Einkommensübertragung der Fiskalpolitik lautet $|h\,a| > |l_y(1 - a - a^*)|$. Ist die Einkommenselastizität der Geldnachfrage niedrig und die Sensitivität der Güterpreise im Hinblick auf die Auslastung der Kapazitäten hoch, dann steigt das ausländische Einkommen. Das Einkommen der WU als Ganzes erhöht sich eindeutig bei $a = a^*$. Die Geldnachfrage steigt aufgrund der Transaktionsnachfrage an. Demgegenüber sinkt die Nachfrage nach Spekulationskasse. Der Nettoeffekt dieser Wirkungen muß durch Änderungen des Preisniveaus ausgeglichen werden. Je geringer also der Anstieg der Zinsen, desto weniger wirkt das Investitions- und Wechselkurs-crowding-out. Dem Absinken des Wechselkurses wirkt ein Anstieg des inländischen Preisniveaus entgegen. Letztere Wirkung geht auf den kapazitätsabhängigen Anstieg der Güterpreise zurück. Das Preisniveau der WU verändert sich folglich in Abhängigkeit von zwei Effekten: Es sinkt, wenn die Einkommenselastizität der Geldnachfrage und die Zinselastizität der Bondsnachfrage klein und die Sensitivität der Güterpreise im Hinblick auf die Auslastung der Kapazitäten und die (absolute) Zinselastizität der Geldnachfrage groß sind.

Geldpolitik (dmo)
Die Geldpolitik hat klare Wirkungen. Nach dem Anstieg der Geldmenge fallen die Zinsen und es kommt zu einem Kapitalabfluß und einer Abwertung des Wechselkurses. Über die höheren Investitionen und Exporte wächst das Einkommen in der WU. Die Preise steigen als Folge der Abwertung und der stärkeren Auslastung der Kapazitäten.

RDW-Einkommensschock (dy^W)
Wenn die Exporte der WU in den RDW steigen, dann erhöhen sich die Zinsen aufgrund der zunehmenden Transaktionsnachfrage nach Geld. Aufgrund der Reaktion der multinationalen Vermögensbesitzer strömt Kapital in die WU, wodurch der Wechselkurs aufgewertet wird. Dieses verschlechtert zwar wieder die Exportchancen der WU-Unternehmen, kann aber den positiven Einkommenseffekt genauso wenig konterkarieren wie das Investitionsgüter-crowding-out.
Die Wirkung auf das Preisniveau ist ungewiß. Es steigt (fällt), wenn die Relation $|l_r h(a + a^*)| > |a_r l_y (1 - a - a^*)|$ erfüllt (nicht erfüllt) ist. Falls die (absolute) Zinselastizität

der Spekulationskasse groß ist und die Produktpreise sensibel auf hohe Kapazitätsauslastung reagieren, dann wird das Preisniveau steigen. Der erste wichtige Effekt macht deutlich, daß eine Reduktion der Geldnachfrage aufgrund einer geringeren Spekulationskasse mit einer Senkung der realen Geldmenge durch steigende Preise einhergeht. Der zweite Effekt spricht die Übertragung von Lohnforderungen auf die Preise in einer Situation hoher Auslastung der Kapazitäten an.
Dagegen bremsen zwei wesentliche Effekte den Preisauftrieb. Der erste sorgt über eine hohe Zinselastizität der WU-Bondsnachfrage der multinationalen Vermögensbesitzer für starke Aufwertungstendenzen, welche preissenkend wirken. Der zweite Effekt basiert darauf, daß ein starkes Wachstum der Transaktionsnachfrage eine Erhöhung der realen Geldmenge zum Ausgleich des Geldmarktes verlangt. Schließlich werden die Preissenkungstendenzen dann verstärkt, wenn der Anteil der RDW-Güter am Preisindex der WU besonders hoch ist.

RDW-Preisschock (dp^{dw})
Nach dem Anstieg der Güterpreise im RDW reagiert der Wechselkurs sofort, und die WU-Währung wird aufgewertet. Da der nominale Bestand an WU-Bonds im Portfolio der multinationalen Vermögensbesitzer annahmegemäß konstant bleibt, muß der Zins steigen. Denn nur dann sind die multinationalen Vermögensbesitzer bereit, einen größeren Anteil ihres Portfolios in WU-Bonds zu halten. Aufgrund der schnellen Wechselkursanpassung geht der Wettbewerbsvorteil der WU-Industrie als Folge der höheren RDW-Produktpreise verloren. Dagegen kommt der Rückgang der Investitionen durch die höheren Zinsen voll zum Tragen. Die Einkommen in der WU gehen zurück und über die Lohnzurückhaltung auf dem Arbeitsmarkt folgt eine Verringerung des Preisniveaus.

Intra-WU-Transfer (dtr)
Bei vollkommener Symmetrie (also auch $a = a^*$) handelt es sich um eine reine Umverteilungsmaßnahme, das Einkommen des Geberlandes verringert sich, und das des Nehmerlandes erhöht sich um den Transferbetrag. Bei $a < a^*$ steigt das Preisniveau, und es fällt, wenn sich die Ungleichung umkehrt. Der Grund dafür liegt in der Kapazitätsabhängigkeit der Löhne. Nehmen die inländischen Produkte eine relativ wichtigere Bedeutung im Preisindex ein, dann führt die Senkung der inländischen Güterpreise trotz eines Anstiegs der ausländischen Güterpreise zu Deflation. Es sei nur angedeutet, daß sich Effekte auf den Wechselkurs und den Zinssatz zum einen aus den Wirkungen der direkten Veränderung des Preisniveaus, und zum anderen aus dem Nettoeffekt der Kapazitätsorientierung der Preise und der Transaktionskassennachfrage ergeben.

Transfer an den RDW (dtr^w)
Hier gelten die Wirkungen einer kontraktiven inländischen Fiskalpolitik.

Arbeitsmarktpolitik (dy^{nat})
Da die Arbeitsmarktpolitik wenig eindeutige Effekte hat, wird nur die Situation der totalen Symmetrie mit $a = a^*$ und $a + a^* = b$ betrachtet. Dies ist eine hinreichende Bedingung dafür, daß zwei Multiplikatoren eindeutig bestimmbar sind: Das Einkommen im Inland nimmt zu

und das Preisniveau in der WU ab. Der erste Effekt geht auf die verbesserte Wettbewerbsfähigkeit des Inlandes zurück, da die Lohnforderungen durch den Anstieg der natürlichen Beschäftigung gemäßigt werden. Die Möglichkeit der Deflation liegt in den sinkenden Produktpreisen des Inlands begründet.
Dagegen sind alle anderen Wirkungen weiterhin unklar. In bezug auf Wechselkurs- und Zinseffekt lassen sich zwei gegenläufige Effekte ausmachen. Erstens die Senkung des Preisniveaus, welche eine Tendenz zur Zinssenkung und Abwertung auslöst. Zweitens die aufgrund des gestiegenen Unionseinkommens größere Nachfrage nach Transaktionskasse, die einen Anstieg der Zinsen und eine Aufwertung impliziert. Obwohl das Einkommen in der WU eindeutig zunimmt, kann es sein, daß das Einkommen des Auslands zurückgeht. Die gegenläufigen Effekte sind hier die expansive Wirkung eines Einkommensanstiegs im Inland und die kontraktive Wirkung der geringeren Wettbewerbsfähigkeit des Auslands der WU gegenüber dem Inland.

Bestandsänderung der WU-Bonds (da^{port})
Steigt der Bestand der WU-Bonds in den Händen der multinationalen Vermögensbesitzer an, dann teilt sich die Anpassung auf dem Bondsmarkt in eine Abwertung der WU-Währung und einen Anstieg des Zinsniveaus auf. Über die Abwertung steigen die Preise in der WU an. Die Geldnachfrage verringert sich wegen der gestiegenen Opportunitätskosten der Geldhaltung und das reale Geldangebot aufgrund der höheren Preise. Allerdings reicht die Verringerung der Spekulationskasse nicht aus, um den Geldmarkt zurück ins Gleichgewicht zu bringen. Folglich muß auch die Transaktionsnachfrage nach Geld sinken. Da diese aber direkt vom WU-Einkommen abhängt, ergeben sich zwangsläufig Outputverluste in der WU.
Soweit die Diskussion der kurzfristigen Anpassungsvorgänge. Nun stellt sich die Frage nach den langfristigen Wirkungen.

3.3 Die langfristigen Multiplikatoren

Langfristig wird eine ausgeglichene Leistungsbilanz, bzw. ein konstanter Bestand an WU-Bonds in den Händen der multinationalen Vermögensbesitzer verlangt. Wie Tabelle 4.4 deutlich macht, hat das auffällige Änderungen in den Multiplikatoren zur Folge:

Tab. 4.4: Langfristige Multiplikatoren im Portfolio-Balance-Modell

	dg	dmo	dy^w	dp^w	dtr	dtr^w	dy^{nat}
dy	+	0	+	0	-	-	+
dy*	-	0	+	0	+	?♦	?
dp^u	?♣	1	?♦	0	?♠	?♣	?♦
de	?♣	1	?♦	-1	?♠	?♣	?
dr	?♣	0	-	0	?♠	?♣	-
da	?♣	1	?♦	-1	?♠	?♣	?

Hinweis: ♣: für a=a* und a+a*=b gilt +, ♦: für a=a* und a+a*=b gilt -, ♠: für a=a* gilt 0.

Fiskalpolitik (dg)

Zuerst ist sicherlich erwähnenswert, daß das Resultat des einfachen Levin-Modells wieder auftritt: Langfristig hat die inländische Fiskalpolitik adverse Effekte auf das ausländische Einkommen. Es stellt sich weiter heraus, daß die Veränderung des aggregierten WU-Einkommens nicht mehr eindeutig ist. Für a < a* (a > a*) ist der Multiplikator des WU-Gesamteinkommens positiv (negativ). Im Falle der totalen Symmetrie (a = a*) nimmt der Multiplikator für das gesamte Einkommen der WU einen Wert von Null an. Damit wäre die Fiskalpolitik langfristig in Hinblick auf WU-Outputänderungen neutral.

Im nächsten Schritt gilt es, den Anpassungsprozeß (bei a = a* und a + a* = b) zu skizzieren. In der langen Frist kann die Anpassung der Bonds an die, aufgrund der höheren Zinsen, gestiegene Bondsnachfrage der multinationalen Vermögensbesitzer stattfinden. Folglich ist die Veränderung der WU-Bonds ist positiv, d.h. es kommt zu Nettokapitalexport. Diese Entwicklung steht im Einklang mit dem realen Geschehen, denn durch das gestiegene Einkommen in der WU und dem gesunkenen Wechselkurs ergibt sich ein Leistungsbilanzdefizit. Im langfristigen Gleichgewicht verschwindet dieses Defizit genauso wie der Nettokapitalimport.

Die Erhöhung der Nettoexporte in der Leistungsbilanz wird dadurch erreicht, daß das aggregierte WU-Einkommen bis auf das Ausgangsniveau vor dem Einsatz der Fiskalpolitik sinkt. Gleichzeitig sorgt die Abwertung der WU-Währung für die Stimulierung der Güterexporte in den RDW. Damit das WU-Einkommen sinken kann, obwohl die Exporte ansteigen, muß das Zins-crowding-out der Investitionen groß genug sein. Dieses wird durch einen im Vergleich zu kurzen Frist weiter ansteigenden Zinssatz erreicht. Über den Zinssatzanstieg kann auch der Geldmarkt geräumt werden, denn während im Vergleich zur Ausgangssituation die aggregierte Nachfrage nach Transaktionskasse unverändert ist, sinkt die Spekulationskasse. Aufgefangen wird die sinkende Geldnachfrage durch steigende Preise, welche das reale Geldangebot in gleichermaßen reduzieren.

Der Grund für die Inflation liegt in der Verteuerung der Importgüter als Folge der Abwertung. Die oben angedeutete, unterschiedliche Entwicklung der Einkommen der WU-Länder läßt sich dadurch erklären, daß der positive Anfangseffekt der Fiskalpolitik im Inland stärker gewirkt hat. Damit konnte das Zins-crowding-out nicht wie im Ausland die Outputgewinne rückgängig machen, obwohl das Inlandseinkommen im Vergleich zur kurzen Frist gesunken ist.

Geldpolitik (dmo)

Die Geldpolitik hat keine realen Wirkungen in der langen Frist. Kurzfristig wurde durch die Zinssenkung die Nachfrage nach WU-Bonds verringert. Diese Entwicklung konnte bei einem konstanten Bestand an WU-Bonds über eine Abwertung der WU-Währung kompensiert werden. Jetzt ist es möglich, den Bestand anzupassen, und langfristig ergibt sich ein zur Abwertung der WU-Währung proportionaler Anstieg der WU-Bonds im Portfolio der multinationalen Vermögensbesitzer. Letztlich haben die Vermögensbesitzer nur den Kaufkraftverlust ihrer WU-Bonds als Folge der Abwertung kompensiert. Durch diese Anpassung

geht auch der Spielraum für die Zinssenkungen zurück, die Zinsen steigen wieder auf das Anfangsniveau.
Mit dieser Entwicklung geht ein Zins-crowding-out einher, welches die kurzfristigen Outputgewinne rückgängig macht. Dieses wird unterstützt durch eine teilweise Wiederaufwertung der WU-Währung im Vergleich zur kurzen Frist. Die Erhöhung der Geldmenge hat nur das Preisniveau proportional geändert, d.h. die reale Geldmenge ist konstant geblieben. Folglich kann ein Gleichgewicht am Geldmarkt - bei konstantem Zins - nur durch Rückkehr des Einkommens zu den Ausgangswerten erreicht werden.

RDW-Einkommensschock (dy^w)
In der kurzen Frist entwickelt sich durch den exogenen Anstieg des RDW-Einkommens ein Leistungsbilanzüberschuß, der trotz der Aufwertung der WU-Währung und des Anstiegs des WU-Outputs nicht ausgeglichen wird. In der langen Frist muß aber die Leistungsbilanz ausgeglichen sein, bzw. der Kapitalverkehr zum Erliegen kommen. Daher besteht eine weitere Aufwertungstendenz, auch wenn kurzfristig die Aufwertung im Vergleich zur Ausgangssituation stärker ist. Gleichzeitig reduziert allerdings der niedrigere Wechselkurs die WU-Exporte in den RDW und damit die WU-Einkommen und Importe aus dem RDW. Deshalb verringert sich langfristig die Aufwertungstendenz der WU-Währung. Es muß auch über die internationalen Einkommenswirkungen ein Ausgleich der Leistungsbilanz erfolgen, so daß das WU-Einkommen weiter steigen kann. Daher sinken die Zinsen in der WU und stimulieren die Investitionen. Langfristig ist dementsprechend der Anstieg des WU-Einkommens größer als kurzfristig.
Die Aufwertung der WU-Währung sorgt über die Verbilligung der Importe für einen Rückgang des Preisniveaus. Bezüglich des Geldmarkts impliziert dies einen Anstieg der realen Geldmenge. Obwohl dieser Effekt zu einem Teil über die gestiegene Transaktionskassennachfrage kompensiert wird, besteht ein Zinssenkungsbedarf, damit das restliche Geld in die Spekulationskasse aufgenommen werden kann. Auf diese Weise schließt sich der Kreislauf der langfristigen Wirkungen einer autonomen Erhöhung des Einkommens im RDW. Mit der Reduktion des Leistungsbilanzüberschusses geht die Verringerung des Nettokapitalexports einher.

RDW-Preisschock (dp^{dw})
Hier findet die Anpassung über den Kapitalverkehr statt. Nachdem die multinationalen Vermögensbesitzer nun ihren Bestand an WU-Bonds korrigieren können, werden angesichts der Aufwertung der WU-Währung WU-Bonds abgestoßen. Die Zinsen fallen auf das Ausgangsniveau zurück, und die Investitionen steigen wieder. Auch die Exporte erholen sich teilweise durch einen partiellen Rückgang der Wechselkursaufwertung, und die Einkommen verbessern sich dementsprechend auch auf ihre Ursprungswerte. Am Ende bleibt als Wirkung eines RDW-Preisschocks in der langen Frist nur die Portfolioanpassung der multinationalen Vermögenshalter, die ihren Bestand an WU-Bonds proportional zur Aufwertung der WU-Währung verringern.

Intra-WU-Transfer (dtr)
Der Transfer an das Ausland der WU bleibt bei vollkommener Symmetrie eine reine Umverteilungsmaßnahme. Ansonsten bleiben die in der kurzen Frist skizzierten gegenläufigen Effekte bestehen.

Transfer an den RDW (dtr^w)
Durch den Transfer an den RDW kommt es zu einem Leistungsbilanzdefizit der Union. Um dieses zu eliminieren, muß die Währung der WU abgewertet werden. Über die Exporte erholen sich die Einkommen, und um zu verhindern, daß sich die Leistungsbilanz wegen zu hoher Importe wieder verschlechtert, müssen die WU-Einkommen im Vergleich zur kurzen Frist fallen. Für $a = a^*$ und $a + a^* = b$ fällt das Einkommen sicher im Ausland. Das Inlandseinkommen sinkt stärker in der langen als in der kurzen Frist. Folglich ist auch der Nettoeffekt des RDW-Transfers auf das Gesamteinkommen der WU langfristig negativ.
Wegen des Einkommensrückgangs geht auch die Transaktionsnachfrage nach Geld zurück. Kompensiert wird diese Entwicklung durch die Reduktion der realen WU-Geldmenge aufgrund der währungsbedingten Preissteigerungen. Allerdings reicht die Senkung der Transaktionsnachfrage nicht aus, um den Geldmarkt ins Gleichgewicht zu bringen. Daher erfolgt ein Zinsanstieg, der Mittel aus den Spekulationskassen freisetzt. Die Entwicklung des Kapitalverkehrs läßt sich komplementär zum realen Geschehen beschreiben. Es entwickelt sich ein Nettokapitalexport als Gegenposition zur Verbesserung der Leistungsbilanz. Die Nachfrage der multinationalen Vermögensbesitzer nach WU-Bonds erhöht sich angesichts der gestiegenen Zinssätze. Dazu setzt die Abwertung der WU-Währung ein, die einen weiteren Anstieg des Bestands an WU-Bonds mit sich zieht.

Arbeitsmarktpolitik (dy^{nat})
Die Effekte der Arbeitsmarktpolitik sind weiterhin recht unklar. Immerhin wird deutlich, daß das Einkommen des Inlands eindeutig ansteigt. Ebenfalls klar ist die Reduktion der Zinssätze. Unter der Annahme, daß $a = a^*$ und $a + a^* = b$ ergibt sich auch eine Senkung der Preise. Aber die Wirkungen auf die anderen Variablen bleiben unsicher.
Eine Erklärung für den Anpassungsprozeß unter obigen Annahmen könnte wie folgt lauten: Die WU realisiert als Folge der verbesserten Wettbewerbsfähigkeit gegenüber dem RDW kurzfristig einen Leistungsbilanzüberschuß. Langfristig ist nun der Ausgleich der Leistungsbilanz zu erfüllen. Daher wertet sich der Wechselkurs gegenüber der RDW-Währung auf. Gleichzeitig ist aber zu verhindern, daß die Einkommen der WU einen Einbruch verzeichnen, da dann die Importe aus dem RDW auch sinken. Folglich sinken die Zinsen und die Investitionen steigen. Eine hinreichende Bedingung für den Anstieg des Einkommens im Ausland lautet $|s+2m| > |b\ m^w|$. Die Erfüllung der Ungleichheit ist wahrscheinlich, da die Handelsintegration innerhalb der WU eher größer als mit dem RDW sein wird. Ein geringer Wert von m^w ist ebenfalls erforderlich, damit die WU-Währung aufgewertet wird und der Bestand an WU-Bonds abnimmt. Auf dem Geldmarkt ergibt sich somit ein Anstieg der Geldnachfrage aufgrund des Transaktionsmotivs und des Geldangebots durch die Preiseffekte der Wechselkursaufwertung. Die Erhöhung der Geldnachfrage reicht zur Räumung des

Geldmarktes nicht aus, daher sinken die Zinsen, um zusätzliches Geld in der Spekulationskasse zu binden.
Die Entwicklung auf dem Bondsmarkt ist durch einen Rückgang der Nachfrage nach WU-Bonds und der Aufwertung der WU-Währung gekennzeichnet. Beide Effekte bewirken eine Senkung des Bestands an WU-Bonds in den Händen der multinationalen Vermögensbesitzer. Der Abbau des Leistungsbilanzüberschusses bringt einen Nettokapitalimport mit sich, bis sich im langfristigen Gleichgewicht der Bestand an WU-Bonds nicht mehr verändert und die Leistungsbilanz ausgeglichen ist.

3.4 Wirtschaftspolitische Schlußfolgerungen

Zuerst steht die Beschäftigung mit den Wirkungen der Fiskalpolitik an. Es erscheint bemerkenswert, daß in diesem stark erweiterten Modell das Resultat des einfachen Levin-Modells wieder auftaucht. Dabei sind aber noch kurz- und langfristige Wirkungen zu unterscheiden. In der kurzen Frist kann es vorkommen, daß nach einer expansiven inländischen Fiskalpolitik das Einkommen im Ausland steigt oder fällt. Wie oben diskutiert wurde, ist die Stärke des Zinsanstiegs in der WU von wesentlicher Bedeutung. Bewirkt das Wachstum des inländischen Einkommens einen großen positiven Zinsschub, dann leidet das Ausland durch Investitions- und Export-crowding-out. Diese negativen Effekte können aber u.a. durch direkte Handelswirkungen ausgeglichen werden. Es kommt dadurch zum Ausdruck, daß eine starke Integration der Volkswirtschaften im realen Bereich dafür sorgen kann, daß Schocks symmetrische Auswirkungen haben. Dies könnte als Argument dafür gesehen werden, daß die Sequenz der europäischen Integration richtig ist: Zuerst die Schaffung des gemeinsamen Binnenmarktes, welcher dazu führt, daß sich die Länder (noch) stärker realwirtschaftlich verzahnen, und dann erst die Einführung der gemeinsamen Währung.
In diesem Modell ändern sich allerdings die Schlußfolgerungen in der langen Frist. Denn nun kommt es eindeutig zu adversen Effekten inländischer Fiskalpolitik. Über den Zwang zum Ausgleich der Leistungsbilanz mit dem RDW ergibt sich die Notwendigkeit einer Kontraktion des WU-Outputs im Vergleich zur kurzen Frist. Es wird weiterhin deutlich, warum in vielen Fällen die Abwertung einer Währung nur bedingt dazu beiträgt, die Wettbewerbsfähigkeit einer Volkswirtschaft zu erhöhen. Neben der Verbilligung der WU-Güter aus der Sicht der RDW-Konsumenten ergibt sich auch eine Verteuerung der Importe aus dem RDW. Letztere führt aber entweder indirekt über den Arbeitsmarkt oder direkt als Folge der Verteuerung der Vorleistungen zu einem Anstieg der WU-Produktpreise. Letztlich geht zumindest ein Teil der gewonnenen internationalen Wettbewerbsfähigkeit wieder verloren. Profitieren können von einer Abwertung am ehesten Länder, die nur einen geringen Anteil an Vorleistungen und Fertiggütern aus dem RDW empfangen. Oder, wenn der Anteil der Konsumgüter aus dem RDW hoch sein sollte, Länder, in denen keine starke Fixierung der Reallöhne auf dem Arbeitsmarkt besteht.
Über das Modell hinausgehend, könnte auch eine einfache Wachstumsbetrachtung angestellt werden. So ist langfristig ein starker Anstieg der Zinsen zu erwarten, welcher über das resultierende Investitions-crowding-out den Anstieg des Kapitalstocks gegenüber der

Ausgangslage verringert. Folglich hätte die expansive inländische Fiskalpolitik negative Einflüsse auf das Wachstum des Kapitalstocks in der WU.
Ein weiterer Aspekt ist die zunehmende Verschuldung der WU bei den multinationalen Vermögensbesitzern. Da vermutlich ein größerer Anteil dieser Gruppe im RDW zu finden sein wird, kommt es dazu, daß sich die WU gegenüber dem RDW verschuldet. Vom Standpunkt eines intertemporalen Zahlungsbilanzverständnisses aus, ist das typischerweise kein Problem, aber es gibt durchaus eine Reihe von Gründen, warum Auslandsverschuldung Schwierigkeiten verursachen kann.[12] So könnte beispielsweise eine politische oder wirtschaftliche Abhängigkeit vom Kapital des RDW entstehen. Auch spielt möglicherweise die Frage eines „optimalen Bankrotts" der WU eine Rolle, aber im Falle von Europa erscheint diese Alternative nicht sehr wahrscheinlich.[13] Da im Modell langfristig eine ausgeglichene Leistungsbilanz verlangt wird, hat die Verschuldungsproblematik hier keine besondere Relevanz und soll nicht weiter diskutiert werden.[14]
Von einer simplen Public-Choice-Sichtweise aus gesehen, ergeben sich aufgrund der aufgezeigten Multiplikatorwirkungen potentielle Probleme. Die jeweiligen nationalen Regierungen in der WU haben einen Anreiz, expansive Fiskalpolitik zu praktizieren, da kurzfristig planende Politiker nicht die möglichen negativen Effekte auf das Wachstum des Kapitalstocks in ihr Kalkül einbeziehen. Vor allem ist der Anstieg des Einkommens kurzfristig sogar stärker, und es ist daher einfacher, der Öffentlichkeit einen klaren Zusammenhang zwischen den wirtschaftlichen Maßnahmen der Regierung und den positiven Wirkungen aufzuzeigen. Der Ausweitung der Häufigkeit oder Stärke des Einsatzes von Fiskalpolitik steht aber entgegen, daß die anderen Regierungen innerhalb der WU kaum adverse Effekte tolerieren werden. Wieder sind zwei Lösungen denkbar, die Kooperationslösung und die Konkurrenzlösung. Um mit ersterer zu beginnen, angenommen die Wahlen in der WU lägen zur gleichen Zeit und die Politiker versuchten, wie in Nordhaus (1975) beschrieben, kurz vor den Wahlen ein positives ökonomisches Klima zu erzeugen. Wenn nun alle Länder der WU expansive Fiskalpolitik betrieben, dann würde sich (eindeutig bei $a = a^*$) ein Anstieg des Einkommens in jedem Land der WU ergeben.
Langfristig gingen allerdings diese Outputgewinne wieder vollständig verloren. Die erhöhten Staatsausgaben hätten überproportional die Investitionen verdrängt, denn auch die Exporte in den RDW steigen. Das verschärfte natürlich die angedeuteten Wachstumsprobleme. Es ist allerdings unklar, wodurch ein kurzfristig denkender Politiker dazu bewogen werden könnte, sich dieses Instruments nicht zu bedienen. Daher besteht die Gefahr, daß sich die Regierungen auf einen gemeinsamen Einsatz der Fiskalpolitik einigen und auf diese Weise politische Konjunkturschwankungen hervorrufen. Kommt es zu keinem koordinierten Einsatz der Fiskalpolitik, so wird sich wahrscheinlich eine ähnliche Situation einstellen, denn es erscheint klar, daß die WU-Länder nur bedingt bereit sein werden, kurzfristige oder langfristige „Beggar-my-neighbour"-Effekte zu akzeptieren. Da nur ein Anreiz zur Staatsausgabenerhöhung besteht, aber nicht zur Reduktion, wird sich als Nash-Lösung der verstärkte Einsatz von expansiven Maßnahmen herausbilden.

---

[12] Zu normativen Fragestellungen der intertemporalen Zahlungsbilanztheorie siehe Issing/Masuch (1989).
[13] Vergl. Aliber (1988, 337f) oder Lindert (1986, 555f).
[14] Eine Diskussion der Wirkung der US-Defizite im internationalen Kontext ist z.B. in Morris (1985) zu finden.

Bisher wurde angenommen, daß die Regierungen in der WU gleiche Wahlperioden haben. Wird der realistischere Fall sich unterschiedlich überlappender Legislaturperioden betrachtet, dann dürften sich auch die Interessen der jeweiligen Regierungen ändern. Wenn die Politiker, die kurz vor Wahlen stehen, die Einkommen steigern wollen, dann sind die gerade gewählten Regierungen eher weniger interessiert, denn die langfristig erfolgende Senkung des Outputs träfe sie vielleicht kurz vor ihren nächsten Wahlen. Es wäre denkbar, daß jeweils die Regierungen, die kurz vor Wahlen stehen, die Staatsausgaben erhöhten. Damit würden sie den negativen Leistungsbilanzanpassungseffekt kurzfristig für ihr Land außer Kraft setzen, aber langfristig für die gesamte WU weiter erhöhen. Auch bei diesem Einsatz von Fiskalpolitik käme es zu politischen Konjunkturzyklen, denn vor den Wahlen würde das Einkommen in dem jeweiligen Land ansteigen und während der restlichen Zeit unter negativem Anpassungsdruck stehen. Offensichtlich würde diese Konstellation größere Koordinationsprobleme verursachen. Aber auch hier gäbe es bei fiskalischer Konkurrenz der Regierungen keine abweichende Lösung, denn das Land, welches keine Fiskalpolitik einsetzt, ist immer der Verlierer.

Die Probleme bei der Geldpolitik sind in diesem Modell ähnlicher Natur, aber von deutlich einfacherer Struktur. Kurzfristig kann die Zentralbank durch eine expansive Geldpolitik reale Effekte in allen Mitgliedsländern der WU erreichen. Gleichzeitig kommt es aber zu einer Abwertung der WU-Währung und zu Inflation. Langfristig dagegen bleiben nur die nominalen Effekte bestehen. Solange die Zentralbank dem Ziel der Preisstabilität verpflichtet ist, kann die expansive Geldpolitik nicht als eine mögliche Alternative zur Steigerung des Outputs angesehen werden.

Hinsichtlich der Wirkungen von internationalen Transfers zwischen den Staaten ist folgendes anzumerken: Für das Geberland der WU spielt es kurz- oder langfristig, was die qualitativen Effekte anbelangt, keine Rolle, ob es einen Transfer innerhalb oder außerhalb der WU durchführt. Es wird auf jeden Fall Einkommenseinbußen hinnehmen müssen. Wenn vereinfachend eine völlige Symmetrie der WU-Länder vorausgesetzt wird, dann wirkt der Transfer ans Ausland der WU wie eine reine Umverteilungsmaßnahme. Weiterhin sind kurz- und langfristiger Effekt identisch. Wird vom Inland eine Schenkung an den RDW geleistet, dann verändert sich das Bild. Während das Einkommen im Inland sinkt, ist der Effekt auf das Auslandseinkommen unklar. Der Transfer wirkt auf das Auslandseinkommen wie eine negative Fiskalpolitik des Inlands der WU. Folglich wird das Ausland eher profitieren, wenn die Handelsverflechtungen gering, aber die Export- und Investitionswirkungen hoch sind.

Langfristig ändert sich die Situation deutlich. Nun führt die nötige Anpassung der Leistungsbilanz der WU vermutlich zu einem sinkenden Einkommen im Ausland. Weiterhin findet auch im Geberland ein weiteres Absinken des Outputs statt. Sollte diese Situation gegeben sein, dann werden die Mitglieder der WU eher versuchen, die jeweiligen Transfers an den RDW zu verhindern. Statt dessen könnte es sein, daß sich die Geberländer darauf beschränken, ihre Hilfe lieber auf die relativ ärmeren Länder der WU zu konzentrieren.

Die explizite Modellierung der Angebotsseite eröffnet die Möglichkeit, die Wirkungen einer (erfolgreichen) Arbeitsmarktpolitik zu analysieren. Eindeutige Effekte ergeben sich leider kurzfristig nur in wenigen Fällen. Werden die diskutierten, zusätzlichen Annahmen getroffen, so ist immerhin klar, daß das Inland von der eigenen Arbeitsmarktpolitik profitieren und das Preisniveau fallen wird. Interessant ist die Veränderung des ausländischen Einkommens aufgrund der inländischen Arbeitsmarktpolitik. Zwei wesentliche Effekte für die kurzfristige Entwicklung des Auslandseinkommens konnten oben herausgestellt werden, nämlich der aus dem gestiegenen inländischen Einkommen resultierende positive Importeffekt und der negative Wettbewerbseffekt als Folge der niedrigeren inländischen Produktpreise. Aufgrund dieser gegensätzlichen Wirkungen ist es nicht offensichtlich, wie sich das Ausland gegenüber einer inländischen Arbeitsmarktpolitik verhalten sollte.

Langfristig dagegen wird der Effekt wesentlich davon bestimmt, wie stark die Mitglieder der WU relativ zum RDW realwirtschaftlich integriert sind. Besteht ein hoher Integrationsgrad, dann wird das Ausland langfristig von der inländischen Arbeitsmarktpolitik profitieren. Analog zur Argumentation bei der Diskussion der Fiskalpolitik kann auch hier festgestellt werden, daß die in der EU angestrebte Reihenfolge der Integrationsschritte durchaus Sinn macht. Wenn die WU-Länder stärker integriert sind, dann werden auch die Wirkungen von exogenen Schocks sich in ähnlicher Weise in den Ländern entfalten. Im allgemeinen kann dies dazu beitragen, Interessenkonflikte zwischen den WU-Mitgliedern zu vermeiden. Schließlich wird auch das Inland seine Vorteile stärker langfristig als kurzfristig realisieren können. Positiv sind sicherlich die langfristigen Effekte auf das Preisniveau und den Zins zu beurteilen. Ersterer wird der Zentralbank helfen, Inflation zu bekämpfen und letzterer, das Wachstum des Kapitalstocks begünstigen.

Die Arbeitsmarktpolitik enthält damit typische Elemente einer erfolgreichen angebotsseitigen Politik. Allerdings besteht die Gefahr, daß wirtschaftliche Konflikte dann entstehen, wenn die verbesserte Wettbewerbsfähigkeit des Inlands im Ausland zu negativen Einkommenswirkungen - und letztlich AL - führt, auch wenn diese nur kurzfristig anhalten sollten. Obwohl die Arbeitsmarktpolitik nicht in demselben Maße gesteuert werden kann wie die Fiskalpolitik, erscheint ein Wettbewerb der Volkswirtschaften innerhalb der WU durchaus möglich. Während aber der Wettbewerb bei der Diskussion der Fiskalpolitik kritisch beurteilt wurde, so wäre eine Konkurrenzsituation beim Einsatz dieses wirtschaftspolitischen Instrumentes ein letztlich für alle Beteiligten vorteilhafter Prozeß. Auf die EU übertragen hieße das, daß die heftig geforderte Steigerung der Wettbewerbsfähigkeit der EU-Länder gegenüber dem RDW nicht unbedingt des Einsatzes einer europaweiten Industriepolitik bedarf, sondern auch durch verstärkten Wettbewerb der EU-Länder untereinander erreicht werden könnte.[15]

Schließlich bleibt noch zu analysieren, wie Schocks aus dem RDW die WU wirtschaftspolitisch beeinflussen können. Eindeutig positiv sollten die Länder der WU einem Anstieg des Einkommens im RDW gegenüberstehen. In bezug auf die WU kann der RDW die Funktion einer „Konjunkturlokomotive" erfüllen. Bei internationalen wirtschaftspolitischen Treffen könnte die WU versuchen, den RDW zu expansivem wirtschaftspolitischem Verhalten zu bewegen. Dagegen wird die WU darauf dringen, daß der RDW einen größeren Anstieg seiner Inflationsrate verhindert. Obwohl die WU langfristig gegenüber RDW-Preisschocks isoliert ist, kommt es zu unangenehmen kurzfristigen Wirkungen, welche zu einer Destabili-

[15] Siehe aber auch die diesen internationalen Wettbewerbsargumenten eher kritisch gegenüberstehende Argumentation in Krugman (1994).

sierung der Einkommensentwicklung in der WU führen. Diese Anmerkungen sind allerdings insofern mit Vorsicht zu genießen, als der RDW nicht explizit modelliert wurde und somit keine Rückwirkungen von Entwicklungen in der WU auf den RDW erfaßt werden können.
In einem nächsten Schritt konzentriert sich die Analyse auf langfristige Budgetwirkungen in einer WU. Aufgrund der zunehmenden Komplexität der Zusammenhänge finden die Studien wieder im Rahmen keynesianischer Nachfragemodelle statt.

4. Berücksichtigung staatlicher Budgetrestriktionen in einem Währungsunionsmodell

4.1 Einleitung

Wie oben bereits ausgeführt, sehen die Planungen der EWU zur Zeit vor, daß die Geldpolitik in den Händen einer EZB und die Fiskalpolitik weiterhin in der Verantwortung der jeweiligen Regierungen liegt. Damit kommt der nationalen Fiskalpolitik eine wichtige Rolle bei der Bekämpfung asymmetrischer Schocks zu. Da aber die regionalen Disparitäten in Europa nicht ohne weiteres ausgeglichen werden können, ist zu erwarten, daß die EU eine stärkere Rolle in der Einkommensverteilung zwischen den Mitgliedsstaaten spielen wird.
Die USA gelten in vielen Studien als Vergleichsmaßstab für die Eignung der EU als optimaler Währungsraum. Die Untersuchung der Wirkung der Bundesausgaben in den USA legt den Schluß nahe, daß sie als automatische Stabilisatoren der Einkommen in den einzelnen Bundesstaaten eine bedeutende Rolle spielen (vgl. Sala-i-Martin/Sachs (1992), Bayoumi/Masson (1994)).
Wenn die EU eine ähnliche Aufgabe erfüllen soll, dann benötigt sie ein größeres Budget und einen weiteren Spielraum in der Verteilung der Mittel. Die Konsequenz eines solchen Szenarios wäre nicht nur eine Stärkung der EU in Hinblick auf die Übernahme der Geldpolitik, sondern auch eine wichtigere Rolle als autonome fiskalpolitische Instanz.
In der weiteren Modellformulierung wird daher angenommen, daß nicht nur die Geldpolitik auf eine supranationale Ebene verlagert wird, sondern die EU auch als fiskalpolitischer Akteur stärker in Erscheinung tritt. Weiterhin behalten die nationalen Regierungen weitgehend ihre Kompetenz in der Verfolgung autonomer Fiskalpolitik. Innerhalb eines solchen Modellrahmens wird der Frage nachgegangen, wie die Mitgliedschaft in einer WU die Wirkungen der Fiskalpolitik beeinflußt. Das Modell einer föderal organisierten Wirtschaft von Hayo/Wrede (1996) läßt sich leicht auf eine derartig ausgestaltete EWU übertragen. Die eben beschriebenen Annahmen der Kompetenzverteilung zwischen den fiskalpolitischen Einheiten finden sich dementsprechend in der Konstruktion des Modells wieder. Im folgenden gilt die Bezeichnung „Union“ für die zentrale fiskalpolitische Instanz auf EU-Ebene.
Das Modell von Hayo/Wrede (1996) basiert auf dem Ansatz von Blinder/Solow (1973, 1976). Diese haben im wesentlichen die keynesianische Nachfragegleichung um eine dynamische Budgetrestriktion der Regierung ergänzt. Seitdem sind eine Reihe von Erweiterungen dieses Ansatzes erarbeitet worden (siehe z.B. Christ (1979) oder Wenzel (1983)). In mancher Hinsicht ist es eine Erweiterung von Kneebone's Modell (1989) eines Landes mit zwei fiskalischen Instanzen (siehe auch Moutos (1993) und Meister/Wenzel (1994)).

Kneebone hat gezeigt, daß in seinem Modellrahmen das langfristige System instabil ist, wenn die Staatsausgaben durch Kreditaufnahme finanziert werden.
Im Einklang mit dem oben skizzierten EWU-Szenario, ist eine der Hauptannahmen im Hayo/Wrede-Modell die Finanzierung des Unionshaushaltes durch Steuern und Veränderungen des Geldangebots. Dagegen werden die dynamischen Budgetrestriktionen der Länder so modelliert, daß diese nicht die Möglichkeit der Geldfinanzierung haben, dafür aber Schuldverschreibungen (Bonds) ausgeben können. Diese Konstellation führt nicht nur zu interessanten Ergebnissen aus theoretischer Perspektive, sondern auch im Hinblick auf wirtschaftspolitische Erwägungen.[16]
Eine Schwäche des Modells ist die Beschränkung auf eine geschlossene WU, d.h. jegliche internationale Aktivitäten über die Länder der WU hinaus werden ignoriert. Diese Annahme kann aber dadurch gestützt werden, daß die Interdependenzen zwischen den Mitgliedern einer WU bedeutender sein werden als jene mit dem RDW (siehe z.B. Krugman (1994) für diese Sichtweise). In Abschnitt 4.7 wird diese Annahme aufgehoben, allerdings gleichzeitig der Zinssatz exogenisiert. Weiterhin ist das Zugrundelegen fester Preise auch in der langen Frist problematisch. Hier könnte man argumentieren, daß durch die Einrichtung einer unabhängigen EZB (vgl. Kapitel II und III) eine Zone monetärer Stabilität in der WU geschaffen wird, so daß dann zumindest inflationäre Effekte von untergeordneter Bedeutung sind.
Der verbleibende Rest des Kapitel gliedert sich in die folgenden Themenbereiche: Im nächsten Abschnitt wird das Grundmodell einer WU vorgestellt und das Problem der dynamischen Instabilität diskutiert. Im dritten Abschnitt wird die Definition der Staatsausgabenvariable abgeändert und gezeigt, daß das System nun stabil ist. Der vierte und fünfte Abschnitt diskutiert dann die Multiplikatorwirkungen der Fiskalpolitik innerhalb des stabilen Modells. Die Auswirkungen eines ständig ausgeglichenen Unionsbudgets werden im sechsten Abschnitt untersucht. Im siebten Abschnitt wird das Modell auf die Situation einer kleinen und offenen WU übertragen. Der letzte Teil ist möglichen wirtschaftspolitischen Implikationen für eine EWU gewidmet.

4.2 Das Grundmodell und dynamische Instabilität

Im folgenden Modell werden zwei Staaten der WU explizit modelliert und wie bisher kennzeichnet ein Stern (*) das Ausland. Zwei Systeme sind zu untersuchen, ein kurzfristiges und ein langfristiges. Ersteres wird in den Gleichungen (4.12a)-(4.12c) dargestellt. Eine konfiskatorische Besteuerung des Einkommens wird ausgeschlossen: $t + t^u < 1$, bzw. $t^* + t^u < 1$. Weiterhin sind die Erwartungen wie bisher statischer Natur. Die beiden keynesianischen Gütermarktgleichungen und die Geldmarktgleichung sind aus der bisherigen Analyse wohlbekannt und bedürfen keiner ausgiebigen Diskussion. Die einzigen internationalen Handelsbeziehungen bestehen zwischen den Ländern der WU.

[16] Eine Diskussion statischer Effekte von Fiskalpolitik in einer WU findet sich z.B. in Radü (1994).

(4.12a) $Y = C(Y_v) + I(r) + a^u G^u + G + m^* Y^* - m Y,$

(4.12b) $Y^* = C^*(Y_v^*) + I^*(r) + (1-a) G^u + G^* - m^* Y^* + m Y,$

(4.12c) $M = L(Y, r) + L(Y^*, r).$

wobei:
Y = inländisches Einkommen,
C = Konsumfunktion, mit: c = marginale Konsumquote,
Y_v = verfügbares Einkommen = $(1-t)(Y+B) - t^u Y$,
t = inländischer Steuersatz,
t^u = Steuersatz der Union,
B = inländische staatliche Bonds,
I = Investitionen, mit: $I_r < 0$,
r = Zins in der WU,
G^u = Ausgaben der Union,
a^u = Ausgabenverteilungsparameter der Union: $0 \leq a^u \leq 1$,
G = inländische Staatsausgaben,
m = inländische Importquote,
M = Geldangebot der Union,
L = Geldnachfragefunktion der Länder, mit: $L_r < 0$, $L_Y > 0$.

Endogen: Y, Y^*, r.

Wie aus der Gleichung des verfügbaren Einkommens erkennbar ist, besteuern die Länder nicht nur das Einkommen wie die Union, sondern auch Zinseinkünfte aus staatlichen Bonds. Staatliche Bonds sind Schuldverschreibungen mit unendlicher Laufzeit, die mit einer Einheit pro Periode verzinst werden. Diese werden nur von den Bürgern des jeweiligen Staates gehalten. Eine Begründung für diese Annahme wäre neben den identischen Zinssätzen in den Ländern der WU eine gleiche Risikoeinstufung und steuerliche Behandlung der Bonds. Steuerwettbewerb sorgt für eine Angleichung der Steuersätze in den WU-Ländern, d.h. im folgenden gilt: $t = t^* = t^l$. Eine spezielle Präferenz für heimische Bonds ist dann z.B. durch höhere Transaktionskosten im Erwerb und der Aufbewahrung zu erklären.

Die Einnahmen der Union basieren auf dem Einkommen der Staaten. Dies soll die Tatsache reflektieren, daß die EU sich zum gegenwärtigen Zeitpunkt vornehmlich aus Beiträgen der Mitgliedsstaaten finanziert, welche im Haushaltsjahr 1996 höchstens 1.22% des BSP (1997: 1.24%) der einzelnen Mitgliedsstaaten ausmachen dürfen (vgl. Peffekoven (1994)). Wie weiter unten deutlich werden wird, schließt diese Annahme jegliche langfristige Effekte nationaler Fiskalpolitik auf das aggregierte WU-Einkommen aus. In der langen Frist soll ein Ausgleich der Budgets der verschiedenen fiskalpolitischen Instanzen erfolgen (4.12d-4.12f). Gleichung (4.12d) besagt, daß kurzfristige Ungleichgewichte im Unionsbudget über die Veränderung des Geldangebots finanziert werden.[17]

---

[17] In dieser Spezifizierung des verfügbaren Einkommens wird angenommen, daß hinsichtlich der Effekte einer Veränderung des ausländischen Anteils am Geldangebot folgender Zusammenhang gilt: $\dot{M}^* = (1-a^u) G^u - t^u Y^* (-m^* Y^* + mY)$. Es kann gezeigt werden, daß dieses eine hinreichende

$$\text{(4.12d)}\quad \dot{M} = G^u - t^u(Y + Y^*) = 0,$$

$$\text{(4.12e)}\quad \frac{\dot{B}}{r} = G + B - t(Y + B) = 0,$$

$$\text{(4.12f)}\quad \frac{\dot{B}^*}{r} = G^* + B^* - t^*(Y^* + B^*) = 0.$$

Endogen: M, B, B*.

Damit existiert keine unabhängige Geldpolitik in der WU. Rechtfertigen läßt sich diese Modellspezifikation durch die Tatsache, daß es der EU einerseits nicht erlaubt ist, Kredite aufzunehmen, und andererseits die Geldpolitik an die EZB delegiert wird.[18]
Weiter wird angenommen, daß die EZB in der Weise gegründet wird, wie es im Maastrichter Vertrag skizziert wurde. Ihr primäres Ziel wäre dann die Sicherung der Stabilität der Währung (Art. 105(1)). Solange aber dieses Ziel nicht gefährdet ist, soll sie die Wirtschaftspolitik in der EU unterstützen. Insbesondere fallen darunter die in Artikel 2 genannten wirtschaftspolitischen Ziele, wie beispielsweise die Förderung realen Wachstums (unter Berücksichtigung der Umwelt), eines hohen Beschäftigungsgrades oder des Lebensstandards in der EU. Da aber feste Preise unterstellt werden, kann es keine Inflationsprobleme geben, und somit erscheint es modellkonsistent, daß die Zentralbank die fiskalpolitischen Aktivitäten der Union monetär unterstützt. In der langen Frist wird aber ein ausgeglichener Unionshaushalt verlangt, woraus die langfristige Konstanz des Geldangebots folgt.
Die nationalen Budgets können durch die Ausgabe von Bonds an die eigene Bevölkerung kurzfristig zum Ausgleich gebracht werden. Langfristig gilt auch hier die Forderung eines ausgeglichenen Haushalts und damit die Restriktion einer konstanten Verschuldung. Die Gleichungen (4.12a) bis (4.12f) bilden ein solches Modell ab. Bei einer genaueren Untersuchung dieses Modells ergeben sich eine Reihe von Problemen: Erstens ist die Komplexität des Systems hoch, und um noch interpretierbare Multiplikatoren zu erhalten, ist es erforderlich, die Annahme symmetrischer Länder einzuführen. Eine Unterscheidung zwischen den Verhaltensparametern des In- und des Auslands (die Indizierung) erübrigt sich daher im folgenden.
Zweitens erweist es sich zur Erhaltung der Klarheit in der Modellstruktur und den Ergebnissen als nicht praktikabel, Vermögenseffekte in die Verhaltensfunktionen aufzunehmen. Auch wenn deren Berücksichtigung wünschenswert wäre, so erscheint hier eine Konzentration auf die Aspekte der dynamischen Wirkungen der Budgetrestriktionen sinnvoller.

Bedingung für die obige Schreibweise des verfügbaren Einkommens ist. Die Terme in Klammern am Ende der Gleichung stellen die heimische Leistungsbilanz dar. Wenn M^u in M und M* aufgeteilt und M^u und M als endogene Variablen modelliert werden, dann bleiben die kurzfristigen Multiplikatoren unverändert. Langfristig gilt immer noch $\dot{M} = 0$, aber die Veränderung in den jeweiligen Anteilen am Geldangebot (M und M*) kann von Null verschieden sein. Damit steht das Ergebnis im Einklang mit der Annahme, daß die Leistungsbilanz der WU-Länder weder kurz- noch langfristig ausgeglichen sein muß.

[18] Die Delegation an die EZB schließt natürlich nicht aus, daß die nationalen Regierungen versuchen könnten, sich über ihre Repräsentanten im Zentralbankrat einen gewissen Einfluß zu bewahren, s. Kapitel II.

Drittens ist die dynamische Stabilität des Modells zu untersuchen. Bereits Christ (1979) und Kneebone (1989) demonstrierten die Instabilität des ökonomischen Systems bei Bondsfinanzierung. Da das hier vorgestellte Modell drei dynamische Gleichungen aufweist, finden die notwendigen und hinreichenden Kriterien für lokale Stabilität aus Fuller (1968, p. 93) Anwendung. Das System ist demnach lokal stabil, falls die Spur und die Determinante der Jacobi-Matrix, sowie die Determinante der „Fuller-Matrix" ein negatives Vorzeichen aufweisen. Es stellt sich heraus, daß die Determinante der Jacobi-Matrix des Systems (4.12d) bis (4.12f) negativ ist, d.h. es liegt mindestens ein negativer Eigenwert vor. Allerdings kann gezeigt werden, daß sich die Negativität der Spur der Jacobi-Matrix und der Determinante der Fuller-Matrix wechselseitig ausschließen (s. Anhang G). Das Modell (4.12a) bis (4.12f) ist folglich dynamisch instabil.

Einige Gründe für Instabilität in dieser Klasse von Modellen wurden bereits in den oben genannten Artikeln beschrieben. Eine fundamentale Art von Instabilität wird durch die Möglichkeit der Bondsfinanzierung der nationalen Regierungen hervorgerufen. Das Hauptproblem ist hier die Tatsache, daß expansive Fiskalpolitik nicht selbstfinanzierend wirkt. Daher steigt die Anzahl der Bonds an, wenn das Budget nicht ausgeglichen ist. Der langfristig erforderliche Budgetausgleich ist nicht zu erreichen, wenn der Einkommenseffekt der Fiskalpolitik zu schwach ist.

In diesem Modell gibt es mindestens einen weiteren wichtigen Grund für Instabilität, welcher wieder auf die Wirkung der Kreditfinanzierung zurückzuführen ist. Wenn einer der Staaten expansive Fiskalpolitik betreibt, dann muß er einen Teil der Finanzierung über Bonds betreiben. Der andere Staat wird über die Handelsverbindungen von diesem Einkommensanstieg profitieren. Solange der Handelseffekt größer ist, als das Investitions-crowding-out durch den höheren Zinssatz, werden die Staatseinnahmen steigen. Damit kann dieser Staat aber seine Verschuldung reduzieren. In der langen Frist müssen beide Haushalte ausgeglichen sein. Weil der eine Staat immer weiter Bonds in Umlauf bringt, während der andere seine Bonds zurückkauft, ergibt sich ein unlösbarer Konflikt. Da der eine Staat expansive und der andere kontraktive Signale gibt, kommt das System nicht zu einem langfristigen Gleichgewicht in beiden Budgetrestriktionen.

Es bleibt festzuhalten, daß das Grundmodell nicht dynamisch stabil ist und eine Multiplikatoranalyse gemäß des Korrespondenzprinzips von Samuelson (s. Wenzel (1983)) keinen Sinn ergibt. Im nächsten Abschnitt wird eine Modifikation der Staatsausgabenvariable eingeführt, die dieses Problem lösen kann.

4.3 Ein stabiles Modell

Eine Möglichkeit, die Instabilität im Grundmodell zu überwinden, wurde u.a. bereits von Tobin/Buiter (1976) und Christ (1979) diskutiert. Die Idee besteht darin, die Staatsausgabenvariable in reale Ausgaben, d.h. für Güter und Dienstleistungen, und Schuldendienst aufzugliedern. Während das Niveau der Staatsausgabenvariable immer noch exogen ist, wird die Struktur der Ausgaben endogen bestimmt.

Auf das hier untersuchte Modell bezogen bedeutet dies, die Variablen G und G* folgendermaßen neu zu definieren: G = GG + B und G* = GG* + B*. Dabei stellen GG die realen Ausgaben und B den Schuldendienst dar. Die Regierung legt also ein Ausgabenniveau G fest und die jeweilige Situation des Staatsbudgets entscheidet darüber, wie die Ausgaben auf die beiden Komponenten verteilt werden sollen. Wenn die Schulden hoch sind, dann wird der Schuldendienst einen großen Teil der Staatsausgaben ausmachen, und wenn sie niedrig sind, werden die realen Ausgaben dominieren. Die Gleichungen (4.12a') bis (4.12f') berücksichtigen diese Änderungen.

$$\text{(4.12a')}\quad Y = C(Y_v) + I(r) + a^u G^u + G - B + m^* Y^* - m Y,$$

$$\text{(4.12b')}\quad Y^* = C^*(Y_v{}^*) + I^*(r) + (1-a^u) G^u + G^* - B^* - m^* Y^* + m Y,$$

$$\text{(4.12c')}\quad M = L(Y, r) + L(Y^*, r),$$

$$\text{(4.12d')}\quad \dot{M} = G^u - t^u (Y + Y^*) = 0,$$

$$\text{(4.12e')}\quad \frac{\dot{B}}{r} = G - t\,(Y + B) = 0,$$

$$\text{(4.12f')}\quad \frac{\dot{B}^*}{r} = G^* - t^* (Y^* + B^*) = 0,$$

wobei: G = GG + B,
GG = Staatsausgaben für Güter und Dienstleistungen.

Es kann gezeigt werden, daß das Modell nun dynamisch stabil ist. Der Beweis bedient sich der Jacobi-Matrix des langfristigen Systems (4.12d'), (4.12e') und (4.12f'), welche durch Einsetzen von (4.12a'), (4.12b') und (4.12c') berechnet werden kann:

$$\begin{pmatrix} -t^u\left(\frac{dY}{dM}+\frac{dY^*}{dM}\right) & -t^u\left(\frac{dY}{dB}+\frac{dY^*}{dB}\right) & -t^u\left(\frac{dY}{dB^*}+\frac{dY^*}{dB^*}\right) \\ -r\,t\frac{dY}{dM} & -r\,t\left(1+\frac{dY}{dB}\right) & -r\,t\frac{dY}{dB^*} \\ -r\,t^*\frac{dY^*}{dM} & -r\,t^*\frac{dY^*}{dB} & -r\,t^*\left(1+\frac{dY^*}{dB^*}\right) \end{pmatrix}$$

Die Ableitungen in der Matrix sind die kurzfristigen Multiplikatoren des Systems. Wie in Anhang G gezeigt wird, sind die notwendigen und hinreichenden Bedingungen für Stabilität erfüllt, d.h. Determinante und Spur der Jacobi-Matrix, sowie die Determinante der „Fuller"-Matrix sind gleichermaßen negativ. Eine intuitive Erklärung für dieses Ergebnis ist, daß nun die Schuldendynamik niemals so groß werden kann, daß das System explodiert. Die Staaten reagieren auf einen hohen Schuldenstand durch eine Anpassung ihrer Budgetstruktur, d.h. sie reduzieren die Ausgaben für Güter und Dienstleistungen zugunsten des Schuldendienstes. Dadurch stehen genügend Mittel zur Verfügung, um eine Überschuldung des Staates zu verhindern.

4.4 Multiplikatoreffekte im stabilen Modell

Nachdem die Stabilität des modifizierten Modells festgestellt wurde, macht es Sinn, die Multiplikatoreffekte der verschiedenen fiskalpolitischen Maßnahmen zu analysieren. Das Modell erlaubt die Diskussion sechs verschiedener exogener Fiskalpolitikvariablen (die Diskussion konzentriert sich wieder ohne Beschränkung der Allgemeinheit auf die Analyse des Inlands, da beide Länder symmetrisch sind): der nationalen Staatsausgaben (G), der Unionsausgaben (G^u), des Anteils der Unionsausgaben (a^u), des Unionssteuersatzes (t^u) und des nationalen Steuersatzes (t^l). Diese können im Modellrahmen in vier Gruppen unterteilt werden: Fiskalische Ausgabenvariablen (G ,G^u), eine strukturelle Ausgabenvariable (a^u), eine Einnahmenvariable (t^u) und eine zu koordinierende fiskalische Einnahmenvariable (t^l).
Im ersten Teil der Analyse werden die kurzfristigen Effekte von positiven Veränderungen in den fiskalischen Instrumenten und im zweiten Teil die langfristigen Wirkungen diskutiert. Die ausführlichen Multiplikatoren sind in Anhang G aufgeführt.

Kurzfristige Wirkungen

Die qualitativen Effekte der kurzfristigen komparativen Statik sind der Tabelle 4.5 zu entnehmen.

Tab. 4.5: Kurzfristige Multiplikatoreffekte im Modell mit Budgetrestriktionen

	dG	dG^u	da^u	dt^u	dM	dB
dY	+	? (für $a^u \geq 0.5$: +)	+	?	+	-
dY*	?	? (für $a^u \leq 0.5$: +)	-	?	+	?
dr	+	+	0	-	-	-
d(Y + Y*)	+	+	0	-	+	-

Nationale Ausgabenpolitik (dG)
Angenommen, die inländische Regierung erhöht die Staatsausgaben. Der Anstieg der volkswirtschaftlichen Nachfrage erhöht das inländische Einkommen. Über die Handelsverbindungen wird das Ausland der WU auch von dem Anstieg profitieren, das ausländische Einkommen steigt. Durch das gestiegene WU-Einkommen erhöhen sich die Nachfrage nach Transaktionskasse und die Zinsen. Das einsetzende Investitions-crowding-out wirkt der expansiven Entwicklung der Einkommen entgegen. Im Inland wird sich in jedem Fall der expansive Effekt in der kurzen Frist durchsetzen. Für das Ausland gilt dies nur unter folgender Bedingung:

$$|2L_r m| > |I_r L_Y|.$$

In Worten besagt die Ungleichung, daß der Handelseffekt des gestiegenen Inlandseinkommens die Verdrängung der Investitionen überwiegen muß. Die Geldmarkteffekte lassen sich auch leicht interpretieren: Je größer die (absolute) Zinselastizität der Geldnachfrage, um so weniger Geld wird zu Spekulationszwecken nachgefragt, wenn die Zinsen steigen. Auf der anderen Seite, je höher die Einkommenselastizität der Geldnachfrage, desto mehr Geld wird bei wachsendem Einkommen gehalten. Wenn die Einkommenselastizität der Geldnachfrage hoch und die (absolute) Zinselastizität niedrig sind, sowie die jeweiligen Importquoten niedrig und die Zinssensitivität der Investitionen hoch sind, ist es durchaus denkbar, daß das ausländische Einkommen sinkt. Damit hätte die Fiskalpolitik adverse Effekte auf das andere Land der WU.

Unionsausgabenpolitik (dG^u)

Eine Erhöhung der Unionsausgaben steigert zunächst das Einkommen in beiden Ländern. Über den Einkommensanstieg kommt es zu einem Zinsanstieg mit entsprechendem Investitions-crowding-out. Durch diesen Effekt ist das endgültige Resultat nicht für jedes Land unbedingt positiv! Es gilt:

$$\frac{dY}{dG^u} = a^u \frac{dY}{dG} + (1 - a^u) \frac{dY}{dG*}.$$

So ist eine gleichmäßige Verteilung der Unionsausgaben auf die Staaten (a = 0.5) eine hinreichende, aber nicht notwendige Bedingung für den Einkommensanstieg in beiden Ländern der WU. Bei realistischen Parameterwerten werden jedoch beide Länder profitieren, auch wenn die Union ihre Ausgaben nicht zu gleichen Teilen in den beiden Ländern tätigt. Das Einkommen der WU als Ganzes erhöht sich unabhängig von der konkreten Verteilung der Unionsausgaben in jedem Fall.

Verteilungspolitik der Union (da^u)

Zuerst sei auf folgenden Zusammenhang hingewiesen:

$$\frac{dY}{da^u} = G^u \left(\frac{dY}{dG} - \frac{dY}{dG*} \right).$$

Aufgrund der Symmetrieannahme sind die komparativ-statischen Ergebnisse eindeutig. Das Einkommen des Staates, der einen höheren Anteil der Unionsausgaben bekommt, steigt und das des anderen Landes fällt um den gleichen Betrag. Das aggregierte Unionseinkommen und die Zinsen ändern sich nicht. Die Konsequenzen dieser Politik sind also nur verteilungspolitischer Natur.

Unionssteuerpolitik (dt^u)

Höhere Steuern reduzieren den Konsum in der kurzen Frist, und damit sinken die Einkommen und der Zins in der WU. Es besteht die Möglichkeit, daß das Einkommen in einem der Länder aufgrund steigender Investitionen nicht sinkt. Unter der Bedingung, daß das inländische (ausländische) Einkommen größer als das ausländische (inländische) ist, erhöht sich das inländische (ausländische) Einkommen.

Geldpolitik (dM)
Durch die Erhöhung der Geldmenge sinkt der Zinssatz. Über die Stimulierung der Investitionstätigkeit wächst das Einkommen in beiden Ländern. Geldpolitik ist folglich sehr effektiv.

Erhöhung der Bonds (dB)
Wenn sich die Anzahl der staatlichen Schuldverschreibungen erhöht, dann wird das Einkommen des betreffenden Landes fallen. Dieser Effekt läßt sich mit einer abgeschwächten fiskalischen Kontraktion vergleichen. Abgeschwächt deshalb, weil die Zinszahlungen der Bonds in das verfügbare Einkommen eingehen und auf diese Weise den Konsum erhöhen. Auch wenn die Reduktion des inländischen Einkommens durch diesen und den positiven Investitionseffekt gebremst wird, fällt kurzfristig zweifelsfrei das Einkommen. In bezug auf das ausländische Einkommen ist die Wirkung unklar. Der Handelseffekt wirkt kontraktiv und die Zinssenkung expansiv auf das Einkommen. Die Bedingung für einen Anstieg des Auslandseinkommens ist die umgekehrte Ungleichung aus der Diskussion der nationalen Ausgabenpolitik. Eine Reduktion des aggregierten Unionseinkommens ist unvermeidbar.

Langfristige Wirkungen

Anschließend an die kurzfristigen Effekte werden nun die langfristigen Multiplikatoren analysiert. Die qualitativen Multiplikatoreffekte sind in Tabelle 4.6 aufgeführt, und die vollständigen Multiplikatoren sind wieder in Anhang G zu finden.

Tab. 4.6: Langfristige Multiplikatoreffekte im Modell mit Budgetrestriktionen

	dG	dG^u	da^u	dt^u
dY	-	? (für $a^u \geq 0.5$: +)	+	-
dY*	+	? (für $a^u \leq 0.5$: +)	-	-
dr	-	+	0	0
dM	+	?	0	-
dB	+	?	-	+
dB*	-	?	+	+
d(Y + Y*)	0	+	0	-

Nationale Ausgabenpolitik (dG)
Der Anfangseffekt auf das aggregierte Einkommen der WU ist positiv. Daher nehmen die Steuereinnahmen der Union zu und es entsteht ein Budgetüberschuß. Die Union muß ihr Budget ausgleichen und reduziert das Geldangebot. Dementsprechend steigen die Zinsen weiter und reduzieren das Einkommen über einen Einbruch der Investitionsnachfrage. Nach dem anfänglichen Boom erfahren die Länder eine Rezession.
Auf der Ebene der einzelnen Länder ist die Entwicklung der Bondbestände von Bedeutung. Im Inland führt die Kreditfinanzierung der expansiven Fiskalpolitik zu einer Anpassung der Budgetstruktur. Aufgrund der Notwendigkeit des langfristigen Budgetausgleichs wird der

Anteil der realen Ausgaben zugunsten des Schuldendienstes reduziert. Es ergibt sich also, daß jede fiskalische Expansion eine fiskalische Kontraktion nach sich zieht. Es sei aber noch einmal darauf hingewiesen, daß das *Niveau* der Staatsausgaben exogen und eine Politikvariable ist.
Der Rückgang des inländischen Einkommens und die negativen Auswirkungen auf das ausländische Einkommen verstärken die monetär bedingte Rezession. Aber durch den Fall des aggregierten WU-Einkommens sinken wiederum die Steuereinnahmen der Union. Diese muß das Geldangebot wieder erhöhen, um einen Ausgleich ihres Budgets zu erreichen. Über diese Expansion im Geldangebot kann die Rezession gestoppt werden. Am Ende dieses wirtschaftspolitisch bedingten Konjunkturzykluses kann beobachtet werden, daß das inländische Einkommen gesunken ist, das ausländische gestiegen, das Geldangebot gewachsen und daß die Zinsen gefallen sind.
In Hinblick auf die Entwicklung der Bonds ist festzustellen, daß die inländischen Bonds zugenommen haben und die ausländischen Bonds reduziert wurden. Letzteres ist durch den Anstieg des Auslandseinkommens bedingt. Im Inland hingegen muß zur Sicherung des Schuldendienstes der Anteil der Ausgaben für Güter und Dienstleistungen so stark gesenkt werden, daß am Ende ein negativer Einkommenseffekt in der langen Frist verbleibt. Infolgedessen ist die Nützlichkeit einer expansiven nationalen Ausgabenpolitik in Frage zu stellen. Aus der Sicht des Auslands hingegen fällt die Bewertung uneinheitlich aus, denn bei unsicherer Einkommensentwicklung in der kurzen Frist ist diese langfristig eindeutig positiv. Aus Gleichung (4.12d') kann geschlossen werden, daß die Veränderung des aggregierten Unionseinkommens langfristig determiniert ist:

$$Y + Y^* = \frac{G^u}{t^u}.$$

Die Einkommensgewinne des Auslands entsprechen also genau den Verlusten des Inlands.

Unionsausgabenpolitik (dG^u)
Der Anfangseffekt ist hinsichtlich der Entwicklung der nationalen Einkommen ungewiß, aber er bewirkt eindeutig einen Anstieg des aggregierten Unionseinkommens. Analog zu Blinder/Solow (1973, 1976) lautet der langfristige Multiplikator einer Erhöhung der Unionsausgaben auf das aggregierte Einkommen der WU

$$\frac{d(Y + Y^*)}{dG^u} = \frac{1}{t^u} > 1.$$

Der langfristige Unionsausgabenmultiplikator ist um so höher, je niedriger der Unionssteuersatz gesetzt wird. Zur Finanzierung der expansiven Fiskalpolitik muß die Union das Geldangebot erhöhen, allerdings steigen auch ihre Einnahmen durch höhere Steuern. Das gewachsene Geldangebot drückt zudem die Zinsen nach unten, wohingegen die höheren Einkommen die Zinsen in die Höhe treiben. Da langfristig die Zinsen höher als ihr Ausgangswert sind, kann gefolgert werden, daß der letztgenannte Effekt überwiegt.
Ob das Einkommen jedes Landes sich erhöhen wird, ist ungewiß. Eine hinreichende Bedingung ist wieder die symmetrische Aufteilung der Unionsausgaben auf die Länder. Da der

Einkommenseffekt nicht eindeutig ist, kann auch über die Veränderung des Bondsbestandes wenig gesagt werden. Für den Fall $a^u = 0.5$ ist sicher, daß beide Länder die ausstehenden Schuldverschreibungen reduzieren können. Die Betrachtung von (4.12e') und (4.12f') ergibt

$$\frac{dY}{dG^u} = -\frac{dB}{dG^u} \text{ bzw. } \frac{dY^*}{dG^u} = -\frac{dB^*}{dG^u},$$

d.h. unabhängig von der Größe der Parameter läßt sich nur feststellen, daß das aggregierte Einkommen der WU steigt und entsprechend der aggregierte Bondbestand fällt.
Unklar ist, in welche Richtung sich das Geldangebot letztlich verändern wird. Eine Bedingung für eine selbstfinanzierende Ausgabenpolitik der Union, d.h. eine Politik, welche gewährleistet, daß das Geldangebot am Ende wieder seinen Ausgangswert erreicht, lautet $|t^u(1-c)L_r| = |L_Y I_r|$. Wenn die linke Seite (absolut) größer als die rechte ist, dann fällt das Geldangebot und umgekehrt. Eine Erklärung für diese Bedingung beruht darauf, daß eine hohe (absolute) Zinselastizität der Geldnachfrage zu einem kleineren Zinsanstieg und schließlich zu höheren Unionssteuereinnahmen führt. Je größer der Unionssteuersatz gewählt wird, desto mehr Steuern (cet. par.) nimmt die Union ein. Beide Komponenten deuten auf einen Rückgang des Geldangebots. Auf der rechten Seite stehen die Einkommenselastizität der Geldnachfrage und die Zinselastizität der Investitionen. Diese Terme unterstützen den Trend zu einem höheren Geldangebot, da ersterer dafür sorgt, daß durch das Einkommenswachstum die Geldnachfrage entsprechend steigt und zweiterer, daß der Anstieg der WU-Einkommen - und mithin der Unionssteuereinnahmen - geringer ausfällt. Für realistische Parameterwerte wird die rechte Seite größer sein, so daß sich die Geldmenge erhöht.

Verteilungspolitik der Union (da^u)

Die Umverteilungspolitik der Union bleibt langfristig ohne Auswirkung auf alle gemeinsamen und aggregierten Variablen. Sie erlaubt lediglich jenem Land, welches den höheren Anteil der Unionsausgaben erhält, seine Verschuldung zu reduzieren und vice versa. Dieser Effekt liegt in den unterschiedlichen Einkommenswirkungen begründet.

Unionssteuerpolitik (dt^u)

Kurzfristig zieht eine Steuererhöhung einen Budgetüberschuß der Union nach sich, obwohl die Einkommen zurückgehen. Um den Haushaltsausgleich zu erreichen, verringert die Union das Geldangebot. Die Zinsen steigen, bis sie ihren Anfangsstand erreicht haben. Folglich gehen die Investitionen auch wieder zurück. Die nationalen Regierungen finanzieren ihre durch Steuerausfälle hervorgerufenen Budgetdefizite über die vermehrte Ausgabe von Bonds. Langfristig müssen sie aber den Budgetausgleich erreichen. Der Anteil des Schuldendienstes wird steigen, und folglich wird sich die Rezession in den Ländern weiter verstärken. Der langfristige Multiplikator der Veränderung des aggregierten Unionseinkommens ist negativ:

$$\frac{d(Y+Y^*)}{dt^u} = -\frac{(Y+Y^*)}{t^u} < 0.$$

4.5 Koordinierter Einsatz fiskalpolitischer Instrumente

Es besteht die Möglichkeit, nationale Fiskalpolitiken zu koordinieren. Hier sollen nur zwei Alternativen analysiert werden, nämlich kombinierte Ausgaben- und kombinierte Einnahmenpolitik.

Kurzfristige Wirkungen

Die kurzfristigen Multiplikatoren sind in Tabelle 4.7 zu finden.

Tab. 4.7: Kurzfristige Multiplikatoren bei Koordination im Modell mit Budgetrestriktionen

	dG = dG*	dt = dt*
dY	+	?
dY*	+	?
dr	+	-
d(Y + Y*)	+	?

Kombinierte nationale Ausgabenpolitik (dG = dG)*
In der kurzen Frist erhöht der kombinierte Ausgabenanstieg die Einkommen und dadurch bedingt ebenfalls die Zinsen.

Kombinierte nationale Steuerpolitik (dt = dt)*
Falls beide Länder ihre Steuerpolitik koordinieren und zeitgleich die Steuersätze erhöhen, ist ein Einkommensrückgang wahrscheinlich, aber nicht gewiß. Es besteht für eines der Länder die Chance, daß es durch die Zinssenkung den Einkommensverlust überkompensieren kann. Eine hinreichende Bedingung für eine negative Entwicklung des inländischen (ausländischen) Einkommens lautet $B \geq B^*$ ($B^* \geq B$) und $Y \geq Y^*$ ($Y^* \geq Y$).

Langfristige Wirkungen

In der langen Frist ergeben sich die in Tabelle 4.8 dargestellten Veränderungen.

Koordinierte nationale Ausgabenpolitik (dG = dG)*
Die nationalen Regierungen müssen langfristig ihre Budgets ausgleichen und verringern daher den Anteil realer Ausgaben am Haushaltsvolumen. Dadurch wird der positive Anfangseffekt zunichte gemacht und folglich geraten die Länder in eine Rezession. Aufgrund der geringeren nationalen Einkommen wird das Unionsbudget defizitär. Zum Ausgleich bietet die Union mehr Geld an, so daß über den Anstieg der Investitionen die Rezession überwunden werden kann. Der monetär induzierte Einkommensanstieg reicht aber nicht aus, um das Anfangsniveau der Einkommen zu überschreiten, d.h., in der langen Frist

verharrt das Einkommen jeweils auf dem Ausgangswert. Allerdings steigt die Schuldenlast der Nationalstaaten im Anpassungsprozeß.

Tab. 4.8: Langfristige Multiplikatoren bei Koordination im Modell mit Budgetrestriktionen

	dG = dG*	dt = dt*
dY	0	?
dY*	0	?
dr	-	+
dM	+	-
dB	+	?
dB*	+	?
d(Y + Y*)	0	0
d(B + B*)	+	-

Koordinierte nationale Steuerpolitik (dt = dt)*
Während in der kurzen Frist die Bedingung B ≥ B* (B* ≥ B) und Y ≥ Y* (Y* ≥ Y) für einen negativen Effekt auf das inländische (ausländische) Einkommen sorgt, garantiert sie (wenn die Bedingung strikt gilt) langfristig einen Einkommensanstieg im Inland (Ausland). Im Falle der Symmetrie im Bondbestand und Einkommen verändern sich die jeweiligen Einkommen nicht. Die Veränderung des aggregierten Einkommens in der WU ist unter allen Umständen null, unabhängig von der Höhe des Bondbestandes und der Einkommen.
Die Resultate lassen sich durch folgenden Wirkungsmechanismus erklären: Höhere Steuereinnahmen - die Zunahme der Steuersätze überwiegt den Rückgang der Einkommen - führen zu nationalen Budgetüberschüssen. Daraufhin werden Bonds zurückgekauft, der Schuldenstand sinkt. Langfristig kann sich der Bondbestand nicht mehr verändern, und die Regierungen erhöhen nun den Anteil ihres Budgets, den sie für Güter und Dienstleistungen ausgeben, da sie durch die Reduktion der ausstehenden Bonds die Zinslast verringert haben. Im Hinblick auf das Unionsbudget führt das zu einem Überschießen, denn nicht nur die kurzfristigen Einkommensverluste werden kompensiert, die Union muß sogar das Geldangebot reduzieren, um ihr Budget auszugleichen. Die Auswirkungen auf die Nationalstaaten sind offensichtlich: Investitions-crowding-out wirkt gegen den Anstieg der realen Staatsausgaben. Wie aus der Tabelle 4 ersichtlich, ist der Wert des langfristigen Effektes auf das Unionseinkommen gerade Null. Zudem wird sich der Bestand an staatlichen Bonds in der WU verringern.

4.6 Ausgeglichenes Budget der Union

Einige der eben abgeleiteten Wirkungen hängen zentral mit der getroffenen Annahme über die Budgetbeschränkung der Union zusammen. Um diesen Zusammenhang zu verdeutlichen, wird in diesem Abschnitt angenommen, daß die Union ständig für ein ausgeglichenes Budget

sorgen muß. Im wesentlichen beschreibt das die heutigen Situation in der EU. Darüber hinaus ist das auch der relevante Rahmen, falls die Geldpolitik nicht - wie vorher angenommen - frei ist, die Fiskalpolitik zu unterstützen.
Der Budgetausgleich erfolgt über die Festlegung eines bestimmten Steuersatzes und die Anpassung der Ausgaben an die resultierenden Steuereinnahmen. Anstelle von Gleichung (4.12d) wird (4.12^{BB}) formuliert:

$$(4.12^{BB}) \quad G^u = t^u\,(Y+Y^*).$$

Aus Platzgründen soll hier auf eine ausführliche Dokumentation der quantitativen Ergebnisse verzichtet werden, alle wichtigen Resultate sind aber über den Autor erhältlich. Die Stabilitätsanalyse ergibt keine eindeutigen Ergebnisse, d.h. im Gegensatz zum vorhergehenden Modell ist dynamische Stabilität zumindest möglich. Die Intuition zur Erklärung der größeren Stabilität liegt in der hypothetischen Möglichkeit, daß expansive nationale Fiskalpolitik selbstfinanzierend wirkt. Durch den Anstieg der WU-Einkommen nach einer Erhöhung der inländischen Staatsausgaben steigen die Steuereinnahmen für die Union. Über den erzwungenen Budgetausgleich wachsen die Unionsausgaben und verstärken den expansiven Politikeffekt. Für alle realistischen Parameterwerte reicht dieser Wirkungsmechanismus aber typischerweise nicht aus, um Stabilität zu erreichen.
Interessanterweise genügt die oben skizzierte Modifikation der Staatsausgabenvariable hier nicht, um die Instabilität zu beseitigen. Ein wesentlicher Grund dafür liegt in der Endogenität der realen Unionsausgaben, welche durch die Veränderung der nationalen Staatsausgabenvariablen nicht beeinflußt wird. Kommt es zum Beispiel zu einem positiven Effekt auf das Unionseinkommen, dann besteht durch die Budgetwirkungen auf den Unionshaushalt die Gefahr, daß der Effekt weiter verstärkt wird. Es könnte ein explosiver Prozeß entstehen, indem sich die Unionseinnahmen erneut erhöhen, dadurch die Ausgaben steigen, etc.
Es ist aber möglich, eine einfache Bedingung abzuleiten, welche Stabilität im modifizierten System garantiert:

$$\left|L_r\, t^u\,(1-c)\right| < \left|L_Y I_r\right|$$

Diese Ungleichheit sorgt dafür, daß die dämpfenden Effekte einer vergleichsweise hohen Einkommenssensitivität der Geldnachfrage und einer hohen (absoluten) Zinssatzsensitivität der Investitionen stark genug sind, explosive Dynamiken zu verhindern. Bei der Berechnung der Multiplikatoren, welche mit ihren qualitativen Wirkungen in Tabelle 4.9 zu finden sind, wurde diese Restriktion berücksichtigt.
Um die Diskussion kurz zu halten, werden nur die Unterschiede zu den Multiplikatoren in den vorhergehenden Abschnitten diskutiert. Im Falle der kurzfristigen Multiplikatoren ergibt sich nur ein qualitativer Unterschied bei der Erhöhung des Unionssteuersatzes. Während die Wirkung auf die nationalen Einkommen der WU-Mitglieder immer noch unklar ist, können der aggregierte Einkommenseffekt und der Zinseffekt eindeutig als positiv identifiziert werden. Der Grund für dieses Resultat liegt in dem bereits skizzierten, positiven Rück-

kopplungseffekt einer Erhöhung des Unionseinkommens über die Anpassung des Unionshaushalts.

Tab. 4.9: Kurzfristige Multiplikatoren des Modells mit ausgeglichenem Unionsbudget

	dG	dt^u	da^u	dM	dB	dt^l
dY	+	?	+	+	-	?
dY*	?	?	-	+	?	?
dr	+	+	0	-	-	-
d(Y + Y*)	+	+	0	+	-	-

Die langfristigen qualitativen Multiplikatoren sind Tabelle 4.10 zu entnehmen. Bei einer expansiven nationalen Ausgabenpolitik zeigt sich langfristig kein klares Ergebnis. Die Wirkung auf das Gesamteinkommen der Union ist allerdings eindeutig negativ. Im vorhergehenden Modell mit der Möglichkeit der Geldfinanzierung des Unionsbudgets war der Effekt noch null, d.h. nun ist die expansive Ausgabenpolitik langfristig noch weniger attraktiv als vorher.

Tab. 4.10: Langfristige Multiplikatoren des Modells mit ausgeglichenem Unionsbudget

	dG	dt^u	da^u	dM	dt^l
dY	?	?	+	?	?
dY*	?	?	-	?	?
dr	-	+	0	+	+
dB	?	?	-	?	?
dB*	?	?	+	?	?
d(Y + Y*)	-	+	0	+	+

Ein umgekehrtes Urteil trifft auf die Steuerpolitik zu. Für die WU als Ganzes lohnt es sich nun langfristig, die Unionssteuern zu erhöhen. Ein koordinierter Anstieg der Steuersätze in den WU-Ländern erhöht ebenfalls das aggregierte Unionseinkommen. Die Begründung für dieses Ergebnis ist, daß die Union den Einkommensanstieg jetzt nicht mehr über eine restriktive Geldpolitik dämpft, sondern sogar noch durch die Erhöhung der eigenen Ausgaben verstärkt.

Schließlich kann man die langfristigen Wirkungen der Geldpolitik studieren. Dabei stellt sich heraus, daß das aggregierte Unionseinkommen im Vergleich zur kurzen Frist weiter steigt, bis die zusätzliche Geldmenge für Transaktionszwecke aufgebraucht ist und der Zinssatz wieder zu steigen beginnt.

4.7 Modellierung der Währungsunion als kleines offenes Land

Das Modell einer WU mit Budgetbeschränkungen läßt sich auch in direkter Erweiterung des Modells von Levin (1983) als kleine offene WU formulieren. Die wesentliche Änderung zum vorhergehenden Modellrahmen besteht darin, daß der Zinssatz nicht mehr endogen festgelegt, sondern durch den Weltwertpapiermarkt exogen fixiert wird. Dafür werden nun die Handelsbeziehungen zwischen der WU und dem RDW explizit modelliert und der nominale Wechselkurs als endogene Variable berücksichtigt. Das Modell wird hier nicht ausführlich dargestellt, vielmehr sollen nur die wesentlichen Ergebnisse aufgezeigt werden.[19] Erstens sind einige sehr restriktive Annahmen zu treffen, und zweitens sind die Ergebnisse deutlich weniger vielschichtig, als die im Rahmen der geschlossenen WU abgeleiteten Wirkungen. In einer analogen Vorgehensweise zum Modell einer geschlossenen WU kann auch hier gezeigt werden, daß das Basismodell dynamisch instabil ist. Die Modifikation der Staatsausgabenvariable sorgt auch in diesem Modell für Stabilität.
Durch die Gleichungen (4.13a) bis (4.13f) ist folgende Modellstruktur vorgegeben:

(4.13a) $Y = C(Y_v) + I(r) + a^u G^u + G - B + m^* Y^* - m Y + LB(Y, Y^w, E)$,

(4.13b) $Y^* = C^*(Y_v^*) + I^*(r) + (1-a^u) G^u + G^* - B^* - m^* Y^* + m Y + LB^*(Y^*, Y^w, E)$,

(4.13c) $M = L(Y, r) + L(Y^*, r)$,

(4.13d) $\dot{M} = G^u - t^u (Y + Y^*) = 0$,

(4.12e) $\frac{\dot{B}}{r} = G - t(Y + B) = 0$,

(4.12f) $\frac{\dot{B}^*}{r} = G^* - t^* (Y^* + B^*) = 0$,

wobei: Y^w = Einkommen im RDW,
E = Wechselkurs mit der Währung des RDW in Preisnotierung,
LB = Leistungsbilanz mit dem RDW.

Endogen:
kurzfristig: Y, Y*, E,
langfristig: Y, Y*, E, M, B, B*.

Als nennenswerte Änderung zum stabilen Modell einer geschlossenen WU ist lediglich die Berücksichtigung der Leistungsbilanz der WU in den Einkommensgleichungen der beiden Länder zu nennen. Für die Entwicklung der Leistungsbilanz sind die Veränderungen der jeweiligen nationalen Einkommen von Bedeutung, da ein Teil davon für Importe aus dem RDW ausgegeben wird. Darüber hinaus spielt der nominale Wechselkurs eine Rolle, da er die relevanten Preise für Im- und Exporte aus dem bzw. in den RDW beeinflußt. Die Kapitalanleger sind wieder multinational, d.h. die Bonds, die sie erwerben, gehen nicht in die Konsumfunktion der WU ein und beeinflussen auch nicht das Einkommen im RDW. Gleichzeitig werden Bonds der nationalen Regierungen in der WU nur von ihren jeweiligen

[19] Die vollständigen Ergebnisse sind auf Anfrage beim Autor erhältlich.

Bürgern gehalten und haben Einfluß auf das verfügbare Einkommen und damit auf die Konsumausgaben. Diese Annahmen sind schwer zu begründen, aber eine komplexere Formulierung der Zusammenhänge würde eine analytische Lösung des Modells extrem erschweren.

Kurzfristige Wirkungen

In Tabelle 4.11 sind die kurzfristigen Multiplikatoren für symmetrische Länder eingetragen.

Tab. 4.11: Kurzfristige Multiplikatoren des Modells einer kleinen offenen Währungsunion

	dG	dG^u	da^u	dt^u	dY^W	dr	dM	dB	dB*
dY	+	? ♣	+	? ♥	0	+	+	-	+
dY*	-	? ♦	-	? ♥	0	+	+	+	-
dE	-	-	0	+	-	+	+	+	+

Hinweise: ♣: 0 für $a^u = 0.5$, + für $a^u > 0.5$; ♦: 0 für $a^u = 0.5$, + für $a^u < 0.5$; ♥: 0 für $Y = Y^*$.

Nationale Ausgabenpolitik (dG)
Die fiskalpolitisch induzierte Erhöhung des inländischen Einkommens sorgt auch für einen Anstieg im Ausland. Es kommt zu einem Aufwärtsdruck auf den WU-Zinssatz. Bedingt durch die Kapitalbewegungen folgt eine Aufwertung der WU-Währung und damit verbunden eine Reduktion der Nettoexporte und der Einkommen. Der Rückgang des Wechselkurses setzt sich solange fort, bis die einkommensabhängige Geldnachfrage wieder den Ursprungswert erreicht hat. Am Ende dieses Prozesses wird das politikaktive Inland ein höheres und das Ausland ein niedrigeres Einkommen als vorher aufweisen. Ein Teil der Exportnachfrage aus dem RDW ist durch inländische staatliche Nachfrage verdrängt worden. Das ist der bei Levin (1983) beschriebene, adverse Effekt der Fiskalpolitik. Wenn die Länder unterschiedliche Einkommenselastizitäten der Geldnachfrage aufweisen, dann ist es möglich, daß das Unionseinkommen als Ganzes fällt. Dafür müßte die Einkommenselastizität im politikaktiven WU-Land höher als im anderen Land sein.

Unionsausgabenpolitik (dG^u)
Ein ähnlicher Effekt tritt bei der Erhöhung der Unionsausgaben auf. Bei Symmetrie der Länder und gleicher Verteilung der Unionsmittel folgt eine einkommensneutrale Verdrängung von Exporten durch Unionsausgaben. Bekommt eines der Länder einen größeren Anteil der Unionsmittel zugewiesen, dann erzielt es einen vom Prinzip her vergleichbaren Vorteil wie das politikaktive Land bei nationaler Fiskalpolitik und das andere Land erleidet Verluste. Auch hier können bei Asymmetrien in den Einkommenselastizitäten der Geldnachfragen Einkommensverluste des aggregierten Unionseinkommens vorkommen.

Verteilungspolitik der Union (da^u)
Diese Politikmaßnahme hat nur verteilungspolitische Auswirkungen.

Unionssteuerpolitik (dt^u)
Die Anhebung des Unionssteuersatzes reduziert das verfügbare Einkommen in beiden Ländern und über den Nachfragerückgang auch das aggregierte WU-Einkommen. Die geringere Geldnachfrage sorgt für eine Abwärtstendenz des Zinssatzes und damit für einen Anstieg des Wechselkurses. Über den Exportanstieg nehmen die Einkommen wieder zu, und bei Gleichheit der Ausgangseinkommen erfolgt lediglich eine Veränderung der Nachfragekomponenten, d.h. Konsumnachfrage wird durch Exportnachfrage ersetzt.

Exogener Einkommensschock aus dem RDW (dY^W)
Eine Zunahme des Einkommens im RDW sorgt für höhere Importe aus der WU. Das WU-Einkommen steigt an, und es kommt zu einem Aufwärtsdruck auf den Zinssatz. Über die resultierende Aufwertung der WU-Währung folgt solange eine Reduktion der Exporte, bis der Ausgangszustand wieder hergestellt ist. Der Wechselkurs erfüllt also die Funktion eines Isolators vor realen Schocks.

Exogener Zinssatzschock aus dem RDW (dr)
Die Anhebung der Zinssätze im RDW überträgt sich sofort durch Kapitalabfluß auf die WU. Es kommt zu einer Abwertung der WU-Währung und einem Anstieg der Einkommen in In- und Ausland.

Geldpolitik (dM)
Eine Erhöhung der Geldmenge führt zu einer Abwertung der WU-Währung und damit zu wachsenden Exporten. Die Einkommen in der WU steigen entsprechend.

Erhöhung der Bonds (dB)
Ein Anstieg der inländischen Bonds sorgt für eine Anpassung der staatlichen Ausgabenstruktur und - damit verbunden - geringeren realen Staatsausgaben. Dieser Effekt wird teilweise durch die Erhöhung des verfügbaren Einkommens aufgrund der zusätzlichen Bonds kompensiert. Die resultierende Reduktion des inländischen Einkommens hat eine Zinssenkungstendenz zur Folge. Der Anstieg des Wechselkurses regt die Exporte an und die Einkommen der WU steigen wieder. Für das Inland reicht der Anstieg aber nicht aus, um das ursprüngliche Einkommensniveau erneut zu erreichen.

Langfristige Wirkungen

Die langfristigen qualitativen Wirkungen der Maßnahmen können aus Tabelle 4.12 entnommen werden.

Nationale Ausgabenpolitik (dG)
Die Einkommenswirkungen einer kreditfinanzierten Staatsausgabenerhöhung sind nicht ausreichend, damit sich die Politikmaßnahme selbstfinanziert. Um ein explosives Wachstum des inländischen Einkommens zu verhindern, werden die realen Staatsausgaben gekürzt. Die Nachfrage nach Transaktionskasse fällt und der WU-Zinssatz weist eine Tendenz zum

Sinken auf. Der resultierende Anstieg des Wechselkurses sorgt für höhere WU-Exporte. Während das Ausland deutlich davon profitieren kann, reicht dieser Effekt für das Inland nicht aus, um das Ursprungsniveau des Einkommens wieder zu erreichen. Die Bonds verändern sich gerade umgekehrt zur jeweiligen Entwicklung der Einkommen.

Tab. 4.12: Langfristige Multiplikatoren des Modells einer kleinen offenen Währungsunion

	dG	dG^u	da^u	dt^u	dY^W	dr
dY	-	? ♣	+	-	0	0
dY*	+	? ♦	-	-	0	0
dE	+	?	0	-	-	+
dM	0	+	0	-	0	-
dB	+	? ♦	-	+	0	0
dB*	-	? ♣	+	+	0	0

Hinweise: ♣: + für $a^u \geq 0.5$; ♦: + für $a^u \leq 0.5$.

Unionsausgabenpolitik (dG^u)

Da das aggregierte Einkommen der WU nach einer Erhöhung der Unionsausgaben konstant bleibt, kommt es zu einem Defizit im Unionsbudget. Die Geldmenge wird ausgedehnt, und über die Zinssatzsenkungstendenz wertet sich die WU-Währung ab. Die Exporte steigen und damit auch die Einkommen der Mitgliedsländer. Bei einer gleichmäßigen Verteilung der Unionsausgaben auf beide Länder oder einem Anstieg des Wechselkurses über den Ausgangswert erfahren sie einen Anstieg der Einkommen. Während das aggregierte Unionseinkommen in jedem Falle steigen wird, kann es unter bestimmten Parameterkonstellationen sein, daß eines der Länder Einkommenseinbußen hinnehmen muß.

Verteilungspolitik der Union (da^u)

Die qualitativen Wirkungen sind die gleichen wie im kurzfristigen Fall. Allerdings werden die quantitativen Effekte nun noch stärker ausgeprägt sein. Der Grund dafür liegt in der Dynamik der Budgetgleichungen. Das Land, welches kurzfristig einen Einkommensrückgang (Anstieg) zu verzeichnen hatte, wird seine Verschuldung eher ausweiten (reduzieren). Langfristig müssen daher die realen Staatsausgaben weiter sinken (steigen), um den Budgetausgleich zu erreichen.

Unionssteuerpolitik (dt^u)

Aufgrund der Erhöhung des Steuersatzes erzielt die Union einen Budgetüberschuß. Langfristig findet der Budgetausgleich über die Reduzierung der Geldmenge statt. Damit verbunden ist eine Aufwertung der WU-Währung, und durch den Rückgang der Exporte sinken die Unionseinkommen unter das Anfangsniveau.

Exogener Einkommensschock aus dem RDW (dY^W)

Hier sind keine Unterschiede zwischen langfristigen und kurzfristigen Wirkungen zu konstatieren.

Exogener Zinssatzschock aus dem RDW (dr)
In der kurzen Frist steigen die Einkommen in der WU an, und dieses führt zu einem Budgetüberschuß auf Unionsebene. Um den langfristigen Budgetausgleich zu erreichen, wird die Geldmenge reduziert und damit die WU-Währung aufgewertet. Durch den Rückgang der Exporte gehen auch die Einkommensgewinne wieder verloren. Am Ende sind die WU-Einkommen wieder auf ihrem Ursprungsniveau, aber der Wechselkurs ist immer noch höher. Die dadurch induzierten Exporte sind gerade groß genug, um die aufgrund der gestiegenen Zinssätze gesunkenen Investitionen in ihrer Einkommenswirkung zu ersetzen.

4.8 Wirtschaftspolitische Schlußfolgerungen

Mit aller gebotenen Vorsicht lassen sich einige interessante Überlegungen aus der theoretischen Analyse von Fiskalpolitik in einer WU unter Berücksichtigung dynamischer staatlicher Budgetrestriktionen ableiten. Zuerst werden die Schlußfolgerungen aus dem Modell einer geschlossenen WU diskutiert.

Erstens, die Möglichkeit des uneingeschränkten Einsatzes von Fiskalpolitik in einer EWU (wie in dem Grundmodell) könnte zu inhärenten Instabilitäten der Ökonomien führen. Von dieser Warte aus gesehen, wäre die Koordination der Fiskalpolitiken in einer WU eine notwendige Voraussetzung für deren Gelingen. Dieses wiederholt die grundlegende Erkenntnis der Literatur zur internationalen Politikkoordination, siehe z.B. Cooper (1986).

Zweitens, das Stabilitätsproblem kann auch dann gelöst werden, wenn die fiskalpolitischen Instanzen eher „konservativer" Natur sind. Der Begriff „konservativ" steht hier lediglich für die Abneigung, einen hohen Schuldenberg aufzubauen und die Bereitschaft, für eine Reduktion der Verschuldung auch Einschnitte bei den staatlichen Ausgaben für Güter und Dienstleistungen hinzunehmen. An dieser Stelle ist es möglich, eine Parallele zur Literatur über das Glaubwürdigkeits- und Zeitinkonsistenzproblem der Geldpolitik zu ziehen, welche bereits in Kapitel II Erwähnung fand. Eine Lösung, die inflationären Tendenzen der Geldpolitik beim Vorliegen von Zeitinkonsistenzen zu reduzieren, ist die Berufung eines konservativen Zentralbankpräsidenten (s. z.B. Levine (1993)). Unter „konservativ" ist in diesem Kontext zu verstehen, daß der Zentralbankpräsident im Vergleich zur allgemeinen Bevölkerungspräferenz dem Ziel einer niedrigen Inflation eine höhere Priorität einräumt. Diese Eigenschaft korrespondiert aber gut mit dem Politikverhalten im hier vorgestellten Modellansatz. Selbst wenn die nationalen Instanzen prinzipiell die AL reduzieren wollen, dann nehmen sie lieber steigende AL als eine explodierende Verschuldung hin, falls die Budgetdefizite zu groß werden sollten.

Drittens ist die Koordination von Fiskalpolitiken auf der Ebene der Länder wenig wirksam. In beiden untersuchten Fällen, kombinierte Ausgaben und Einnahmenpolitik, ist die langfristige Wirkung gleich null. Dieses Resultat wäre eher von einem klassischen Angebotsmodell als von einem reinen Nachfragemodell zu erwarten. Der restringierende Faktor ist hier aber nicht eine Kapazitätsbeschränkung, sondern die Unionsinstanz, welche die Rezession bei der Ausgabenpolitik und den Boom bei der Steuerpolitik neutralisiert. Konjunkturpolitisch betrachtet, agiert die Union als automatischer Stabilisator, der die Schwankungen des Unionseinkommens glättet.

Sollte trotzdem ein gegenseitiges Interesse an der Koordination nationaler Fiskalpolitik bestehen, dann ist nicht klar, ob die Ausgaben- oder die Einnahmenpolitik vorzuziehen sind. Der Vorteil der Ausgabenpolitik liegt in den kurzfristig positiven Einkommenseffekten, während die Vorzüge der Steuerpolitik in der Verringerung der Verschuldung zu suchen sind. Wenn, über den eigentlichen Modellrahmen hinausgehend, einfache wachstumspolitische Überlegungen angestellt werden, dann ist die kombinierte Ausgabenpolitik vorteilhaft, weil der Zinssatz langfristig niedriger und deshalb die Investitionen höher als bei der Steuerpolitik sind.

Viertens, im Gegensatz zum Blinder/Solow-Ergebnis (1973) der langfristigen Effektivität der Fiskalpolitik, ist nationale Ausgabenpolitik in diesem Modell mit negativen Einkommenswirkungen in der langen Frist verbunden. Wird die Wirtschaftspolitik von einer langfristigen Perspektive aus betrachtet, dann gibt es keinen Grund, nationale Ausgabenpolitik seitens der Länder zu betreiben, es sei denn mit dem Ziel, den anderen Ländern in der WU zu einem höheren Einkommen zu verhelfen.

Fünftens ist es wichtig, bei einer realistischen wirtschaftspolitischen Analyse in einem demokratischen Regierungssystem die kurzfristigen Wirkungen nicht zu vernachlässigen. Wie oben beschrieben wurde, erhöht schuldenfinanzierte nationale Ausgabenpolitik kurzfristig das Einkommen. Auf der Grundlage der von Nordhaus (1975) angestellten Überlegungen wird deutlich, daß auch die hier als „konservativ“ bezeichneten Regierungen geneigt sein könnten, nationale Ausgabenpolitik zur Beeinflussung von Wahlen einzusetzen.

Für die nationalen Regierungen spielt das Timing eine wichtige Rolle. Kurz vor den Wahlen müssen lediglich die Ausgaben erhöht werden, um ein günstiges wirtschaftliches Umfeld zu schaffen. Die Kosten der Budgetanpassung entstehen erst nach den Wahlen und dann hat die Regierung genügend Zeit, die Verschuldung durch Sparpolitik wieder in den Griff zu bekommen. Diese Prozedur wiederholt sich vor den nächsten Wahlen, usw. Das Modell ist damit in der Lage, einen politisch bedingten Konjunkturzyklus zu erklären. Es kann daher argumentiert werden, daß eine entsprechend definierte Staatsausgabenvariable in einem reinen Nachfragemodell mit Budgetrestriktionen ausreicht, um einen politischen Konjunkturzyklus zu generieren. Ein Phillips-Kurven-ähnlicher Zusammenhang auf der Angebotsseite ist dafür nicht erforderlich.

Sechstens, das Modell macht das mögliche Potential der fiskalpolitischen Aktivität der Union deutlich. Offensichtlich ist hier die Union sehr spezifisch modelliert worden, da das Unionsbudget durch Veränderung des Geldangebots ausgeglichen wird. Weil Geldpolitik in diesem Modell sehr effektiv ist, kann über Fiskalpolitik der Union auch viel erreicht werden. Innerhalb des Modellrahmens erscheint es deshalb als sehr verlockend, die Lösung des Arbeitslosenproblems in die Hände der Union zu legen. Allerdings gilt diese Schlußfolgerung sicherlich nur in einer Welt ohne Inflation. Aber wenn ein Szenario existierte, in welchem das Geldangebot in der langen Frist nach einem Anstieg der Unionsausgaben unverändert wäre (was prinzipiell möglich ist, siehe oben), dann ist die Inflationsgefahr nicht sehr hoch. Allerdings zeigt sich schon in diesem Modell, daß unter der Annahme realistischer Parameterwerte das Geldangebot wahrscheinlich steigen wird. Auf der anderen Seite wird die Tendenz zu Preissteigerungen nicht stark sein, solange dieser Anstieg nicht höher ausfällt als der des Einkommens. Ein anderer Aspekt, welcher wieder über das Modell hinausgeht, ist die mögliche Schwächung des wirtschaftlichen Wachstums in der WU als Folge der gestiegenen Zinsen.

Siebtens, die Verbindung der beiden vorhergehenden Punkte führt zu einem Rational-Choice-Problem. Angenommen, die amtierenden nationalen Regierungen wollen wirtschaftspolitische Maßnahmen nutzen, um wiedergewählt zu werden und die Effektivität der Unionsfiskalpolitik ist den Regierungen bekannt, dann könnten diese versuchen, die Union zu Gegenmaßnahmen zu den langfristig negativen Folgen der nationalen Ausgabenpolitiken zu bewegen. Wenn ein Land nach dem Einsatz schuldenfinanzierter Ausgabenpolitik in eine Rezession fällt, dann könnte es politischen Druck auf die Union ausüben, seine Situation zu mildern. Sollte dies möglich sein, dann steigt die Wahrscheinlichkeit für politisch bedingte Konjunkturzyklen sicherlich an.

Schließlich ist zu betonen, daß eines der wichtigsten Probleme in einer WU die Vermeidung von starken Ungleichheiten der beteiligten Staaten sein wird (s. z.B. Bean (1992)). In diesem Modell bestände für die Union die Möglichkeit, eine ansonsten wirkungsneutrale Verteilungspolitik durchzuführen. Wie aber schon angedeutet, liegt dieses Ergebnis wesentlich in der weitgehenden Symmetrieannahme begründet.

Bezogen auf das Modell der kleinen offenen WU lassen sich einige der eben diskutierten Aspekte übertragen und zusätzlich noch folgende Anmerkungen machen:

Erstens ist es interessant zu fragen, wie die Berücksichtigung der dynamischen Budgetrestriktionen den von Levin (1983) beschriebenen adversen Effekt einseitiger nationaler Fiskalpolitik beeinflußt. Wie oben gezeigt wurde, ist es langfristig das politikpassive Land, welches positive Einkommenswirkungen zu verzeichnen hat. Zwei Konsequenzen dieses Ergebnisses sind besonders interessant:

Zum einen zeigt es ein Beispiel auf, bei dem das von Blinder/Solow (1973) postulierte Resultat der langfristigen positiven Wirkungen der Fiskalpolitik nicht gilt. Hier kann das politikaktive Land nur kurzfristig profitieren, aber langfristig muß es Einkommensverluste hinnehmen. Zum anderen weist die WU einen asymmetrischen Konjunkturzyklus auf: Nach der Erhöhung der Staatsausgaben in einem der Länder steigt dessen Einkommen, während es zu einem Einkommensrückgang in dem anderen Land kommt. Nachdem die Abwertung einsetzt, kann das Ausland seine Einkommensverluste wieder ausgleichen, während das Inland - bedingt durch das Ziel des Budgetausgleichs - mit einem Rückgang des Outputs konfrontiert ist. Dieses Ergebnis steht in klarem Gegensatz zu der oft getroffenen Aussage, daß die Mitglieder einer WU eine eher gleichgerichtete konjunkturelle Entwicklung aufweisen werden (s. z.B. Bayoumi/Thomas (1994)).

Zweitens ist die Untersuchung der Frage interessant, ob es sich für nationale Regierungen lohnen könnte, ihre Wählerschaft durch einen Konjunkturzyklus, wie in Nordhaus (1975) beschrieben, zu beeinflussen. Wenn davon ausgegangen wird, daß die strukturelle Veränderung der Unionsausgaben kaum durch die nationalen Wünsche einer Regierung gegen die anderen Mitglieder zu erreichen sein wird, bleiben als Instrumente nur die Steuersätze und das Ausgabenniveau übrig. Kurzfristig haben aber beide Politikmaßnahmen (bei Symmetrie der Länder) keine positiven Auswirkungen auf die WU-Einkommen. Im Unterschied zum

Modell der geschlossenen WU ist deshalb die Gefahr gering, daß die Fiskalpolitik der Union als Instrument zur Bekämpfung einer nationalen, wirtschaftspolitisch bedingten Rezession eingesetzt wird.

Drittens wirkt der flexible Wechselkurs in der kurzen und in der langen Frist isolierend gegen reale Schocks aus dem RDW. Zinsänderungen haben zwar kurzfristige, aber keine langfristigen Effekte. Allerdings könnte argumentiert werden, daß aufgrund höherer Zinsen die Kapitalbildung in der WU zurückgeht und dies zu negativen Wachstumseffekten führt. Damit wäre die Isolationswirkung des flexiblen Wechselkurses auch langfristig unvollständig.

Im nächsten Kapitel reduziert sich der Abstraktionsgrad wieder und der Fokus der Analyse richtet sich erneut auf die Mitgliedsländer der EU. Genauer gesagt werden Schätzungen nationaler und aggregierter europäischer Geldnachfragen vorgestellt. Die Verbindung zu diesem Kapitel liegt besonders in der Bedeutung der Einkommenselastizität der Geldnachfrage für die Wirkungen des adversen Effektes nationaler Fiskalpolitik. Mit Hilfe der Schätzungen kann die Frage beantwortet werden, wie bedeutsam solche Wirkungen, sollten sie Relevanz besitzen, für die potentiellen Mitglieder einer EWU sind.

V. Empirische Schätzung von Geldnachfragen in der EU

1. Einführung

In den vorhergehenden Kapiteln wurden alternative Erklärungen von Inflationsdifferenzen in Europa, die Einstellungen zur EWU und theoretische Makromodelle einer Währungsunion diskutiert. Im Mittelpunkt des vierten und letzten Hauptteils dieser Arbeit steht die empirische Schätzung von Geldnachfragen in Europa.

Einer der auffälligsten Konfliktpunkte in der Formulierung von EZB-Geldpolitiken ist die Festlegung der Zielvariablen. Die wesentliche Kontroverse verläuft zwischen den Befürwortern einer geldmengenorientierten Politik, deren Hauptvertreter die Deutsche Bundesbank ist, und denjenigen Zentralbanken, welche die Verfolgung eines direkten Inflationsziels bevorzugen. Letztere Position wird insbesondere durch die Bank of England vertreten, die sich 1995 explizit zu einem mittelfristigen Inflationsziel bekannt hat. Die Kontrolle eines Geldmengenaggregats setzt die temporale Stabilität der relevanten Geldnachfragen voraus. Weist eine Geldnachfrage starke unkontrollierte Schwankungen auf, dann verkompliziert sich die Kontrolle des Transmissionsmechanismus von geldpolitischen Maßnahmen zu Geldmengenveränderungen. Die Fähigkeit einer Zentralbank, die Geldmenge - und damit langfristig auch die Inflationsrate - zu kontrollieren, wird dadurch eingeschränkt.

Verfolgen die geldpolitischen Behörden ein explizites Inflationsziel, dann kann eine instabile Geldnachfrage die Aufgabe einer EZB ebenfalls deutlich erschweren. Auch wenn der Begriff des „Inflationsziels" den Eindruck vermittelt, daß die Inflation direkt kontrolliert werden könnte, ist dies keineswegs der Fall. Die Zentralbank muß immer noch Zwischenziele nutzen, da keine direkte Beziehung zwischen Inflation und Geldpolitik besteht und der Zeithorizont der Inflationsziele mindestens mittelfristiger Natur ist. Unter den gewählten Zwischenzielen eines Inflationsziels kann die Geldmenge eine wichtige Funktion als Informationsquelle und Interventionsindikator einnehmen. Folglich würde die Aufgabe einer EZB stark vereinfacht, wenn eine von wenigen Einflußfaktoren abhängige und im Zeitablauf stabile Nachfrage nach der einheitlichen europäischen Währung bestände. In diesem Kapitel wird dem Fragenkomplex nachgegangen, ob bereits eine interpretierbare aggregierte europäische Geldnachfrage existiert, welche funktionale Form diese annehmen könnte und ob die Funktion vermutlich stabil sein wird.

Es gibt eine Anzahl von Artikeln in der Literatur zu diesem Thema. Einige der wichtigen Beiträge sollen kurz genannt werden, einen allgemeinen Überblick bietet van Riet (1993). Die einflußreichste Analyse einer europäischen Geldnachfrage geht auf Kremers/Lane (1990) zurück. Sie postulieren die Möglichkeit einer solchen Funktion und zeigen, daß sich eine interpretierbare und stabile Nachfrage nach M1 aus den vorhandenen Daten, d.h. für ein Aggregat aus sieben Ländern, empirisch schätzen läßt. Kritische Kommentare zu ihrem Beitrag finden sich in Arnold (1992) und Barr (1992).

Artis et al. (1993) verwenden in ihrer Studie nicht nur ein enges (M1), sondern auch ein weites Geldmengenkonzept (M2). Obwohl sie, bei sonst ähnlicher ökonometrischer Methodik, ein im Vergleich zu Kremers/Lane (1990) unterschiedliches Verfahren zur Währungskonvertierung einsetzen, finden sie ebenfalls eine stabile Geldnachfragefunktion für beide Geldmengenaggregate. Monticelli/Strauss-Khan (1993) konzentrieren ihre Analyse auf die Geldmenge M3 für alle Mitglieder des Wechselkursmechanismus des EWS (Mitte 1992). Neben dem Engle/Granger-Ansatz (1987) zur Schätzung der langfristigen Gleichgewichtsbeziehung verwenden sie zusätzlich das Verfahren von Johansen (1988). Innerhalb ihres relativ kurzen Schätzzeitraums - von 1979 an - untersuchen sie die Auswirkungen einer Variation des Stichprobenumfangs auf die Ergebnisse. Im Einklang mit den anderen Studien erhalten sie eine robuste und interpretierbare Schätzung einer europäischen Geldnachfragefunktion.

Eine genauere Untersuchung der Gültigkeit der vollzogenen Aggregation der Länderdaten für die vier größten EU-Staaten wurde von Wesche (1994) vorgestellt. Sie äußert sich zurückhaltend über die Validität des Vorgehens, da einige der nationalen Schätzungen voneinander abweichen. In ihrer Schlußfolgerung betont sie dagegen die Nützlichkeit der Schätzung von aggregierten Geldnachfragefunktionen für Vorhersagezwecke. Außerdem sei die durch die Aggregation bedingte Verzerrung in den Schätzungen für Deutschland, Frankreich und Italien relativ gering. Eine ähnliche Aussage findet sich auch in Artis et al. (1993).

Arnold (1994) kritisiert die Brauchbarkeit des theoretischen Ansatzes zur Schätzung einer europäischen Geldnachfragefunktion. Er ist nicht davon überzeugt, daß die aggregierten Geldnachfragen stabiler sind, weil sie die Effekte von Währungssubstitutionen internalisieren. In der von ihm unternommenen Querschnittsanalyse kann Arnold nicht feststellen, daß größere Länder stabilere Funktionen als kleinere aufweisen. Unklar erscheint allerdings, ob sich die Einflußfaktoren der Währungssubstitution ohne weiteres auf einen Vergleich große versus kleine Staaten reduzieren lassen. Hinsichtlich der Bedeutung von Währungssubstitution finden sich andere Auffassungen beispielsweise in Lane/Poloz (1992) und Angeloni et al. (1994). Ihrer Analyse nach ist die Neigung von Anlegern, schnell zwischen Währungen hin- und herzuspringen, bereits empirisch bedeutsam und sie argumentieren, daß diese weiter zunehmen wird. Weiterhin argumentieren Bayoumi/Kenen (1992), daß ein europäisches Geldmengenaggregat in einigen EU-Ländern die Inflationsrate besser vorhersagt, als die relevanten nationalen Aggregate. Darüber hinaus scheint der Einfluß der europäischen Geldmengenaggregate im Zeitablauf zugenommen zu haben.

In diesem Kapitel soll die bestehende Literatur in mehrere Richtungen erweitert werden. Die Untersuchung konzentriert sich in einem ersten Schritt auf die empirische Schätzung von langfristigen nationalen Geldnachfragen in vierzehn EU-Staaten. Das Ziel dabei ist, durch die Anwendung einer relativ einheitlichen ökonometrischen Methodologie für Vergleichbarkeit der Ergebnisse zu sorgen. Darauf aufbauend werden empirische Schätzungen für eine europäische Geldnachfrage vorgestellt, und die Robustheit der Ergebnisse wird durch Variation der Länderaggregate und Geldmengenkonzepte überprüft. Einen besonderen Schwerpunkt der Robustheitsanalyse dieser Untersuchung bildet der Vergleich der Ergebnisse aus verschiedenen Ländergruppen. Weiterhin wird die Stabilität der geschätzten Parameter durch die Verwendung von aus dem eigentlichen Modellierungsprozeß herausgehaltenen Variablen überprüft. Der Nachweis der Stabilität ist von zentraler Bedeutung für die Interpretation der Schätzgleichungen als Geldnachfragefunktionen.

Genauer werden in den restlichen Abschnitten dieses Kapitels folgende Themen behandelt: Im Anschluß an diese Einführung folgt eine Beschreibung der angewendeten Methodik für die Schätzung von Geldnachfragen und der verwendeten Daten. Dann werden die ermittelten nationalen langfristigen Geldnachfragen inhaltlich interpretiert. Der vierte Abschnitt führt detailliert in die Problematik der Schätzung aggregierter EU-Geldnachfragen ein und erläutert das gewählte Aggregationsverfahren. Im fünften Abschnitt werden die Schätzungen einer europäischen Geldnachfrage unter Verwendung eines engen Geldbegriffs für eine relativ kleine Gruppe von Ländern vorgestellt. Der sechste Teil erweitert die Anzahl der bei der Datenaggregation zugrunde gelegten EU-Mitgliedsstaaten. Im siebten und achten Abschnitt werden wieder kleine und große Ländergruppen untersucht, diesmal wird aber ein weiter Geldmengenbegriff benutzt. Zum Abschluß werden wichtige Schlußfolgerungen gezogen und die Ergebnisse mit den Resultaten aus dem Kapitel über theoretische Makromodelle in Verbindung gebracht.

2. Methodisches Vorgehen und Datenbasis

Bevor die Modellierung von aggregierten europäischen Geldnachfragen näher erläutert wird, ist es nützlich, sich einen Eindruck von den nationalen Geldnachfragefunktionen zu verschaffen. Es existiert eine praktisch unüberschaubare Literatur zum Thema nationaler Geldnachfrageschätzungen. Um einen überlangen Exkurs zu vermeiden, soll hier keine detaillierte Übersicht über die Literatur gegeben werden. Einen Eindruck von der üblichen Spezifikation bis Anfang der 70er Jahre vermittelt die Studie von Goldfeld (1973). Die Literatur bis Anfang der 80er Jahre wird in Judd/Scadding (1982) zusammengefaßt. Neuere Entwicklungen und eine gute Darstellung vieler wichtiger Aspekte finden sich in Laidler (1993).

Ziel dieses Abschnitts ist nicht, für jedes Land eine optimale Spezifikation der Geldnachfragefunktion zu finden. Vielmehr wird versucht, eine relativ einheitliche funktionale Form für jedes EU-Mitgliedsland zu schätzen, um eine größere Vergleichbarkeit der nationalen Schätzungen untereinander, aber auch zu den europäischen Aggregaten, zu erreichen. Dabei wird die Annahme zugrundegelegt, daß sich die Geldnachfrage aus zwei Komponenten zusammensetzt: ein langfristiges Gleichgewicht der relevanten Variablen und eine, dieses überlagernde, kurzfristige Dynamik. Aufgrund der ökonomischen, institutionellen und gesellschaftlichen Unterschiede in den Ländern der EU ist es a priori fast völlig ausgeschlossen, daß die kurzfristigen Dynamiken in der Geldnachfragefunktion einander sehr ähnlich sind. Einige empirische Vorstudien mit dem Datensatz bestätigen diesen Eindruck. Die Ermittlung der langfristigen Gleichgewichtsbeziehungen zwischen den gewählten Variablen soll daher genügen. Weiter unten werden aber die europäischen aggregierten Geldnachfragen als vollständige Fehlerkorrekturmodelle geschätzt.

Um das Ziel der Vergleichbarkeit zu gewährleisten, wird eine sehr einfache theoretische Vorstellung vom Aussehen der Geldnachfrage zugrunde gelegt. Dabei übernimmt ein enges oder weites *reales* Geldmengenaggregat die Funktion der abhängigen Variable der Geldnachfragefunktion. Die Untersuchung sowohl eines engen als auch eines weiten Geldbegriffs beruht auf der herrschenden Unsicherheit in der Festlegung einer allgemeingültigen Gelddefinition. Die Schätzergebnisse können dann als Intervall der möglichen Zwischendefinitionen für Geld verstanden werden.

Zwei Arten von unabhängigen Variablen werden in der Studie genutzt:

Zum einen findet eine Niveauvariable (scale variable) Verwendung. Auch wenn es gute theoretische Argumente zur Nutzung eines allumfassenden Vermögensbegriffs als Niveauvariable gibt (s. die grundlegende Studie von Meltzer (1963)), so sind die Probleme der Datenbeschaffung und der Konstruktion einer überzeugenden Vermögensvariable sehr groß. Anstelle eines breiten Vermögensindikators kann, wie in vielen Arbeiten üblich, das Realeinkommen als Niveauvariable nutzbar gemacht werden.

Es ist eine positive Beziehung zwischen den Variablen zu erwarten, d.h. je höher das Einkommen, desto größer die nachgefragte Geldmenge. Falls die Einkommenselastizität der Geldnachfrage größer (kleiner) als eins sein sollte, dann kann von abnehmenden (zunehmenden) partiellen Skaleneffekten der Geldhaltung gesprochen werden. Ein theoretisch interessanter Fall ist eine Einkommenselastizität gleich eins, die Situation konstanter Skaleneffekte. Aus den Transaktions- und Vorsichtsmotiven der Geldhaltung würde man erwarten, daß positive Skaleneffekte vorliegen. Tatsächlich finden viele Studien eher abnehmende Skaleneffekte (vgl. Laidler (1993, 163ff)).

Weitere Probleme sind die Berücksichtigung von Erwartungen und die Zusammenhänge zwischen transitorischen und permanenten Einkommenseffekten. In der Vergangenheit nahm in der Literatur die Diskussion dieser Thematik breiten Raum ein (vgl. Judd/Scadding (1982)). Durch die Verwendung neuerer Entwicklungen in der statistischen Analyse von Zeitreihen ist man aber in der Lage, langfristige Gleichgewichtsbeziehungen zu identifizieren und zu schätzen. Es erfolgt damit letztlich eine langfristige „Steady-state“-Betrachtung, und die Erwartungen oder die Unterscheidung zwischen transitorischen und permanenten Einkommensveränderungen sind nicht mehr explizit zu berücksichtigen.

Bei der Definition des Einkommens und der Geldmenge als *reale* Größen wurde implizit die Proportionalität des Preisniveaus unterstellt. Da das eine der wenigen Prämissen ist, welche von der Mehrzahl der Geldnachfragestudien eindeutig gestützt wird (s. Laidler (1993, 160f)), kann die Effizienz der Schätzung durch die Einbindung dieser Annahme als a priori Restriktion verbessert werden. Dazu kommt, daß die zugrunde gelegte Geldnachfragetheorie in realen Größen formuliert ist.

Die zweite Kategorie von unabhängigen Variablen umfaßt Indikatoren der Opportunitätskosten der Geldhaltung. Im besonderen sind die Zinssätze auf Schuldverschreibungen für die repräsentative Erfassung von nichtgewählten Anlageformen gut geeignet. Aus der großen Anzahl von langfristigen Kapitalmarktzinsen fällt die Auswahl auf staatlich garantierte Anleihen. Langfristige Zinsen können als gewichteter Durchschnitt der erwarteten zukünftigen kurzfristigen Zinssätze verstanden werden (vgl. Pool (1988) oder Bundesbank (1996)). In einigen Ländern - und in Abhängigkeit von der gewählten Gelddefinition - wirft auch die Geldhaltung Zinsen ab. Daher müßten diese Erträge eigentlich von den Kapitalmarktzinsen abgezogen werden. Um die Vergleichbarkeit der Studien in bezug auf die eingesetzten Variablen zu gewährleisten, wird von diesem Aspekt abgesehen. Angesichts der Robustheit,

welche die Geldnachfrageschätzungen in Hinblick auf die Formulierung der Zinssätze normalerweise an den Tag legen (s. Laidler (1993, 155f)), sollte dies keine zu großen Verzerrungen verursachen.
Als weitere Variable zur Messung der Opportunitätskosten der Geldhaltung kann die Inflationsrate von Nutzen sein. Da die Nachfrage nach realem Geld untersucht wird, ist nicht ohne weiteres klar, warum Inflation noch eine Rolle spielen sollte. Zwei Argumente sprechen aber dafür, diese Variable zu verwenden. Wenn Investoren einen größeren Teil ihres Portfolios nicht in finanziellen, sondern in realen Aktiva halten und die Inflationsrate den Ertrag für reale Aktiva mißt, dann sollten Preisniveauänderungen einen wichtigen Einfluß auf die Geldnachfrage haben. Weiterhin kann es sein, daß Zinssätze und Inflationsraten nicht perfekt korreliert sind (s. Baba et al. (1992)). Gründe dafür wären unvollkommene Geld- und Kapitalmärkte oder administrative Einflüsse auf die Zinsbildung. Um in den Untersuchungen eine möglichst große Vergleichbarkeit zu garantieren, wird die Inflationsrate lediglich dann eingesetzt, wenn sich die Spezifikation mit Einkommen und Zinsen als nicht akzeptabel erweisen sollte. Bei den aggregierten europäischen Geldnachfrageschätzungen ist es nicht nötig, die Inflationsvariable einzubeziehen, und sie findet daher aus Gründen der Einfachheit in der Modellierung auch keine Berücksichtigung. Aufbauend auf der eben geführten Diskussion werden die langfristigen Geldnachfragegleichungen in Gleichung (5.1) als gemischt-logarithmisch lineare Funktionen spezifiziert:

$$\text{(5.1)} \quad LM_t \text{ (oder } LMQ_t) = \beta_1 \, LGDP_t + \beta_2 \, INT_t \, (+\beta_3 \, INFL_t) + v_t ,$$

wobei:
LM = Logarithmus des realen (engen) Geldmengenaggregates,
LMQ = Logarithmus des realen (weiten) Geldmengenaggregates,
LGDP = Logarithmus des realen Einkommens,
INT = Zinssatz,
INFL = Inflation,
β_1 = Einkommenselastizität der Geldnachfrage,
β_2 = (Semi-) Zinselastizität der Geldnachfrage,
β_3 = (Semi-) Inflationselastizität der Geldnachfrage,
v_t = Störterm.

Der funktionale Zusammenhang könnte noch etwas allgemeiner formuliert und die Spezifikation beispielsweise durch eine gemischte Box-Cox-Transformation in Hinblick auf die jeweilige Stichprobe verbessert werden (s. Elyasiani/Zadeh (1995)). Da aber sowieso kein Anspruch einer optimalen Modellierung erhoben werden kann, sind die potentiellen Gewinne einer Optimierung in dieser Richtung gering. Dagegen wäre die Reduktion der Vergleichbarkeit der nationalen Schätzungen für die angestrebten Zwecke sehr nachteilig.
Die Einbindung der Zinssätze als einfache Niveaugrößen erfolgt im Einklang mit der Mehrheit der Ansätze in der Literatur. Eine Begründung für diese Spezifikation wird in Fair (1987) gegeben. Eine Einheit Steigerung des logarithmierten Zinses beträgt bei einem niedrigen Zinsniveau in nichtlogarithmierten Einheiten weniger als bei hohem Niveau. Anders ausgedrückt hätte die Logarithmierung der Zinssätze zur Folge, daß eine Veränderung um einen Prozentpunkt von einer niedrigen Zinsbasis aus eine sehr viel höhere Verän-

derung in den logarithmierten Variablen zur Folge hätte als von einer hohen Basis. Aus der üblichen ökonomischen Theorie heraus läßt sich ein solches Verhalten der Geldnachfrager aber kaum ableiten.

Obwohl die Art der Spezifikation in (5.1) in vielen Studien genutzt wird, fehlt oftmals die theoretische Diskussion und empirische Umsetzung einer ganz entscheidenden Voraussetzung für die Schätzung einer Geldnachfrage in dieser Form. Das Identifikationsproblem (s. Greene (1990, 600ff)) für eine gute Beschreibung), welches typischerweise bei simultanen Gleichgewichtsmodellen oder strukturellen VARs eine Rolle spielt, ist hier für die Gleichung der Geldnachfrage von größter Bedeutung.

Die Voraussetzung dafür, daß Gleichung (5.1) als Geldnachfrage interpretiert werden kann, ist die *Stabilität* dieser Funktion. Nur wenn die geschätzte Gleichung stabil ist, kann man hoffen, überhaupt eine Geldnachfrage gemessen zu haben! Die abhängige Variable ist die tatsächliche Geldmenge, welche sich normalerweise auf dem Geldmarkt durch das Zusammenspiel von Angebot und Nachfrage ergibt. Wenn die Geldnachfrage eine stabile Funktion bekannter und bereits modellierter Variablen ist, dann finden Veränderungen der Geldmenge nur durch eine Bewegung auf dieser Funktion statt. Bleibt die Geldnachfrage bei Veränderung der modellierten erklärenden Variablen aber konstant im Variablenraum liegen, dann sind alle Veränderungen der Geldmenge auf Verschiebungen der Angebotsfunktion zurückzuführen.

In einem einfachen zweidimensionalen Modell könnte man die Situation graphisch wie in Abbildung 5.1 darstellen. M steht hier für die reale Geldmenge, V für die erklärende Variable (z.B. Zinssatz), und A und N markieren das Geldangebot bzw. die Geldnachfrage. In Teil a der Abbildung wird deutlich, warum die Geldnachfrage mit Hilfe der Variablen V über die Geldmenge identifizierbar ist, wenn sich nur das Geldangebot verschiebt, z.B. von A° nach A' und A''. Falls aber ebenfalls exogene Schocks auf die Geldnachfrage einwirken (N° verschiebt sich nach N'), dann ist diese Identifikation nicht mehr ohne weiteres möglich, wie aus Teil b ersichtlich ist.

Abb. 5.1: Identifikation der Geldnachfrage

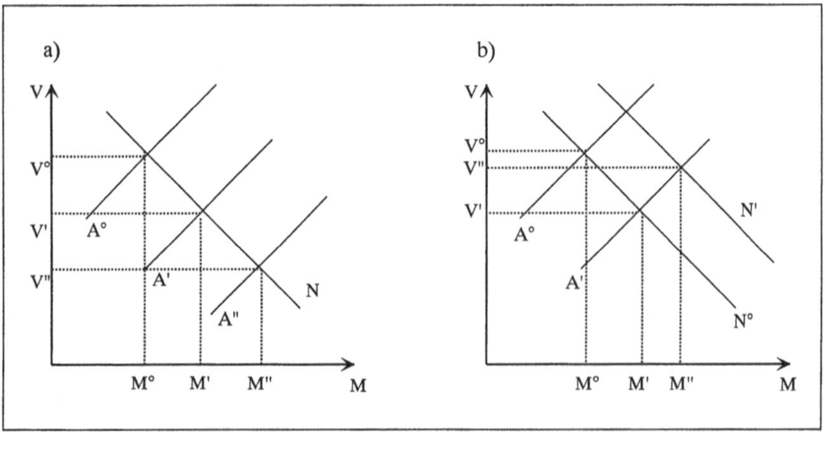

Auf die empirische Modellierung übertragen bedeutet dies, daß die Gefahr besteht, eine reduzierte Form (reduced form) aus Angebots- und Nachfrageeinflüssen zu schätzen, sobald strukturelle Brüche in der Funktion auftauchen. Die Überprüfung der Stabilität der geschätzten Funktion ist also nicht nur unentbehrlich, wenn die Ergebnisse für Politikmaßnahmen oder Vorhersagen genutzt werden sollen, sondern ist auch in Hinblick auf die inhaltliche Interpretation der Ergebnisse von zentraler Wichtigkeit. Um diese schwerwiegenden Überlegungen zu reflektieren, wird dem Testen der Stabilität besondere Beachtung geschenkt. Dazu werden 20 Beobachtungen, d.h. eine Periode von fünf Jahren, zur Berechnung der Vorhersagetests reserviert.

Zur Operationalisierung der im theoretischen Modell angesetzten Variablen wird primär auf Daten der OECD (Main Economic Indicators von der OECD-CD-Rom 1996/1) zurückgegriffen. Eine ausführliche Darstellung der Datenquellen und Definitionen erfolgt in Anhang H. Für einige Länder reichen die Serien nicht weit genug zurück, deshalb sind teilweise auch Daten aus den International Financial Statistics herangezogen worden. Schließlich mußten einige der Serien geschätzt werden, da keine offiziellen Statistiken zur Verfügung standen. Als Schätzmethoden wurden univariate und multivariate Verfahren sowie der Ansatz von Chow/Lin (1973) eingesetzt. Wenn verfügbar, sind saisonal bereinigte Werte verwendet worden. Eine kurze Diskussion der Probleme, die sich im Zusammenhang mit der Modellierung von saisonalen Variablen ergeben, findet sich ebenfalls im Anhang H. Typischerweise wird in den zugrunde gelegten Daten als enger Geldbegriff M1 und als weiter M3 genutzt. Als Zinssätze werden staatliche Schuldverschreibungen mit längerer Laufzeit gewählt. Für einige Länder sind leider keine entsprechend langen Serien verfügbar. Da die Schätzung von Zinssätzen vielfältige Probleme aufwirft, mußten in diesen Fällen kurzfristige Zinssätze als Alternativen eingesetzt werden.

Wie bereits angesprochen, konzentriert sich die Modellierung aus Gründen der Vergleichbarkeit auf eine recht einfache Form der Geldnachfragefunktion. Im nächsten Abschnitt wird gezeigt, daß innerhalb dieses Modellrahmens nicht für alle Länder akzeptable langfristige Gleichungen ermittelt werden können. Insbesondere für diese Länder wäre deshalb eine andere Spezifikation vorzuziehen. Auch im Hinblick auf die - weiter unten dokumentierte - Analyse von aggregierten europäischen Geldnachfragen erscheint es möglich, die Anpassungsgüte der Schätzung zu verbessern. Die Verwendung der Inflationsrate oder des US-amerikanischen Zinssatzes können den Standardfehler der Regressionen in manchen Fällen leicht verringern. Allerdings geht dieser Gewinn in vielen Fällen auf Kosten der Vorhersagefähigkeit, das Modell wird zu sehr an die spezifischen Charakteristika, die unter Umständen nur durch Zufall bedingt sind, der zur Verfügung stehenden Stichprobe angepaßt (vgl. Mayer (1975), Bacon (1977), Lovell (1983)). Letztlich existiert ein Trade-off zwischen einem geringen Standardfehler und der Anzahl der verfügbaren Freiheitsgrade. Darüber hinaus gibt es eine Reihe von methodologischen Argumenten, welche die Bedeutung von Einfachheit in der ökonometrischen Modellierung hervorheben (s. Hayo (1997a)). Daher sollte die (relative) Einfachheit der Schätzungen keineswegs nur als unvermeidbares Übel, sondern auch als potentieller Vorteil verstanden werden.

Bevor die eigentliche Schätzung der langfristigen nationalen Geldnachfragen erfolgen kann, bleibt noch ein Problem zu klären: Die Zeitreiheneigenschaften der gewählten Variablen sind zu ermitteln. Angesichts der thematischen Fokussierung der Arbeit soll auf eine detaillierte Beschreibung der statistischen Verfahren zur Zeitreihenanalyse verzichtet werden. Die im folgenden diskutierten Probleme der Nicht-Stationarität von Zeitreihen und die Eigenschaften kointegrierter Variablen werden unter anderem in folgenden weiterführenden Lehrbüchern zur Zeitreihenanalyse beschrieben: Banerjee et al. (1993), Engle/Granger (1991), Hamilton (1994), oder Hendry (1995).

Granger/Newbold (1974) haben in ihrem grundlegenden Papier auf das Problem von scheinbaren Zusammenhängen bei der Regression von nicht-stationären Zeitreihen (spurious regressions) aufmerksam gemacht.[1] Sie zeigen, daß bei einer normalen Regression, bei der die abhängige und unabhängige Variable nicht-stationäre Zeitreihen (genauer: Random Walks) sind, auch dann statistische Zusammenhänge angezeigt werden (hohes R^2, signifikanter t-Test), wenn die Reihen zufallsgeneriert sind.

Der Random Walk - ein Prozeß, bei dem der Wert einer Variable nur von ihrem Vorperiodenwert und einem White-Noise-Fehlerterm abhängt - ist das einfachste Beispiel einer Klasse von nicht-stationären Zeitreihen, welche als *differenz*-stationär bezeichnet wird. Differenz-stationäre Zeitreihen sind Serien, die durch einfache oder mehrfache Differenzenbildung die Eigenschaft der Stationarität erlangen. Differenz-stationäre Zeitreihen werden auch *integrierte* Prozesse genannt. Es hat sich dafür die Kurzform I(d) eingebürgert. Dabei stellt d die Anzahl der Differenzen dar, die gebildet werden müssen, damit die Zeitreihe stationär, d.h. I(0) wird. Eine Zeitreihe, welche beispielsweise durch einen Random Walk beschrieben werden kann, wird als I(1) bezeichnet.

Diese Variablen sind von der Gruppe der *trend*-stationären Zeitreihen zu unterscheiden, bei denen die Berücksichtigung eines deterministischen Trendterms zur Stationarität führt. Wie in Nelson/Kang (1984) gezeigt wird, führt der Versuch, differenz-stationäre als trend-stationäre Zeitreihen zu modellieren, zu einer Vielzahl von Problemen, z.B. zu einem stark nach oben verzerrten R^2, einem deutlichen Überschreiten des nominalen Signifikanzniveaus beim Test des Trendterms und dem Problem scheinbarer Zusammenhänge. Umgekehrt ist die Modellierung von trend-stationären Prozessen als differenz-stationäre weniger problematisch. Die weitere Diskussion nicht-stationärer Prozesse bezieht sich daher nur noch auf integrierte Zeitreihen.

Für die praktische Modellierung hat die Existenz integrierter Variablen frappierende Folgen. Die wichtigsten Änderungen zur Analyse mit I(0)-Variablen betreffen die Gefahr von scheinbaren Zusammenhängen und die Ungültigkeit der konventionellen Signifikanztests (wie t- oder F-Test). Die Feststellung des Integrationsgrads ist deshalb zu einem unverzichtbaren Bestandteil der Arbeit mit Zeitreihenmodellen geworden.

In einem ersten Ansatz haben Dickey/Fuller (1979) einen sogenannten Einheitswurzeltest (unit root test) entwickelt, um festzustellen, ob eine Zeitreihe nicht-stationär ist. Seitdem wurde eine ganze Reihe weiterer Einheitswurzeltests in der Literatur vorgeschlagen (vgl. die

---

[1] Das Konzept der Nicht-Stationarität im schwachen Sinne wird verwendet, d.h. die Aufmerksamkeit richtet sich lediglich auf die Mittelwerte, Varianzen und Kovarianzen. Von stationären Prozessen wird gesprochen, wenn die Mittelwerte und Varianzen unabhängig von der Zeit sind und wenn die Kovarianzen lediglich von dem zeitlichen Abstand zwischen zwei Perioden, aber nicht von dem tatsächlichen Zeitindex abhängen (s. Spanos (1986)).

Übersicht in Hassler (1994)). In relativ kleinen Stichproben ist die Mächtigkeit der Tests, welche meistens die Eigenschaft der Nicht-Stationarität als Nullhypothese formulieren, sehr gering.[2] Zweifelhaft sind die Inferenzen basierend auf den Einheitswurzeltests insbesondere dann, wenn ein stationärer Prozeß mit einem autoregressivem Parameter nahe eins vorliegt oder bei Existenz eines Strukturbruchs in einem trend-stationären Prozeß. Man sollte daher nicht zuviel Vertrauen in die Robustheit der Testresultate haben, wie beispielsweise die kritische Diskussion von Murthy's (1993) Artikel zur Gültigkeit des Wagner'schen Gesetzes für Mexiko durch Hayo (1994) deutlich macht.

Zur Ermittlung des Integrationsgrads findet hier der Erweiterte-Dickey-Fuller Test (ADF) Verwendung. Es wird dabei eine univariate Gleichung folgenden Typs geschätzt:

$$(5.2) \qquad \Delta y_t = \mu_0 + \sum_{i=1}^{n} \mu_i \, \Delta y_{t-i} + \gamma \, y_{t-1} + \delta_0 \, t + \sum_{j=1}^{3} \delta_j d_j + e_t ,$$

wobei:
- Δ = Differenzenoperator,
- y = Zu testende Variable,
- t = Deterministischer Trendterm,
- d_j = Saisonale Dummy-Variablen,
- γ, μ_i, δ = Parameter,
- e = White-Noise-Fehlerterm.

Der in der Gleichung (5.2) auf den Wert Null zu testende Parameter ist γ, die Nullhypothese H_0 lautet Nicht-Stationarität der Variable y. Da die Teststatistik unter H_0 nicht t-verteilt ist, werden die kritischen Werte aus MacKinnon (1991) herangezogen. Der ADF-Test beseitigt durch die Zeitverzögerungen (Lags) die im einfachen Dickey-Fuller-Test mögliche Autokorrelation der Residuen, ist relativ zuverlässig und trotzdem nicht sehr aufwendig zu berechnen. Die Vorgehensweise bezüglich der Festlegung der Zeitverzögerungslänge folgt Hayo (1996, 330f). Die Idee dabei ist, nur so viele Lags in der Gleichung zu belassen, daß keine Autokorrelation der Residuen auftritt. Alle unnötigen Lags reduzieren zusätzlich die Mächtigkeit der Tests, bedingt durch mögliche Kollinearität mit der um eine Periode verzögerten Niveauvariable.

In Anhang H finden sich die Resultate der ADF-Tests. Die meisten der getesteten Variablen, abgesehen von Inflation, sind I(1). Für einige Länder gibt es aber Abweichungen von diesem generellen Resultat. Zu nennen sind hier in erster Linie Griechenland (LM, LMQ, LGDP sind I(0)), Spanien (LMQ ist I(0), LGDP ist I(2)) und Italien (LM, LMQ, LGDP sind I(0)), aber auch Deutschland (INT ist I(0)), Schweden (LGDP ist I(0)) und Österreich (LMQ ist I(0)). Da eine Reihe dieser Resultate sensitiv in Hinblick auf die Teststrategie und das zugrundegelegte Signifikanzniveau sind und keine detaillierte Analyse für jedes Land betrieben wird, erscheint es zulässig, diese Abweichungen in der weiteren Kointegrationsanalyse zu ignorieren. Es wird also davon ausgegangen, daß alle Variablen, soweit verwen-

---

[2] Typischerweise sind die entstehenden statistischen Probleme bei Nichtberücksichtigung tatsächlicher Nicht-Stationarität größer, als die Folgen einer Differenzenbildung bei stationären Serien. Der ADF-Test ist angesichts der vergleichsweise geringen Mächtigkeit in dieser Hinsicht ein eher konservativer Test.

det, I(1) sind. Trotzdem ist zu betonen, daß bei einer anderen Fokussierung des Untersuchungsobjekts die Abweichungen genauer untersucht werden sollten.

In einem wichtigen Beitrag haben Engle/Granger (1987) gezeigt, daß eine Linearkombination von individuell nicht-stationären Variablen I(0) sein kann. Diese Eigenschaft von Variablen nennt man Kointegration. Aus dem Granger-Repräsentations-Theorem (Granger representation theorem) folgt, daß es einen Anpassungsmechanismus geben muß, der langfristig ein beliebiges Auseinanderdriften der kointegrierten Variablen verhindert. Anders ausgedrückt, impliziert das Bestehen einer Kointegrationsbeziehung die Existenz eines langfristigen Gleichgewichts zwischen den individuell nicht-stationären Variablen. Für die praktische Modellierung hat dieses Resultat drei wesentliche Konsequenzen:

Erstens, wenn ein Kointegrationsvektor gefunden wird, der die nicht-stationären Variablen in den I(0)-Raum abbildet, dann können wieder die konventionellen Verteilungen der Teststatistiken angewendet werden.

Zweitens, wenn die Vermutung eines theoretischen Zusammenhanges zwischen integrierten Variablen besteht und es sich herausstellt, daß diese keinen Kointegrationsvektor bilden, dann ist die Hypothese des langfristigen Gleichgewichts zu verwerfen. Allerdings ist zu berücksichtigen, daß die empirischen Verfahren des Schätzens und Testens von Kointegrationsbeziehungen eine Reihe von Schwächen aufweisen und man daher die Resultate mit Vorsicht betrachten sollte.[3]

Drittens, durch die Konstruktion eines sogenannten Fehlerkorrekturmodells (ECM) können sowohl die kurzfristigen Dynamiken als auch der Einfluß der langfristigen Gleichgewichtsbeziehungen innerhalb eines Modells ermittelt werden. Dieser Aspekt wird im Abschnitt zur Schätzung der aggregierten europäischen Geldnachfragen relevant.

Schließlich ist zu entscheiden, welches Verfahren zum Schätzen und Testen der Kointegrationsbeziehungen verwendet werden soll. Bei Nutzung der von Engle/Granger (1987) vorgeschlagenen Zwei-Stufen-Methode besteht, wie Banerjee et al. (1993, 214f) argumentieren, die Gefahr einer Verzerrung in endlichen Stichproben. Obwohl die Schätzer „superkonsistent" sind (s. Stock (1987)), sind die Eigenschaften in kleinen Stichproben schlecht und die Konvergenzrate steigt nur langsam mit der Ausdehnung des Untersuchungszeitraums.[4] Ein wesentlicher Grund für die Existenz dieser Verzerrung liegt darin, daß dynamische Anpassungsterme eine Rolle in kleinen Stichproben spielen, auch wenn in asymptotischen Betrachtungen deren Bedeutung gegen Null geht.

Es erscheint daher ratsam, die Kointegrationsanalyse im Rahmen eines Vektor-Autoregressions-Systems (VAR) durchzuführen und das Reduzierte-Rang-Verfahren von Johansen (1988) einzusetzen. Ein VAR ist ein Mehrgleichungsmodell, bei dem alle Variablen als endogen angenommen werden (s. z.B. Hamilton (1994)). Dabei wird der aktuelle Wert einer Variable durch seine eigenen vergangenen Werte, die Lags aller anderen modellierten Variablen und einen Störterm erklärt.

---

[3] Darüber hinaus gelten natürlich noch alle anderen methodologischen Einschränkungen einer empirischen Falsifizierungsstrategie von Hypothesen im Sinne Poppers, welche hier aber nicht weiter diskutiert werden können (s. Redman (1994)).

[4] Die Eigenschaft der „Superkonsistenz" besagt, daß mit steigender Stichprobengröße die Annäherung der Engle/Granger-Schätzwerte an ihr Wahrscheinlichkeitslimit schneller erfolgt, als dies bei stationären Variablen der Fall wäre.

Das Johansen-Verfahren basiert auf einem Maximum-Likelihood-Ansatz und weist ausgezeichnete asymptotische Eigenschaften auf. Allerdings muß auch hier auf potentielle Schwächen des Schätzens in kleinen Stichproben und bei der Verwendung einer großen Zahl von Variablen und/oder einer Vielzahl von Verzögerungen hingewiesen werden. Eine theoretische Analyse der Verzerrungen von Schätzungen durch das Johansen-Verfahren bei einer endlichen Zahl von Beobachtungen wird von Phillips (1994) durchgeführt. Trotz dieser Probleme hat das Johansen-Verfahren in der aktuellen Literatur zur angewandten Ökonometrie breite Verwendung gefunden und soll auch hier in der weiteren Analyse eingesetzt werden. Im wesentlichen findet die Schätzung der langfristigen Charakteristika der Daten im Rahmen des Modells (5.3) statt.

$$(5.3) \qquad \Delta Y_t = \sum_{i=1}^{k-1} \Gamma_i \Delta Y_{t-1} + AB'Y_{t-k} + \Psi D_t + E_t \,,$$

wobei:
- Y = Vektor der Variablen (LM (oder LMQ), LGDP, INT, (INFL)),
- D = Vektor der deterministischen Komponenten (Konstante, saisonale Dummies und Trend),
- Ψ, Γ = Parametermatrizen,
- E = White-Noise-Fehlertermvektor ,
- A = Anpassungsmatrix,
- B' = Transponierte Kointegrationsmatrix.

Das Johansen-Verfahren zeichnet sich dadurch aus, daß das Testen und Schätzen der Kointegrationsvektoren simultan erfolgt. In der weiteren Analyse werden zur Ermittlung der Anzahl von signifikanten Kointegrationsvektoren in einem System der Spur- und der Maximum-Eigenwert-Test verwendet. Die zwei Tests basieren auf den Eigenwerten der Schätzgleichungen und werden in Johansen/Juselius (1990) ausführlich beschrieben. Die zu schätzenden VAR-Modelle haben in den Analysen typischerweise drei Dimensionen, ausnahmsweise auch vier, wenn INFL zusätzlich berücksichtigt wird.

Das Problem der Festlegung der Zeitverzögerungslänge k des VAR(k)-Systems ist noch zu lösen. Hier wurde so vorgegangen, daß zuerst ein VAR(5) geschätzt wurde. Hatte sich kein Autokorrelationsproblem in den Residuen bemerkbar gemacht, dann wurden die nichtsignifikanten Lags in einer vom Allgemeinen-zum-Speziellen-Modellierung entfernt. Konnte die Autokorrelation nicht beseitigt werden, dann wurde das System erneut als VAR(8) geschätzt und wieder überprüft. Die Anzahl der Lags wurde dann jeweils um drei erhöht, bis die Autokorrelationstests nicht mehr signifikant waren. Diese Art der Vorgehensweise verletzt zwar eine konsequente vom Allgemeinen-zum-Speziellen-Strategie, aber die Erhöhung der Anzahl der zu schätzenden Parameter beim Johansen-Verfahren birgt - wie ausgeführt wurde - die Gefahr verzerrter Schätzungen in sich. Angesichts des in Kapitel III skizzierten Arguments, daß eine strenge Auslegung des Allgemeinen-zum-Speziellen-Ansatzes nicht sinnvoll ist, erscheint diese Verfahrensweise gerechtfertigt.

Im nächsten Abschnitt werden die Ergebnisse einer vergleichenden Untersuchung der langfristigen Geldnachfragefunktionen der EU-Mitgliedsländer präsentiert.

3. Schätzungen nationaler Geldnachfragen in der EU

Es existiert eine Vielzahl von empirischen Studien zur Schätzung von nationalen Geldnachfragefunktionen. Der Großteil dieser Aufsätze bezieht sich auf die USA oder Großbritannien. Für die kleineren europäischen Länder ist die Anzahl der Studien aber begrenzt und der Aktualitätsgrad der Methodik tendenziell geringer.
Die Nachfrage nach engem Geld wird für eine große Anzahl von Ländern (27) in Fair (1987) untersucht. Dabei finden aber die eben beschriebenen neueren Erkenntnisse zur Zeitreihenanalyse noch keine Anwendung, die Autokorrelation der Residuen wird über die Verwendung von verzögerten abhängigen Variablen als Regressoren aufgefangen.
Auf die EU-Mitglieder konzentrieren sich Monticelli/Strauss-Khan (1992), wobei sie für jedes Land jeweils eine relativ aktuelle Studie anderer Autoren genauer beschreiben. Als Ergebnis ihrer zugrundegelegten Untersuchungen ergibt sich, daß die LM-Kurven in den europäischen Ländern stärker in Hinblick auf die Zins-, als auf die Einkommenselastizitäten variieren. Sie weisen auch darauf hin, daß - vermutlich aufgrund der Probleme in Hinblick auf Interpretation und Auswahl der Indikatoren - in keiner der Studien ausländische Variablen aufgenommen wurden.
Noch breiter und aktueller ist der Überblick in Fase (1994). Hier werden eine Vielzahl von Studien nach ihren wesentlichen Charakteristika aufgelistet und gegenübergestellt. Die Zusammenstellung vermittelt den Eindruck, als ob eine Mehrzahl der Studien Einkommenselastizitäten in der Nähe von eins schätzt. Typischerweise weist Deutschland eine der stabilsten Geldnachfragefunktionen auf, gefolgt von Frankreich. Wie Monticelli/Strauss-Khan (1992) stellt auch Fase fest, daß die Unterschiede in den Zinselastizitäten dagegen von Studie zu Studie deutlich variieren können.
Für fünf große Länder (USA, Japan, Deutschland, Kanada, Großbritannien) untersuchen Hoffman et al. (1995) die Stabilität der langfristigen Geldnachfragen und vergleichen ihre Ergebnisse. Dabei verwenden sie einen methodischen Ansatz, der Ähnlichkeiten zu dem in der Studie gewählten Verfahren aufweist. Aufgrund von Parametertests finden sie als typisches Ergebnis eine Einkommenselastizität von eins (aber nicht für Deutschland). Wenn diese Restriktion in die Geldnachfragen aufgenommen wird, dann verbessert sich die Stabilität der Funktionen über den Zeitablauf deutlich.
Diese Literatur soll nun um aktuelle Schätzungen für die EU-Länder erweitert werden. Dabei findet der oben präsentierte theoretische und methodische Rahmen Verwendung. Aus Platzgründen sind genauere Informationen zu den Kointegrationsschätzungen und einige Testergebnisse nur in Anhang I aufgeführt worden. Neben der Ermittlung der Werte für die Einkommens- und Zinselastizität der Geldnachfragen interessieren besonders die relevanten Anpassungsparameter der als Geldnachfragen interpretierten Kointegrationsvektoren. Diese mit α bezeichneten Parameter beschreiben die Stärke des Einflusses von Abweichungen vom langfristigen Gleichgewicht auf die kurzfristigen Dynamiken der Schätzung. Anders interpretiert ist es der Koeffizient des auf dem jeweiligen Kointegrationsvektor aufbauenden Fehlerkorrekturterms in einem ECM.
Um aber den Fehlerkorrekturterm auch als solchen interpretieren zu können, muß das Vorzeichen negativ sein. Wenn dann die aktuellen Werte der Variablen nach oben oder unten

von ihrem langfristigen Gleichgewicht abweichen, wird eine Tendenz zur Rückkehr zum Gleichgewicht auf die Veränderungen der Variablen ausgeübt. Je höher der Wert, den der Anpassungsparameter annimmt, desto größer ist der Einfluß einer Abweichung vom langfristigen Gleichgewicht auf die kurzfristigen Dynamiken der Variablen. Da das System aber nur in seiner allgemeinen und normalerweise überparameterisierten Form untersucht wird, kann sich der α-Wert in einem besser spezifizierten ECM erhöhen. Dieser Effekt ist u.a. im nächsten Abschnitt bei der Schätzung von europäischen Geldnachfragen zu beobachten.
Eine ähnliche Bemerkung ist bei der Bewertung der Vorhersagestatistiken in der folgenden Diskussion angebracht. Es ist zu erwarten, daß sich durch die Reduzierung der zu schätzenden Parameter die Vorhersagegenauigkeit erhöht, da eine zu starke Anpassung der geschätzten Funktion an die vorliegende Stichprobe vermieden wird. Folglich unterschätzen die hier präsentierten Vorhersagestatistiken die tatsächliche Stabilität der ermittelten Geldnachfragefunktionen. Wenn für ein Land die Nullhypothese stabiler Parameter nicht verworfen werden kann, dann wird sich dieses Urteil auch nicht in einem sorgfältig spezifizierten ECM ändern. Umgekehrt ist aber durchaus damit zu rechnen, daß im Falle einer signifikanten Vorhersagestatistik für das allgemeine Modell nach einer Reduktion der dynamische Variablen H_0 nicht mehr abzulehnen ist. Diese Bemerkungen stehen voll im Einklang mit anderen Ergebnissen von Tests bezüglich der Vorhersagefähigkeit von VAR-Modellen (s. Litterman (1986)).
In Tabelle 5.1 sind nun die langfristigen Einkommens- und Zinselastizitäten für die nationalen Nachfragen nach engem und weiten Geld gegenübergestellt worden.

Tab. 5.1: Zusammenfassung der Schätzungen nationaler Geldnachfragen in der EU

	LM				LMQ			
Länder	LGDP	INT	INFL	α-Wert	LGDP	INT	INFL	α-Wert
Belgien	1.2	-0.01		-0.11	1	-0.007		-0.04
Dänemark	1		-27.1	-0.01	1	-0.002	-17.5	-0.04
Deutschland	1.2	-0.08		-0.13	1.56	-0.08		-0.09
Finnland	3.9 [1.04]	-0.23 [-0.003]		-0.06	1.35	-0.13		-0.05
Frankreich	0.50	-0.06	-6.8	-0.05	1	-0.27		-0.01
Griechenland	1	-0.02		-0.15	2.12		-27.7	-0.04
Großbritannien	2.28	-0.22		-0.03	2.44	-0.06		-0.04
Irland	8.47 [0.76]	-0.20 [-0.05]		-0.01	2.46	-0.02		-0.03
Italien	1	-0.07		-0.02	1	-0.12		-0.01
Niederlande	1.55	-0.05		-0.03	1	-0.29		-0.01
Österreich	1	0		-0.26	1	-0.20		-0.02
Portugal	0.51	-0.06		-0.13	1.4		-5.3	-0.01
Schweden	[0.74]		[-0.15]		1		-33.7	-0.02
Spanien	2.95	-0.05		-0.05	1.6	-0.03	-5.3	-0.13

Hinweis: Die Werte in [ ] sind nach dem Verfahren von Engle/Granger (1987) geschätzt worden.

Es wurden zwei Tests des Kointegrationsvektors durchgeführt: Zum einen wurde die Einkommenselastizität auf signifikante Abweichungen vom Wert eins getestet, zum anderen die (Semi-) Zinselastizität auf Abweichungen von Null. Wenn die Nullhypothese nicht verworfen werden konnte, wurde sie als Schätzwert in die Tabelle eingetragen. Die ursprünglichen Schätzungen sind den Tabellen des Anhangs I zu entnehmen. In manchen Gleichungen ist, entweder an Stelle des Zinssatzes oder als zusätzliche Variable, die Inflationsrate aufgenommen worden. Schließlich sind für beide Geldkonzepte in einer weiteren Spalte die Anpassungsparameter der nach der Geldmenge standardisierten Kointegrationsvektoren als α-Werte aufgeführt.

Um mit der engen Gelddefinition zu beginnen, so läßt sich generell sagen, daß das Intervall der Johansen-Schätzungen der Einkommenselastizität in den Ländern der EU von 0.5 (Frankreich) bis 8.5 (Irland) reicht. Offensichtlich ist diese Spanne beträchtlich, aber während die niedrigen Werte durch Studien zur Geldnachfrage nach dem Transaktionsmotiv theoretisch plausibel sein können (s. Baumol (1952)), ist der obere Bereich des Intervalls unglaubwürdig. Im Einklang mit vielen anderen Studien erscheint auch hier der Wert von eins für die Einkommenselastizität besonders häufig.

Während für Schweden gar keine plausible Kointegrationsbeziehung mit Hilfe des Johansen-Verfahrens zu ermitteln war, ist für Irland das Resultat bezüglich der Wahl der Zeitverzögerungen des VAR überaus sensitiv. Finnland fällt dagegen in der Modellierung nicht besonders negativ auf. Für drei Länder sind deshalb Geldnachfragen zusätzlich mit dem Engle/Granger (1987)-Verfahren geschätzt worden, und die Ergebnisse sind in Tabelle 5.1 in eckigen Klammern eingetragen worden. Es wird deutlich, daß die Engle/Granger-Schätzungen für diese Länder viel näher bei den anderen Ergebnissen liegen und daher theoretisch akzeptabler erscheinen.

Werden die Schätzungen der (Semi-) Zinselastizität betrachtet, dann geht die Spanne von 0 (Österreich) bis -0.23 (Finnland). Finden die Engle/Granger-Resultate dabei Berücksichtigung, dann fällt auf, daß ein typischer Schätzwert bei ca. -0.05 liegt. In Dänemark und Schweden hat die Zinselastizität kein negatives Vorzeichen und wurde daher nicht weiter genutzt. Dafür zeigt die Inflation als erklärende Variable ein theoretisch konsistentes Vorzeichen. In Frankreich schließlich verbessert die Berücksichtigung der Inflationsvariable die Ergebnisse der diagnostischen Tests. Die Anpassungsparameter variieren zwischen -0.01 (Irland) und -0.26 (Österreich). Das einfache Mittel der α-Werte liegt bei -0.08. Auf den ersten Blick erscheint der Wert nicht hoch, er ist aber statistisch signifikant und auch keinesfalls ökonomisch unbedeutend.

Für das weite Geldkonzept ergibt sich ein Intervall der Schätzungen für die Einkommenselastizität von 1 bis 2.5 (Irland). Auch hier dominiert der Wert eins die Ergebnisse der Analyse. Deutliche Abweichungen existieren nur für Irland, Großbritannien und Griechenland. Sie sind aber keinesfalls extrem, so daß auf eine Neuschätzung mit einem anderen Verfahren verzichtet wurde.

Im Hinblick auf die Zinselastizität berechnen sich Werte von -0.002 (Dänemark) bis -0.29 (Niederlande). Die Höhe der Zinselastizität ist für enges und weites Geld relativ ähnlich. Weiterhin ist ein stärkerer Einfluß der Inflationsvariable zu erkennen. Den Zinsterm verdrängen kann sie aber nur in Griechenland, Portugal und Schweden. Die ersten beiden

Länder sind durch relativ gering ausgebildete Kapitalmärkte gekennzeichnet, und daher ist die Bedeutung von realen Aktiva als Anlagealternative wichtig. Weiterhin wurden über einen Großteil des Untersuchungszeitraums die Zinssätze unabhängig von den Marktkräften administrativ stark beeinflußt. Etwas abgeschwächt gilt letzterer Punkt auch für Schweden, wobei zusätzlich der vergleichsweise geringe Erfolg in der Modellierung der Geldnachfrage auf generelle Spezifikationsmängel hindeuten könnte.
Die Anpassungsparameter sind im Vergleich zur engen Gelddefinition geringer, ihr Mittel ist ungefähr halb so groß (-0.04). Der größte α-Wert beträgt -0.13 (Spanien), der kleinste -0.01. Offensichtlich wirkt eine Abweichung vom langfristigen Gleichgewicht weniger stark im Falle von M3 als für M1. Dies würde für eine Nutzung von M1 als Geldmengenziel der Zentralbank sprechen. Allerdings schwankt M1 auch relativ stärker, so daß mit Hilfe dieses Vergleichs kaum etwas über die Stabilität der Beziehungen ausgesagt werden kann. Typisch für fast alle Schätzungen sind auch mehr oder weniger starke Probleme mit der Normalitätsannahme der Residuen. Ausnahmen bilden lediglich Deutschland, Österreich, die Niederlande für enges und Griechenland für weites Geld. Im folgenden werden die Schätzungen zu den einzelnen Ländern etwas detaillierter dargestellt.

Belgien:
Um einen signifikanten und interpretierbaren Kointegrationsvektor zu finden, mußte ein deterministischer Trendterm in die Gleichung für enges Geld aufgenommen werden. Wie Goldfeld/Sichel (1990) argumentieren, könnte es auch theoretisch sinnvoll sein, eine Trendvariable aufzunehmen. Durch die Berücksichtigung des Trends ist es möglich, die Effekte exogener technologischer Veränderungen, welche Einfluß auf die Transaktionskosten und damit auf die Geldhaltung haben, aufzufangen.
Auch wenn statistisch die Hypothese einer Einkommenselastizität von eins verworfen werden muß, so ist doch ökonomisch gesehen der Parameter sehr nahe bei eins. Die (Semi-) Zinselastizität ist vergleichsweise niedrig, aber noch signifikant von Null verschieden. Der Anpassungsparameter deutet auf eine relativ große Sensitivität des Geldmengenwachstums auf Abweichungen vom langfristigen Gleichgewicht hin. In Hinblick auf die Ergebnisse der Vorhersagetests muß die Nullhypothese konstanter Parameter abgelehnt werden.
Bei der Modellierung des weiten Geldkonzepts wird kein Trendterm im Kointegrationsvektor benötigt. Die Zinselastizität ist noch einmal geringer, und die Hypothese einer Einkommenselastizität von eins kann nicht verworfen werden. Wie im Falle des engen Geldes sind die Teststatistiken der Vorhersagetests signifikant, aber nicht hoch. Es sollte noch angemerkt werden, daß das Vorzeichen des α-Wertes sensitiv bezüglich der gewählten Länge der Zeitverzögerungen ist. Der Kointegrationsvektor ist dagegen in dieser Hinsicht sehr stabil.

Dänemark:
Für Dänemark muß in der Schätzung mit engem Geld anstelle der Zinsvariable mit der Inflationsrate als Opportunitätskostenindikator gearbeitet werden. In der Gleichung für weites Geld wird die Inflationsvariable als zusätzlicher Einflußfaktor gebraucht. Weder für den engen noch für den weiten Geldbegriff ist die Nullhypothese einer Einkommenselasti-

zität von eins zu verwerfen. Die α-Werte sind nicht sehr hoch. Aus den diagnostischen Tests wird deutlich, daß es Probleme mit der Spezifikation der Einkommensgleichung zu geben scheint. Dafür kann die Annahme der Konstanz der Parameter über den Vorhersagehorizont hinweg nicht verworfen werden. Wie oben diskutiert, deutet dies auf eine sehr stabile Geldnachfrage hin.

Deutschland:
Für beide Geldgleichungen ist keine statistische Unterstützung für die Hypothese der Einkommenselastizität von eins abzuleiten. Aber zumindest für enges Geld ist der Koeffizient ökonomisch gesehen sehr nahe, und auch für einen weiten Geldbegriff ist die Abweichung nicht hoch. Interessant ist, daß die Zinselastizität in beiden Schätzungen fast gleich ist. Zu erwähnen sind auch die Ergebnisse der diagnostischen Tests, welche auf exzellente Schätzungen hinweisen. Allerdings wird eine große Anzahl von Lags benötigt, um die Autokorrelation in den Variablen zu beseitigen. Angesichts der relativ großen Zahl an zur Verfügung stehenden Beobachtungen sollte das aber die Mächtigkeit der Tests nicht stark reduzieren. Lediglich die Vorhersagetests deuten Probleme an. Aber hier genügt es, auf die Schwankungen in den Variablen, die durch die deutsche Wiedervereinigung bedingt sind, zu verweisen. Im nächsten Abschnitt - bei der Schätzung von europäischen Geldnachfragen - wird dieser Aspekt genauer diskutiert. Die Anpassungskoeffizienten von Abweichungen vom Gleichgewicht sind in beiden Fällen recht hoch und damit ökonomisch relevant.

Finnland:
Wie bereits angedeutet, liegt für enges Geld die Schätzung der Einkommenselastizität im oberen Bereich des Vergleichsintervalls. Dieses Ergebnis ist teilweise durch die Verwendung eines deterministischen Trendterms bedingt. Aber ohne den Trend würden die Tests keinen signifikanten Vektor ermitteln. Die Engle/Granger-Schätzung, die einen signifikanten Kointegrationsvektor (5%-Niveau) von ungefähr eins ermittelt, harmoniert stärker mit den anderen Resultaten. Es sollte aber die Möglichkeit in Betracht gezogen werden, daß diese Schätzung verzerrt sein könnte. Da sie aber besser in die a priori Überlegungen paßt, kann sie als wahrscheinlicher betrachtet werden.[5] Während die Johansen-Schätzung eine ökonomisch bedeutsame (Semi-) Zinselastizität ermittelt, ist die durch das statische Verfahren ermittelte Elastizität gering. Für den weiten Geldbegriff ergibt sich ein plausibler Schätzwert für das Einkommen und eine nicht geringe Zinselastizität. Der Anpassungsparameter liegt im Durchschnitt. Obwohl einer der Vorhersagetests für weites Geld signifikant ist, kann man die Schätzung trotzdem noch als relativ stabil bezeichnen.

Frankreich:
Frankreich liegt bei der Gleichung für enges Geld mit 0.5 am unteren Ende des Intervalls der Schätzungen der Einkommenselastizität. Dieser Wert ist aber mit einer einfachen trans-

[5] Die Modellierung erfolgt nicht im Rahmen eines bayesianischen Ansatzes, aber die Idee der Verknüpfung von a priori und a posteriori Wahrscheinlichkeiten wird hier implizit noch öfter aufgegriffen werden. Einige kraftvolle Argumente für die Verwendung eines bayesianischen Ansatzes finden sich beispielsweise in Leamer (1978).

aktionkosten-orientierten Betrachtungsweise der Geldhaltung theoretisch vereinbar. Neben der Zinssatzvariable wird die Inflation in die Schätzung des Kointegrationsvektors mitaufgenommen. Diese Variable ist nicht unbedingt nötig, um eine interpretierbare, langfristige Gleichgewichtsbeziehung zu ermitteln, aber sie verbessert die Eigenschaften des Modells gemessen an den Ergebnissen der diagnostischen Tests.[6] Im Vergleich zu Dänemark ist der Inflationseffekt auf die Geldnachfrage aber wesentlich geringer. Dies könnte daran liegen, daß auch Zinseffekte Berücksichtigung finden. Letztere haben einen im Rahmen der Schätzungen durchschnittlichen Einfluß auf die Geldhaltung. Sehr erfreulich sind die Ergebnisse der Vorhersagetests, die sowohl für enges als auch weites Geld konstante Parameter plausibel erscheinen lassen.

Ansonsten fällt auf, daß der signifikante Kointegrationsvektor für weites Geld ohne die Verwendung der Inflationsvariable auskommt. Auch die Hypothese einer Einkommenselastizität von eins kann nicht mehr abgelehnt werden. Der Zinseffekt ist im Vergleich zu den Schätzungen für die anderen Länder sehr groß. Es deuten sich ARCH-Effekte in den Residuen der Geld- und Zinssatzgleichungen an. Außerdem muß gesagt werden, daß die LR-Tests drei signifikante Kointegrationsvektoren ermitteln, was auf Stationarität der Variablen hindeutet. Angesichts der ökonomischen Plausibilität des ersten Vektors wird dieses Ergebnis nicht weiter untersucht.

Griechenland:

Während Psaradakis (1993) im Rahmen seiner Modellierung der Geldnachfrage für Griechenland von zahlreichen Problemen berichtet, erscheint hier die Schätzung als relativ unproblematisch. Für enges Geld sind die Resultate keine Ausreißer in der EU-Ländergruppe, insbesondere kann eine Einkommenselastizität von eins nicht ausgeschlossen werden. Darüber hinaus ist der α-Wert vergleichsweise hoch. Auch die diagnostischen Tests sind in Ordnung und die Vorhersagen ziemlich stabil.

Für weites Geld sind diese Aussagen nicht mehr uneingeschränkt gültig. Anstelle des Zinssatzes muß auf die Inflationsvariable zurückgegriffen werden, welche einen deutlichen Einfluß auf die Geldhaltung hat. Der Effekt des Einkommens ist überdurchschnittlich hoch. Allerdings kann die Hypothese einer Einkommenselastizität von eins nur knapp abgelehnt werden, was auf eine geringe Präzision der Schätzung hinweist. Die Hypothese der Konstanz der Parameter über den Vorhersagezeitraum ist zu verwerfen. Schließlich ist auch die ökonomische Bedeutung einer Abweichung vom langfristigen Gleichgewicht geringer als im Falle des engen Geldes.

Großbritannien:

Die Schätzungen für die Einkommenselastizitäten sind klar größer als eins. Diese Ergebnisse befinden sich im Einklang mit anderen Studien (s. Elyasiani/Zadeh (1995) für eine aktuelle Untersuchung). Die Zinselastizitäten sind für enges Geld hoch und für weites relativ gering. Für beide Fälle sind die Anpassungsgeschwindigkeiten bei Abweichungen vom langfristigen Gleichgewicht ähnlich. Die Vorhersagetests liefern sehr gute Ergebnisse. Allerdings deuten

---

[6] Aus inferenz-statistischer Sicht ist diese Argumentation nicht ganz unproblematisch, siehe in Kapitel III die Bemerkungen zum „Data mining" (Abschnitt 5.4).

die diagnostischen Tests auf Probleme in der Spezifikation des Modells für enges Geld, insbesondere der Zinsgleichung, hin. Interessant ist auch, daß zur Eliminierung der Autokorrelation in den Residuen lediglich eine Zeitverzögerung im Falle engen Geldes, aber 12 für weites Geld benötigt werden.

Irland:
Wie oben bereits angedeutet wurde, ist die Validität der Schätzung für enges Geld ausgesprochen fraglich. Der in Tabelle 5.1 wiedergegebene Engle/Granger-Schätzer ist zwar plausibler, aber der Test auf Kointegration kann die Nullhypothese der Nicht-Kointegration bei einem Niveau von 5% nicht verwerfen. In der Johansen-Schätzung fällt auf, daß die Anzahl der benötigten Lags beträchtlich ist. Zusätzlich muß ein Trendterm eingesetzt werden, um Kointegration der Variablen zu erzielen. Weiterhin ist anzumerken, daß die Resultate keinesfalls robust bezüglich einer Variation der Zeitverzögerungen sind. Auch wenn die Stabilität der Parameter in der Johansen-Schätzung nicht verworfen werden kann, so sind doch die Ergebnisse für enges Geld mit Skepsis zu betrachten.
Die Modellierung des weiten Geldbegriffs zeigt auch eine eher hohe Einkommenselastizität an, ohne aber exzessiv zu wirken. Die Zinselastizität ist vergleichsweise gering, aber die Anpassungsgeschwindigkeit an Abweichungen von der Kointegrationsbeziehung ist durchschnittlich. Schließlich deuten die Tests Instabilitäten über den Vorhersagehorizont an.

Italien:
Obwohl die Schätzung der Einkommenselastizität in der ursprünglichen Gleichung für enges Geld bei über zwei liegt, kann die Hypothese der Gleichheit mit eins nicht verworfen werden. Das läßt auf eine wenig präzise Schätzung schließen. Zusätzlich ist anzumerken, daß die Ergebnisse empfindlich auf Veränderungen der Lags reagieren. Zinselastizität und α-Wert sind wenig auffällig. Die Vorhersagetests verwerfen Stabilität, aber nicht sehr deutlich.
Für weites Geld liegt die nicht-restringierte Schätzung bereits praktisch bei eins. Weiterhin ist die Zinselastizität für die Geldnachfrage auch ökonomisch bedeutsam. Der Anpassungsdruck bei langfristigen Ungleichgewichten ist aber gering. Schließlich kann die Hypothese stabiler Parameter nicht abgelehnt werden, was den Resultaten weiter Gewicht verleiht.

Niederlande:
Die Ergebnisse für die Niederlande bewegen sich sowohl für enges als auch weites Geld im Rahmen der Schätzungen für die anderen Länder. Lediglich der große Einfluß der Zinssätze bei weitem Geld ist auffällig. Dem stehen allerdings relativ kleine α-Werte gegenüber. Ähnlich wie im Falle Deutschlands machen die Gleichungen auch hinsichtlich der diagnostischen Tests einen guten Eindruck. Besonders die Stabilität der Schätzung für die weite Gelddefinition ist bemerkenswert.

Österreich:
Besonders hervorzuheben ist hier der Ausschluß der Zinsvariable im Falle engen Geldes, verbunden mit der Einkommenselastizität von eins. Eine durch diese Eigenschaften charakterisierte Geldnachfrage trägt stark monetaristische Züge. Wenn man eine Stufen-Dummy-

Variable von 1979 an in die Gleichung aufnimmt, um stärkere institutionelle Änderungen zu erfassen, dann ist sie auch über den fünfjährigen Vorhersagehorizont stabil. Die anderen diagnostischen Tests deuten keine Probleme an. Beachtenswert ist auch der große Einfluß der Abweichungen vom langfristigen Gleichgewicht.

In der Schätzung für weites Geld wurde eine Dummy-Variable für das Jahr 1967 eingeführt, da zu diesem Zeitpunkt ein erstes starkes Absinken des Einkommenswachstums in der Nachkriegszeit zu beobachten war. Auch hier konnte der Hypothese einer Einkommenselastizität von eins nicht verworfen werden. Allerdings läßt sich nun ein klarer Effekt der Zinsen auf die Geldhaltung ausmachen. Der α-Wert ist ebenso wie die Vorhersagegenauigkeit geringer als für enges Geld. Die anderen Spezifikationstests implizieren aber ebenfalls ein gutes Ergebnis der Modellierung.

Portugal:

Für Portugal findet sich für enges Geld eine ähnlich niedrige Einkommenselastizität wie für Frankreich. Auch der Zinseffekt ist praktisch identisch. Allerdings wird hier keine Inflationsvariable eingesetzt. Nennenswert ist auch die hohe Anpassungsgeschwindigkeit bei Abweichungen von der Kointegrationsbeziehung. Die Hypothese der Parameterstabilität über die Vorhersageperiode muß abgelehnt werden.

Die Betrachtung der Ergebnisse für weites Geld deutet einige Änderungen an. Zum einen ist die Einkommenselastizität klar höher als bei engem Geld. Zum anderen wurde die Zinssatzvariable durch die Inflationsvariable substituiert. Darüber hinaus ist der α-Wert klar geringer und die Vorhersagefähigkeit ähnlich begrenzt. Zusätzlich ist auf eine geringe Robustheit der Ergebnisse hinsichtlich einer Veränderung der Zeitverzögerungen aufmerksam zu machen.

Schweden:

Die Johansen-Schätzung der Nachfrage nach engem Geld hat für Schweden zu keinen brauchbaren Ergebnissen geführt. Die Engle/Granger-Methode liefert dagegen relativ plausible Werte und der geschätzte Kointegrationsvektor ist bei einem 5%-Niveau signifikant. Auch wenn die Standardfehler der ersten Stufe der Engle/Granger-Regression keiner Standardverteilung entsprechen, so deutet doch seine Größenordnung daraufhin, daß der Einfluß der Inflationsvariable nicht signifikant ist. Daraus läßt sich schließen, daß das Spezifikationsproblem vermutlich an einer anderen Stelle als der Verwendung eines bestimmten Verfahrens zur Kointegrationsschätzung zu suchen ist.

In der Modellierung des weiten Geldes gibt es ein anderes Problem: Es resultieren drei signifikante Kointegrationsvektoren. Eine konsequente Schlußfolgerung wäre, daß die verwendeten Variablen I(0) und nicht I(1) sind. Die univariaten ADF-Tests haben bereits angedeutet, daß LGDP und INFL I(0) sein könnten. Aufgrund der Systemschätzung entsteht aber der Eindruck, als ob auch LMQ stationär wäre. Schließlich ist die Stabilität des Modells zu verwerfen. Diese konfliktären Testergebnisse machen eine Abschätzung der Qualität des Modells schwierig. Trotz plausibler Parameterwerte ist somit Zurückhaltung bei der Interpretation der Ergebnisse angebracht.

Spanien:
Spanien weist sowohl für enges als auch weites Geld relativ hohe Einkommenselastizitäten aus. Erstere liegt aber am oberen Ende des Schätzintervalls für die EU-Länder, während letztere nicht extrem im Vergleich zu den anderen Resultaten für weites Geld ist. Für den Fall des weiten Geldes wird zusätzlich wieder die Inflationsvariable genutzt, welche einen relativ moderaten Einfluß aufweist. Andererseits werden in der Schätzung für enges Geld sowohl ein linearer als auch ein nicht-linearer Trendterm eingesetzt, um überhaupt einen signifikanten Kointegrationsvektor zu erhalten. Dies sollte als Indiz für mögliche Spezifikationsmängel im Modell für enges Geld gewertet werden.
Die Zinselastizitäten für beide Geldmengenkonzepte sind niedrig, aber ohne besonders aufzufallen. Hier ist erneut auf die Signifikanz eines weiteren Kointegrationsvektors hinzuweisen. Darin könnte sich die Vermutung bemerkbar machen, daß LGDP I(0) ist, wie die ADF-Tests andeuten. Dafür ist der Anpassungsparameter für weites Geld der höchste aller untersuchten Länder. Offensichtlich haben Abweichungen vom langfristigen Gleichgewicht einen großen Einfluß auf die kurzfristigen Dynamiken. Während für enges Geld die Hypothese der Konstanz der Parameter aufgrund der Vorhersagetests abgelehnt werden muß, ist dies zumindest bei einem der Tests für den weiten Geldbegriff nicht möglich.

Insgesamt ist festzuhalten, daß, mit dem vorgestellten Ansatz, bis auf wenige Ausnahmen akzeptable Ergebnisse für die Schätzung nationaler Geldnachfragen erzielt werden können. Angesichts der starken Abstrahierung von länderspezifischen Entwicklungen und der Schätzung einer strukturell annähernd identischen Geldnachfragefunktion für jedes EU-Mitglied ist dies eine gute Basis für die aggregierte europäische Analyse.

4. Methodische Probleme und Datenkonstruktion

In diesem Abschnitt steht die grundlegende Diskussion der Schätzung von aggregierten europäischen Geldnachfragefunktionen im Vordergrund. Dabei muß betont werden, daß die methodischen und konzeptionellen Schwierigkeiten eines solchen Unterfangens nicht trivial sind. Eines der bedeutsamsten Probleme ist dabei mit der Idee der Lucas-Kritik verknüpft (die klassische Referenz ist Lucas (1976)). Wichtig bei der Schätzung einer Geldnachfrage für ein europäisches Länderaggregat, welcher auch nach Etablierung der EWU eine inhaltliche Bedeutung beigemessen werden soll, ist die Annahme, daß die Zukunft ähnlich wie die Vergangenheit sein wird. Mit anderen Worten, es ist vorauszusetzen, daß die EWU keine strukturellen Brüche in den aggregierten Verhaltensfunktionen verursacht.
Um die Verbindung zur ökonometrischen Methodik zu ziehen, wird in der Sprache von Engle et al. (1983) von einer mit dem heutigen Datenbestand ermittelten europäischen Geldnachfrage die Eigenschaft der Superexogenität verlangt.[7] Nachdem der erste Schock über die Konsequenzen der Lucas-Kritik bei den empirisch arbeitenden Ökonomen nachge-

[7] Superexogenität einer Variable x_t setzt nach Engle et al. (1983) voraus, daß sie die Bedingung schwacher Exogenität hinsichtlich der interessierenden Parameter erfüllt und die Parameter in $f(y_t \mid x_t)$ bei Änderungen in der marginalen Verteilung von x_t unverändert bleiben.

lassen hat, wurden Inkonsistenten in der ursprünglichen Formulierung der Kritik aufgedeckt (s. Sargent (1984), Sims (1987)).
Sims (1987) argumentiert folgendermaßen: Wenn die Parameter der relevanten Politikregel prinzipiell veränderbar sind, was sie sein müssen, damit die Regel geändert werden kann, dann werden - bei Annahme rationaler Erwartungen - die Wirtschaftsakteure dies wahrnehmen und eine Wahrscheinlichkeitsverteilung für diese Parameter erstellen. Damit nehmen diese Parameter die hier relevanten Eigenschaften von Politikvariablen an und können, wie viele andere Variablen auch, durch probabilistischen Gesetzen genügende Zeitreihen operationalisiert werden. Die Vorhersage über die Entwicklung der Volkswirtschaft, wenn die Parameter der Politikregel einen bestimmten Wert annehmen, ist dann logisch äquivalent zur Vorhersage des Verhaltens der Ökonomie konditional bezüglich eines bestimmten Pfades der Politikvariablen. Dies ist aber genau die Art der empirischen Modellierung, der Lucas jegliche Politikrelevanz abspricht.
Weiterhin ist von Engle/Hendry (1993) ein Test auf Superexogenität entwickelt worden. Die Idee beruht darauf, die Sensitivität einer empirischen Beziehung in Hinblick auf Strukturbrüche in den marginalen Verteilungen der im Modell verwendeten Variablen zu untersuchen. Wenn sich die Parameter des interessierenden Zusammenhanges nur geringfügig ändern, obwohl die marginalen Prozesse deutliche Brüche in ihrem Verlauf aufweisen, dann wird argumentiert, daß Superexogenität bestehe.
Für die vorliegende Studie können diese Ergebnisse aber nur beschränkt genutzt werden. Erstens haben Psaradakis/Sola (1996) gezeigt, daß die Mächtigkeit der Engle/Hendry-Superexogenitätstests sehr gering ist. Zweitens, und dieser Punkt hängt mit der vorhergehenden Bemerkung zusammen, gibt es keinen vergleichbaren Strukturbruch in der monetären Geschichte der beteiligten Länder über den betrachteten Zeitraum. Die Auflösung des Bretton-Woods-Systems oder die Gründung des EWS sind keine Ereignisse, welche mit den potentiellen Auswirkungen der EWU auf die Geldsysteme in den betreffenden Ländern auf eine Stufe gestellt werden können. Immerhin können sie aber historische Anhaltspunkte für die Problemstellung liefern. Denn wenn trotz dieser Schocks eine stabile europäische Geldnachfrage über einen Zeitraum von 30 Jahren ermittelt werden kann, dann ist das immerhin ein guter Anhaltspunkt für die Einschätzung ihrer Robustheit gegenüber exogenen Schocks. Auch in dieser Hinsicht ist die Überprüfung der Stabilität der geschätzten Parameter über einen längeren Vorhersagezeitraum von großer Bedeutung.
Selbst wenn die Gründung der EWU mit großer Wahrscheinlichkeit Strukturbrüche verursacht, so sind die konkreten Auswirkungen auf die Geldnachfrage unklar. Für die Analyse ist es nützlich, zwischen temporären und permanenten Effekten der Schaffung einer EWU zu unterscheiden. Das aktuellste Beispiel für die Wirkungen einer politisch geschaffenen Währungsunion ist die deutsche Wiedervereinigung. Obwohl diese Parallele deutliche Schwächen aufweist - so ist nicht nur das monetäre System in Deutschland davon betroffen - , könnte sie auch interessante Hinweise für die hier relevante Problematik enthalten.
An dieser Stelle steht aus dem breiten Wirkungsspektrum der deutschen Wiedervereinigung lediglich die Frage der Stabilität der deutschen Geldnachfrage zur Diskussion (Wenzel (1994) beschreibt eine Reihe anderer Effekte). Es existieren einige empirische Studien zur Frage, ob die Effekte temporärer oder dauerhafter Natur sind. Typischerweise sind die

Resultate nicht völlig eindeutig, aber eine Mehrzahl der Untersuchungen findet entweder keine oder nur temporäre Schwankungen (siehe OECD (1993), von Hagen (1993), Falk/Funke (1995), Hansen/Kim (1995) oder Beyer (1996)). Eine andere Auffassung wird im Beitrag von Funke (1996) vertreten.
In Analogie könnte man vermuten, daß auch der EWU-Schock auf dem Geldmarkt nur temporäre Effekte hat. Sollte dieser Schluß richtig sein, dann könnte eine EZB die Schwankungen kurz nach der Einführung der gemeinsamen Währung leicht berücksichtigen und die Daten aus der Vor-EWU-Zeit als solide Basis für die Formulierung von Geldpolitik nutzen. Ohne Frage stellt die EWU im Vergleich zur deutschen Währungsunion eine deutlich größere Aufgabe dar, denn hier ist ein neues System zu schaffen, während Ostdeutschland das westliche System unverändert übernahm. Daher kann kritisch argumentiert werden, daß die Erfahrungen aus der deutschen Wiedervereinigung kaum auf die EWU übertragbar sind und mit einer völlig neuen Struktur der aggregierten europäischen Geldnachfrage zu rechnen ist. Von empirischer Bedeutung ist in erster Linie eine Diskontinuität in der Struktur der Geldnachfrage. Temporäre Effekte können ex post leicht über Impuls-Dummies in der Schätzung aufgefangen werden und stellen - sobald sie erkannt wurden - keinerlei Probleme mehr dar. Aber auch einfache Niveaueffekte sind relativ problemlos zu berücksichtigen, indem anstelle von Impuls-Dummy-Variablen einfach Stufen-Dummies eingesetzt werden. Natürlich steht auch diese Möglichkeit im allgemeinen nicht ex ante zur Verfügung.
Ein anderes Argument basiert auf der Existenz von möglicherweise destabilisierenden Währungssubstitutionseffekten innerhalb einer Zone unbeschränkter Kapitalmobilität. Wenn die Geldhaltung teilweise als Portfolio-Entscheidung angesehen wird, dann könnten die Wirtschaftssubjekte - abhängig von der ökonomischen Entwicklung - zwischen den Währungen hin- und herspringen. Aufgrund dieser volatilen Verhaltensweise kann eine vormals stabile Geldnachfrage destabilisiert werden. Wenn nun die Länder mit vollkommen freiem Kapitalverkehr eine Währungsunion formten, dann würden diese Effekte internalisiert und damit hinsichtlich der Geldnachfrage neutralisiert werden.
Läufer (1991) untersucht die Aggregation der nationalen Geldnachfragen formal in einem portfoliotheoretischen Rahmen. Er interpretiert die europäische Geldnachfrage als diversifiziertes Portfolio von nationalen Geldnachfragen. Aus der Portfoliotheorie ist bekannt, daß - bei negativen Kovarianzen zwischen den Alternativen - die Varianz des durchschnittlichen Ertrags kleiner ist als diejenige jeder einzelnen Alternative. Auf dieser Analogie aufbauend, hält er eine aggregierte europäische Geldnachfragefunktion für stabiler als die Geldnachfrage eines einzelnen Mitgliedslandes.
Es gibt empirische Studien, welche die Wirkungen von Währungssubstitution zu messen versuchen. Sie erscheinen aber weder methodisch völlig überzeugend, noch sind ihre Schlußfolgerungen eindeutig (siehe Lane/Poloz (1992), Angeloni et al. (1994) oder Arnold (1994)). Der wesentliche Punkt ist nicht die Frage, ob Währungssubstitution auftritt, sondern die ihrer faktischen Bedeutung auf den Finanzmärkten. Diesbezüglich spricht einiges dafür, dem tatsächlichen Einfluß von Währungssubstitution skeptisch gegenüber zu stehen. So ist auch in den hier analysierten Datenserien zur Ermittlung nationaler Geldnachfragen kaum ein nennenswerter Einfluß von Währungssubstitution zu erkennen. Immerhin ist zu erwarten, daß die Folgen der Währungssubstitution auf die Geldnachfrage in der Zukunft ansteigen

werden, auch wenn sie heute noch gering sein mögen. Wesentliche Gründe für diese Entwicklung sind die zunehmende Integration der Geldmärkte und die ständig ansteigende Bedeutsamkeit EDV-gestützter Handelsstrukturen.

Letztlich ist davon auszugehen, daß sich die Wirtschaftssubjekte an die neue Geldpolitik der EZB anpassen werden. Damit kann nur begrenzt aus Vergangenheitsdaten auf zukünftiges Verhalten geschlossen werden. Die monetären Verhaltensstrukturen werden sich vermutlich nicht schnell ändern, da die Unsicherheit über das zukünftige monetäre Regime groß ist. Eine Änderung des Verhaltens setzt einen Lernprozeß der neuen Rahmenbedingungen und die entsprechende Anpassung des Individuums an diese voraus. Das kostet aber Zeit, und somit ist es auch für einige Perioden nach dem Übergang zur EWU wahrscheinlich, daß die bisherigen Verhaltensweisen wichtig für die ökonomischen Entscheidungen bleiben werden. Über diesen Argumentationsweg läßt sich stärker als über die Betonung der Währungssubstitution die Relevanz der historischen Entwicklung für das zukünftige Verhalten der Wirtschaftsakteure in einer EWU ableiten.

Nachdem wichtige konzeptionelle Probleme angesprochen wurden, ist auch auf einige der zahlreichen methodischen und technischen Schwierigkeiten hinzuweisen:

Welches Verfahren zur Aggregation der nationalen Daten in europäischen Zahlen sollte gewählt werden? Diese Frage wird als wichtiges technisches Problem in den in der Einleitung zu diesem Kapitel zitierten Studien angesehen. Tatsächlich ist neben der rein technischen Ermittlung der europäischen Werte eine damit verwandte Frage von viel größerer Bedeutung: Was sind das eigentlich für Variablen, welche am Ende des Aggregationsprozesses herauskommen? Ist beispielsweise der berechnete Zinssatz wirklich so etwas wie ein repräsentativer europäischer Zinssatz? Eine technisch korrekte Aggregation läßt keine direkten Rückschlüsse auf die Existenz einer inhaltlich gehaltvollen Interpretation zu. Dahinter steckt die Frage, wie begründet werden kann, daß die aggregierten Werte auch Bedeutung für ökonomische Zusammenhänge haben.

Überzeugende Befunde zur Beantwortung dieser Frage sind schwierig zu finden. Hier wird die Position vertreten, daß die Prozedur der Aggregation und die Schätzung der europäischen Geldnachfragefunktionen für einen mittelfristigen Vorhersagehorizont inhaltlich bedeutsam ist. Nicht verkannt werden sollte aber die Gefahr der Interpretation einer empirischen Beziehung, die nicht oder nur sehr unvollständig das widerspiegelt, was von ihr erwartet wird. Weiter unten wird auf diesen Aspekt noch einmal eingegangen, indem einige empirische Indizien für die Korrektheit der hier geäußerten Ansicht diskutiert werden.

Selbst wenn die verwendete Datenkonstruktion ökonomischen Sinn macht, verbleiben noch viele Unsicherheiten. Aus Sicht des Ökonometrikers besteht insbesondere die Gefahr einer Verzerrung der Schätzung aufgrund einer statistisch invaliden Aggregation (vgl. Lovell (1973), Pesaran et al. (1989)). Die Möglichkeit solch einer Verzerrung liegt darin begründet, daß die Geldnachfragefunktionen auf der nationalen Ebene zu unterschiedlich sind und nicht besonders gut durch die aggregierte europäische Funktion approximiert werden.

Im vorhergehenden Abschnitt wurde die Schätzung der nationalen Geldnachfragefunktionen unter anderem deshalb dargestellt, um einen Eindruck vom Grade der Unterschiedlichkeit der Funktionen zu bekommen. Wie oben ausführlich diskutiert wurde, offenbart der Querschnittsvergleich einige Abweichungen von einem europäischen Land zum anderen. Andere

Studien, wie Monticelli/Strauss-Khan (1992) oder Fase (1994), präsentieren ähnliche Ergebnisse. Auch Wesche (1994), die eine formalere Analyse der Aggregationsverzerrung vorstellt, findet einige Unterschiede in den nationalen Funktionen. Auf der anderen Seite konnte gezeigt werden, daß sich für die meisten EU-Länder die Geldnachfrage mit Hilfe der gewählten Spezifikation akzeptabel modellieren läßt. Wenn von den wenigen Ausnahmen abgesehen wird, dann ist das Intervall der Schätzungen - insbesondere für die Einkommenselastizität - sehr eng. Angesichts der anderen potentiellen Probleme in der Untersuchung erscheint daher die Gefahr verzerrter Schätzungen aufgrund einer statistisch unerlaubten Aggregation als relativ gering.
Schon lange bekannt ist auch die potentielle Existenz eines Aggregationsgewinns (s. Grunfeld/Griliches (1960)), welcher zur einer verbesserten Vorhersagefähigkeit der geschätzten Funktion führen kann. Es besteht die Möglichkeit, daß durch die Aggregation von Beobachtungen Fehlspezifikationen auf der Mikroebene ausgeglichen werden können. Die Untersuchung aus dem vorhergehenden Abschnitt hat deutlich gemacht, daß für einige Länder keine überzeugenden (Mikro-) Spezifikationen gefunden wurden. Weiterhin ist, wie oben argumentiert wurde, mit gewissen Währungssubstitutionseffekten zu rechnen. Es ist daher wahrscheinlich, daß die Voraussetzungen für mögliche Aggregationsgewinne gegeben sind. Ein endgültiges Urteil darüber wird letztlich wesentlich davon abhängen, wie die Bewertung der aggregierten Funktionen in statistischer und ökonomischer Hinsicht ausfällt.
Ein weiteres wichtiges Problem ist die Frage nach der Zusammensetzung einer EWU. Auf die ökonomische Rationalität der Konvergenzkriterien als Eintrittsbarriere wurde bereits im Kapitel zu den Bevölkerungseinstellungen in Hinblick auf die EWU Bezug genommen (s. Kapitel III.3). Um diese Form der Unsicherheit zu berücksichtigen, werden die aggregierten Geldnachfragen für unterschiedliche Ländergruppen geschätzt. Allerdings ist kein Versuch unternommen worden, alle möglichen Kombinationen abzudecken. Wenn aber für jede der vier hier untersuchten Ländergruppen stabile und interpretierbare Schätzgleichungen gefunden werden, dann ist die Wahrscheinlichkeit groß, daß auch jede andere, tatsächlich realisierte, EWU-Mitgliedergruppe die gleichen Charakteristika aufweist.
Schließlich muß eine Form des empirischen Vorgehens gewählt werden. Hinsichtlich der generellen Vorgehensweise orientiert sich die Analyse wieder am Ansatz von David Hendry, der Modellierung von Allgemeinen-zum-Speziellen, welcher in Kapitel III beschrieben wurde. Hier werden darüber hinaus Aspekte der Modellierung in dynamischen Mehrgleichungssystemen, die in Clements/Mizon (1991) und Hendry/Mizon (1993) vorgestellt wurden, verwendet. Für die Systemmodellierung gilt noch mehr als im Eingleichungsfall der Hinweis, daß der Anspruch der Allgemeinen-zum-Speziellen-Methodologie kaum erfüllt werden kann. Aufgrund der theoretischen Lücken und der zur Verfügung stehenden Beobachtungen kann der DGP allenfalls grob approximiert werden. Tatsächlich findet die Modellierung deshalb durch einen Allgemeinen-zum-Speziellen-Ansatz innerhalb eines schon als speziell zu bezeichnenden Modells statt.
Die gewählte Vorgehensweise der Geldnachfrageschätzung kann in zwei Stufen gegliedert werden. Wie bereits beim Abschnitt zur Schätzung der nationalen Geldnachfragen beschrieben, sind konventionelle Schätz- und Testverfahren für nicht-stationäre I(1)-Variablen ungeeignet. Daher erfolgt die Berechnung der langfristigen Charakteristika einer euro-

päischen Geldnachfragefunktion wieder mit Hilfe des von Johansen (1988) vorgeschlagenen Reduzierten-Rang-Verfahrens. Während die Analyse zur Schätzung nationaler Geldnachfragefunktionen nach der Ermittlung der Kointegrationsbeziehungen abgebrochen wurde, wird nun noch ein Schritt weitergegangen.

Es interessiert nicht nur das langfristige Verhalten, sondern auch die Beschreibung der kurzfristigen Dynamiken in der Geldnachfragefunktion. Dazu wird das System der Variablen in Differenzen erster Ordnung betrachtet. Aufgrund der Verwendung von logarithmierten Variablen sind so die Wachstumsraten der Geld- und Einkommensaggregate zu ermitteln. Im Falle der in absoluten Prozentzahlen ausgedrückten Zinsvariablen kann nur von Veränderungen in Prozentpunkten gesprochen werden. Durch die Differenzenbildung von I(1)-Variablen wird das System in die I(0)-Ebene projiziert. Nun können die oben beschriebenen Testverfahren im Rahmen einer Allgemeinen-zum-Speziellen-Modellierung eingesetzt werden, da die Statistiken wieder konventionell verteilt sind und die normale ökonometrische Test- und Schätztheorie Anwendung findet.

Der ermittelte Kointegrationsvektor wird als zusätzliche Variable in das I(0)-System der für die Geldnachfrage relevanten Variablen eingesetzt. Dieser Schritt ist deshalb möglich, weil Kointegrationsvektoren sich gerade dadurch auszeichnen, daß eine Linearkombination von individuell nicht-stationären I(1)-Variablen die Eigenschaft der Stationarität aufweist. Äquivalent zur Verwendung des gesamten Kointegrationsvektors ist die Nutzung der Differenz zwischen abhängiger Variable und erklärenden Variablen, des Residuums. Das Residuum erfaßt die Abweichungen der interessierenden Variable von ihrem langfristigen Gleichgewicht. Um als Fehlerkorrekturterm interpretiert werden zu können, wird ein negatives Vorzeichen für den Anpassungsparameter des Residuums benötigt. Ein Modell, welches Variablen in Differenzen und Abweichungen von einem langfristigen Gleichgewichtswert erfaßt, wird als Fehlerkorrekturmodell (ECM) bezeichnet.

Wie oben ausgeführt wurde, ist die Stabilität der geschätzten Gleichung eine wichtige Bedingung für ihre Identifikation als Geldnachfrage. Während im Falle der nationalen Geldnachfragen aber kein vollständiges ECM geschätzt wurde und daher die auf dem Chow-Test basierenden Stabilitätstests die Stabilität der Gleichungen unterschätzt haben, gilt diesem Aspekt nun besondere Aufmerksamkeit. Falls es nicht gelingt, die Stabilität der Schätzgleichungen aufzuzeigen, sind die ermittelten Abweichungen hinreichend zu erläutern. Kann keine Erklärung für signifikante Vorhersage-Teststatistiken geliefert werden, dann ist das ganze Vorgehen in Frage gestellt. Um diese Überlegungen zu berücksichtigen, werden wieder 20 Beobachtungen zur Berechnung der Vorhersage-Tests aus der eigentlichen Modellierung herausgenommen.

Die Variablen, welche hier genutzt werden, sind erneut ein enges und ein weites Geldmengenaggregat, ein Einkommensaggregat und ein durchschnittlicher Zinssatz. Das enge Geldmengenaggregat entspricht typischerweise M1 und das weite M3. Als Skalierungsvariable wird das Bruttoinlandsprodukt (BIP) eingesetzt, und ein langfristiger Zinssatz auf staatliche Schuldverschreibungen dient zur Messung der Opportunitätskosten der Geldhaltung. Eine genaue Beschreibung der Variablen findet sich in Anhang H.

Die Aggregation der nationalen Variablen wurde weitgehend analog zu Kremers/Lane (1990) durchgeführt. Zunächst ist die Konvertierung der jeweiligen nationalen Währungen in

DM mit Hilfe von Kaufkraftparitäten (KKP) der OECD für 1990 durchzuführen. Dann erfolgt die Bildung des nominalen und realen aggregierten Einkommens durch einfache Addition der konvertierten nationalen nominalen und realen Einkommensvariablen. Aus dem Quotienten des nominalen und realen aggregierten Einkommens kann dann ein europäischer BIP-Deflator ermittelt werden. Dieser Deflator wird genutzt, um aus der Summe der konvertierten nationalen Geldmengenaggregate ein reales europäisches Geldmengenaggregat abzuleiten. Schließlich ergibt sich der europäische Zinssatz als gewichteter Durchschnitt der nationalen Zinssätze. Die verwendeten Gewichte berechnen sich als Anteil der jeweiligen nationalen Realeinkommen am europäischen Einkommensaggregat.

Wie beschrieben, sind zur Konvertierung der nationalen Währungen in eine vergleichbare Dimension KKP eingesetzt worden. Der Nachteil dieses Verfahrens liegt insbesondere in der Wahl der Güterkörbe und der Vergleichsperiode. Ein wesentlicher Vorteil ist die geringere Volatilität der Serien im Vergleich zur Verwendung nominaler Wechselkurse. Auch deuten einige Studien daraufhin, daß langfristig durchaus eine Bewegung der nominalen Wechselkurse hin zur Entwicklung der KKP besteht.[8] Eine weitere Möglichkeit der Umrechnung ist die Wahl eines nominalen Wechselkurses zu einem bestimmten Stichtag, wie sie beispielsweise von Artis et al. (1993) praktiziert wird. Der große Nachteil dieses Verfahrens besteht in der willkürlichen Festlegung der zugrundegelegten Wechselkurse.

Einige der Studien zur Schätzung von europäischen Geldnachfragefunktionen haben die Robustheit ihrer Ergebnisse hinsichtlich der Verwendung unterschiedlicher Konvertierungsverfahren untersucht. Artis et al. (1993) berichten, daß ihre auf festen Wechselkursen beruhenden Resultate sehr ähnlich denen von Kremers/Lane (1990) sind, die KKP benutzt haben. In Monticelli/Strauss-Khan (1993) wird ebenfalls auf eine nur geringe Abhängigkeit der Ergebnisse von der Wahl eines bestimmten Konvertierungsverfahrens hingewiesen. Aus diesen Erfahrungen heraus kann man davon ausgehen, daß die Ergebnisse wenig sensitiv in Hinblick auf die Verwendung alternativer Konvertierungsverfahren sind.

Letztlich wird für die Aggregatanalyse eine auf vierteljährlichen Werten beruhende Datenbasis mit Beobachtungen von 1964:1 bis 1994:4 benutzt. Die Form der zu schätzenden langfristigen Funktion ist analog zu Gleichung 5.1 spezifiziert worden. Vier verschiedene Länderaggregate mit den Bezeichnungen EU3, EU6, EU10 und EU14 werden dabei gebildet. Wegen der Währungsunion mit Belgien findet Luxemburg in der Analyse keine Berücksichtigung. Die Ländergruppen sind in folgender Übersicht aufgeschlüsselt, und eine kurze Begründung für die jeweilige Wahl wird gegeben:

EU3 = Deutschland, Frankreich, Großbritannien.
Diese Länder haben die besten Chancen, die Konvergenzkriterien zu erfüllen (basierend auf Daten, die im April 1996 verfügbar waren), da sie nur das Defizitkriterium verfehlen.

[8] Während die Bundesbank (1993) keine eindeutigen Ergebnisse hinsichtlich der Bedeutung der KKP für die Wechselkursentwicklung fand, unterstreichen die Resultate neuerer Studien von Frankel/Rose (1995) die langfristige Bedeutung der KKP. MacDonald's (1996) Untersuchung kann ebenfalls als Unterstützung dieser Interpretation des Einflusses von KKP verstanden werden. Eine aktuelle Übersicht bietet Rogoff (1996).

EU6 = Deutschland, Frankreich, Niederlande, Belgien, Irland, Österreich.
In einer Solvenzumfrage der Bank für internationalen Zahlungsausgleich (BIZ) im Frühjahr 1996 wurden diese Staaten als die wahrscheinlichsten Teilnehmer einer EWU genannt.[9]

EU10 = Deutschland, Frankreich, Niederlande, Belgien, Irland, Österreich, Großbritannien, Dänemark, Finnland, Schweden.
Mindestens eines der Konvergenzkriterien (ohne Länder, die nur die EWS-Mitgliedschaft aufweisen) wird durch die Mitglieder dieser Gruppe erfüllt.

EU14 = Deutschland, Frankreich, Niederlande, Belgien, Irland, Österreich, Großbritannien, Dänemark, Finnland, Schweden, Italien, Spanien, Portugal, Griechenland.
Alle untersuchten EU-Mitglieder.

Obwohl nicht sicher ist, ob alle relevanten Kombinationen erfaßt wurden, ist es sehr unwahrscheinlich, daß diejenigen Länder, welche später die EU formen, ein wesentlich anderes aggregiertes Verhalten aufweisen werden. In der folgenden Analyse werden die ersten beiden Gruppen als kleine und die anderen als große EWU aufgefaßt.

5. Schätzung europäischer Geldnachfragen: Enger Geldbegriff und kleine EWU

Basierend auf den oben präsentierten Einheitswurzeltests wurde festgestellt, daß die Variablen I(1) sind. Die Analyse startet daher mit der Schätzung von Kointegrationsbeziehungen mit Hilfe des Johansen-Verfahrens. Analog zur Studie der nationalen Geldnachfragen beginnt die Modellierung mit einem nicht-restringierten VAR-System.
Hier genügen fünf Lags für das allgemeine Modell, um die Autokorrelation aus den Residuen zu filtern. In einem sequentiellen Testverfahren werden die nicht-signifikanten Lags aufgrund eines F-Tests bei einem nominalen Signifikanzniveau von 5% entfernt. In Tabelle 5.2 sind die Schätzungen für die Kointegrationsvektoren für EU3 und EU6 gegeben. Den Resultaten ist zu entnehmen, daß genau ein signifikanter Kointegrationsvektor existiert. Darüber hinaus ist der für die Geldnachfragegleichung relevante Parameter des Ladungs- oder Anpassungsvektors $\hat{\alpha}$ negativ und noch relativ groß (-0.075). Der erste Aspekt ist notwendig, um die Beziehung der Variablen als ECM zu interpretieren, der zweite stellt sicher, daß Abweichungen von der langfristigen Gleichgewichtsbeziehung die kurzfristigen Dynamiken in einer ökonomisch signifikanten Art und Weise beeinflussen (s. McCloskey/Ziliak (1996)).
Wie Johansen (1992a, 1992b) gezeigt hat, kann der Anpassungsvektor für Tests auf schwache Exogenität der Variablen genutzt werden. Das Konzept der schwachen Exogenität ist in Engle et al. (1983) beschrieben worden. Wenn die Variablen schwach exogen in Hinblick auf den interessierenden Parameter sind, dann besteht keine Notwendigkeit, den marginalen Prozeß zu spezifizieren. Es würde ausreichen, das konditionale Modell zu

[9] Siehe Frankfurter Allgemeine Zeitung (26.8.1996), S. 11.

verwenden. Etwas einfacher ausgedrückt, wenn gezeigt werden kann, daß die Ladungsparameter für die Gleichungen von LGDP und INT nicht signifikant verschieden von Null sind, dann würde es genügen, die Geldnachfrage als Eingleichungsmodell zu schätzen.

Tab. 5.2: Kointegrationsvektoren für EU3 und EU6 bei engem Geldbegriff

	EU3			EU6		
Anzahl der Lags	3			3		
H_0	Eigenwert	LR(r,r+1)	LR(r,N)	Eigenwert	LR(r,r+1)	LR(r,N)
r = 0	0.34	41.5**	47.8**	0.33	40.3**	48.0**
$r \leq 1$	0.06	6.3	6.3	0.07	6.8	7.7
$r \leq 2$	0.0002	0.022	0.022	0.009	0.90	0.90
Standardisierte Eigenvektoren	LMEU3	LGDPEU3	IntEU3	LMEU6	LGDPEU6	IntEU6
$\hat{\beta}'$	1	-1.52	0.17	1	-1.03	0.09
$\hat{b}_1'$	-0.54	1	-0.02	-0.98	1	-0.02
$\hat{b}_2'$	43.8	-29.8	1	-249	136	1
Standardisierte Ladungen						
$\hat{\alpha}'$	-0.075	-0.02	-1.17	-0.07	-0.05	-0.85
$\hat{a}_1'$	0.06	-0.02	0.000007	0.08	-0.06	-0.50
$\hat{a}_2'$	0.0004	0.000007	-0.002	0.00003	0.00002	-0.002

Hinweis: LR(r,r+1) ist die Teststatistik für den Maximum-Eigenwert-Test und LR(r, N) für den Spur-Test. Die kritischen Werte stammen von Osterwald-Lenum (1992).

Die Exogenitätstests gehören der Familie der Likelihood-Ratio-Tests (LR-Test) an und basieren auf den Eigenwerten des Systems. Da nur ein signifikanter Kointegrationsvektor ermittelt wurde, kann der Rang des Systems auf eins festlegt werden. Mit dieser Restriktion und dem Wissen, daß die Prüffunktionen der Exogenitätstests Chi^2 verteilt sind, ist die Nullhypothese der schwachen Exogenität für LGDP und INT zu verwerfen ($Chi^2(2) = 20.8^{**}$). Wenn die Möglichkeit verzerrter Schätzungen verringert werden soll, dann muß das ganze System modelliert werden.

Weiterhin ist die Frage interessant, ob die Einkommenselastizität der europäischen Geldnachfrage gleich eins ist. Wieder ist ein LR-Test anzuwenden, diesmal aber auf den Kointegrationsvektor $\hat{\beta}$. Die Teststatistiken deuten an, daß diese Annahme zu verwerfen ist ($Chi^2(2) = 11.3^{**}$). Schließlich kann auch die Hypothese einer monetaristischen Geldnachfrage abgelehnt werden, da die Zinselastizität ungleich Null ist.

Der Modellierungsprozeß wird mit der Schätzung eines vollen Fehlerkorrekturmodells in den Differenzen der Variablen fortgesetzt. Δ ist der einfache Differenzenoperator. Wie bereits angedeutet, werden deterministische Dummy-Variablen in das Modell eingebracht. Die Variable $Saisonal_t$ nimmt den Wert eins für das jeweils erste Quartal an. Die Zeitverzögerungen dieser Variable um eine oder zwei Perioden weisen dem zweiten bzw. dritten

Quartal diesen Wert zu. Um die langfristige Gleichgewichtsbeziehung zu berücksichtigen, wird der Kointegrationsvektor für EU3 um eine Periode zeitverzögert in die Gleichung aufgenommen. Der Fehlerkorrekturterm geht als Identitätsgleichung (5.4) in die Schätzung des Systems ein:

(5.4) $ECLMEU3_t = \Delta LMEU3_t - 1.52\ \Delta LGDPEU3_t + 0.17\ \Delta INTEU3_t + ECLMEU3_{t-1}$

Die Schätzung des Systems wird mit Hilfe eines Voll-Informations-Maximum-Likelihood-Verfahren durchgeführt. Das Ergebnis der Anwendung von sequentiellen Vereinfachungstests, basierend auf approximativen F-Tests bei einem 5%-Signifikanzniveau, ist in Tabelle 5.3a dargestellt:

Tab. 5.3a: Schätzung eines dynamischen Modells für enges Geld und EU3

Variable	Koeffizient	Std.fehler	t-Wert	t-Wahrsch.	HCSE
		Gleichung für ΔLMEU3			
$\Delta LGDPEU3_{t-2}$	-1.3711	0.3438	-3.99	0.0001	0.5773
$ECLMEU3_{t-1}$	-0.0591	0.0171	-3.47	0.0008	0.0252
Konstante	-0.3028	0.0961	-3.15	0.0022	0.1414
$Saisonal_t$	-0.0344	0.0085	-4.08	0.0001	0.0139
$Saisonal_{t-2}$	-0.0162	0.0078	-2.09	0.0396	0.0039
		Gleichung für ΔLGDPEU3			
$\Delta LGDPEU3_{t-1}$	-0.2725	0.0949	-2.87	0.0051	0.1711
$ECLMEU3_{t-1}$	-0.0216	0.0049	-4.39	0.0000	0.0055
Konstante	-0.1084	0.0275	-3.94	0.0002	0.0299
$Saisonal_t$	-0.0061	0.0023	-2.68	0.0087	0.0023
$Saisonal_{t-1}$	-0.0101	0.0023	-4.49	0.0000	0.0025
		Gleichung für ΔINTEU3			
$ECLMEU3_{t-1}$	-1.1457	0.3554	-3.22	0.0017	0.6116
Konstante	-6.4608	2.0134	-3.21	0.0018	3.4592

Bevor die Interpretation der Resultate vorgenommen wird, sollte ein Blick auf die diagnostischen Statistiken des Modells in Tabelle 5.3b geworfen werden. Eine detaillierte Beschreibung der verwendeten Tests geben Doornik/Hendry (1994b). Die Schwächen des geschätzten Modells treten beim Test auf Normalität am stärksten in Erscheinung. Die Nullhypothese normalverteilter Residuen für alle Gleichungen ist zu verwerfen. Eine graphische Inspektion der Dichtefunktion zeigt aber, daß zumindest keine große Asymmetrie in der Verteilung vorliegt. Darüber hinaus finden sich einige ARCH-ähnliche Effekte in den

Residuen (s. Engle (1982) zur Beschreibung von ARCH-Prozessen). Diese Muster sind aber nur für die Zinsgleichung ausgeprägt.

Tab. 5.3b: Diagnostische Tests des dynamischen Modells für enges Geld und EU3

Vektor-Resid.-Tests:	Gleichungs-Tests:		
	ΔLMEU3	ΔLGDPEU3	ΔINTEU3
Vektor-AR-Test:	AR-Test:	AR-Test:	AR-Test:
F(45,232) = 0.73	F(5,87) = 1.5	F(5,87) = 0.7	F(5,87) = 1.8
Vektor-Normalitäts-Test:	Normalitäts-Test:	Normalitäts-Test:	Normalitäts-Test:
$Chi^2(6) = 318^{**}$	$Chi^2(2) = 84.7^{**}$	$Chi^2(2) = 20.5^{**}$	$Chi^2(2) = 211^{**}$
Vektor-White-Test (X_i^2):	White-Test:	White-Test:	White-Test:
F(54,412) = 1.5*	F(9,82) = 0.97	F(9,82) = 1.7	F(9,82) = 1.3
	ARCH-Test:	ARCH-Test:	ARCH-Test:
	F(4,84) = 0.03	F(4,84) = 3.2*	F(4,84) = 7.7**
	Standardfehler:		
	0.0327	0.0093	0.7468

Vorhersage-Tests:
Standard-Chow-Test: $Chi^2(60) = 57.1$, F(60,95) = 0.95
Berücksichtigt Parameterunsicherheit: $Chi^2(60) = 54.2$, F(60,95) = 0.90

LR-Test gegen das allgemeine VAR-System: $Chi^2(9) = 8.8$

Während der Standardfehler relativ klein für die Geld- und Einkommensgleichung ist, deutet sich für die Zinssatzgleichung eine eher geringe Erklärung der Variation der abhängigen Variable an. Allerdings werden die Unterschiede in den Standardfehlern der Gleichungen dadurch verzerrt, daß im Gegensatz zu den anderen Variablen der Zinssatz nicht logarithmiert wurde.

Einen sehr positiven Eindruck hinterlassen die Vorhersagestatistiken. Die Hypothese der Stabilität der Parameter über den Vorhersagezeitraum von 5 Jahren oder 20 Beobachtungen kann nicht verworfen werden. Angesichts der oben geführten Diskussion über die Bedeutung der Stabilitätsannahme ist dieses Resultat beruhigend. Die Vorhersagefähigkeit des Modells wird für die Geldgleichung in Abbildung 5.2 dargestellt. In der Graphik werden ein-periodische Vorhersagen mit ihren korrespondierenden 95%-Konfidenzintervallen (+/- zwei Standardfehler) zusammen mit den tatsächlichen Beobachtungen abgebildet. Die tatsächlichen Werte fallen zu keinem Zeitpunkt aus den Konfidenzintervallen heraus. Auf der anderen Seite sind die Intervalle nicht besonders eng, was auf keine sehr präzisen Schätzungen hindeutet. Aber selbst wenn die Standardfehler geringer wären, bestände kaum ein Grund, die Hypothese konstanter Parameter zu verwerfen.

Basierend auf den LR-Tests für überidentifizierende Restriktionen (overidentifying restrictions) aus der letzten Zeile von Tabelle 5.3b kann geschlossen werden, daß das präsentierte Modell eine valide Reduktion des allgemeinen VAR-Systems darstellt. Hervorzuheben ist die Abhängigkeit dieser Schlußfolgerung von einer kongruenten Modellierung des DGP.

Da bereits das allgemeine VAR-System einige statistische Probleme aufwirft, insbesondere in Hinblick auf Nicht-Normalität, ist es in einem strikten Sinne keine zulässige Abbildung des DGP. Die Validität eines solchen Systems als Grundlage für die Vereinfachungstests kann daher angezweifelt werden.

Abb. 5.2: Vorhersage des Geldmengenwachstums (enge Definition) für EU3

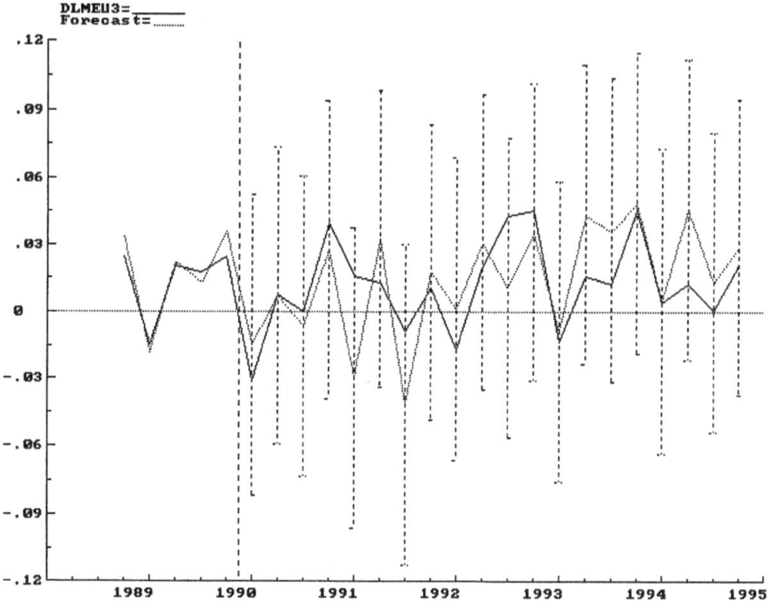

Aufgrund der Resultate in Tabelle 5.3a wird deutlich, daß die kurzfristigen dynamischen Effekte in den Gleichungen nicht sehr ausgeprägt sind. Lediglich verzögertes Einkommenswachstum erklärt einige Anteile der beobachtbaren Varianz in der Geld- und Einkommensgleichung. Aufgrund theoretischer Überlegungen wäre eher zu erwarten, daß das Einkommenswachstum einen positiven Einfluß auf die Geldnachfrage hätte. Da das theoretische Wissen über die kurzfristigen Dynamiken relativ gering ist, muß dieses Resultat nicht unbedingt beunruhigen. Langfristig konnte schließlich, wie oben beschrieben, ein eindeutig positiver Zusammenhang der Niveaugrößen Geldmenge und Einkommen festgestellt werden. Die Parameter des Fehlerkorrekturterms sind in allen drei Gleichungen signifikant verschieden von Null. In der Geldnachfragegleichung, welche hier besonders interessiert, ist der geschätzte Anpassungsparameter etwas niedriger als in der Kointegrationsanalyse, aber immer noch sehr ähnlich.

Zusammenfassend ist eine hohe Stabilität der aggregierten europäischen Geldnachfrage nach engem Geld für EU3 zu konstatieren. Es findet sich eine signifikante langfristige Gleichgewichtsbeziehung zwischen den Variablen, ein geringer Einfluß kurzfristiger Dynamiken und eine gute Vorhersagefähigkeit.

Ändern sich diese Schlußfolgerungen, wenn ein etwas größeres Länderaggregat für die EWU unterstellt wird? In Tabelle 5.2 sind die relevanten Ergebnisse der Kointegrationsanalyse für EU6 aufgeführt. Wie vorher kann geschlossen werden, daß genau ein signifikanter Kointegrationsvektor existiert. Aufgrund der LR-Tests für schwache Exogenität ist die Nullhypothese für Einkommen und Zinssatz zu verwerfen ($Chi^2(2) = 15.1^{**}$). Aber dieses Mal ist die Teststatistik für den Test auf eine Einkommenselastizität von eins bei keinem üblichen Signifikanzniveau abzulehnen ($Chi^2(2) = 0.16$). In der weiteren Analyse wurde diese Restriktion des Kointegrationsvektors berücksichtigt. Der Fehlerkorrekturterm geht dementsprechend als Gleichung (5.5) in das dynamische Modell in Differenzen ein:

$$(5.5)\ ECLMEU6_t = \Delta LMEU6_t - \Delta LGDPEU6_t + 0.09\ \Delta INTEU6_t + ECLMEU6_{t-1}$$

Das geschätzte Modell für EU6 wird in Tabelle 5.4a dargestellt.

Tab. 5.4a: Schätzung eines dynamischen Modells für enges Geld und EU6

Variable	Koeffizient	Std.fehler	t-Wert	t-Wahrsch.	HCSE
		Gleichung für ΔLMEU6			
$\Delta LGDPEU6_{t-1}$	-0.2049	0.1067	-1.92	0.0578	0.1034
$\Delta LGDPEU6_{t-2}$	-0.4093	0.1265	-3.24	0.0017	0.1170
$ECLMEU6_{t-1}$	-0.0702	0.0156	-4.49	0.0000	0.0148
Konstante	-0.0264	0.0130	-2.03	0.0451	0.0122
$Saisonal_t$	-0.0464	0.0040	-11.7	0.0000	0.0053
$Saisonal_{t-2}$	-0.0358	0.0041	-8.66	0.0000	0.0030
		Gleichung für ΔLGDPEU6			
$\Delta LMEU6_{t-1}$	0.1686	0.0517	3.26	0.0015	0.0601
$\Delta LGDPEU6_{t-1}$	-0.1809	0.0838	-2.16	0.0334	0.1200
$\Delta LGDPEU6_{t-2}$	-0.1826	0.0945	-1.93	0.0562	0.1109
$ECLMEU6_{t-1}$	-0.0411	0.0118	-3.48	0.0008	0.0135
Konstante	-0.0207	0.0098	-2.11	0.0373	0.0105
$Saisonal_t$	-0.0189	0.0035	-5.37	0.0000	0.0032
		Gleichung für ΔINTEU6			
$\Delta INTEU6_{t-1}$	0.3928	0.0879	4.47	0.0000	0.1066
$ECLMEU6_{t-1}$	-0.6335	0.3097	-2.05	0.0435	0.3097
Konstante	-0.5237	0.2668	-1.96	0.0525	0.2792

In Tabelle 5.4b werden einige diagnostische Statistiken für die Einschätzung der Qualität des Modells bereitgestellt. Auch hier muß wieder die Verletzung der Normalitätsannahme vermutet werden, auch wenn die Abweichungen nicht so stark wie bei EU3 sind. Weiterhin deutet der White-Test leichte Heteroskedastizität an. Diese Beobachtung ist im Einklang mit einigen der heteroskedastizitäts-konsistenten Standardfehler aus Tabelle 5.4a - in der Spalte HCSE -, welche größer als die normalen Standardfehler sind. Da aber ohnehin ein paar nur marginal signifikante Variablen im Modell belassen wurden, verändert sich das Ergebnis praktisch nicht.

Im Vergleich zu EU3 fallen die deutlich niedrigeren Standardabweichungen der Geld- und der Zinssatzgleichung auf, während sie für die Einkommensgleichung etwas höher ist. Dieser positiven Entwicklung steht aber eine Verschlechterung der Vorhersagetests entgegen. Die Nullhypothese konstanter Parameter muß in der Chi^2-Form, aber nicht in der F-Form verworfen werden.

Tab. 5.4b: Diagnostische Tests des dynamischen Modells für enges Geld und EU6

Vektor-Resid.-Tests:	Gleichungs-Tests:		
	ΔLMEU6	ΔLGDPEU6	ΔINTEU6
Vektor-AR-Test:	AR-Test:	AR-Test:	AR-Test:
F(45,235) = 0.81	F(5,88) = 1.7	F(5,88) = 0.9	F(5,88) = 1.0
Vektor-Normalitäts-Test:	Normalitäts-Test:	Normalitäts-Test:	Normalitäts-Test:
$Chi^2(6)$ = 28.9**	$Chi^2(2)$ = 13.2**	$Chi^2(2)$ = 5.8	$Chi^2(2)$ = 10.0**
Vektor-White-Test (X_i^2):	White-Test:	White-Test:	White-Test:
F(72,430) = 1.5**	F(12,80) = 2.0*	F(12,80) = 1.7	F(12,80) = 1.7
	ARCH-Test:	ARCH-Test:	ARCH-Test:
	F(4,85) = 1.0	F(4,85) = 2.2	F(4,85) = 1.7
	Standardfehler:		
	0.0161	0.0118	0.3617

Vorhersage-Tests:
Standard-Chow-Test: $Chi^2(60)$ = 86.5*, F(60,96) = 1.44
Berücksichtigt Parameterunsicherheit: $Chi^2(60)$ = 82.1*, F(60,96)=1.37

LR-Test gegen das allgemeine VAR-System: $Chi^2(9)$ = 6.1

Um diesen Aspekt genauer zu beleuchten, wird die Darstellung der Vorhersageperiode in der Abbildung 5.3 illustriert. An den Konfidenzintervallen ist die im Vergleich zu EU3 geringere Standardabweichung zu erkennen. Auch ist eine stärkere saisonale Ausprägung der Serien zu verzeichnen, da für einige der verwendeten Länder keine saisonalbereinigten Werte in dem Datensatz vorliegen. Während manche der tatsächlichen Werte gerade noch innerhalb der Konfidenzintervalle liegen (1990:1, 1992:1, 1993:1), fällt die Beobachtung für 1991:1

heraus. Diese Fehlvorhersage ist leicht erklärbar, sie hängt mit den Schock der deutschen Wiedervereinigung zusammen. Warum war dieser Einfluß nicht bei EU3 wahrnehmbar? Wenn auf Abbildung 5.2 oben verwiesen wird, dann ist durchaus eine Unterschätzung der tatsächlichen Geldnachfrage in 1991:1 zu erkennen. Der Grund, warum die Beobachtung nicht aus den Konfidenzintervallen herausfällt, liegt wahrscheinlich darin, daß die Standardabweichung größer ist und Großbritannien weniger von Deutschland beeinflußt wird, als viele der in EU6 berücksichtigten kleinen Staaten.

Abb. 5.3: Vorhersage des Geldmengenwachstums (enge Definition) für EU6

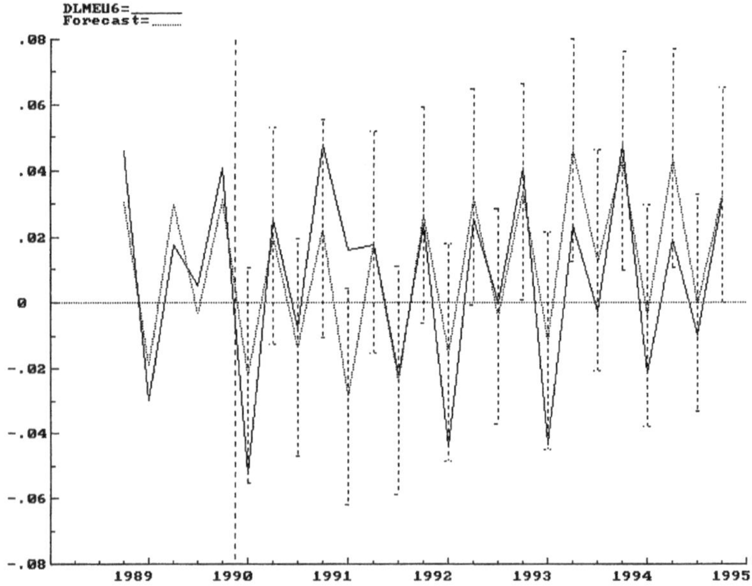

Hier kann die Verbindung zu den oben beschriebenen Resultaten über die Effekte der deutschen Wiedervereinigung hergestellt werden. Diese Ergebnisse unterstützen, zumindest für die europäische Ebene, die mehrheitliche Auffassung, daß ihre Wirkungen auf die Geldnachfrage nur temporärer Art waren. Auch wenn, wie argumentiert wurde, die EWU relativ größere Schocks auslöst als die deutsche Währungsunion, ist es durchaus nicht unwahrscheinlich, daß eine Rückkehr zu den ursprünglichen Parameterwerten stattfindet. Allerdings ist die empirische Basis für diese Interpretation immer noch unsicher, denn wie oben angedeutet wurde, werden sich die ökonomischen Akteure an die zukünftige Geldpolitik der EZB anpassen.

Hinsichtlich der inhaltlichen Interpretation der Ergebnisse für die Geldnachfragefunktion finden sich, ähnlich wie bei EU3, negative kurzfristige Dynamiken des Einkommenswachstums. Der Fehlerkorrekturterm ist wieder signifikant verschieden von Null, sowohl im statistischen wie auch ökonomischen Sinne. In der Einkommensgleichung führt ein Anstieg des Geldmengenwachstums zu einem positiven Einkommenswachstum. Das impliziert eindeutig Nichtneutralität des Geldes für das Länderaggregat EU6. Keine der anderen Variablen beeinflußt die Veränderungen des Zinssatzes im System.

6. Schätzung europäischer Geldnachfragen: Enger Geldbegriff und große EWU

Nun wird die EWU-Ländergruppe auf 10 Teilnehmer, das Aggregat EU10, erweitert. Die Ergebnisse der Kointegrationsanalyse für diesen Fall sind in Tabelle 5.5 aufgeführt:

Tab. 5.5: Kointegrationsvektoren für EU10 und EU14 bei engem Geldbegriff

	EU10			EU14		
Anzahl der Lags	5			3		
H_0	Eigenwert	LR(r,r+1)	LR(r,N)	Eigenwert	LR(r,r+1)	LR(r,N)
r = 0	0.25	28.2**	36.1**	0.29	33.5**	40.7**
$r \leq 1$	0.07	7.6	8.0	0.07	7.1	7.2
$r \leq 2$	0.003	0.31	0.31	0.001	0.10	0.10
Standardisierte Eigenvektoren	LMEU10	LGDPEU10	IntEU10	LMEU14	LGDPEU14	IntEU14
$\hat{\beta}'$	1	-1.41	0.13	1	-1.87	0.17
$\hat{b}_1'$	-0.49	1	-0.03	-0.64	1	-0.02
$\hat{b}_2'$	201	-139	1	137	-110	1
Standardisierte Ladungen						
$\hat{\alpha}'$	-0.08	-0.02	-2.5	-0.04	-0.02	-0.60
$\hat{a}_1'$	0.03	-0.03	0.23	0.05	-0.03	0.57
$\hat{a}_2'$	-0.0006	-0.0001	0.001	-0.00003	-0.000003	-0.12

Hinweis: LR(r,r+1) ist die Teststatistik für den Maximum-Eigenwert-Test und LR(r, N) für den Spur-Test. Die kritischen Werte stammen von Osterwald-Lenum (1992).

Genau wie in den vorherigen Analysen ergibt sich ein signifikanter Kointegrationsvektor. Die Resultate der Tests auf schwache Exogenität ($Chi^2(2) = 16.1^{**}$) und Einkommenselastizität von eins ($Chi^2(2) = 8.2^{**}$) führen zu einer Ablehnung der Nullhypothesen. Das Modell ist daher im Systemrahmen zu schätzen, und es kann auch keine Restriktion des Kointegrationsvektors vorgenommen werden. Die im System aufgenommene Identitätsbeziehung (5.6) des Fehlerkorrekturterms hat folgendes Aussehen:

(5.6) $ECLMEU10_t = \Delta LMEU10_t - 1.4\ \Delta LGDPEU10_t + 0.13\ \Delta INTEU10_t + ECLMEU10_{t-1}$

In Tabelle 5.6a sind die Parameterwerte der FIML-Schätzung aufgelistet:

Tab. 5.6a: Schätzung eines dynamischen Modells für enges Geld und EU10

Variable	Koeffizient	Std.fehler	t-Wert	t-Wahrsch.	HCSE
		Gleichung für ΔLMEU10			
$\Delta LGDPEU10_{t-1}$	-0.3954	0.2015	-1.96	0.0526	0.2409
$\Delta LGDPEU10_{t-2}$	-0.8874	0.2547	-3.48	0.0008	0.4216
$ECLMEU10_{t-1}$	-0.0832	0.0209	-3.99	0.0001	0.0352
Konstante	-0.3643	0.0997	-3.66	0.0004	0.1669
$Saisonal_t$	-0.0387	0.0071	-5.49	0.0000	0.0121
$Saisonal_{t-2}$	-0.0388	0.0071	-5.48	0.0000	0.0062
		Gleichung für ΔLGDPEU10			
$\Delta LMEU10_{t-4}$	0.0789	0.0345	2.29	0.0244	0.0198
$\Delta LGDPEU10_{t-1}$	-0.3154	0.0945	-3.34	0.0012	0.1304
$\Delta LGDPEU10_{t-2}$	-0.2591	0.0928	-2.79	0.0063	0.1100
$ECLMEU10_{t-1}$	-0.0362	0.0082	-4.40	0.0000	0.0092
Konstante	-0.1574	0.0392	-4.01	0.0001	0.0433
$Saisonal_t$	-0.0124	0.0033	-3.79	0.0003	0.0027
$Saisonal_{t-1}$	-0.0128	0.0032	-4.06	0.0001	0.0035
		Gleichung für ΔINTEU10			
$ECLMEU10_{t-1}$	-1.1585	0.4254	-2.72	0.0077	0.6484
Konstante	-5.5578	2.0517	-2.71	0.0080	3.1239

Eine Bewertung der Resultate kann wieder anhand der in Tabelle 5.6b präsentierten diagnostischen Statistiken erfolgen. Der Gesamteindruck der meisten Tests ist nicht schlecht, abgesehen von den nun schon bekannten Problemen mit der Normalitätsannahme. Im besonderen sind die Vorhersage-Tests hervorzuheben, die auf eine ausgeprägte Stabilität der geschätzten Parameter des Dreigleichungssystems über den Vorhersagehorizont hindeuten, auch wenn die Standardfehler etwas größer als für EU6 sind.

In Abbildung 5.4 sind die geschätzten und tatsächlichen Werte der EU10-Geldvariable abgetragen. Die ermittelte Stabilität aufgrund der Vorhersage-Tests spiegelt sich in den geringen Abweichungen der tatsächlichen Beobachtungen von den geschätzten wider. Ähnlich wie in den anderen Ländergruppen findet sich auch hier eine Unterschätzung der Werte für 1991:1, die als Einfluß der deutschen Wiedervereinigung interpretiert wurde. Da die Anzahl der Länder nun bereits recht groß ist, hat dieser nationale Schock im Modell keine signifikanten Auswirkungen auf die aggregierte europäische Geldnachfrage.

Die inhaltliche Analyse der Ergebnisse ergibt zuerst einen signifikant negativen Einfluß des Fehlerkorrekturterms auf die kurzfristige Dynamik. Im Einklang mit den bisherigen Resultaten ist auch die negative Wirkung des Einkommenswachstums auf das Wachstum der aggregierten Geldmenge. Für die Einkommensgleichung findet sich ein um vier Perioden verzögerter positiver Effekt des Geldmengenwachstums auf das Einkommenswachstum.

Tab. 5.6b: Diagnostische Tests des dynamischen Modells für enges Geld und EU10

Vektor-Resid.-Tests:	Gleichungs-Tests:		
	ΔLMEU10	ΔLGDPEU10	ΔINTEU10
Vektor-AR-Test:	AR-Test:	AR-Test:	AR-Test:
F(45,229) = 0.86	F(5,86) = 1.4	F(5,86) = 1.1	F(5,86) = 1.8
Vektor-Normalitäts-Test:	Normalitäts-Test:	Normalitäts-Test:	Normalitäts-Test:
$Chi^2(6)$ = 256.8**	$Chi^2(2)$ = 62.4**	$Chi^2(2)$ = 4.73	$Chi^2(2)$ = 187**
Vektor-White-Test (X_i^2):	White-Test:	White-Test:	White-Test:
F(66,417) = 1.46*	F(11,79) = 1.13	F(11,79) = 1.8	F(11,79) = 0.8
	ARCH-Test:	ARCH-Test:	ARCH-Test:
	F(4,83) = 0.04	F(4,83) = 1.1	F(4,83) = 8.4
	Standardfehler:		
	0.0264	0.0103	0.6181

Vorhersage-Tests:
Standard-Chow-Test: $Chi^2(60)$ = 52.4, F(60,94) = 0.87
Berücksichtigt Parameterunsicherheit: $Chi^2(60)$ = 49.9, F(60,94)= 0.83

LR-Test gegen das allgemeine VAR-System: $Chi^2(9)$ = 12.5

Damit zeigt sich abermals ein nicht-neutraler Einfluß des Geldes auf das Einkommen. Im Unterschied zum einperiodigen Lag in der Gleichung für EU6 ist die Wirkungsverzögerung hier von größerer Dauer.

Abb. 5.4: Vorhersage des Geldmengenwachstums (enge Definition) für EU10

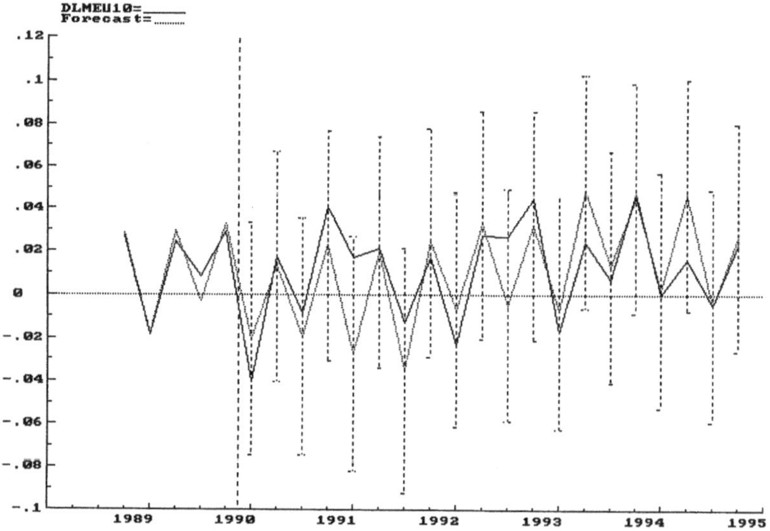

Schließlich enthält die Zinssatzgleichung, welche durch ihren hohen Standardfehler auffällt, neben den Dummy-Variablen nur den Fehlerkorrekturterm. Eine korrespondierende Spezifikation ergibt sich für EU3. Es ist offensichtlich, daß die Möglichkeiten, die Veränderung der Zinssätze - innerhalb des gegebenen Modellrahmens - akkurat zu beschreiben, vergleichsweise gering sind.

Zum Abschluß der Analyse des engen Geldmengenbegriffs wird eine die gesamte EU umfassende Ländergruppe (außer Luxemburg) untersucht, nämlich EU14. Die relevante Information zur Kointegrationsanalyse befindet sich oben in Tabelle 5.5. Wieder gelingt es, einen signifikanten langfristigen Gleichgewichtsvektor zu extrahieren. Allerdings müssen die Hypothesen der schwachen Exogenität der Einkommens- und Zinssatzvariablen ($Chi^2(2)$ = 17.7**) und der Einkommenselastizität von eins ($Chi^2(2)$ = 11.2**) abgelehnt werden. Der Fehlerkorrekturterm geht als Gleichung (5.7) in das EU14-System ein:

(5.7) $ECLMEU14_t = \Delta LMEU14_t - 1.87\ \Delta LGDPEU14_t + 0.17\ \Delta INTEU14_t + ECLMEU14_{t-1}$

Aus Tabelle 5.7a können die geschätzten Koeffizienten und die dazugehörigen Signifikanztests für EU14 entnommen werden:

Tab. 5.7a: Schätzung eines dynamischen Modells für enges Geld und EU14

Variable	Koeffizient	Std.fehler	t-Wert	t-Wahrsch.	HCSE
		Gleichung für ΔLMEU14			
$\Delta LGDPEU14_{t-1}$	-0.5638	0.2329	-2.42	0.0174	0.3106
$\Delta LGDPEU14_{t-2}$	-0.7573	0.2326	-3.26	0.0016	0.3862
$ECLMEU14_{t-1}$	-0.0467	0.0105	-4.47	0.0000	0.0167
Konstante	-0.4082	0.0992	-4.11	0.0001	0.1559
$Saisonal_t$	-0.0465	0.0059	-7.91	0.0000	0.0070
$Saisonal_{t-1}$	-0.0146	0.0069	-2.11	0.0371	0.0060
$Saisonal_{t-2}$	-0.0394	0.0062	-6.34	0.0000	0.0066
		Gleichung für ΔLGDPEU14			
$ECLMEU14_{t-1}$	-0.0152	0.0037	-4.07	0.0001	0.0035
Konstante	-0.1387	0.0364	-3.81	0.0002	0.0343
$Saisonal_t$	-0.0107	0.0021	-5.01	0.0000	0.0020
$Saisonal_{t-2}$	0.0072	0.0021	3.38	0.0010	0.0022
		Gleichung für ΔINTEU14			
$ECLMEU14_{t-1}$	-0.4915	0.2217	-2.22	0.0290	0.2632
Konstante	-4.7365	2.1572	-2.20	0.0305	2.5572

Wichtige diagnostische Tests und Informationen sind in Tabelle 5.7b zusammengefaßt. Wie vorher werden Probleme mit der Normalitätsannahme für die Verteilung der Residuen aufgedeckt. Darüber hinaus sind auch einige ARCH-Muster in der Zinssatzgleichung erkennbar. Auf der Vektorebene ist der White-Test signifikant, weshalb die HCSE in Tabelle 5.7a im Auge behalten werden sollten. Die Standardfehler der Einkommensvariablen in der Geldnachfragegleichung scheinen etwas unterschätzt worden zu sein. Die Vorhersagegenauigkeit ist gut, die Hypothese der Konstanz der Parameter innerhalb der Periode von 1990:1 bis 1994:4 ist nicht zu verwerfen.

Tab. 5.7b: Diagnostische Tests des dynamischen Modells für enges Geld und EU14

Vektor-Resid.-Tests:	Gleichungs-Tests:		
	ΔLMEU14	ΔLGDPEU14	ΔINTEU14
Vektor-AR-Test:	AR-Test:	AR-Test:	AR-Test:
F(45,238) = 0.97	F(5,89) = 1.2	F(5,89) = 1.5	F(5,89) = 2.0
Vektor-Normalitäts-Test:	Normalitäts-Test:	Normalitäts-Test:	Normalitäts-Test:
$Chi^2(6)$ = 293.9**	$Chi^2(2)$ = 86.2**	$Chi^2(2)$ = 6.0	$Chi^2(2)$ = 168**
Vektor-White-Test (X_i^2):	White-Test:	White-Test:	White-Test:
F(54,422) = 2.3**	F(9,84) = 1.5	F(9,84) = 1.5	F(9,84) = 0.5
	ARCH-Test:	ARCH-Test:	ARCH-Test:
	F(4,86) = 0.07	F(4,86) = 1.3	F(4,86) = 11.0**
	Standardfehler:		
	0.0196	0.0088	0.5208

Vorhersage-Tests:
Standard-Chow-Test: $Chi^2(60)$ = 71.6, F(60,97) = 1.19
Berücksichtigt Parameterunsicherheit: $Chi^2(60)$ = 68.3, F(60,97)= 1.14

LR-Test gegen das allgemeine VAR-System: $Chi^2(8)$ = 9.9

Eine kombinierte graphische Darstellung der berechneten Vorhersagewerte mit ihren Konfidenzintervallen und der tatsächlichen Beobachtungen ist in Abbildung 5.5 wiedergegeben. Alle realen Datenpunkte bleiben innerhalb der Konfidenzintervalle der vorausgesagten Werte. Wie angesichts der bisherigen Ergebnisse zu erwarten ist, hat die deutsche Wiedervereinigung mit ihrem stärksten Effekt in 1991:1 nur einen geringen Effekt auf die große Ländergruppe EU14. Etwas beunruhigend ist aber die Beobachtung, daß ab 1992:3 die geschätzten Werte immer größer als die tatsächlichen sind. Weiterhin scheint sich in 1994 eine Lücke im Niveau der beiden Serien aufzutun, auch wenn die Struktur der Schwankungen immer noch sehr ähnlich ist. Zu diesem Zeitpunkt ist es schwierig zu sagen, ob es sich dabei um ein temporäres Phänomen handelt oder ob sich ein struktureller Bruch im Niveau der Serien abzeichnet.

Rein ökonometrisch gesehen, könnte diese Entwicklung leicht durch die Einführung einer Stufen-Dummy-Variable abgefangen werden. Damit würde auch den Anforderungen an die benötigten Informationen für die zukünftige Durchführung der Geldpolitik Rechnung getragen.

Abb. 5.5: Vorhersage des Geldmengenwachstums (enge Definition) für EU14

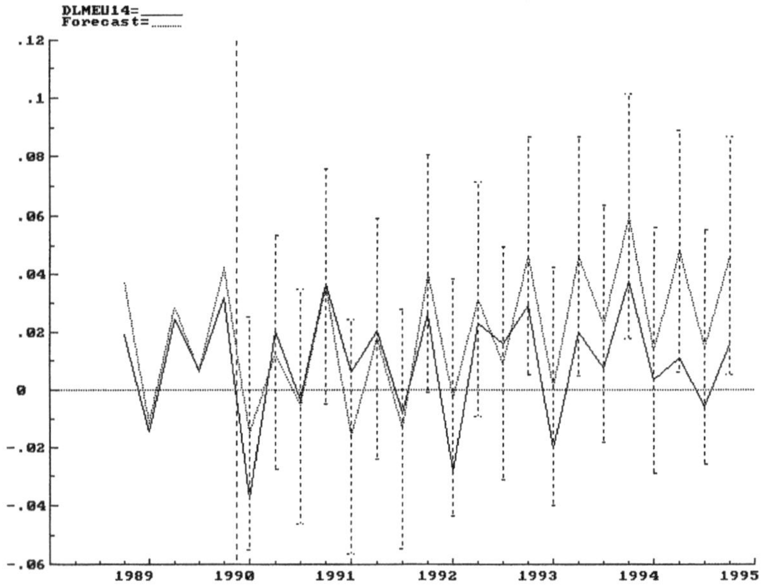

Diese Argumentation gilt natürlich nur noch sehr begrenzt, falls es sich doch um eine strukturelle Veränderung der aggregierten Geldnachfrage handeln sollte. Werden aber zusätzlich die Ergebnisse der anderen EU-Länderaggregate herangezogen, so deutet wenig auf einen allgemeinen Strukturbruch hin.

Zum Abschluß kann die Diskussion der Schätzwerte aus Tabelle 5.7a kurz gehalten werden, denn inhaltlich ändert sich wenig im Vergleich zu den Ergebnissen für die anderen Staatengruppen: Ein kurzfristiger negativer Einfluß des Einkommens auf die Geldnachfrage ist zu beobachten, und ein signifikanter Fehlerkorrekturterm verbleibt neben einigen Dummy-Variablen nach dem sequentiellen Testen in der Gleichung. Die Form der anderen Gleichungen nähert sich der Spezifikation von EU3 stark an, d.h. der Fehlerkorrekturterm ist die einzige inhaltliche Variable, welche für die Erklärung des Einkommenswachstums und der Zinssatzveränderungen von Bedeutung ist.

In den nächsten beiden Abschnitten ist zu untersuchen, ob die ermittelten Resultate auch bei der Verwendung eines weiten Geldbegriffs Bestand haben.

7. Schätzung europäischer Geldnachfragen: Weiter Geldbegriff und kleine EWU

Hinsichtlich der gewählten empirischen Methodik wird völlig analog zur Schätzung der Nachfragen nach engem Geld verfahren. Aufgrund der Wiederholung vieler Aspekte kann die Besprechung der Ergebnisse kürzer ausfallen. In Tabelle 5.8 sind die Resultate der Kointegrationsanalyse für EU3 aufgeführt.

Tab. 5.8: Kointegrationsvektoren für EU3 und EU6 bei weitem Geldbegriff

	EU3			EU6		
Anzahl der Lags	1			2		
H_0	Eigenwert	LR(r,r+1)	LR(r,N)	Eigenwert	LR(r,r+1)	LR(r,N)
r = 0	0.31	37.33**	44.5**	0.23	26.4**	34.4**
r ≤ 1	0.06	6.1	7.1	0.08	7.8	8.0
r ≤ 2	0.01	1.0	1.0	0.002	0.15	0.15
Standardisierte Eigenvektoren	LMQEU3	LGDPEU3	INTEU3	LMQEU6	LGDPEU6	INTEU6
$\hat{\beta}'$	1	-2.25	0.14	1	-1.78	0.12
$\hat{b}_1'$	-0.47	1	-0.008	-0.54	1	-0.009
$\hat{b}_2'$	158	-222	1	-72.9	87.0	1
Standardisierte Ladungen						
$\hat{\alpha}'$	-0.04	-0.02	-1.02	-0.04	-0.02	-0.56
$\hat{a}_1'$	0.05	-0.05	1.55	0.06	-0.07	0.51
$\hat{a}_2'$	0.00007	0.000008	-0.004	0.00004	0.0000008	-0.002

Hinweis: LR(r,r+1) ist die Teststatistik für den Maximum-Eigenwert-Test und LR(r, N) für den Spur-Test. Die kritischen Werte stammen von Osterwald-Lenum (1992).

Es ergibt sich ein klar signifikanter Kointegrationsvektor. Die Einkommenselastizität ist eindeutig größer als in der Schätzung für enges Geld. Wird der Koeffizient des Einkommenseffekts gegen eins getestet, so ist die Nullhypothese zu verwerfen ($Chi^2(2) = 20.0^{**}$). Dagegen weist die (Semi-) Zinselastizität einen etwas geringeren Wert als im Fall des engen Geldes aus. Die Ladung des Kointegrationsvektors in der Geldnachfragegleichung ist im Vergleich zu den nationalen Schätzungen akzeptabel hoch, aber ebenfalls kleiner als bei engem Geld. Die Tests auf schwache Exogenität führen zu einer Ablehnung der Nullhypothese ($Chi^2(2) = 18.9^{**}$). In der weiteren Modellierung des ECM wird die langfristige Beziehung (5.8) genutzt:

$$(5.8)\ ECLMQEU3_t = \Delta LMQEU3_t - 2.25\ \Delta LGDPEU3_t + 0.14\ \Delta INTEU3_t + ECLMQEU3_{t-1}$$

Die Ergebnisse der Schätzung des vollständigen ECMs sind Tabelle 5.9a zu entnehmen:

Tab. 5.9a: Schätzung eines dynamischen Modells für weites Geld und EU3

Variable	Koeffizient	Std.fehler	t-Wert	t-Wahrsch.	HCSE
		Gleichung für ΔLMEU3			
$ECLMQEU3_{t-1}$	-0.0382	0.0088	-4.35	0.0000	0.0103
Konstante	-0.4700	0.1148	-4.09	0.0001	0.1324
$Saisonal_t$	-0.0292	0.0052	-5.61	0.0000	0.0063
$Saisonal_{t-1}$	-0.0169	0.0052	-3.29	0.0014	0.0052
$Saisonal_{t-2}$	-0.0146	0.0051	-2.83	0.0056	0.0042
		Gleichung für ΔLGDPEU3			
$ECLMQEU3_{t-1}$	-0.0153	0.0047	-3.28	0.0014	0.0036
Konstante	-0.1879	0.0606	-3.10	0.0025	0.0470
$Saisonal_t$	-0.0064	0.0024	-2.73	0.0074	0.0022
$Saisonal_{t-1}$	-0.0085	0.0023	-3.64	0.0004	0.0025
		Gleichung für ΔINTEU3			
$ECLMQEU3_{t-1}$	-1.0680	0.3609	-2.96	0.0039	0.5524
Konstante	-13.909	4.7095	-2.95	0.0040	7.2058

Es ist zu erkennen, daß der Einfluß des Fehlerkorrekturterms signifikant von null verschieden ist.

Tab. 5.9b: Diagnostische Tests des dynamischen Modells für weites Geld und EU3

Vektor-Resid.-Tests:	Gleichungs-Tests:		
	ΔLMQEU3	ΔLGDPEU3	ΔINTEU3
Vektor-AR-Test:	AR-Test:	AR-Test:	AR-Test:
F(45,235) = 0.77	F(5,89) = 0.8	F(5,89) = 1.6	F(5,89) = 1.6
Vektor-Normalitäts-Test:	Normalitäts-Test:	Normalitäts-Test:	Normalitäts-Test:
$Chi^2(6) = 320.6^{**}$	$Chi^2(2) = 35.3^{**}$	$Chi^2(2) = 50.5^{**}$	$Chi^2(2) = 237.3^{**}$
Vektor-White-Test (X_i^2):	White-Test:	White-Test:	White-Test:
F(30,342) = 1.3	F(5,88) = 1.4	F(5,88) = 0.5	F(5,88) = 1.6
	ARCH-Test:	ARCH-Test:	ARCH-Test:
	F(4,86) = 6.4**	F(4,86) = 3.5*	F(4,86) = 8.9**
	Standardfehler:		
	0.0182	0.0096	0.7491
Vorhersage-Tests:			
Standard-Chow-Test: $Chi^2(60) = 77.9$, F(60,96) = 1.3			
Berücksichtigt Parameterunsicherheit: $Chi^2(60) = 74.1$, F(60,96)=1.2			
LR-Test gegen das allgemeine VAR-System: $Chi^2(4) = 6.1$			

Der Ladungsparameter entspricht fast genau der Schätzung aus der Kointegrationsanalyse. Ansonsten sind in der Geldnachfragegleichung lediglich deterministische Variablen signifikant. Eine gleichermaßen beschränkte Dynamik ergibt sich für die Einkommens- und Zinssatzgleichung. Das Wachstum des weiten Geldmengenaggregats hängt noch weniger von den dynamischen Lags ab als das für enges Geld.
In Tabelle 5.9b sind die diagnostischen Tests für die Schätzung aufgeführt. Wie zu erkennen ist, treten auch hier wieder Probleme mit der Normalitätsannahme auf. Dazu kommen ARCH-Effekte in allen Gleichungen. Dies könnte mit dem Einfluß anderer, nicht-modellierter Einflußfaktoren zusammenhängen.
Die Standardfehler der Geldgleichung sind fast halb so groß wie in der Schätzung mit engem Geld, die anderen praktisch identisch. Angesichts der sparsamen Modelle ist es unwahrscheinlich, daß dies auf eine bessere Spezifikation hinweist. Vielmehr hängt es zumindest teilweise mit der geringeren Varianz der weit definierten Geldmenge im Vergleich zur engeren Definition zusammen. Wenn die Resultate der Vorhersage-Tests betrachtet werden, dann kann die Hypothese der Stabilität des Zusammenhangs nicht verworfen werden. Offensichtlich genügt der Fehlerkorrekturterm, um die nichtsaisonalen Schwankungen der Zeitreihe abzubilden. Die Darstellung des Vorhersageverhaltens der Geldnachfragegleichung erfolgt in Abbildung 5.6.

Abb. 5.6: Vorhersage des Geldmengenwachstums (weite Definition) für EU3

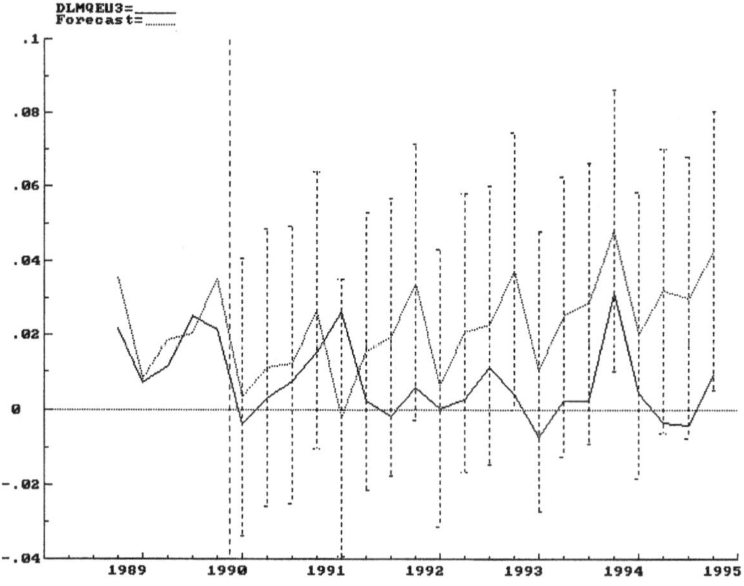

Obwohl die tatsächlichen Werte innerhalb der Konfidenzintervalle bleiben, scheint sich ab Ende 1993 ein gewisser abweichender Niveaueffekt einzustellen. Eine andere Interpretation der Graphik wäre aber, daß über fast den gesamten Vorhersagezeitraum das Geldwachstum überschätzt wird. Nur durch die spezifischen Schocks aufgrund der deutschen Wiedervereinigung, welche auf die Datenreihen am stärksten in 1991:1 wirken, kommt es zu einer einmaligen Unterschätzung. Falls diese zweite Interpretation richtig ist, dann wäre zu erwarten, daß irgendwann in den nächsten Vorhersageperioden die tatsächlichen Werte außerhalb der Konfidenzintervalle liegen. Sollten die Ergebnisse für die Politikanalyse und Vorhersage genutzt werden, dann wäre zumindest die Neuschätzung der Gleichungen mit aktuelleren Beobachtungen sinnvoll. Ist dadurch die Vorhersagefähigkeit nicht zu verbessern, so wäre gegebenenfalls eine Neuspezifikation der Schätzung nötig.
Als nächstes sind die Kointegrationsergebnisse in Tabelle 5.8 für EU6 zu studieren. Die geschätzten Elastizitäten des signifikanten Kointegrationsvektor sind (absolut) geringer als im vorhergehenden Fall. Dies deckt sich durchaus mit den Resultaten für enges Geld, dort allerdings auf einem niedrigeren absoluten Niveau. Der Anpassungsparameter für die Geldnachfragegleichung ist gleich groß. Es müssen sowohl die Hypothese der schwachen Exogenität der Einkommens- und Zinsvariablen ($Chi^2(2) = 11.1^{**}$) als auch diejenige einer Einkommenselastizität von eins ($Chi^2(2) = 24.5^{**}$) verworfen werden.

Tab. 5.10a: Schätzung eines dynamischen Modells für weites Geld und EU6

Variable	Koeffizient	Std.fehler	t-Wert	t-Wahrsch.	HCSE
		Gleichung für ΔLMQEU6			
$\Delta LMQEU6_{t-1}$	0.2185	0.0966	2.26	0.0259	0.2520
$ECLMQEU6_{t-1}$	-0.0360	0.0104	-3.46	0.0008	0.0133
Konstante	-0.2742	0.0850	-3.23	0.0017	0.1066
$Saisonal_t$	-0.0235	0.0048	-4.90	0.0000	0.4422
$Saisonal_{t-2}$	-0.0162	0.0045	-3.62	0.0005	0.4146
		Gleichung für ΔLGDPEU6			
$ECLMQEU6_{t-1}$	-0.0210	0.0073	-2.87	0.0050	0.0065
Konstante	-0.1610	0.0596	-2.70	0.0082	0.0534
$Saisonal_t$	-0.0153	0.0032	-4.81	0.0000	0.0030
$Saisonal_{t-2}$	0.0065	0.0032	2.05	0.0429	0.0033
		Gleichung für ΔINTEU6			
$\Delta INTEU6_{t-1}$	0.4395	0.0918	4.79	0.0000	0.1141
$ECLMQEU6_{t-1}$	-0.4929	0.2049	-2.41	0.0181	0.2071
Konstante	-4.0136	1.6742	-2.40	0.0185	1.7035

Im ECM wird die Gleichung 5.9 für den Fehlerkorrekturterm genutzt:

(5.9) $ECLMQEU6_t = \Delta LMQEU6_t - 1.78\ \Delta LGDPEU6_t + 0.12\ \Delta INTEU6_t + ECLMQEU6_{t-1}$

Das nach den sequentiellen Tests verbleibende dynamische Modell wird in Tabelle 5.10a dargestellt. Der Einfluß anderer Variablen neben dem Fehlerkorrekturterm ist nun etwas ausgeprägter, aber die kurzfristige Dynamik erscheint immer noch sehr rudimentär. Aus den diagnostischen Tests in Tabelle 5.10b ist zu erkennen, daß die Standardfehler der Geldnachfragegleichung etwas geringer als für EU3, aber größer im Vergleich zur Schätzung mit engem Geld sind.

Tab. 5.10b: Diagnostische Tests des dynamischen Modells für weites Geld und EU6

Vektor-Resid.-Tests:	Gleichungs-Tests:		
	ΔLMQEU6	ΔLGDPEU6	ΔINTEU6
Vektor-AR-Test:	AR-Test:	AR-Test:	AR-Test:
F(45,232) = 1.2	F(5,86) = 1.9	F(5,86) = 2.5*	F(5,86) = 1.3
Vektor-Normalitäts-Test:	Normalitäts-Test:	Normalitäts-Test:	Normalitäts-Test:
$Chi^2(6) = 118.7^{**}$	$Chi^2(2) = 93.1^{**}$	$Chi^2(2) = 16.0^{**}$	$Chi^2(2) = 9.4^{**}$
Vektor-White-Test (X_i^2):	White-Test:	White-Test:	White-Test:
F(66,422) = 2.8**	F(11,79) = 6.0**	F(11,79) = 1.2	F(11,79) = 1.4
	ARCH-Test:	ARCH-Test:	ARCH-Test:
	F(4,83) = 5.0**	F(4,83) = 1.9	F(4,83) = 1.7
	Standardfehler:		
	0.0176	0.0128	0.3598

Vorhersage-Tests:
Standard-Chow-Test: $Chi^2(60) = 68.8$, F(60,95) = 1.15
Berücksichtigt Parameterunsicherheit: $Chi^2(60) = 65.9$, F(60,95)=1.10

LR-Test gegen das allgemeine VAR-System: $Chi^2(12) = 13.2$

Neben den bekannten Problemen mit der Normalitätsannahme ist auch der Vektor-White-Test signifikant. Die angezeigten Schwierigkeiten mit Heteroskedastizität scheinen insbesondere aus der Geldnachfragegleichung zu resultieren. Ein Blick auf die HCSE in Tabelle 5.10a läßt vermuten, daß die Standardfehler für fast alle Variablen teilweise deutlich unterschätzt werden. Lediglich die Schätzungen für den Parameter des Fehlerkorrekturterms und die Konstante machen einen robusten Eindruck. Dieses Ergebnis deutet an, daß die verzögerte Geldmengenvariable vermutlich auch aus der Gleichung entfernt werden sollte. Da sich dann die Dynamiken aber weiter reduzierten, wurde sie in der Gleichung behalten.
Die Vorhersagefähigkeit des Systems ist laut der relevanten Tests sehr gut. Einen konkreten Eindruck von der Stabilität der Geldnachfragegleichung liefert Abbildung 5.7. Auch wenn zu keinem Zeitpunkt der Vorhersageperiode die Konfidenzintervalle verlassen werden, tendiert die Gleichung dazu, ähnlich wie bei EU3, das Geldmengenwachstum zu überschätzen. Allerdings werden einzelne Vorhersagen auch nach dem Schock der deutschen Wiedervereinigung etwas unterschätzt (1992:3, 1993:3), und es scheint sich keine zuneh-

mende Lücke zu bilden. Die letzte Vorhersage in 1994:4 nähert sich wieder recht gut an die tatsächlichen Werte an.

Abb. 5.7: Vorhersage des Geldmengenwachstums (weite Definition) für EU6

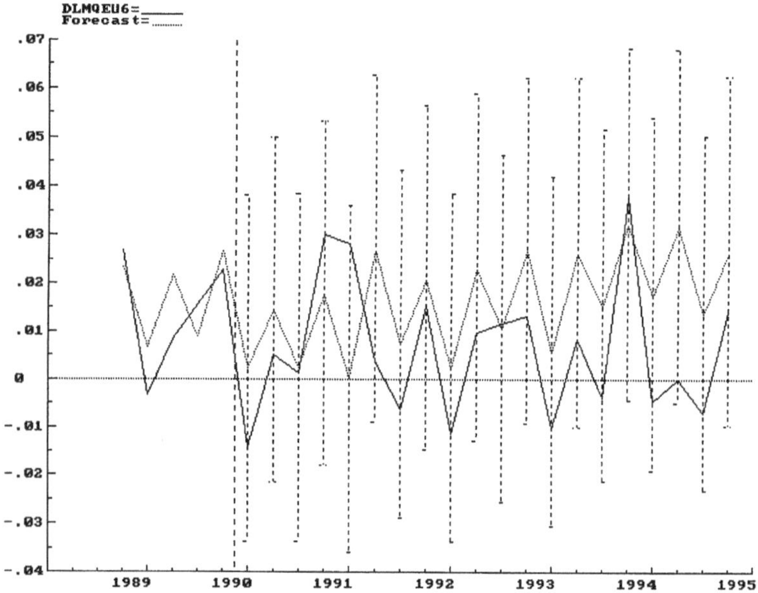

Im nächsten und letzten Abschnitt zur empirischen Schätzung von europäischen Geldnachfragen werden die Auswirkungen einer Vergrößerung der Ländergruppe auf die Resultate für eine weite Gelddefinition untersucht.

8. Schätzung europäischer Geldnachfragen: Weiter Geldbegriff und große EWU

Die Ergebnisse der Kointegrationsanalyse für EU10 sind Tabelle 5.11 zu entnehmen. Wieder findet sich ein Kointegrationsvektor, der bei einem 1%-Niveau signifikant ist. Die Einkommenselastizität ist ebenfalls hoch, sie liegt bei 2.06, die (Semi-) Zinselastizität bei 0.12. Die Testergebnisse der LR-Tests zeigen, daß die Hypothese der schwachen Exogenität ($Chi^2(2)$ = 16.1**) und der Einkommenselastizität von eins ($Chi^2(2)$ = 13.5**) verworfen werden können.

Tab. 5.11: Kointegrationsvektoren für EU10 und EU14 bei weitem Geldbegriff

	EU10			EU14		
Anzahl der Lags	2			3		
H_0	Eigenwert	LR(r,r+1)	LR(r,N)	Eigenwert	LR(r,r+1)	LR(r,N)
r = 0	0.26	29.4**	36.0**	0.21	23.8*	30.3*
r ≤ 1	0.06	5.7	6.6	0.06	6.5	6.5
r ≤ 2	0.009	0.9	0.9	0.000007	0.0007	0.0007
Standardisierte Eigenvektoren	LMQEU10	LGDPEU10	IntEU10	LMQEU14	LGDPEU14	IntEU14
$\hat{\beta}'$	1	-2.06	0.12	1	-2.2	0.14
$\hat{b}_1'$	-0.49	1	-0.01	-0.55	1	-0.008
$\hat{b}_2'$	-501	682	1	-50.5	61.6	1
Standardisierte Ladungen						
$\hat{\alpha}'$	-0.03	-0.02	-1.22	-0.02	-0.02	-0.69
$\hat{a}_1'$	0.03	-0.06	1.46	0.03	-0.07	3.1
$\hat{a}_2'$	-0.00002	-0.000001	0.001	0.000004	-0.000001	-0.0002

Hinweis: LR(r,r+1) ist die Teststatistik für den Maximum-Eigenwert-Test und LR(r, N) für den Spur-Test. Die kritischen Werte stammen von Osterwald-Lenum (1992).

In der weiteren Analyse geht Identität (5.10) für die Einbeziehung des langfristigen Gleichgewichts in die dynamische Analyse ein:

(5.10) $ECLMQEU10_t = \Delta LMQEU10_t - 2.1\ \Delta LGDPEU10_t + 0.12\ \Delta INTEU10_t + ECLMQEU10_{t-1}$

Die Ergebnisse der Schätzung des ECM sind in Tabelle 5.12a aufgelistet.
Die Bedeutung der kurzfristigen Dynamiken scheint mit der Anzahl der aggregierten Länder weiter zu steigen. Wie bereits in einigen vorhergehenden Fällen, wird ein negativer Einfluß des um eine Periode verzögerten Einkommenswachstums auf das Geldmengenwachstum registriert. Umgekehrt hat das Geldmengenwachstum der Vorperiode eine positive Wirkung auf das aktuelle Einkommenswachstum. Im Einklang mit den Bemerkungen zur Analyse des engen Geldkonzepts handelt es sich dabei um Hinweise auf die Nicht-Neutralität des Geldes. Schließlich ergibt sich nach einem Anstieg des Geldmengenwachstums ein Quartal später eine negative Reaktion der Zinsvariable. Diese Einflußrichtung ist theoretisch konsistent und deutet auf die Möglichkeit der kurzfristigen Zinssteuerung über die Veränderung der Geldmenge hin.
Allerdings ist dabei der im allgemeinen geringen Robustheit der Schätzung von kurzfristigen Dynamiken besonders Rechnung zu tragen. Ein geldpolitisches Ausnutzen dieses Zusammenhangs kann zu einer Verhaltensänderung der Geldmarktakteure führen und damit die gewünschte Wirkung konterkarieren. Auch wenn nicht zu erwarten ist, daß sich das Vorzeichen umdreht, so können Änderung des Wirkungsparameters und der Länge der Verzögerung nicht ausgeschlossen werden.

Tab. 5.12a: Schätzung eines dynamischen Modells für weites Geld und EU10

Variable	Koeffizient	Std.fehler	t-Wert	t-Wahrsch.	HCSE
		Gleichung für ΔLMQEU10			
$\Delta LMQEU10_{t-1}$	0.2970	0.0944	3.15	0.0022	0.1995
$\Delta LGDPEU10_{t-1}$	-0.2695	0.1235	-2.18	0.0316	0.1437
$ECLMQEU10_{t-1}$	-0.0339	0.0086	-3.93	0.0002	0.0106
Konstante	-0.3730	0.1011	-3.69	0.0004	0.1227
$Saisonal_t$	-0.0315	0.0041	-7.77	0.0000	0.0047
$Saisonal_{t-1}$	-0.0168	0.0045	-3.72	0.0003	0.0057
$Saisonal_{t-2}$	-0.0213	0.0038	-5.58	0.0000	0.0042
		Gleichung für ΔLGDPEU10			
$\Delta LMQEU10_{t-1}$	0.1747	0.0796	2.19	0.0307	0.0899
$\Delta LGDPEU10_{t-1}$	-0.2680	0.0982	-2.73	0.0076	0.1375
$ECLMQEU10_{t-1}$	-0.0209	0.0074	-2.84	0.0056	0.0067
Konstante	-0.2321	0.0865	-2.68	0.0086	0.0785
$Saisonal_t$	-0.0222	0.0029	-7.65	0.0000	0.0029
$Saisonal_{t-1}$	-0.0111	0.0032	-3.46	0.0008	0.0031
		Gleichung für ΔINTEU10			
$\Delta LMQEU10_{t-1}$	-8.1003	3.7441	-2.16	0.0330	4.2704
$ECLMQEU10_{t-1}$	-1.2245	0.3808	-3.22	0.0018	0.5517
Konstante	-14.372	4.4973	-3.20	0.0019	6.4945

Die Ergebnisse der diagnostischen Tests sind in Tabelle 5.12b dargestellt. Die Standardfehler der Geldgleichung sind niedriger als im Falle des engen Geldbegriffs und der bisher behandelten Aggregationsgruppen für weites Geld.

Neben den Normalitätsproblemen ergibt sich eine Signifikanz des White-Tests, welche auf Heteroskedastizität hindeutet. Tatsächlich gibt es Hinweise auf mögliche Unterschätzungen der Standardfehler für die Geldmengen- und Zinsgleichung. Allerdings würde bei Nutzung der HCSE lediglich die t-Statistik des autoregressiven Terms in der Geldgleichung an statistischer Signifikanz verlieren. Weiterhin müssen für alle Gleichungen ARCH-Effekte in den Residuen festgestellt werden.

Die Vorhersage-Tests für das modellierte System sind wieder exzellent, die Hypothese stabiler Parameter kann nicht abgelehnt werden. Hinsichtlich der Geldnachfragegleichung ist erneut eine Tendenz zur Überschätzung des Geldmengenwachstums zu konstatieren. Dies geht aus Abbildung 5.8 hervor. Hier wird in 1994:2 sogar das Konfidenzintervall durch die tatsächliche Beobachtung nach unten verlassen. Während 1993 bereits einige der Werte klar von den Vorhersagen abweichen, kommt es in 1994 zu einer klaren Kluft zu den tatsächlichen Beobachtungen.

Tab. 5.12b: Diagnostische Tests des dynamischen Modells für weites Geld und EU10

Vektor-Resid.-Tests:	Gleichungs-Tests:		
	ΔLMQEU10	ΔLGDPEU10	ΔINTEU10
Vektor-AR-Test:	AR-Test:	AR-Test:	AR-Test:
F(45,229) = 0.89	F(5,86) = 0.6	F(5,86) = 1.6	F(5,86) = 1.1
Vektor-Normalitäts-Test:	Normalitäts-Test:	Normalitäts-Test:	Normalitäts-Test:
$Chi^2(6)$ = 233.1**	$Chi^2(2)$ = 46.6**	$Chi^2(2)$ = 4.2	$Chi^2(2)$ = 179.0**
Vektor-White-Test (X_i^2):	White-Test:	White-Test:	White-Test:
F(66,417) = 2.5**	F(11,79) = 3.4**	F(11,79) = 1.1	F(11,79) = 2.5**
	ARCH-Test:	ARCH-Test:	ARCH-Test:
	F(4,83) = 2.7*	F(4,83) = 3.8**	F(4,83) = 7.8**
	Standardfehler:		
	0.0125	0.0107	0.6041

Vorhersage-Tests:

Standard-Chow-Test: $Chi^2(60)$ = 74.3, F(60,94) = 1.24

Berücksichtigt Parameterunsicherheit: $Chi^2(60)$ = 69.4, F(60,94)= 1.16

LR-Test gegen das allgemeine VAR-System: $Chi^2(8)$ = 4.03

Hinsichtlich der praktischen Nutzbarkeit der Schätzgleichungen angesichts dieser Abweichungen, gelten hier im wesentlichen die Ausführungen zu EU3.

Abb. 5.8: Vorhersage des Geldmengenwachstums (weite Definition) für EU10

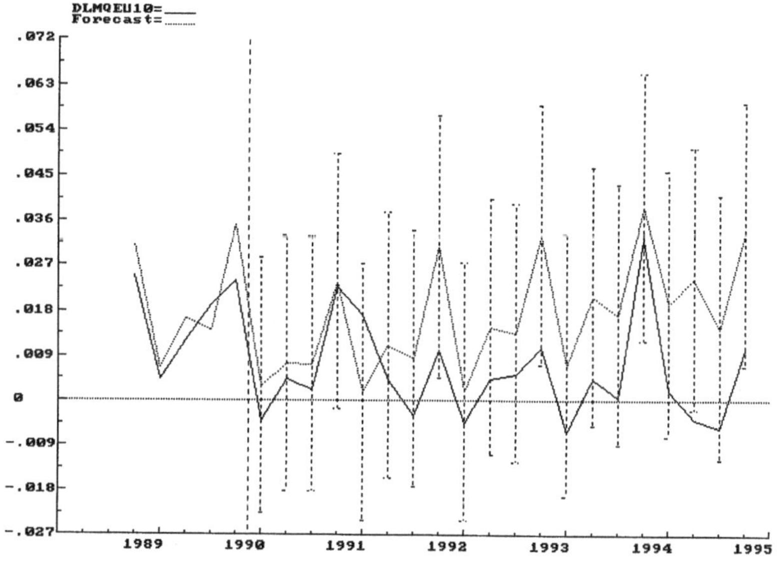

Zum Abschluß werden die Auswirkungen der Vergrößerung des Länderaggregats auf EU14 überprüft. In Tabelle 5.11 sind wieder die Kointegrationsresultate gegeben. Diesmal ist der Kointegrationsvektor nur bei einem Niveau von 5% signifikant, was aber angesichts der geringen Mächtigkeit der Tests völlig unproblematisch sein dürfte (s. Johansen/Juselius (1990)). Beide Schätzer für die Elastizitäten der langfristigen Geldnachfrage steigen gegenüber EU10 geringfügig an. Die Hypothese einer Einkommenselastizität von eins kann abgelehnt werden ($Chi^2(2) = 10.1^{**}$). Allerdings trifft dies nicht auf den Test auf schwache Exogenität der Zinsvariable zu ($Chi^2(2) = 4.2$). Folglich wird das ECM als zweidimensionales System mit Geld- und Einkommenswachstumsgleichung spezifiziert. Als Identitätsgleichung (5.11) des Fehlerkorrekturterms wird berücksichtigt:

$$(5.11)\ ECLMQEU14_t = \Delta LMQEU14_t - 2.2\ \Delta LGDPEU14_t + 0.14\ \Delta INTEU14_t + ECLMQEU14_{t-1}$$

Aus Tabelle 5.13a können die Schätzungen für das dynamische Modell entnommen werden.

Tab. 5.13a: Schätzung eines dynamischen Modells für weites Geld und EU14

Variable	Koeffizient	Std.fehler	t-Wert	t-Wahrsch.	HCSE
		Gleichung für ΔLMQEU14			
$\Delta LMQEU14_{t-1}$	0.2716	0.0927	2.93	0.0042	0.1626
$\Delta INTEU14_{t-2}$	-0.0055	0.0018	-3.02	0.0032	0.0023
$ECLMQEU14_{t-1}$	-0.0161	0.0046	-3.52	0.0007	0.0044
Konstante	-0.1789	0.0573	-3.12	0.0024	0.0538
$Saisonal_t$	-0.0276	0.0030	-9.29	0.0000	0.0029
$Saisonal_{t-1}$	-0.0105	0.0028	-3.81	0.0003	0.0033
$Saisonal_{t-2}$	-0.0177	0.0027	-6.59	0.0000	0.0027
		Gleichung für ΔLGDPEU14			
$\Delta LMQEU14_{t-1}$	0.2366	0.0819	2.89	0.0048	0.0959
$ECLMQEU14_{t-1}$	-0.0107	0.0042	-2.58	0.0116	0.0036
Konstante	-0.1280	0.0524	-2.44	0.0164	0.0453
$Saisonal_t$	-0.0151	0.0026	-5.78	0.0000	0.0023
$Saisonal_{t-2}$	0.0051	0.0022	2.33	0.0222	0.0019

Es ist zu erkennen, daß sich diesmal auch ein signifikant negativer Zinseffekt in der Geldgleichung ergibt. Daraus läßt sich auf die Möglichkeit der kurzfristigen Einflußnahme auf das Geldmengenwachstum durch die Veränderung der Zinsen schließen. Die Wirkungsverzögerung beträgt aber auch hier zwei Perioden. Als robust erscheint der positive Effekt des Geldmengenwachstums auf das Einkommenswachstum. Kurzfristige Zinseffekte spielen offenbar keine Rolle.

Aus Tabelle 5.13b ist zu ersehen, daß der White-Test auf Heteroskedastizität in den Residuen der Geldnachfragegleichung hindeutet. Ein Vergleich der Standardfehler in Tabelle

5.13a offenbart keine großen Probleme. Lediglich der autoregressive Term der Geldnachfragegleichung ist bei Anwendung der HCSE nur noch marginal signifikant. In der Einkommensgleichung scheint dafür der ausgewiesene Wert der t-Statistik etwas zu gering zu sein.

Tab. 5.13b: Diagnostische Tests des dynamischen Modells für weites Geld und EU14

Vektor-Resid.-Tests:	Gleichungs-Tests:	
	ΔLMQEU14	ΔLGDPEU14
Vektor-AR-Test:	AR-Test:	AR-Test:
$F(20,266) = 0.78$	$F(5,85) = 0.78$	$F(5,85) = 0.90$
Vektor-Normalitäts-Test:	Normalitäts-Test:	Normalitäts-Test:
$Chi^2(4) = 27.6^{**}$	$Chi^2(2) = 24.9^{**}$	$Chi^2(2) = 2.7$
Vektor-White-Test (X_i^2):	White-Test:	White-Test:
$F(45,226) = 2.1^{**}$	$F(15,74) = 2.4^{**}$	$F(15,74) = 1.3$
	ARCH-Test:	ARCH-Test:
	$F(4,82) = 1.7$	$F(4,82) = 1.3$
	Standardfehler:	
	0.0092	0.0085

Vorhersage-Tests:
Standard Chow-Test: $Chi^2(60) = 55.6$, $F(40,94) = 1.39$
Berücksichtigt Parameterunsicherheit: $Chi^2(60) = 52.0$, $F(40,94)= 1.30$

LR-Test gegen das allgemeine VAR-System: $Chi^2(8) = 4.8$

Die Einkommensgleichung macht in Hinblick auf die Testergebnisse einen sehr guten Eindruck. Selbst die Schwierigkeiten mit der Verletzung der Normalitätsannahme treten nicht auf. Der Standardfehler der Gleichung ist der geringste in allen hier untersuchten Spezifikationen. Auch für die Geldnachfragegleichung berechnet sich ein niedriger Standardfehler und damit eine hohe Anpassungsgüte. Geht diese gute Anpassung an die Stichprobe auf Kosten der Vorhersagefähigkeit? Die Vorhersagetests für das System deuten keinerlei Probleme an.

In Abbildung 5.9 ist die Gegenüberstellung der Vorhersagen und tatsächlichen Werte für die Geldnachfragegleichung noch einmal gesondert dargestellt. Auch hier ergibt sich ein ähnliches Bild wie bei den anderen Länderaggregaten. Nach der deutschen Wiedervereinigung tendiert das Modell dazu, die Geldnachfrage zu überschätzen. Allerdings bleiben die Abweichungen bis 1994 klar innerhalb der Konfidenzintervalle. Dann aber kommt es zu einer Fehlschätzung in 1994:2. Dieser Fehler sollte im Vergleich zu den vorhergehenden Darstellungen der kleineren Ländergruppen nicht überbewertet werden, denn die Konfidenzintervalle sind deutlich enger. Trotzdem bleibt die Kernaussage erhalten, daß spätestens ab 1994 das Modell anfängt, schlechtere Vorhersagen zu liefern. Im nächsten Abschnitt wird dieser Aspekt noch etwas weiter diskutiert.

Abb. 5.9: Vorhersage des Geldmengenwachstums (weite Definition) für EU14

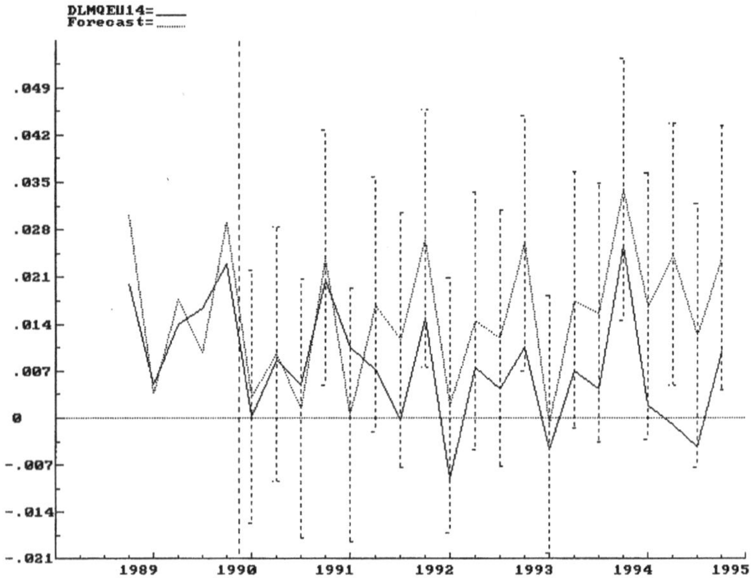

9. Zusammenfassung und wirtschaftspolitische Schlußfolgerungen

Als wichtige Schlußfolgerungen dieses Kapitels sind festzuhalten:
Mit einer relativ einheitlichen und einfachen Spezifikation der Geldnachfragefunktion ist es möglich, für fast alle EU-Mitgliedsländer eine statistisch und ökonomisch akzeptable langfristige Geldnachfrage zu ermitteln.
Ein typischer Wert für die Einkommenselastizität ist, basierend auf den LR-Tests, eins. Bei Verwendung der engen Gelddefinition sind auch kleinere Werte möglich, bei der weiten Gelddefinition nur größere. Die durchschnittliche (Semi-) Zinselastizität beträgt bei engem Geld 0.08 und bei weitem Geld 0.04, ist also halb so groß. Die Abweichungen zwischen den einzelnen Ländern sind relativ größer als bei der Einkommenselastizität.
Im vorhergehenden Kapitel zu theoretischen Modellen einer Währungsunion wurde die Bedeutung der Einkommenselastizität in einen Zusammenhang mit der möglichen adversen Wirkung von Fiskalpolitik gebracht. Um die Schlußfolgerung des einfachen Levin-Modells zu wiederholen, je höher die Einkommenselastizität des fiskalpolitisch expansiven Landes und je niedriger die des anderen WU-Landes, desto größer ist die Einkommenseinbuße des zweiten Landes. Dabei kann es vorkommen, daß sich das Einkommen der Währungsunion als Ganzes verringert.

Mit Hilfe der empirischen Geldnachfragestudien für die Mitgliedsländer der EU besteht die Möglichkeit, eine Antwort auf die Frage zu geben, wie plausibel ein solcher Effekt ist. Offensichtlich weichen die nationalen Einkommenselastizitäten voneinander ab. Im Falle des engen Geldkonzeptes sind die berechneten Einkommenselastizitäten für Spanien, Großbritannien, die Niederlande und - mit den oben ausgeführten Einschränkungen bezüglich der Validität der Schätzungen - Finnland und Irland relativ hoch. Andererseits haben sich für Frankreich und Portugal relativ niedrige Schätzungen ergeben. Bei einer Übertragung der theoretischen Aussagen auf diese Staaten haben die letzteren zwei Länder bei einer expansiven Fiskalpolitik anderer EU-Mitglieder besonders hohe Einkommensverluste zu erwarten.
Für die Ergebnisse bei der Verwendung der weiten Gelddefinition sind Großbritannien, Irland, Griechenland und etwas abgeschwächt auch Spanien, Deutschland, Österreich, Portugal und Finnland durch vergleichsweise hohe Einkommenselastizitäten gekennzeichnet. Alle verbleibenden Länder weisen eine Schätzung in der Nähe von eins auf. In diesem Fall bürden die aufgezählten Ländern dem Rest bei der Anwendung expansiver Fiskalpolitik möglicherweise hohe Kosten auf. Wenn umgekehrt angenommen wird, daß die Anwendung von expansiver Fiskalpolitik wünschenswert ist, dann spricht viel dafür, daß - wenn das Ziel die Steigerung des Unionseinkommens ist - die Länder mit einer vergleichsweise niedrigen Einkommenselastizität aktiv werden. Diese Überlegungen unterstützen die Forderung nach einer Koordination der Fiskalpolitiken in der EWU.
Eine andere Interpretation der Resultate aus den nationalen Geldnachfrageschätzungen ist auch möglich. Wenn Probleme der Fehlspezifikationen berücksichtigt werden, dann erscheinen die Schätzungen mit ihrem typischen Ergebnis einer Einkommenselastizität von eins als erstaunlich homogen. In dieser Hinsicht ist die in einigen der makroökonomischen Modelle getroffene Symmetrieannahme hinsichtlich der Geldnachfragefunktion durchaus nicht als unrealistisch zu bezeichnen. Gleichzeitig erscheint auch das theoretische Ergebnis eines fallenden aggregierten Unionseinkommen nicht mehr sehr wahrscheinlich. Damit verbunden ist die Aussage, daß von dieser Position aus eine fiskalpolitische Koordination nicht unbedingt nötig erscheint.
Im Einklang mit der vorhergehenden Analyse aggregierter europäischer Geldnachfragen wird der zweiten Interpretation ein stärkeres Gewicht zugemessen. In jedem Falle scheint klar, daß selbst wenn adverse Effekte auf das Unionseinkommen möglich sind, diese unter normalen Umständen kaum sehr stark ausfallen werden. Insbesondere dann nicht, wenn die anderen diskutierten Verfeinerungen in der theoretischen Modellstruktur berücksichtigt werden, wie beispielsweise flexible Preise und Zinsen. Außerdem verteilen sich, solange nur ein Land expansive Politik betreibt, die Einkommensverluste auf alle anderen Mitglieder, d.h. je größer die EWU, desto geringer die Belastungen eines einzelnen Landes. Kommt es aber zu einer unkontrollierten Anwendung des fiskalpolitischen Instrumentes, dann steigt natürlich auch die Bedrohung für die inaktiven Länder, bis letztlich alle nationalen Regierungen agieren und sich dadurch neutralisieren.
Ganz auszuschließen ist die Möglichkeit starker adverser Effekte natürlich nicht, denn immerhin besteht beispielsweise zwischen den plausiblen Schätzungen der Einkommenselastizität für Frankreich (0.5) und Großbritannien (2.28) keine geringe Differenz. Formten diese beiden Länder eine Währungsunion, so wären die absoluten Folgen einer expansiven

Fiskalpolitik durch Großbritannien im gegebenen Modellrahmen unter realistischen Parameterwerten für Frankreich ökonomisch bedeutsam. Diese Aussagen können anhand eines Zahlenbeispiels verdeutlicht werden. Zur Vereinfachung wird angenommen, daß die Variablen im einfachen Levin-Modell logarithmiert wären, und die Länder in Hinblick auf alle Parameter, außer den Einkommenselastizitäten der Geldnachfrage, symmetrisch seien. In Abhängigkeit von der numerischen Festlegung der anderen Parameter ergeben sich folgende Multiplikatoren (s = Sparquote, m = Importquote der WU-Länder, m^w = Importquote des RDW):

Bei $s = m = m^w = 0.5$: $\frac{\partial Y^{Frankreich}}{\partial G^{UK}} = -0.41$, $\frac{\partial Y^{UK}}{\partial G^{UK}} = 0.09$.

Bei $s = m = m^w = 0.3$: $\frac{\partial Y^{Frankreich}}{\partial G^{UK}} = -0.68$, $\frac{\partial Y^{UK}}{\partial G^{UK}} = 0.15$.

Bei $s = m = m^w = 0.1$: $\frac{\partial Y^{Frankreich}}{\partial G^{UK}} = -2.05$, $\frac{\partial Y^{UK}}{\partial G^{UK}} = 0.45$.

Es wird deutlich, daß die fiskalpolitischen Multiplikatoren erheblich von der Festlegung der restlichen Parameter abhängen, aber selbst wenn im - für das aktive Land - ungünstigsten Fall der Anstieg des Einkommens in Großbritannien nach einer Erhöhung der Staatsausgaben um eine Einheit nur 0.09 Einheiten beträgt, verliert Frankreich immer noch 0.41 Einheiten. Wenn die Parameter auf 0.1 festlegt würden, so wären die ökonomischen Folgen für Frankreich kaum noch akzeptabel. Von dieser Warte aus betrachtet wäre eher zu vermuten, daß Frankreich bei der Teilnahme an der EWU zögerte und nicht Großbritannien.
Wäre dagegen Frankreich das fiskalpolitisch aktive Land, so drehten sich die Werte um, im gerade besprochenen Beispiel stiege das französische Einkommen um 2.05 und das Einkommen in Großbritannien fiele um 0.45. Auch wenn die Ergebnisse aus Sicht der britischen Regierung nicht positiv zu nennen sind, so bestände doch die Möglichkeit, die Nettogewinne des aggregierten Unionseinkommens zu teilen. Es wäre dabei denkbar, daß Frankreich Großbritannien Transfers zukommen ließe, welche genau diese Einkommensverluste ausglichen. Einige theoretische Wirkungen von Transfers wurden in Kapitel IV diskutiert. Die Wirkung der expansiven Fiskalpolitik würde dann immer noch ausreichen, um nachfrageseitig bedingte Arbeitslosigkeit im politikaktiven Land zu bekämpfen.
Natürlich ist zu betonen, daß derartige Mechanismen angesichts der Komplexität der tatsächlichen wirtschaftlichen Systeme kaum zu realisieren sind. Die Identifikation der Folgen von einzelnen Politikmaßnahmen ist extrem schwierig und kann in vielen Fällen allenfalls qualitativ bestimmt werden. Trotzdem erscheint diese Art der Partialanalyse unerläßlich, um die Wirkungen der einzelnen Zusammenhänge einigermaßen zu verstehen.

Wie bereits ausgeführt, wird durch den Schritt hin zur Analyse der aggregierten europäischen Geldnachfragen angenommen, daß die Mikrofunktionen nicht zu unterschiedlich voneinander sind. Sollte diese Annahme nicht zutreffen, dann wäre mit größeren aggregationsbedingten Verzerrungen bei den Schätzungen zu rechnen. Für jede der untersuchten EU-Ländergruppen konnte ein signifikanter Kointegrationsvektor bestehend aus realem Geld (in

Logarithmen), realem Einkommen (in Logarithmen) und Zinsen abgeleitet werden. Darüber hinaus sind die Schätzungen sehr robust in Hinblick auf die Anzahl der verwendeten Zeitverzögerungen.
Was den Zusammenhang zwischen den Schätzungen für enges und weites europäisches Geld betrifft, so finden sich für die Einkommenselastizität durchgängig höhere Werte für weites Geld. Dieses Ergebnis steht durchaus im Einklang mit theoretischen Ergebnissen, denn es ist zu erwarten, daß die transaktions-motivierten Komponenten der Geldnachfrage bei der Verwendung des engen Geldbegriffs dominieren. Allerdings wurden auch im Falle des engen Geldbegriffs in der aggregierten europäischen Analyse keine Hinweise auf zunehmende Skalenerträge in der Geldhaltung entdeckt.
Die Einflüsse der Zinsen sind dagegen für beide Gelddefinitionen relativ ähnlich. Hier wäre ein größerer Einfluß des Zinssatzes auf das weite Geldaggregat denkbar gewesen, da die Wertaufbewahrungsfunktion stärker ausgeprägt sein dürfte. Solch ein Einfluß war aber auch nicht direkt aus den Ergebnissen für die nationalen Schätzungen abzuleiten.
Die kurzfristigen Dynamiken sind in den meisten Fällen nur sehr rudimentär ausgeprägt. Am häufigsten ergibt sich ein negativer Effekt des Einkommenswachstums auf das Geldmengenwachstum und ein positiver Effekt des Geldmengenwachstums auf das Einkommenswachstum. Während ersterer Einfluß schwierig zu interpretieren ist, deutet letzterer auf die kurzfristige Nicht-Neutralität des Geldes auf das Realeinkommen hin.
Die Vorhersagefähigkeit der Modelle ist generell gut. Dabei gelingt es besser, das Wachstum des engen Geldes verzerrungsfrei vorherzusagen. Für das weite Geldkonzept deuten einige der Graphiken auf eine systematische Überschätzung der tatsächlichen Werte hin. Auf der anderen Seite sind die Standardfehler für weites Geld im allgemeinen niedriger als im Falle des engen Geldbegriffs.

Wie oben bereits angedeutet wurde, sollte noch einmal das Problem diskutiert werden, ob die gewählte Analyse aggregierter europäischer Geldnachfragen ökonomisch gehaltvoll ist. Eine wichtige Beobachtung ist, daß die Ergebnisse robust und theoretisch plausibel sind. Weiterhin sind sie konsistent zu den anderen in der Literatur vorgestellten Untersuchungen. Dieser Punkt sagt allerdings wenig über die generelle Zulässigkeit der Schätzung europäischer Geldnachfragen aus.
Wenn die Nützlichkeit der Schätzung makroökonomischer Geldnachfragen zugestanden wird (siehe Hoffman/Rasche (1996) für einige Argumente), dann könnte mit Hilfe der Rückwärtsinduktion - von erfolgreichen Ergebnissen zur ökonomischen Sinnhaftigkeit der zugrunde gelegten Variablen - geschlossen werden, daß die Analyse ernst zu nehmen ist. Die Folgerung wäre dabei, daß die Nützlichkeit und Plausibilität der Ergebnisse die in der Modell- und Datenkonstruktion gemachten Annahmen rechtfertigt. Es sollte aber klar sein, daß die methodologische Validität der Rückwärtsinduktion fraglich ist, vor allem wenn man keiner strikten instrumentalen Vorstellung von Theorien, wie beispielsweise von Friedman (1953) vertreten, anhängt. Hier wird davon ausgegangen, daß der Wert des Arguments der Rückwärtsinduktion mehr in seinem möglichen Beitrag zur Überzeugung des Beobachters liegt (s. z.B. McCloskey (1994)), als in logischer Konsistenz.

Wenig überraschend ist die Feststellung, daß die aggregierten Serien glatter verlaufen als die nationalen. Während es für einige nationale Geldnachfrageschätzungen durchaus schwierig sein kann, die Autokorrelation in den Residuen zu beseitigen, so ist dies kein Problem für die aggregierten Zeitreihen. Die aggregierten Serien werden mit wenigen Lags modelliert und folglich sind auch die kurzfristigen Dynamiken eher unterentwickelt. Dies ist kein prinzipielles Problem, aber es wirft die Frage auf, warum auf nationaler Ebene die Anpassung oft eine lange Zeit braucht und kompliziert ist, während sie schnell und einfach auf aggregierter Ebene erfolgt. Denkbar wäre die Vorstellung, daß sich asymmetrische Schocks durch die Aggregatbildung gegenseitig neutralisieren. Es ist aber auch nicht auszuschließen, daß lediglich eine mechanische Glättung der Serien erfolgt, die letztlich keine ökonomisch relevanten Sachverhalte widerspiegelt.
Ein ähnlicher Punkt kann im Hinblick auf die Kointegrationsvektoren angerissen werden. Bei der Schätzung nationaler Geldnachfragen konnte beobachtet werden, wie schwierig es teilweise ist, interpretierbare Kointegrationsvektoren zu finden. Auf der europäischen Ebene ist dies allenfalls eine Randproblematik. Hier kann zur Erklärung immerhin auf die Integration der Geldmärkte und die Möglichkeit der Währungssubstitution verwiesen werden. Es ist aber unklar, wie stark dieses Argument an dieser Stelle ist: Es finden Daten ab Mitte der 60er Jahre Verwendung, und es ist unwahrscheinlich, daß innerhalb dieses Zeitraumes Währungssubstitution eine große Rolle gespielt hat.
Darüber hinaus könnte die exzellente Vorhersagefähigkeit der Modelle mehr dem Aggregationsprozeß zu verdanken sein, als einer adäquaten Spezifikation. Aber obwohl die Variationen in den aggregierten Variablen niedriger als in den vergleichbaren nationalen Serien sind, können sie nicht als gering angesehen werden. Weiterhin werden große Schocks, z.B. die Ölkrisen oder die deutsche Wiedervereinigung, klar abgebildet. Es ist daher entgegenzuhalten, daß es keineswegs selbstverständlich ist, so stabile und gut interpretierbare Beziehungen zu finden.
In manchen Fällen ist die Signifikanz einiger diagnostischer Tests abhängig von den verwendeten Lags. Einige der angezeigten Probleme verschwinden, wenn die Anzahl der Lags erhöht wird. Da, wie bereits mehrfach betont, Einfachheit in der Modellierung als wichtig angesehen werden kann, sind die Modelle in dieser Hinsicht eher sparsam ausgestaltet worden, auch wenn dies zur Ablehnung einiger Nullhypothesen der diagnostischen Tests geführt hat. Es ist nämlich durchaus denkbar, daß die Nicht-Ablehnung der Nullhypothesen bei Verwendung einer größeren Anzahl von Lags eher auf die resultierende geringere Mächtigkeit der Tests als auf eine verbesserte Spezifikation zurückzuführen ist.

Schließlich sollten noch kurz die wirtschaftspolitischen Konsequenzen der Ergebnisse aus der europäischen Aggregatanalyse skizziert werden. Aus Sicht der zukünftigen EZB sind die Resultate sehr ermutigend. Die in den präsentierten Studien angedeutete Existenz einer stabilen europäischen Geldnachfrage macht insbesondere die Verwendung eines Geldmengenziels durch die EZB möglich. Nachdem den durch die Umstellung zur EWU bedingten Schwankungen Rechnung getragen wurde, sollte die EZB in der Anfangszeit in der Lage sein, die Daten aus der Vor-EWU-Zeit für die Schätzungen quantitativer monetärer Zusammenhänge, insbesondere der Geldnachfrage, zu nutzen. Damit würde die praktische Arbeit wesentlich erleichtert. Es ist allerdings wenig fraglich, daß Unsicherheiten in der Anlaufphase der EWU auftreten werden. Hier ist das praktische Geschick der EZB gefragt, ihre Position auf den Märkten zu sichern und sich die nötige Reputation und Erfahrung anzueignen. Längerfristig ist davon auszugehen, daß sich die ökonomischen Akteure an die neue Geldpolitik der EZB anpassen werden. Eine Veränderung der Parameter über den Zeitraum der Anpassung ist daher vorstellbar.

In diesem Zusammenhang ist noch die Frage anzureißen, ob sich die relativ größere Einkommenselastizität der europäischen Nachfrage nach weitem Geld an die Werte der nationalen Geldnachfrage anpassen wird. Wie oben ausgeführt wurde, hat der Wert eins für die Einkommenselastizität eine besondere theoretische Bedeutung, und erscheint auch in den empirischen Schätzungen als wichtig. Wenn davon ausgegangen wird, daß die nationalen Geldnachfragen korrekt spezifiziert wurden, dann wäre eine Konvergenz der europäischen Einkommenselastizität der Geldnachfrage in Richtung auf eins zu erwarten. Ein Bestandteil der Begründung für die Schätzung von aggregierten europäischen Geldnachfragen ist die mögliche Fehlspezifikation der Einflüsse in den nationalen Schätzungen. Könnten die nationalen Modelle korrekt spezifiziert werden, dann ergäben sich vielleicht andere Werte für die nationale Einkommenselastizität. Es ist daher schwierig, zur Frage der Konvergenz der Einkommenselastizitäten fundierte Aussagen zu treffen.

Außerdem erscheint es theoretisch durchaus denkbar, daß sich die Einkommenselastizitäten in Abhängigkeit von der gewählten Gelddefinition unterscheiden. Für die europäischen Geldnachfragefunktionen kann ein entsprechender Zusammenhang festgestellt werden. Die Schätzwerte für das weite Geldmengenaggregat sind höher als für das enge. Und im Falle des Länderaggregats EU6 und engem Geld konnten die Hypothese einer Einkommenselastizität von eins nicht abgelehnt werden. Von dieser Sichtweise aus betrachtet, sind eher die Resultate der nationalen Schätzungen, die sowohl für enges als auch für weites Geld eine Tendenz zur Einkommenselastizität von eins aufweisen, erstaunlich.

Zum Abschluß sei noch einmal darauf hingewiesen, daß fast alle Schlußfolgerungen abhängig von der Validität des gewählten Vorgehens sind. Wie an vielen Stellen angemerkt wurde, sollten die möglichen theoretischen und empirischen Fallstricke bekannt sein, auch wenn dadurch die Präzision in der Formulierung der Ergebnisse leidet. Aber es existieren gute Argumente - wie in Kapitel I angesprochen -, daß im Trade-off zwischen „Präzision" und „Wahrheitsnähe" ökonomischer Aussagen letzterem Aspekt ein größerer Stellenwert zukommen sollte (vgl. Mayer (1993)).

VI. Zusammenfassung

Zum Abschluß dieser Untersuchung werden zentrale Resultate der einzelnen Studien noch einmal zusammengefaßt:
Im Mittelpunkt von Kapitel II stand die Frage, warum die Inflationsraten in den verschiedenen EU-Ländern divergieren. Die orthodoxe These behauptet, daß der unterschiedliche Grad der Unabhängigkeit der nationalen Zentralbanken der wesentliche Grund dafür sei. In dieser Arbeit wurde dagegen eine andere Sichtweise propagiert. Zentralbankunabhängigkeit wird zwar auch als wichtig angesehen, aber nicht als entscheidender kausaler Faktor. Die alternative Sichtweise betont vielmehr die Bevölkerungspräferenzen hinsichtlich des Ziels der Inflationsbekämpfung. Dabei wurde in der Diskussion ein Rückkopplungsmechanismus favorisiert, bei dem zwar Bevölkerungspräferenzen am Anfang der Kausalkette stehen, diese aber durch die Erfolge oder Mißerfolge der jeweiligen Geldpolitik beeinflußt werden können. Eine erfolgreiche Inflationspolitik einer unabhängigen Zentralbank wird zu einer stärkeren Unterstützung durch die Bevölkerung führen. Die Unterstützung seitens der Bevölkerung gibt wiederum der Zentralbank erst den nötigen Rückhalt gegenüber den Finanzmärkten, eine stabilitätsorientierte Geldpolitik durchzusetzen. Bedingt durch solch einen Mechanismus entwickeln sich in verschiedenen Ländern auch unterschiedliche Inflationskulturen.
Im empirischen Teil dieses Kapitels wurde der Versuch unternommen, durch die Verwendung von Umfragedaten einen Indikator für die nationalen Bevölkerungspräferenzen bezüglich des Ziels der Preisstabilität zu isolieren. Die empirische Operationalisierung der Bevölkerungspräferenzen geschieht also über die entsprechende Erfassung ihrer Einstellungen zur Inflationsbekämpfung. Mit Hilfe eines bestimmten Indikators, in der Analyse „Sensitivitätsparameter" genannt, gelingt es, einen negativen Zusammenhang zwischen tatsächlicher Inflationsrate in einem Land und der Empfindlichkeit der Bürger bezüglich einer Erhöhung der Inflationsrate festzustellen. Wenn sich die Inflation in einem Niedriginflationsland erhöht, so betonen die Bewohner stärker als in einem Hochinflationsland die Verpflichtung des Staates zur Erhaltung der Preisstabilität. Diese Erkenntnis unterstützt eine präferenzorientierte Erklärung unterschiedlicher Inflationsraten in Europa. Allerdings ist zu berücksichtigen, daß nur einfache Korrelationen berechnet wurden, aus denen letztlich keine Aussagen über die Kausalitätsrichtung abgeleitet werden können. Da die Indizes zur Messung der Zentralbankunabhängigkeit ebenfalls negative Korrelationen mit der tatsächlichen Inflationsrate aufweisen, kann keine klare Entscheidung für oder gegen eine der beiden Hypothesen getroffen werden. Da die auf einem Rückkopplungsmechanismus beruhende alternative Erklärung sowohl den beobachteten Zusammenhang zwischen Präferenzen und Inflation als auch zwischen Zentralbankunabhängigkeit und Inflation erwarten lassen würde, die orthodoxe Sichtweise aber nicht, wird hier der alternativen Erklärung der Vorrang eingeräumt.
Die abgeleiteten Sensitivitätsparameter können noch als zeitlich stabil bezeichnet werden, aber für einige der Länder sind strukturelle Instabilitäten zu beobachten. Es deutet sich dabei eine Konvergenz der Sensitivitätsparameter in den EU-Ländern im Zeitablauf an. Die

aufgezeigte Bedeutung der Bevölkerungspräferenzen für die Inflationsraten in Europa regt Zweifel daran, daß der Maastrichter Vertrag - mit seiner Betonung der Unabhängigkeit der Zentralbank - eine ausreichende Voraussetzungen für ein monetäres Stabilitätsregime geschaffen hat. Auf der anderen Seite stimmt die Beobachtung der Konvergenz hoffnungsvoll, denn die gemessenen Parameter nähern sich auf einem höheren durchschnittlichen Niveau an. Anders ausgedrückt schätzen die Leute in den EU-Ländern mit durchschnittlich relativ hohen Inflationsrate die Erhaltung der Preisstabilität zunehmend für wichtiger ein. Große Befürchtungen bezüglich eines instabilen monetären Regimes in einer EWU erscheinen daher unangebracht.

Kapitel III setzte sich mit der Analyse von Einstellungen der europäischen Bevölkerungen zur EWU auseinander. Es konnte gezeigt werden, daß die Einstellungen über einen Zeitraum von 1992-1995 relativ konstant geblieben sind. In allen zwölf untersuchten Mitgliedsländern findet sich eine klare Mehrheit in der Bevölkerung für die Errichtung einer EZB. Dagegen lehnt eine Mehrheit der Befragten in Deutschland, Dänemark und Großbritannien die Einführung einer gemeinsamen Europäischen Währung ab.

In einem polit-ökonomischen Exkurs wurde argumentiert, daß sich die starke Betonung der Maastrichter Konvergenzkriterien durch die deutsche Bundesregierung für die Festlegung der EWU-Teilnehmerstaaten kaum durch fundierte ökonomische Zusammenhänge begründen läßt. Vielmehr sei diese Betonung der Kriterien als „Stabilitätskriterien" nach innen gerichtet, um die Ablehnung gegenüber der gemeinsamen Europäischen Währung in der deutschen Bevölkerung abzumildern. Wenn es tatsächlich in Deutschland eine besonders stabilitätsorientierte Einstellung in der Bevölkerung geben sollte, wie in Kapitel II diskutiert, dann machte dieses Vorgehen durchaus politischen Sinn. Eine damit verbundene Gefahr ist aber, daß eine zu kleine EWU gegründet wird, d.h. in welcher die Vorteile einer gemeinsamen Währung nicht voll ausgenutzt werden können.

Ein weiterer Untersuchungsschwerpunkt dieses Kapitels lag auf der Frage, ob es einen Zusammenhang zwischen den Einstellungen der Leute zur EWU und ihrem objektiven Wissensstand gibt. Erst einmal wurde anhand eines Indikators für objektives Wissen über die EU gezeigt, daß der durchschnittliche faktische Informationsgrad zwischen den Bevölkerungen in den EU-Mitgliedsländern divergiert. Diejenigen Länder mit dem größten durchschnittlichen EU-Wissen in der Bevölkerung sind Belgien, Frankreich und Irland. Der geringste Wissensstand wurde für Portugal, Italien und die Niederlande gemessen. Es konnte weiterhin mit Hilfe unterschiedlicher statistischer Verfahren gezeigt werden, daß ein größeres objektives Wissen über die EU die Einstellungen zur EWU positiv beeinflußt. Diese Schlußfolgerung hält nicht nur auf der europäischen Aggregatebene, sondern auch weitgehend auf der Staatenebene. Die Stärke des Zusammenhanges geht in einem multivariaten Rahmen zurück, aber die Wirkungsrichtung und statistische Signifikanz bleibt erhalten. Andere Ergebnisse der EWU-Einstellungserklärung mit Hilfe einer multivariaten Regression sind ein positiver Einfluß des Interesses der Befragten am Thema der EWU, seiner allgemeinen Einstellung gegenüber der europäischen Integration und seines Ausbildungsstandes. Die Ablehnung der EWU ist vergleichsweise stärker bei älteren Menschen und Frauen ausgeprägt. Einkommensstatus, politische Orientierung, Gewerkschaftsmitgliedschaft oder die Berufskategorie haben keinen signifikanten Einfluß.

Mit Hilfe des Verfahrens der Korrespondenzanalyse konnte graphisch aufgezeigt werden, daß der Zusammenhang zwischen Wissen und Einstellungen zur EWU nicht direkt linearer Natur ist. Leute, die einen sehr geringen Wissensstand über die EU haben, sind nicht besonders stark gegen die EWU eingestellt, sondern enthalten sich typischerweise ihrer Meinung. Wenn die Befragten dagegen ein etwas höheres Wissen haben, dann sind sie tendenziell eher gegen eine EWU. Ein hoher faktischer Informationsstand schließlich weist einen positiven Einfluß auf die Einstellungsbildung zur EWU auf. Als mögliche wirtschaftspolitische Schlußfolgerung kann daher argumentiert werden, daß wenn es der EU Kommission darauf ankommt, die Unterstützung zur EU zu erhöhen, sie den Informationsstand der Bevölkerungen deutlich verbessern sollte.

Die Analyse makroökonomischer Modelle in Kapitel IV hat ebenfalls zu einer Reihe interessanter Resultate geführt. Als zentrales Ergebnis des grundlegenden Levin-Modells wurde das Ergebnis der adversen Einkommenswirkungen expansiver inländischer Fiskalpolitik auf das Ausland herausgehoben. In dem präsentierten Modell einer kleinen WU mit Angebotsseite hält der Levin-Effekt aber nicht mehr. Vielmehr profitieren unter diesen Bedingungen sowohl In- als auch Ausland der WU von einer inländischen Erhöhung der Staatsausgaben. Fiskalpolitik ist in diesem Modell ein effektives Instrument der Wirtschaftspolitik und eine Koordinierung der Fiskalpolitiken zwischen den WU-Mitgliedern scheint nicht unbedingt notwendig zu sein.

Diese Schlußfolgerung ändert sich im Rahmen des Portfolio-Balance-Modells einer WU. Dabei ist zu beachten, daß eine Unterscheidung in kurzfristige und langfristige Multiplikatorwirkungen vorgenommen wird. In der kurzen Frist deutet das Modell lediglich die Möglichkeit eines adversen Effektes inländischer Fiskalpolitik an. Es stehen sich die negativen Wirkungen eines Investitions- und Export-crowding-outs und die positiven Handelseffekte gegenüber. Eine starke Handelsverflechtung der beteiligten Volkswirtschaften verringert die Wahrscheinlichkeit negativer Wirkungen fiskalischer Maßnahmen. Langfristig wird im Modell der Ausgleich der Leistungsbilanz gefordert, und der einzige Weg diesen zu erreichen, geht über eine Reduktion des WU-Einkommens. Da der Primäreffekt der inländischen Fiskalpolitik auf das Auslandseinkommen relativ geringer war, sinkt dieses unter das Anfangsniveau. Konsequenterweise ist in einer solchen Situation eine Koordination der nationalen Fiskalpolitiken zu fordern, denn die Geldpolitik kann langfristig nur nominale Größen beeinflussen.

Folglich muß die Wirtschaftspolitik mit der prinzipiellen Gefahr adverser Effekte expansiver Fiskalpolitik in einer WU rechnen. Besonders beunruhigend ist eine Konstellation, bei der das aggregierte WU-Einkommen als Folge nationaler Wirtschaftspolitik sinkt. In diesem Falle gibt es nicht einmal mehr die Möglichkeit, über die Umverteilung der inländischen Einkommensgewinne die Verluste des Auslands zu kompensieren. Die Frage ist natürlich, wie praxisrelevant diese modelltheoretisch abgeleitete Situation ist. Die Ergebnisse des ersten Teils von Kapitel V können eine vorsichtige Antwort darauf geben, ob mit einer Verringerung des aggregierten Einkommens in einer EWU zu rechnen ist. Eine wesentliche Voraussetzung für das Sinken des WU-Einkommens im einfachen Levin-Modell ist die Ungleichheit der Einkommenselastizität der Geldnachfrage zwischen In- und Ausland. Sind die Einkommenselastizitäten weitgehend identisch, so kann das WU-Einkommen nicht fallen. Wie im Kapitel V argumentiert wurde, liegen die meisten Schätzungen der nationalen Einkommenselastizitäten in der EU relativ dicht beieinander. Aber für ein paar Länder wurden deutlich abweichende Elastizitäten ermittelt, wobei nicht ausgeschlossen werden kann, daß dies auf Schätzprobleme zurückzuführen ist. Insgesamt erscheint der Fall eines sinkenden WU-Einkommens als Folge expansiver nationaler Fiskalpolitik zwar möglich, aber in einer EWU nicht sehr wahrscheinlich.

Interessant sind auch die Ergebnisse hinsichtlich der Wirkungen nationaler Arbeitsmarktpolitik. Im Modell einer kleinen WU mit Angebotsseite konnte zwar gezeigt werden, daß die WU als Ganzes davon profitiert, wenn beide Länder ihre natürliche Arbeitslosigkeit senken. Die Gewerkschaften reagieren mit geringeren Lohnforderungen, und durch die Verbesserung der Wettbewerbsfähigkeit gegenüber dem Rest der Welt steigt das WU-Einkommen. Wenn nur eines der WU-Länder erfolgreiche Arbeitsmarktpolitik betreibt, so sind die Wirkungen weniger eindeutig. Während das politikaktive Land mit großer Wahrscheinlichkeit Einkommensgewinne verbuchen kann, besteht die Gefahr, daß das Ausland Verluste hinnehmen muß. Das Ausland profitiert zwar durch die Handelsverbindungen von einer Erhöhung des inländischen Einkommens, aber die Konkurrenzfähigkeit seiner Produkte sinkt auf allen Märkten gegenüber den inländischen Gütern.

Ähnliche Wirkungen sind im Portfolio-Balance-Modell einer WU in der kurzen Frist zu konstatieren. Langfristig ist es entscheidend, wie stark die Handelsverflechtungen zwischen den WU-Mitgliedern sind. Sind sie stark, so ist zu erwarten, daß das Ausland durch die erfolgreiche inländische Arbeitsmarktpolitik profitiert. Von dieser Position aus macht die im Rahmen des europäischen Integrationsprozeß vorgenommen Reihenfolge durchaus Sinn: Zuerst die Freigabe des Handels im gemeinsamen Binnenmarkt, um die Verflechtung der Volkswirtschaften zu fördern, und dann erst die Einführung einer gemeinsamen Europäischen Währung.

Bezüglich der Erweiterung des Blinder-Solow-Modells auf eine WU sind ebenfalls einige Aspekte erwähnenswert. Zum einen entsteht eine Instabilität im dynamische Teil des Modells, welche nur durch eine Veränderung der Modellstruktur beseitigt werden kann. Hier wurde die Möglichkeit gewählt, die Struktur der Staatsausgaben - bei exogenem Niveau - hinsichtlich realer Ausgaben und Schuldendienst zu endogenisieren. In dieser Modellstruktur sind die langfristigen Wirkungen der inländischen expansiven Fiskalpolitik auf das eigene Einkommen negativ und das ausländische positiv. Damit existiert kein Anreiz für eine wohlfahrtsmaximierende Regierung, expansive fiskalpolitische Maßnahmen in einer WU einzusetzen. In der kurzen Frist sind aber die Einkommenswirkungen positiv, und wenn Politiker unterstellt werden, die durch die Beeinflussung der wirtschaftlichen Lage ihre Wahlchancen verbessern wollen, könnte ein politischer Konjunkturzyklus entstehen.

Wenn das Modell auf den Fall einer kleinen offenen WU übertragen wird, dann erscheint die Gefahr eines politischen Konjunkturzyklus geringer. Zwar sind auch hier kurzfristige positive Wirkungen möglich, aber im Ausland entstehen durch den Levin-Effekt bedingte Einkommensverluste. Es ist daher unwahrscheinlich, daß die anderen WU-Länder den jeweiligen ungehemmten Einsatz von nationaler Fiskalpolitik akzeptieren werden. Falls es doch zur Verwendung expansiver Fiskalpolitik kommen sollte, wird ein asymmetrischer Konjunkturzyklus in der WU ausgelöst. In der kurzen Frist steigt das Einkommen im politikaktiven Inland und es fällt im Ausland. Langfristig dagegen sinkt es im Inland und steigt im Ausland. Die Berücksichtigung staatlicher Budgetrestriktionen deutet also an, daß nicht unter allen Umständen gleichgerichtete konjunkturelle Wirkungen in einer WU zu erwarten sind.

Kapitel V schließlich umfaßte zwei zentrale Bereiche. Zum einen wurden Schätzungen von langfristigen realen Geldnachfragen in den Mitgliedsländern der EU vorgestellt. Dabei fand ein enges und ein weites reales Geldmengenaggregat Verwendung. Als erklärende Variablen wurden das reale BIP und (langfristige) Zinsen eingesetzt. Abgesehen von einigen Problemen mit den Schätzungen, insbesondere für Schweden, Finnland und Irland bei Verwendung eines engen Geldbegriffs, ergibt sich ein relativ homogenes Bild. Trotz einer Reihe von Ausreißern bei den geschätzten Parametern existiert typischerweise eine Einkommenselastizität der Nachfrage nach engem und weitem Geld von ungefähr eins in den betrachteten Ländern. Die Varianz bei den Schätzungen der (Semi-) Zinselastizität ist dagegen deutlich höher. In einigen Ländern ist auch die Inflationsrate als weitere erklärende Variable nötig, um ein stabiles und theoretisch interpretierbares Schätzergebnis zu erzielen. In den geschätzten langfristigen Nachfragefunktionen für enges (Dänemark, Schweden) und weites Geld (Griechenland, Portugal und Schweden) ersetzt die Inflationsrate sogar den Zinssatz.

Der zweite wichtige Untersuchungsbereich dieses Kapitels konzentrierte sich auf die Analyse von aggregierten europäischen Geldnachfragen. Die Idee dabei war, aggregierte europäische Variablen zu bilden und zu sehen, ob sich daraus statistisch und ökonomisch interpretierbare Beziehungen ableiten lassen. Tatsächlich konnte gezeigt werden, daß mit Hilfe aggregierter realer Geldmengen, realer Einkommen und Zinsen akzeptable Funktionen geschätzt werden konnten. Die Robustheit der Schätzungen wurde durch die Aggregation unterschiedlicher Ländergruppen untersucht. Die vier Ländergruppen umfaßten jeweils vier, sechs, zehn und vierzehn EU-Mitglieder. Die Einkommenselastizitäten der langfristigen Geldnachfragen wiesen tendenziell höhere Werte als die der nationalen Funktionen auf. Dagegen waren die Zinseinflüsse relativ ähnlich.

In einer vom Allgemeinen-zum-Speziellen-Modellierung wurden Mehrgleichungs-Fehlerkorrekturmodelle für die beiden Geldmengendefinitionen und die genannten Ländergruppen ermittelt. Für die europäischen Geldnachfragen konnten daher auch die kurzfristigen Dynamiken geschätzt werden. Es stellte sich dabei heraus, daß diese nur gering ausgeprägt waren. Dadurch kommt eine größere Trägheit der aggregierten Funktionen im Vergleich zu den nationalen Geldnachfragen zum Ausdruck. Häufig zu beobachten war der positive Einfluß eines Wachstums der Geldmenge auf das Einkommenswachstum. Sollten die Schätzungen korrekt sein, so implizierte dies (kurzfristige) Nicht-Neutralität des Geldes. Hinsichtlich der Vorhersagefähigkeit schneiden die aggregierten Geldnachfrageschätzungen gut ab. Über die lange Vorhersageperiode von 20 Beobachtungen hinweg konnte das Geldmengenwachstum weitgehend verzerrungsfrei vorhergesagt werden. Die Parameter sind zeitlich also recht stabil. Im Falle des weiten Geldmengenkonzepts deutet sich allerdings die Möglichkeit einer Überschätzung der tatsächlichen Werte nach ungefähr der Hälfte der Vorhersageperiode an.

Für eine zukünftige EZB sind diese Ergebnisse sehr positiv, denn die Existenz einer stabilen Geldnachfrage erleichtert die Durchführung der Geldpolitik wesentlich. Allerdings ist die ökonomische Interpretation der gebildeten Aggregatserien durchaus mit Problemen behaftet.

Die gute Vorhersagefähigkeit der präsentierten Funktionen legt die Möglichkeit nahe, daß die EZB diese für die quantitative Formulierung ihrer Geldpolitik nutzbar machen könnte. Allerdings ist kurz nach Gründung der EWU von Turbulenzen auf dem Geldmarkt auszugehen, so daß mit Abweichungen der tatsächlichen Werte von den Schätzwerten zu rechnen ist. Je stärker das Anfangsvertrauen der Märkte in die EZB ist, desto geringer werden diese Störungen ausfallen und um so schneller können die abgeleiteten Geldnachfragegleichungen wieder genutzt werden. Um mit einem Rückgriff auf Kapitel II zu schließen, je stärker die Unterstützung der Bevölkerungen gegenüber der EZB als Institution ausfällt, desto schneller wird die EZB die nötige Reputation bei den Marktteilnehmern gewinnen können. Klare geldpolitische Erfolge wiederum erhöhen das Ansehen der EZB in der Bevölkerung und stärken ihre Position weiter. Durch solch einen Prozeß sollte es gelingen, in Europa ein stabiles monetäres Regime aufzubauen.

Anhang

Anhang A (zu Kapitel II)

Die hier genutzten Umfragedaten stammen aus den Eurobarometern 5, 7, 9, 11, 13, 15, 17, 19, 21, 23, 25, 27, 29, 31, 33, 35, 37, 39. Die Rohdaten können beim Zentralarchiv für empirische Sozialforschung in Köln auf Diskette bestellt werden. Die untersuchten Länder sind: Frankreich, Belgien, Niederlande, Deutschland, Italien, Luxemburg, Dänemark, Irland, England (hier: Vereinigtes Königreich ohne Nordirland), Griechenland, Spanien und Portugal.

Tab. A1: Entwicklung des Anteils der Antworten aus dem Inglehard-Index, die Bekämpfung der Inflation als das *wichtigste* Ziel ihres Staates einschätzen

	Fra_1	Bel_1	Nie_1	Deu_1	Ita_1	Lux_1	$Dän_1$	Irl_1	Eng_1	Gri_1	Spa_1	Por_1
1976	46.6	45.9	28.0	29.9	27.4	41.1	17.1	42.1	35.4	.	.	.
1977	42.9	53.7	22.0	28.1	25.7	31.0	17.1	39.1	36.5	.	.	.
1978	38.2	45.9	19.3	29.7	26.3	28.6	14.3	41.4	30.4	.	.	.
1979	39.7	46.7	20.1	31.6	25.2	30.7	20.2	35.9	31.8	.	.	.
1980	44.0	47.3	24.6	31.3	29.6	32.9	22.4	43.6	36.0	38.5	.	.
1981	41.6	44.5	24.4	29.5	28.2	29.3	20.4	46.4	33.8	37.4	.	.
1982	29.1	46.0	15.8	24.9	22.5	24.8	16.0	34.0	22.9	25.8	.	.
1983	27.9	44.8	14.7	16.0	27.9	28.6	14.5	36.3	23.0	31.6	.	.
1984	32.0	46.3	15.2	16.1	25.4	24.8	13.3	37.1	19.5	32.8	.	.
1985	27.0	46.7	12.4	14.6	24.7	24.1	13.3	32.8	18.3	34.4	21.7	44.7
1986	21.3	39.2	11.7	8.5	20.0	25.8	12.2	35.7	18.6	31.6	20.5	39.7
1987	26.5	37.1	9.8	12.3	23.3	18.8	12.6	37.5	14.5	29.3	17.9	39.5
1988	27.1	39.0	11.5	15.1	18.9	20.5	9.2	34.5	16.4	33.6	24.7	40.1
1989	21.8	33.9	8.4	10.4	21.4	12.2	11.3	29.8	22.5	25.1	17.9	42.7
1990	21.4	34.1	11.8	11.2	20.0	13.6	10.2	28.3	21.8	28.1	20.9	38.7
1991	22.6	29.7	11.7	12.6	17.8	9.9	6.0	25.5	20.0	31.8	15.0	33.7
1992	20.5	27.5	11.8	13.1	15.9	9.7	5.4	23.5	17.3	27.5	18.7	32.6
1993	24.4	26.0	8.9	13.5	14.6	9.3	4.1	18.9	14.3	39.3	21.2	31.6

Der Originaltext des (englischen) Fragebogens lautet:
„There is a lot of talk these days about what (OUR COUNTRY)'s goals should be for the next ten or fifteen years. On this card are listed some of the goals that different people say should be given top priority. Would you please say which one of them you yourself consider to be most important in the long-run? And what would be your second choice?"

- Maintaining order in the country
- Giving the people more say in important government decisions
- Fighting rising prices
- Protecting freedom of speech
- Don't know

Die Anteile der Leute, die Inflationsbekämpfung als die wichtigste Position ansehen, sind in Tabelle A1 wiedergeben.
Dagegen wird in der Tabelle A2 der Anteil der Probanden aufgeführt, die Inflationsbekämpfung entweder als das wichtigste oder zweitwichtigste Ziel auffassen.

Tab. A2: Entwicklung des Anteils der Antworten aus dem Inglehard-Index, die Bekämpfung der Inflation als das *wichtigste oder zweitwichtigste* Ziel ihres Staates einschätzen

	Fra$_{12}$	Bel$_{12}$	Nie$_{12}$	Deu$_{12}$	Ita$_{12}$	Lux$_{12}$	Dän$_{12}$	Irl$_{12}$	Eng$_{12}$	Gri$_{12}$	Spa$_{12}$	Por$_{12}$
1976	75.7	72.8	57.9	65.5	64.6	75.2	52.3	74.5	63.3	.	.	.
1977	74.7	77.3	52.8	66.2	64.6	70.7	53.2	73.7	67.2	.	.	.
1978	66.3	74.1	46.1	63.2	64.4	64.4	48.2	72.5	58.9	.	.	.
1979	69.8	72.6	45.8	64.0	64.7	58.2	59.2	67.2	59.9	.	.	.
1980	76.2	77.1	57.1	65.8	70.8	69.0	59.1	78.3	69.1	75.9	.	.
1981	72.8	74.6	53.8	66.5	72.1	65.8	50.5	77.9	65.4	76.0	.	.
1982	60.4	73.9	43.4	53.8	61.2	55.1	44.3	69.2	49.3	64.1	.	.
1983	60.4	75.6	41.4	42.7	69.9	60.9	43.8	71.6	49.0	70.2	.	.
1984	63.6	76.8	42.9	42.9	65.3	62.4	45.1	72.1	50.3	71.6	.	.
1985	58.7	74.4	35.3	38.4	61.1	55.2	38.0	68.2	45.9	71.7	61.3	76.9
1986	52.7	69.6	33.2	29.8	56.4	55.1	36.8	70.1	45.8	71.7	59.5	76.0
1987	55.9	64.6	31.1	32.3	57.0	46.6	36.0	70.7	39.4	70.2	56.3	74.5
1988	55.1	67.7	32.0	38.0	52.1	44.3	31.6	65.7	41.5	74.0	60.3	76.8
1989	48.3	60.5	26.5	32.5	53.2	37.7	32.0	61.6	48.6	61.4	52.0	77.5
1990	50.3	61.5	29.5	35.8	49.9	35.2	28.3	59.2	48.7	66.5	53.3	72.4
1991	51.9	58.4	30.5	38.8	49.0	31.3	19.2	58.1	44.9	66.2	44.6	67.2
1992	49.0	55.9	29.5	40.2	45.3	32.3	18.4	52.3	44.1	66.8	51.7	70.9
1993	53.2	54.7	25.9	42.3	43.0	35.5	14.6	50.1	38.2	72.1	52.0	72.3

Anhang B (zu Kapitel III)

Die Daten wurden den repräsentativ durchgeführten Eurobarometer-Umfragen entnommen (s. Anhang A). Im Originaldatensatz EB 39 (1993) beträgt die Anzahl der Beobachtungen für jedes Land ca. 1000, außer für Luxemburg (ca. 500) und Nordirland (ca. 300). Für die Regressions- und Korrelationsanalysen wurden alle Fälle mit fehlenden Beobachtungen für eine der verwendeten Variablen von der Untersuchung ausgeschlossen. Es bleiben 8376 Beobachtungen für diese Analysen übrig. Weitere Informationen über die Datenbasis und die statistische Analyse sind auf Anfrage vom Autor erhältlich.

Die Fragen aus dem (englischen) Fragebogen und die hier vorgenommene Kodierung lauten:

MAASTRI: If there were a referendum (in Denmark, France, & Ireland: another referendum) on whether or not to agree to the Maastricht Treaty (Denmark & UK: as re-examined at the Edinburgh summit), would you vote for or against?
- For (Kodiert als 1)
- Against (-1)
- Undecided (0)

Irrespective of other details of the Maastricht Treaty, what is your opinion on each of the following proposals? Please tell me for each proposal, whether you are for it or against it.

SINGCUR: There should be a European Monetary Union with one single currency replacing by 1999 the (*National Currency*) and all other national currencies of the Member states of the European Community.
- for (1)
- against (-1)
- don' t know (0)

CENBANK: There should be a European Monetary Union with a European Central Bank pursuing a policy of monetary stability that is fighting inflation.
- for (1)
- against (-1)
- don' t know (0)

SUBWISS: How much do you feel you know about the Maastricht Treaty?
- A great deal (2)
- A fair amount (1)
- Know just a little (0)
- Heard of, know nothing else (-1)
- Never heard of it before today (-2)

POLDIS: When you get together with friends, would you say you discuss political matters frequently, occasionally, or never?
- frequently (1)
- occasionally (0)
- never/DK (-1)

Die Fragen zur Ermittlung des „objektiven" Wissens über die EG aus EB 39 lauten:

Q 41: How many countries are Members of the European Community?

Q 43: What is the capital where the European Commission and several other European Community institutions, are located?

Q 45: What is the name of the President of the European Commission in Brussels?

Q 49: Which of the following institutions of the European Community is, in your opinion, the most powerful, in terms of having the final say on European Community legislation?
- The European Commission in Brussels
- The European Parliament
- The Council of Ministers representing each Member State's government
- Don't know

Anhang C (zu Kapitel III)

Faktorenanalyse für EWUFAC

Tab. A3: Hauptkomponentenanalyse der EWU-Einstellungsindikatoren

Faktor	Eigenwert	% der Variance	Kumulierte %
1	1.88	62.7	62.7
2	0.71	23.5	86.3
3	0.41	13.7	100.0

	Faktor Matrix: Faktor 1	Kommunalitäten
MAASTRI	0.69	0.47
SINGCUR	0.85	0.72
CENBANK	0.83	0.69

Variablendefinitionen und Kodierungen für die Regressionsanalyse

MAASTRI, SINGCUR, CENBANK, SUBWISS, POLDIS: siehe Anhang B,

EUINT Allgemeine Einstellung zur europäischen Integration,
sehr dagegen (-2), etwas dagegen (-1), indifferent (0), etwas dafür (1), sehr dafür (2),

LEFRIG: Politische Selbstplazierung nach Links oder Rechts,
Skala von -5 (ganz links) bis 5 (ganz rechts),

EDUCAGE: Alter bis zum Ausscheiden aus dem Ausbildungssystem,
Alter in Jahren,

SEX: Geschlecht,
0: männlich, 1: weiblich,

AGE: Alter in Jahren,

AGESQUAR Quadrat von AGE,

UNION: Ist ein Mitglied des Haushalts Mitglied einer Gewerkschaft?
0: nein; 1: ja,

HHINC: Einkommen pro Kopf des Haushalts,
Einkommen in Landeswährung/Haushaltsgröße.

Die Dummy-Variablen für die Berufskategorien lauten (Bezugsgröße sind die Haushaltsführenden):

UNEMP: Arbeitslose,

RETIRED: Rentner, Pensionäre,

FARMER: Landwirte,

FISHER: Fischer,

PROFESS: Freiberufler, wie Ärzte, Rechtsanwälte, etc. (Professional),

SHOPOWN:	Ladenbesitzer und Handwerker mit eigenem Betrieb,
BUSINESS:	Besitzer einer Firma,
EMPPROF:	Angestellte Ärzte, Rechtsanwälte, etc.,
GENMANAG:	Allgemeines Management,
MIDMANAG:	Mittleres Management,
EMPDESK:	Schreibtischarbeit (Employed at a desk),
EMPTRAV:	Reisender (Employed traveling),
EMPSERV:	Angestellter im Servicebereich (Employed service),
SUPERVI:	Aufsichtsführender (Supervisor),
SKILWOR:	Ausgebildeter Arbeiter (Skilled worker),
MANWOR:	Anderer Arbeiter (Other manual worker).

Anhang D (zu Kapitel IV)

Ableitung der Angebotsseite

Produktionsfunktion für Unternehmen i

$Y_i=(N_i/K_i)^{\mu} K_i$,
wobei:
Y = Output,
K = Kapital,
N = Arbeit,
μ = Outputelastizität von Arbeit.

Durch Umwandeln in Logarithmen ergibt sich:
(4.1) $y_i = \mu (n_i - k_i) + k_i$,
wobei: y = ln Y,
n = ln N,
k = ln K.

Lohnsetzung

Die Gewerkschaft maximiert eine Stone-Geary-Nutzenfunktion U:
(4.2) $U(wa, n) = (wa - p)^{o} (n - nat)^{(1-o)}$,
wobei: wa = ln (Lohnsatz),
p = ln (Konsumentenpreisindex),
nat = ln(Erwerbspersonen - natürliche AL),
o = Gewichtungsfaktor des Lohnes, $o \leq 1$.

$$\frac{\partial U}{\partial wa} = o(wa - p)^{(o-1)} (n - nat)^{(1-o)} + (1-o) (wa - p)^{o} (n - nat)^{-o} n_{wa} = 0.$$

Umformen führt zu:

$$(4.3)\ wa = p - \frac{o}{(1 - o)\, n_{wa}} (n - nat).$$

wobei: n_{wa} = Inverse der Steigung des Logarithmus der Arbeitsnachfragefunktion.

Zur Ermittlung der Steigung der Arbeitsnachfrage wird angenommen, daß die Unternehmen ihren Gewinn durch Variation des Arbeitseinsatzes maximieren:
Max Profit $\Pi = P^{d} Y - Wa\, N$.

Einsetzen der Produktionsfunktion und maximieren führt zu:

$$\frac{\partial \Pi}{\partial N} = \mu P^{d} (N/K)^{(\mu-1)} - Wa = 0.$$

Logarithmieren und Umformen ergibt:

$$n = -\frac{1}{(1-\mu)}(wa - p^{d} - \ln \mu) + k .$$

Es gilt dann für die Lohnelastizität der Arbeitsnachfrage:

$$\frac{\partial n}{\partial wa} = n_{wa} = -\frac{1}{(1-\mu)}.$$

Einsetzen in die Lohngleichung:

$$(4.4)\quad wa = p + \frac{o}{(1-o)}(1-\mu)(n - nat).$$

Umformen der Produktionsfunktion nach n und nat:

$$n = \frac{y}{\mu} - \frac{(1-\mu)}{\mu}k,\quad nat = \frac{y^{nat}}{\mu} - \frac{(1-\mu)}{\mu}k.$$

Einsetzen in die Lohnfunktion:

$$(4.5)\quad wa = p + \frac{(1-\mu)}{\mu}\frac{o}{(1-o)}(y - y^{nat}),$$

wobei: y^{nat} = ln (Output bei natürlicher AL).

Preissetzung

Unternehmen i setzt seinen Produktpreis in folgender Weise fest:

$P^{d}_{i} = (1 + F_{i})\, MC_{i}$,

wobei: P^{d}_{i} = gesetzter Preis von Unternehmen i,

F_{i} = Aufschlag (mark-up) = $(P_{i} - MC_{i})/(MC_{i})$; $0 < F_{i} < 1$,

MC_{i} = Grenzkosten der Arbeit = Lohn/Grenzprodukt der Arbeit (bei fixem Kapital).

In Logarithmen und mit der Näherung $\ln(1+F_{i}) \approx F_{i}$ ergibt sich:

$$(4.6)\quad pd_{i} = F_{i} + wa_{i} - mpn_{i},$$

wobei: mpn_{i} = ln (Grenzprodukt der Arbeit) für Unternehmen i.

Unter der Annahme, daß alle Unternehmen in der Volkswirtschaft gleich sind und dem Einsetzen von mpn_{i} und der Lohnsetzungsgleichung (4.5) errechnet sich folgende aggregierte Preissetzungsgleichung:

$$p^{d} = F + p + \frac{o}{(1-o)}\frac{(1-\mu)}{\mu}(y - y^{nat}) - (\ln \mu + (1-\mu)(k-n)).$$

Einsetzen von n aus der Produktionsfunktion und Umformen ergibt:

$$(4.7)\quad p^{d} = p + \frac{1}{(1-o)}\frac{(1-\mu)}{\mu}(y - o\, y^{nat}) + F - \ln \mu - \frac{(1-\mu)}{\mu}k.$$

Vereinfachen der Gleichung durch Weglassen von F, μ und k, führt zu der verkürzten Preissetzungsgleichung:

(4.8) $p^d = p + h\,(y - o\,y^{nat})$,

wobei: $h = \frac{(1-\mu)}{\mu}\frac{1}{(1-o)}$.

Konsumentenpreisindex

Es wird angenommen, daß der repräsentative Konsument eine Cobb-Douglas Nutzenfunktion maximiert, die als Argumente Produkte aus dem Inland, Ausland und dem RDW enthält:

$V(Y, Y^*, Y^w) = Y^a\,Y^{*a^*}\,Y^{w(1-a-a^*)}$.

Nutzenmaximierung durch Y, Y* und Y^w, unter der Nebenbedingung:

Ausgabensumme $A = P^d\,Y + P^{d*}\,Y^* + (P^{dw}\,E)\,Y^w$.

$\text{Max } Y^a\,Y^{*a^*}\,Y^{w(1-a-a^*)} + \lambda(A - P^d\,Y - P\,Y^* - (P^{dw}\,E)\,Y^w)$,

wobei: A = Ausgabensumme,

E = Wechselkurs [Unionswährung/RDW-Währung],

λ = Lagrange-Multiplikator,

a = Gewicht von Y in der Nutzenfunktion, $a \leq 1$,

P^d = Inländischer Produktpreis.

Es ergeben sich als Nachfragefunktionen:

$$Y = a\frac{mo}{P^d},\ Y^* = a^*\frac{mo}{P^{d}*},\ Y^w = (1-a-a^*)\frac{mo}{P^{dw}}.$$

Der Ausgabenanteil am Budget beträgt demnach:

- für inländische Güter: $a = \frac{P^d\,Y}{mo}$,
- für ausländische Güter: $a^* = \frac{P^d*\,Y^*}{mo}$,
- für RDW-Güter: $(1-a-a^*) = \frac{(P^{dw}\,E)\,Y^w}{mo}$.

Die Anteile der Güter an der Ausgabensumme sind konstant, daher wird angenommen, daß die Gewichte der Güter im Konsumentenpreisindex ebenfalls konstant sind. Der Preisindex berechnet sich hier als geometrisches Mittel:

$P = P^{da}\,P^{d*a^*}\,(P^{dw}\,E)^{(1-a-a^*)}$.

wobei: P = Konsumentenpreisindex.

In Logarithmusschreibweise:

(4.9) $p = a\,p^d + a^*\,p^{d*} + (1 - a - a^*)\,(p^{d*} + e)$,
wobei: e = ln (Wechselkurs),
p = ln (Verbraucherpreisindex).
p^d = ln (inländischer Produktpreis).

Die vollständige Angebotsseite hat damit als Komponenten:

(a) $p = a\,p^d + a^*\,p^{d*} + (1 - a - a^*)\,(p^{d*} + e)$,

(b) $y = \mu\,(n - k) + k$,

(c) $w = p + \frac{o}{(1-o)}\,(1-\mu)\,(n - nat)$,

(d) $p^d = F + w - \ln \mu + (1 - \mu)\,(n - k)$.

Endogen: p, p^d, y, w, n.

In der weiteren Analyse findet eine reduzierte Version Anwendung:

Preissetzung:
(4.8) $p^d = p + h\,(y - o\,ynat)$.

Konsumentenpreisindex:
(4.9) $p = a\,p^d + a^*\,p^{d*} + (1 - a - a^*)\,(p^{d*} + e)$.

Anhang E (zu Kapitel IV)

Multiplikatoren im Modell einer kleinen Währungsunion mit Angebotsseite

Die Determinante der Jacobi-Matrix lautet:

$$\mathrm{Det} = \begin{aligned} &B_{re}(h^*(B_{re}\,h(1-b\,b^*)+A(1-a-a^*b^*))+m(a^*+ab-b)+h(A^*(1-ab-a^*) \\ &+m^*(a-b^*(1-a^*))))-(1-a-a^*)(-A^*A+m^*m). \end{aligned}$$

wobei: $A = (1\text{-}c\,o + m + m^w)$ und $B_{re} = \frac{\partial B}{\partial re}$.

Für $b = b^* = a + a^*$ gilt: $\mathrm{Det} > 0$.

Multiplikatoren *ohne Nenner*

	dr
dy	$-\begin{bmatrix}(-1+a+a^*)(A^*x^w+m^*x^{w*}) \\ +h^*B_{re}(x^w(-1+a+b^*a^*)+x^{w*}(ab-b+a^*))\end{bmatrix}$
dy*	$-\begin{bmatrix}(-1+a+a^*)(Ax^{w*}+mx^w) \\ +hB_{re}(x^{w*}(-1+a^*+ba)+x^w(a^*b^*-b^*+a))\end{bmatrix}$
d^{pu}	$\begin{aligned} &(-1+b^*b)B_{re}^2h^*hl_r+(-1+a+a^*)(l_y(A^*i_r+m^*i^*_r)+l^*_{y^*}(Ai^*_r+mi_r)) \\ &+l_r(-1+a+a^*)(AA^*-mm^*)+B_{re}\begin{bmatrix} h^*l_y((-1+a+a^*b^*)i_r+(a^*-b+ab)i^*_r) \\ +hl^*_{y^*}((-1+a^*+ab)i^*_r+(a-b^*+a^*b^*)i_r) \\ +l_r\begin{bmatrix}A^*h(-1+a^*+ab)+Ah^*(-1+a+a^*b^*) \\ +m^*h(-a+b^*-a^*b^*)+mh^*(-a^*+b-ab)\end{bmatrix}\end{bmatrix}\end{aligned}$
de	$\begin{aligned} &(-1+b^*b)B_{re}^2h^*hl_r+(-1+a+a^*)(l_y(A^*i_r+m^*i^*_r)+l^*_{y^*}(Ai^*_r+mi_r)) \\ &-A^*ahi_r-Aa^*h^*i_r^*-ma^*h^*i_r-m^*ahi_r^*+l_r(-1+a+a^*)(AA^*-mm^*) \\ &+B_{re}\begin{bmatrix} h^*l_y((-1+a+a^*b^*)i_r+(a^*-b+ab)i^*_r) \\ +hl^*_{y^*}((-1+a^*+ab)i^*_r+(a-b^*+a^*b^*)i_r) \\ +hh^*((-a-a^*b^*)i_r+(-a^*-ab)i_r^*) \\ +l_r\begin{bmatrix}A^*h(-1+a^*+ab)+Ah^*(-1+a+a^*b^*) \\ +m^*h(-a+b^*-a^*b^*)+mh^*(-a^*+b-ab)\end{bmatrix}\end{bmatrix}\end{aligned}$

	dy^{w}
dy	$-[(-1+a+a^{*})(A^{*}x^{w}+m^{*}x^{w*})+h^{*}B_{re}(x^{w}(-1+a+b^{*}a^{*})+x^{w*}(ab-b+a^{*})]$
dy*	$-[(-1+a+a^{*})(Ax^{w*}+m\,x^{w})+h\,B_{re}(x^{w*}(-1+a^{*}+ba)+x^{w}(a^{*}b^{*}-b^{*}+a)]$
dp^{u}	$-(1-a-a^{*})[x^{w}(A^{*}l_{y}+m\,l^{*}_{y^{*}})+x^{w*}(A\,l^{*}_{y^{*}}+m^{*}l_{y})]$ $+B_{re}(x^{w}(h^{*}l_{y}(-1+a+a^{*}b^{*})+h\,l^{*}_{y^{*}}(a-b^{*}+a^{*}b^{*}))$ $+x^{w*}(h\,l^{*}_{y^{*}}(-1+a^{*}+ab)+h^{*}l_{y}(a^{*}-b+ab)))$
de	$x^{w}[A^{*}(-(ah)+(-1+a+a^{*})l_{y})+m(-(a^{*}h^{*})+(-1+a+a^{*})l^{*}_{y^{*}})]$ $+x^{w*}[A(-(a^{*}h^{*})+(-1+a+a^{*})l^{*}_{y^{*}})+m^{*}(-(ah)+(-1+a+a^{*})l_{y})]$ $+B_{re}\begin{bmatrix} x^{w}[(-1+a+a^{*}b^{*})h^{*}l_{y}+h((-a-a^{*}b^{*})h^{*}+(a-b^{*}+a^{*}b^{*})l^{*}_{y^{*}}] \\ +x^{w*}[(a^{*}-b+ab)hl_{y}+h((-a^{*}-ab)h^{*}+(-1+a^{*}+ab)l^{*}_{y^{*}}] \end{bmatrix}$

	dp^{w}
dy	0
dy*	0
dp^{u}	0
de	$-(1-a-a^{*})(AA^{*}-mm^{*})$ $-B_{re}\begin{bmatrix} B_{re}hh^{*}(1-bb^{*})+h^{*}(A(1-a-a^{*}b^{*})+m(a^{*}-b+ab)) \\ +h(A^{*}(1-a^{*}-ab)+m^{*}(a-b^{*}+a^{*}b^{*})) \end{bmatrix}$

	dmo	dg
dy	0	$(1-a-a^{*})A^{*}+B_{re}h^{*}(1-a-a^{*}b^{*})$
dy*	0	$(1-a-a^{*})m+B_{re}h(a+a^{*}b^{*}-b^{*})$
dp^{u}	Det	$-(1-a-a^{*})(A^{*}l_{y}+m\,l^{*}_{y^{*}})+$ $B_{re}[h^{*}l_{y}(-1+a+a^{*}b^{*})+hl^{*}_{y^{*}}(a-b^{*}+a^{*}b^{*})]$
de	Det	$B_{re}[h^{*}(l_{y}(-1+a+a^{*}b^{*})-h(a+a^{*}b^{*}))+hl^{*}_{y^{*}}(a-b^{*}+a^{*}b^{*})]$ $-(1-a-a^{*})(A^{*}l_{y}+ml^{*}_{y^{*}})-(A^{*}ah+ma^{*}h^{*})$

	dtr
dy	$-(1-a-a^*)(A^*+m^*)-B_{re}h^*(1+ab-a-a^*b^*+a^*-b)$
dy*	$(1-a-a^*)(A-m)+B_{re}h(1+a^*b^*-a^*-ab+a-b^*)$
dp^u	$(1-a-a^*)(l_y(A^*-m^*)-l^*_{y^*}(A-m))$ $+B_{re}\left[(1-a+a^*-b+ab-a^*b^*)(h^*l_y-hl^*_{y^*})\right]$
de	$(A-m)(-a^*h^*-(1-a-a^*)l^*_{y^*})+(A^*-m^*)(ah+(1-a-a^*)l_y)+$ $B_{re}\left[(1-a+a^*-b+ab-a^*b^*)(h^*l_y-hl^*_{y^*})+hh^*(a-a^*-ab+a^*b^*)\right]$

	dy^{nat}
dy	$B_{re}ho\left[B_{re}h^*(1-bb^*)+A^*(1-a^*-ab)+m^*(a+b^*a^*-b^*)\right]$
dy*	$B_{re}ho\left[m(1-a^*-ab)+A(a+b^*a^*-b^*)\right]$
dp^u	$-B_{re}ho\begin{bmatrix}l_y(B_{re}h^*(1-bb^*)+A^*(1-a^*-ab)+m^*(a+b^*a^*-b^*)) \\ +l^*_{y^*}(m(1-a^*-ab)+A(a+b^*a^*-b^*))\end{bmatrix}$
de	$-B_{re}ho\begin{bmatrix}l_y(B_{re}h^*(1-bb^*)+A^*(1-a^*-ab)+m^*(a+b^*a^*-b^*)) \\ +l^*_{y^*}(m(1-a^*-ab)+A(a+b^*a^*-b^*))-h^*(A(a+a^*b^*) \\ -m(a^*+ab))\end{bmatrix}$ $-a(AA^*-mm^*)$

Anhang F (zu Kapitel IV)

Stabilität und Multiplikatoren im Portfolio-Balance-Modell einer Währungsunion

Stabilität des Modells

In der Stabilitätsanalyse wird die Differentialgleichung untersucht:

(8) $\dot{a}^{port} = -[B(y,y^w,p^d,p^{dw},e,tr^w) + B^*(y^*,y^w,p^{d*},p^{dw},e)]$.

$$\begin{aligned}\dot{a}^{port} &= -[B(y,y^w,p^d,p^{dw},e,tr^w) + B^*(y^*,y^w,pd^*,p^{dw},e)] \\ &= -\left[-m^w y - m^{w*} y^* + x^w y^w + x^{w*} y^w - tr^w\right] \\ &\quad -\left[-B\left[(1-b)p^d + (1-b)p^{d*} - 2(1-b)(p^w + e)\right]\right] \\ &= m^w y + m^{w*} y^* - x^w y^w - x^{w*} y^w + tr^w - 2(1-b)B_{re}.\end{aligned}$$

Alle Variablen abgeleitet nach a^{port} und Ausnutzen der Symmetrieannahme ergibt:

$$\begin{aligned}\frac{d\dot{a}^{port}}{da^{port}} &= m^w \frac{dy}{da^{port}} + m^w \frac{dy^*}{da^{port}} - (x^w + x^w)\frac{dy^w}{da^{port}} - 2(1-b)\frac{dB}{dre}\frac{dre}{da^{port}} + \frac{dtr^w}{da^{port}} \\ &= m^w\left[\frac{dy}{da^{port}} + \frac{dy^*}{da^{port}}\right] - 2(1-b)B_{re}\frac{de}{da^{port}} \quad < 0.\end{aligned}$$

Wegen der Exogenität von y^w und tr^w gilt: $\frac{dy^w}{da} = \frac{dtr^w}{da} = 0$.

Nach Einsetzen der kurzfristigen Multiplikatoren und Umformen kann man feststellen:

$$\frac{d\dot{a}^{port}}{da^{port}} < 0.$$

Daraus folgt die dynamische Stabilität des Modells.

Kurzfristige Multiplikatoren

Die Multiplikatoren des Portfolio-Balance Modells für *symmetrische* Länder (aber $a \neq a^*$ möglich!):

Der Nenner der kurzfristigen Multiplikatoren ist:

$$\begin{aligned}&(A + m + h^* B_{re}(1+b))\, h\, B_{re}(a_r - 2l_r)(1-b) + i_r(h(a+a^*) + 2l_y(1-a-a^*)) \\ &-(A-m)(1-a-a^*)(a_r - 2l_r) \quad > 0.\end{aligned}$$

Kurzfristige Multiplikatoren ohne Nenner:

	dg
dy	$A(a_r - 2l_r)(1-a-a^*) + i_r(-a^*h - l_y(1-a-a^*)) + hB_{re}(a_r - 2l_r)(1-a-a^*b) \quad >0$
dy*	$hB_{re}(-a_r + 2l_r)(a^*b - b + a) - i_r(ha - l_y(1-a-a^*)) - m(a_r - 2l_r)(1-a-a^*)$
dp^u	$-B_{re}h(2hl_r(a^*b+a) - l_y a_r(-1-b+2a^*b+2a)) - l_y(hi_r(a-a^*)$ $+a_r(A+m)(1-a-a^*)) - 2hl_r(ma^* + Aa)$
de	$-a_r(B_{re}h(h(a+a^*b) - l_y(-1-b+2a^*b+2a)) + l_y(A+m)(1-a-a^*)$ $+h(Aa+ma^*))$
dr	$h(Aa+ma^*) + l_y(A+m)(1-a-a^*) + B_{re}h(h(a+a^*b) - l_y(-1-b+2a+2a^*b))$

	dmo
dy	$-i_r(1-a-a^*)(B_{re}h(1+b)+A+m) \quad >0$
dy*	$-i_r(1-a-a^*)(B_{re}h(1+b)+A+m) \quad >0$
dp^u	$-(B_{re}h(1+b)+A+m)(a_r(B_{re}h(-1+b)-(A-m)(1-a-a^*)) + i_r h(a+a^*)) \quad >0$
de	$-(B_{re}h(1+b)+A+m)a_r(B_{re}h(-1+b)-(A-m)(1-a-a^*)) \quad >0$
dr	$(B_{re}h(1+b)+A+m)(B_{re}h(-1+b)-(A-m)(1-a-a^*)) \quad <0$

	dy^w
dy	$x^w(a_r - 2l_r)(1-a-a^*)(B_{re}h(1+b)+A+m) \quad >0$
dy*	$x^w(a_r - 2l_r)(1-a-a^*)(B_{re}h(1+b)+A+m) \quad >0$
dp^u	$-2x^w(l_r h(a+a^*) + a_r l_y(1-a-a^*))(B_{re}h(1+b)+A+m)$
de	$-a_r x^w(h(a+a^*) + 2l_y(1-a-a^*))(B_{re}h(1+b)+A+m) \quad <0$
dr	$x^w(h(a+a^*) + 2l_y(1-a-a^*))(B_{re}h(1+b)+A+m) \quad >0$

	dp^{dw}
dy	$i_r(1-a-a^*)(B_{re}h(1+b)+A+m) \quad <0$
dy*	$i_r(1-a-a^*)(B_{re}h(1+b)+A+m) \quad <0$
dp^u	$-2(B_{re}h(1+b)+A+m)((-l_y i_r - l_r(A-m))(1-a-a^*) - l_r B_{re}h(1-b)) \quad <0$
de	$a_r(B_{re}h(1+b)+A+m)(-(A-m))(1-a-a^*) - B_{re}h(1-b)) \quad <0$
dr	$-(B_{re}h(1+b)+A+m)(-(A-m))(1-a-a^*) - B_{re}h(1-b)) \quad >0$

	dtr
dy	$-(A-m)(a_r-2l_r)(1-a-a^*)-2i_r(-a^*h-l_y(1-a-a^*))$ $-hB_{re}(a_r-2l_r)(1-a+a^*)(1-b) \quad <0$
dy*	$-\begin{bmatrix}-(A-m)(a_r-2l_r)(1-a-a^*)-2i_r(-a^*h-l_y(1-a-a^*))\\ -hB_{re}(a_r-2l_r)(1-a+a^*)(1-b)\end{bmatrix} \quad >0$
dp^u	$2h(a-a^*)((-B_{re}(hl_r-l_ya_r)(1-b)-l_r(A-m))-i_rl_y)$
de	$a_rh(a-a^*)(-B_{re}(h-2l_y)(1-b)-A+m)$
dr	$-h(a-a^*)(-B_{re}(h-2l_y)(1-b)-A+m)$

	dy^{nat}
dy	$ho\begin{bmatrix}B_{re}(B_{re}h(b-1)(1+b)(-a_r+2l_r)+(2l_r-a_r)(b(Aa+m(1-a^*))\\ +(-A(1-a^*)-ma))-i_r(h(a+a^*)+l_y(1-a-a^*))(1+b))-i_ra(A+m)\end{bmatrix}$
dy*^{t}	$-ho\begin{bmatrix}B_{re}((2l_r-a_r)(-Aa-m(1-a^*)+b(A(1-a^*)+ma))\\ -i_rl_y(1-a-a^*)(1+b))+i_ra(A+m)\end{bmatrix}$
dp^u	$ho\begin{bmatrix}B_{re}(l_ya_r(b-1)(B_{re}h(b+1)+(A+m)(1+a-a^*))+h(l_yi_r(a+a^*)(1+b)\\ -2l_r(m(ab+a^*)-A(a+a^*b))))+2a(A+m)(l_r(A-m)+i_rl_y)\end{bmatrix}$
de	$hoa_r\begin{bmatrix}B_{re}(B_{re}hl_y(b-1)(b+1)+h(A(a+a^*b)-m(ab+a^*))\\ +l_y(A+m)(1+a-a^*)(b-1))+a(A-m)(A+m)\end{bmatrix}$
dr/	$ho\begin{bmatrix}B_{re}(B_{re}hl_y(b-1)(b+1)+h(A(a+a^*b)-m(ab+a^*))\\ +l_y(A+m)(1+a-a^*)(b-1))+a(A-m)(A+m)\end{bmatrix}$

	da^{port}
dy	$i_r(1-a-a^*)(B_{re}h(1+b)+A+m) \quad <0$
dy*	$i_r(1-a-a^*)(B_{re}h(1+b)+A+m) \quad <0$
dp^u	$2(B_{re}h(1+b)+A+m)((-l_yi_r-l_r(A-m))(1-a-a^*)-l_rB_{re}h(1-b)) \quad >0$
de	$-(B_{re}h(1+b)+A+m)(i_r(h(a+a^*)+2l_y(1-a-a^*))+l_r(A-m)(1-a-a^*)$ $+2l_rB_{re}h(1-b)+l_r(A-m)(1-a-a^*)) \quad >0$
dr	$(B_{re}h(1+b)+A+m)((A-m)(1-a-a^*)+B_{re}h(1-b)) \quad >0$

Langfristige Multiplikatoren

Die Multiplikatoren des Portfolio-Balance Modells für *symmetrische* Länder (aber $a \neq a^*$ möglich!):

Nenner der langfristigen Multiplikatoren:

$$-2 i_r \left[B_{re} h(1+b) + A + m)(B_{re} h(1-b) + m^w (1-a-a^*) \right] > 0.$$

Langfristige Multiplikatoren ohne Nenner:

	dg
dy	$-i_r \left[B_{re} h(1-b)(1-a+a^*) + m^w (1-a-a^*) \right] > 0$
dy*	$i_r \left[B_{re} h(1-b)(1+a-a^*) + m^w (1-a-a^*) \right] < 0$
dp^u	$-2 m^w l_r (A+m)(1-a-a^*) + 2B_{re} h(B_{re} h l_r (b-1)(b+1) + l_y i_r (a^*-a)(b-1)$ $+l_r ((A(1+a-a^*) + m(1-a+a^*))(b-1) + m^w (-1+2a-b(1+2a^*))))$
de	$B_{re} h(2 B_{re} h l_r (b-1)(b+1) - i_r (h-2l_y)(a-a^*)(1-b) + 2l_r ((A(1+a-a^*)$ $+m(1-a+a^*))(b-1) + m^w (-1+2a-b(1-2a^*))))$ $-m^w (2l_r (A+m)(1-a-a^*) + h i_r (a-a^*))$
dr	$-B_{re} h(B_{re} h(b-1)(b+1) + (A(1+a-a^*) + m(1-a+a^*))(b-1)$ $+m^w (-1+2a-b(1-2a^*))) + m^w (A+m)(1-a-a^*)$
da	$-B_{re} h(B_{re} h(b-1)(b+1)(a_r - 2l_r) + (2l_r - a_r)((1-b)(A(1+a-a^*)$ $-m(1-a+a^*)) - m^w (2a-1-b(1-2a^*))) - i_r (-2l_y + h)(1-b)(a-a^*))$ $+m^w ((A+m)(a_r - 2l_r)(1-a-a^*) - i_r h(a-a^*))$

	dmo
dy	0
dy*	0
dp^u	$-2i_r \left[B_{re} h(1+b) + A + m)(B_{re} h(1-b) + m^w (1-a-a^*) \right] > 0$
de	$-2i_r \left[B_{re} h(1+b) + A + m)(B_{re} h(1-b) + m^w (1-a-a^*) \right] > 0$
dr	0
da	$-2i_r \left[B_{re} h(1+b) + A + m)(B_{re} h(1-b) + m^w (1-a-a^*) \right] > 0$

	dy^{w}
dy	$-2x^{w}i_{r}\left[B_{re}h(1+b)+A+m)(1-a-a^{*})\right] > 0$
dy*	$-2x^{w}i_{r}\left[B_{re}h(1+b)+A+m)(1-a-a^{*})\right] > 0$
dp^{u}	$-2(i_{r}(2ly-h)+2l_{r}(A-m^{w}-m))x^{w}(B_{re}h(1+b)+A+m)(1-a-a^{*})$
de	$2x^{w}(B_{re}h(1+b)+A+m)(-i_{r}(h(a+a^{*})+2l_{y}(1-a-a^{*}))$ $+2l_{r}(A-m^{w}-m)(1-a-a^{*})$
dr	$-2x^{w}(A-m-m^{w})(B_{re}h(1+b)+A+m)(1-a-a^{*}) < 0$
da	$2x^{w}(B_{re}h(1+b)+A+m)(-i_{r}(h(a+a^{*})+2l_{y}(1-a-a^{*}))$ $+(A-m-mw)(2l_{r}-a_{r})(1-a-a^{*}))$

	dp^{dw}
dy	0
dy*	0
dp^{u}	0
de	$2i_{r}\left[B_{re}h(1+b)+A+m)(B_{re}h(1-b)+m^{w}(1-a-a^{*})\right] < 0$
dr	0
da	$2i_{r}\left[B_{re}h(1+b)+A+m)(B_{re}h(1-b)+m^{w}(1-a-a^{*})\right] < 0$

	dtr
dy	$2i_{r}\left[B_{re}h(1-b)(1-a+a^{*})+m^{w}(1-a-a^{*})\right] < 0$
dy*	$-2i_{r}\left[B_{re}h(1-b)(1+a-a^{*})+m^{w}(1-a-a^{*})\right] > 0$
dp^{u}	$4B_{re}h(-l_{r}(A-m-m^{w})+i_{r}l_{y})(a-a^{*})(1-b)$
de	$2h(a-a^{*})(B_{re}(i_{r}(h-2l_{y})+2l_{r}(-A+m+mw))(b-1)-i_{r}m^{w})$
dr	$2B_{re}h(1-b)(A-m-m^{w})(a-a^{*})$
da	$2h(a-a^{*})(B_{re}(i_{r}(h-2l_{y})+(-a_{r}+2l_{r})(-A+m+m^{w}))(b-1)-i_{r}m^{w})$

	dtr^{w}
dy	$i_r\left[2B_{re}h(1-a+a^{*}b)+(A+m+m^{w})(1-a-a^{*})\right] \quad <0$
dy*	$-i_r\left[2B_{re}h(a+b(-1+a^{*}))-(A+m-m^{w})(1-a-a^{*})\right]$
dp^{u}	$2(l_r(-A+m+m^{w})+l_y i_r)((A+m)(-1+a+a^{*})+B_{re}h(b(-1+2a^{*})-1+2a))$
de	$-\left[\begin{array}{l} i_r(-2l_y(A+m)(-1+a+a^{*})+h((A+m)(a+a^{*})+m^{w}(a-a^{*})) \\ +2B_{re}h((h(a+a^{*}b)-l_y(2a-1-b(1-2a^{*})))) \\ +2l_r(A-m-m^{w})((A+m)(-1+a+a^{*})+B_{re}h(-1+2a-b(1-2a^{*}))) \end{array}\right]$
dr	$(A-m-m^{w})((A+m)(1-a-a^{*})+2B_{re}h(-1+2a-b(1-2a^{*})))$
da	$-\left[\begin{array}{l} (A+m)(-A+m+m^{w})(a_r-2l_r)(-1+a+a^{*})+B_{re}h((-A+m+mw)(-2l_r+a_r) \\ (-1+2a-b(1-2a^{*}))+2i_r(h(a+a^{*}b)-l_y(-1+2a-b(1-2a^{*})))) \\ +i_r(-2l_y(A+m)(-1+a+a^{*})+h((A+m)(a+a^{*})+m^{w}(a-a^{*}))) \end{array}\right]$

	dy^{nat}
dy	$i_r h B_{re} o(2B_{re}h(b-1)(1+b)-(A+m)(1-b)(1+a-a^{*})$ $-m^{w}(1+b)(1-a-a^{*})) \quad >0$
dy*	$-i_r h B_{re} o((A+m)(1-b)(1+a-a^{*})-m^{w}(1+b)(1-a-a^{*}))$
dp^{u}	$-2B_{re}ho(l_r(-A+m+m^{w})+l_y i_r)(-1+b)(B_{re}h(1+b)+(A+m)(1-a+a^{*}))$
de	$-\left[\begin{array}{l} -ho(B_{re}(l_r(A+m)(-A+m+m^{w})(1-b)(1+a-a^{*})-i_r(-2l_y(A+m)(1-b) \\ (1+a-a^{*})+h((A+m)(-a+a^{*})(b-1)+m^{w}(a+a^{*})(b+1)))-2B_{re}h(b-1) \\ (1+b)(l_r(-A+m+mw)+l_y i_r))-2a i_r m^{w}(A+m)) \end{array}\right]$
dr	$-B_{re}ho(-A+m+mw)(b-1)(B_{re}h(b+1)+(A+m)(1+a-a^{*})) \quad <0$
da	Für a=a* und a+a*=b: $-ho(B_{re}h(1+b)+A+m)(B_{re}(b-1)((-2l_r+a_r)(-A+m+m^{w})+2l_y i_r)$ $+2a i_r m^{w})$

Anhang G (zu Kapitel IV)

Stabilität im Modell einer geschlossenen WU mit dynamischen Budgetrestriktionen

Stabilitätsanalyse des instabilen Modells

Die Jacobi-Matrix hat folgendes Aussehen:

$$\begin{pmatrix} -t^u \cdot \left(\frac{dY}{dM}+\frac{dY^*}{dM}\right) & -t^u \cdot \left(\frac{dY}{dB}+\frac{dY^*}{dB}\right) & -t^u \cdot \left(\frac{dY}{dB^*}+\frac{dY^*}{dB^*}\right) \\ -r \cdot t \cdot \frac{dY}{dM} & r \cdot \left(1 - t \cdot \left(1+\frac{dY}{dB}\right)\right) & -r \cdot t \cdot \frac{dY}{dB^*} \\ -r \cdot t^* \cdot \frac{dY^*}{dM} & -r \cdot t^* \cdot \frac{dY^*}{dB} & r \cdot \left(1 - t^* \cdot \left(1+\frac{dY^*}{dB^*}\right)\right) \end{pmatrix} := \begin{pmatrix} a_{11} & a_{12} & a_{13} \\ a_{21} & a_{22} & a_{23} \\ a_{31} & a_{32} & a_{33} \end{pmatrix}$$

wobei

$$a_{11} = -\frac{I_r \cdot t^u}{L_r \cdot (1 - c \cdot (1 - t^u - t^l)) + I_r \cdot L_Y} < 0,$$

$$a_{12} = a_{13} = -\frac{L_r \cdot t^u \cdot c \cdot (1 - t^l)}{L_r \cdot (1 - c \cdot (1 - t^u - t^l)) + I_r \cdot L_Y} < 0,$$

$$a_{21} = a_{31} = -\frac{I_r \cdot r \cdot t^l}{2 \cdot (L_r \cdot (1 - c \cdot (1 - t^u - t^l)) + I_r \cdot L_Y)} < 0,$$

$$a_{22} = a_{33} = r \cdot (1 - t^l) \cdot \left(1 - \frac{c \cdot t^l \cdot (2 \cdot L_r \cdot (1 - c \cdot (1 - t^u - t^l) + m) + I_r \cdot L_Y)}{2 \cdot (1 - c \cdot (1 - t^u - t^l) + 2 \cdot m) \cdot (L_r \cdot (1 - c \cdot (1 - t^u - t^l)) + I_r \cdot L_Y)}\right) > 0,$$

$$a_{23} = a_{32} = \frac{r \cdot t^l \cdot c \cdot (1 - t^l) \cdot (I_r \cdot L_Y - 2 \cdot L_r \cdot m)}{2 \cdot (1 - c \cdot (1 - t^u - t^l) + 2 \cdot m) \cdot (L_r \cdot (1 - c \cdot (1 - t^u - t^l)) + I_r \cdot L_Y)}.$$

Obwohl die Determinante eindeutig negativ ist (wie einfach gezeigt werden kann), ist das System (1) - (6) nicht stabil. Dieses kann durch das Aufzeigen von Widersprüchen bewiesen werden. Stabilität verlangt eine negative Determinante, eine negative Spur und eine negative Determinante der Fuller-Matrix. Die Fuller-Matrix ergibt sich als:

$$Ful = \begin{pmatrix} a_{11} + a_{22} & a_{23} & -a_{13} \\ a_{32} & a_{33} + a_{11} & a_{12} \\ -a_{31} & a_{21} & a_{33} + a_{22} \end{pmatrix}.$$

Die Anwendung der Symmetrieannahme führt zur Determinante der Fuller-Matrix:

$$2 \cdot (a_{11} + a_{22} + a_{23})((a_{11} + a_{22} - a_{23}) \cdot a_{22} - a_{21} \cdot a_{12}).$$

Wie oben dargestellt, sind a_{22} und $a_{12} \cdot a_{21}$ positiv. Wenn die Spur, $a_{11} + a_{22} + a_{33}$, ein negatives Vorzeichen hat und die Symmetrieannahme benutzt wird, gilt:

$$a_{11} + a_{22} < -a_{22}.$$

Folglich verlangt eine negative Spur, daß die Ungleichungen

$$a_{11} + a_{22} + a_{23} < -a_{22} + a_{23} \quad \text{und} \quad a_{11} + a_{22} - a_{23} < -(a_{22} + a_{23})$$

erfüllt sind.

Da

$$a_{22} - a_{23} = r \cdot (1 - t^{l}) \cdot \left(\frac{1 - c \cdot (1 - t^{u}) + 2 \cdot m}{1 - c \cdot (1 - t - t^{l}) + 2 \cdot m} \right) > 0 \quad \text{und}$$

$$a_{22} + a_{23} = r \cdot (1 - t^{l}) \cdot \left(\frac{L_r \cdot (1 - c \cdot (1 - t^{u})) + I_r \cdot L_Y}{L_r \cdot (1 - c \cdot (1 - t^{u} - t^{l})) + I_r \cdot L_Y} \right) > 0$$

haben $a_{11} + a_{22} + a_{23}$ und $a_{11} + a_{22} - a_{23}$ ein negatives Vorzeichen. Die Determinante der Fuller-Matrix is dann positiv, wenn die Spur der Jacobi-Matrix negativ ist. Da beide Kriterien nicht zu erfüllen sind, ist das System (1) - (6) eindeutig instabil.

Stabilitätsanalyse des stabilen Modells

Über die kurzfristigen Multiplikatoren sind die Elemente der Jacobi-Matrix zu erhalten,

$$\begin{pmatrix} a_{11} & a_{12} & a_{13} \\ a_{21} & a_{22} & a_{23} \\ a_{31} & a_{32} & a_{33} \end{pmatrix}$$

wobei

$$a_{11} = -\frac{I_r \cdot t^{u}}{L_r \cdot (1 - c \cdot (1 - t^{u} - t^{l})) + I_r \cdot L_Y} < 0,$$

$$a_{12} = a_{13} = \frac{L_r \cdot t^{u} \cdot (1 - c \cdot (1 - t^{l}))}{L_r \cdot (1 - c \cdot (1 - t^{u} - t^{l})) + I_r \cdot L_Y} > 0,$$

$$a_{21} = a_{31} = -\frac{I_r \cdot r \cdot t^{l}}{2 \cdot (L_r \cdot (1 - c \cdot (1 - t^{u} - t^{l})) + I_r \cdot L_Y)} < 0,$$

$$a_{22} = a_{33} = r \cdot t^{l} \cdot \left(\frac{(1 - c \cdot (1 - t^{l})) \cdot (2 \cdot L_r \cdot (1 - c \cdot (1 - t^{u} - t^{l})) + I_r \cdot L_Y + 2 \cdot L_r \cdot m)}{(1 - c \cdot (1 - t^{u} - t^{l}) + 2 \cdot m) \cdot (2 \cdot L_r \cdot (1 - c \cdot (1 - t^{u} - t^{l})) + 2 \cdot I_r \cdot L_Y)} - 1 \right),$$

$$a_{23} = a_{32} = -\frac{r \cdot t^{l} \cdot (1 - c \cdot (1 - t^{l})) \cdot (I_r \cdot L_Y - 2 \cdot L_r \cdot m)}{(1 - c \cdot (1 - t^{u} - t^{l}) + 2 \cdot m) \cdot (2 \cdot L_r \cdot (1 - c \cdot (1 - t^{u} - t^{l})) + 2 \cdot I_r \cdot L_Y)}.$$

Es ist möglich zu zeigen, daß a_{22} (und auch a_{33}) eindeutig negativ ist, da der rechte Term in den Klammern positiv, aber kleiner als eins ist. Folglich hat die Spur ein negatives Vorzeichen. Die Determinante der Jacobi-Matrix ist auch negativ:

$$\text{Det} = -\frac{I_r \cdot r^2 \cdot t^{u} \cdot (2 \cdot m + c \cdot t) \cdot t^{l^2}}{(1 - c \cdot (1 - t^{u} - t^{l}) + 2 \cdot m)(L_r \cdot (1 - c \cdot (1 - t^{u} - t^{l})) + I_r \cdot L_Y)} < 0.$$

Über die Symmetrieannahme berechnet sich die Determinante der Fuller-Matrix als:

$$2\cdot(a_{11}+a_{22}+a_{23})((a_{11}+a_{22}-a_{23})\cdot a_{22}-a_{21}\cdot a_{12}).$$

Da

$$a_{11}+a_{22}+a_{23}=-\frac{I_r\cdot(t+L_Y\cdot r\cdot t^l)+L_r\cdot c\cdot r\cdot t^u\cdot t^l}{L_r\cdot(1-c\cdot(1-t^u-t^l))+I_r\cdot L_Y}<0$$

und $a_{12}\cdot a_{21}$ auch negativ ist, wird die Determinante der Fuller-Matrix negativ wenn, $a_{11}+a_{22}-a_{23}$ negativ wird. Das ist der Fall, weil $a_{11}+a_{22}-a_{23}$ gleich

$$\begin{aligned}&-(I_r\cdot(t^u\cdot(1-c\cdot(1-t^u-t^l)+2\cdot m)\\&\quad+L_Y\cdot r\cdot t^l\cdot(2\cdot m+c\cdot t^u))+L_r\cdot r\cdot t^l\cdot(2\cdot m+c\cdot t^u)\cdot(1-c\cdot(1-t^u-t^l)))\\&/((1-c\cdot(1-t^u-t^l)+2\cdot m)\cdot(L_r\cdot(1-c\cdot(1-t^u-t^l))+I_r\cdot L_Y))\end{aligned}$$

ist. Die notwendigen und hinreichenden Bedingungen für Stabilität sind damit erfüllt.

Kurzfristige Multiplikatoren im stabilen Modell

Die Jacobi-Matrix des kurzfristigen Systems (1'), (2') und (3') lautet

$$\begin{pmatrix}1-c\cdot(1-t^u-t^l)+m & -m & -I_r\\ -m & 1-c\cdot(1-t^u-t^l)+m & -I_r\\ -L_Y & -L_Y & -2\cdot L_r\end{pmatrix}$$

Die Determinante dieser Matrix ist positiv.

$$\Delta=-2\cdot(1-c\cdot(1-t^u-t^l)+2\cdot m)\cdot(L_r\cdot(1-c\cdot(1-t^u-t^l))+I_r\cdot L_Y)>0.$$

Der Nenner der kurzfristigen Multiplikatoren ist gleich der Jacobi-Determinante Δ des kurzfristigen Systems. Die *Zähler* der Multiplikatoren sind in den folgenden Tabellen gegeben.

	dG^u	dG
dY	$-2\cdot a^u\cdot(L_r\cdot(1-c\cdot(1-t^u-t^l))+I_r\cdot L_Y)$ $-2\cdot L_r\cdot m+I_r\cdot L_Y$	$-2\cdot L_r\cdot(1-c\cdot(1-t-t^l)+m)-I_r\cdot L_Y$
dY*	$2\cdot L_r\cdot(1-c\cdot(1-t^u-t^l))\cdot(a^u-1)$ $-2\cdot L_r\cdot m+I_r\cdot L_Y\cdot(2\cdot a^u-1)$	$-2\,L_r\,m+I_r\,L_Y$
dr	$L_Y\cdot(1-c\cdot(1-t^u-t^l)+2\cdot m)$	$L_Y\cdot(1-c\cdot(1-t^u-t^l)+2\cdot m)$

	da^u	dM
dY	$-2\cdot G^u\cdot(L_r\cdot(1-c\cdot(1-t^u-t^l))+I_r\cdot L_Y)$	$-I_r\cdot(1-c\cdot(1-t^u-t^l)+2\cdot m)$
dY*	$-2\cdot G^u\cdot(L_r\cdot(1-c\cdot(1-t^u-t^l))+I_r\cdot L_Y)$	$-I_r\cdot(1-c\cdot(1-t^u-t^l)+2\cdot m)$
dr	0	$-(1-c\cdot(1-t^u-t^l))$ $\cdot(1-c\cdot(1-t^u-t^l)+2\cdot m)$

	dB	dt^u
dY	$(1-c\cdot(1-t^l))$ $\cdot(2\cdot L_r\cdot(1-c\cdot(1-t^u-t^l))$ $+2\cdot L_r\cdot m+I_r\cdot L_Y)$	$c\cdot(Y\cdot(2\cdot L_r\cdot(1-c\cdot(1-t^u-t^l)+m)+I_r\cdot L_Y)$ $+(Y^*\cdot(2\cdot L_r\cdot m-I_r\cdot L_Y)))$
dY*	$(1-c\cdot(1-t^l))$ $\cdot(2\cdot L_r\cdot m-I_r\cdot L_Y)$	$c\cdot(Y^*\cdot(2\cdot L_r\cdot(1-c\cdot(1-t^u-t^l)+m)+I_r\cdot L_Y)$ $+(Y\cdot(2\cdot L_r\cdot m-I_r\cdot L_Y)))$
dr	$-L_Y\cdot(1-c\cdot(1-t^l))$ $\cdot(1-c\cdot(1-t^u-t^l)+2\cdot m)$	$-L_Y\cdot c\cdot(Y+Y^*)$ $\cdot(1-c\cdot(1-t^u-t^l)+2\cdot m)$

	dt^l
dY	$c\cdot(2\cdot L_r\cdot((Y+B)\cdot(1-c\cdot(1-t^u-t^l))+m\cdot(Y+Y^*+B+B^*))$ $+I_r\cdot L_Y\cdot(Y-Y^*+B-B^*))$
dY*	$c\cdot(2\cdot L_r\cdot((Y^*+B^*)\cdot(1-c\cdot(1-t^u-t^l))+m\cdot(Y+Y^*+B+B^*))$ $+I_r\cdot L_Y\cdot(Y^*-Y+B^*-B))$
dr	$-L_Y\cdot c\cdot(Y+Y^*+B+B^*)\cdot(1-c\cdot(1-t^u-t^l)+2\cdot m)$

Langfristige Multiplikatoren im stabilen Modell

Die vollständigen Multiplikatoren sind in den folgenden Tabellen gegeben:

	dG^u	dG	da^u
dY	$\frac{2\cdot m+2\cdot t^u\cdot a^u+c\cdot t^u-t^u}{2\cdot t^u\cdot(c\cdot t^u+2\cdot m)}$	$\frac{(t^l-1)\cdot(1-c)}{2\cdot t^l\cdot(c\cdot t^u+2m)}$	$\frac{G^u}{c\cdot t^u+2\cdot m}$
dY*	$\frac{c\cdot t^u-2\cdot t^u\cdot a^u+2\cdot m+t^u}{2\cdot t^u\cdot(c\cdot t^u+2\cdot m)}$	$\frac{(t^l-1)\cdot(c-1)}{2\cdot t^l\cdot(c\cdot t^u+2m)}$	$\frac{-G^u}{c\cdot t^u+2\cdot m}$
dr	$\frac{c-1}{2\cdot I_r}$	$\frac{(t^l-1)\cdot(c-1)}{2\cdot t^l\cdot I_r}$	0
dM	$\frac{I_r\cdot L_Y-L_r\cdot t^u\cdot(1-c)}{I_r\cdot t^u}$	$\frac{L_r\cdot(t^l-1)(c-1)}{t^l\cdot I_r}$	0
dB	$\frac{-2\cdot m-2\cdot t^u\cdot a^u-c\cdot t^u+t^u}{2\cdot t^u\cdot(c\cdot t^u+2\cdot m)}$	$\frac{(1-t^l)\cdot(1-c)+2\cdot c\cdot t^u+4\cdot m}{2\cdot t^l\cdot(c\cdot t^u+2\cdot m)}$	$\frac{-G^u}{c\cdot t^u+2\cdot m}$
dB*	$\frac{(-c+2\cdot a^u-1)\cdot t^u-2\cdot m}{2\cdot t^u\cdot(c\cdot t^u+2\cdot m)}$	$\frac{(1-t^l)(c-1)}{2\cdot t^l\cdot(c\cdot t^u+2\cdot m)}$	$\frac{G^u}{c\cdot t^u+2\cdot m}$

	dt^u	$dt=dt^*$
dY	$\frac{-(Y\cdot(c\cdot t^u+m)+Y^*\cdot m)}{t^u\cdot(c\cdot t^u+2\cdot m)}$	$\frac{(Y^*+B^*-Y-B)\cdot(c-1)}{2\cdot t^l\cdot(c\cdot t^u+2\cdot m)}$
dY*	$\frac{-(Y^*\cdot(c\cdot t^u+m)+Y\cdot m)}{t^u\cdot(c\cdot t^u+2\cdot m)}$	$\frac{(Y+B-Y^*-B^*)\cdot(c-1)}{2\cdot t^l\cdot(c\cdot t^u+2\cdot m)}$
dr	0	$\frac{(Y^*+B^*+Y+B)\cdot(c-1)}{2\cdot t^l\cdot I_r}$
dM	$-L_Y\cdot\frac{(Y+Y^*)}{t^u}$	$\frac{L_r\cdot(Y^*+B^*+Y+B)\cdot(c-1)}{t^l\cdot I_r}$
dB	$\frac{Y\cdot(c\cdot t^u+m)+Y^*\cdot m}{t^u\cdot(c\cdot t^u+2\cdot m)}$	$\frac{(Y^*+B^*-Y-B)\cdot(1-c)}{2\cdot t^l\cdot(c\cdot t^u+2\cdot m)}-\frac{(Y+B)}{t^l}$
dB*	$\frac{Y^*\cdot(c\cdot t^u+m)+Y\cdot m}{t^u\cdot(c\cdot t^u+2\cdot m)}$	$\frac{(Y+B-Y^*-B^*)\cdot(1-c)}{2\cdot t^l\cdot(c\cdot t^u+2\cdot m)}-\frac{(Y^f+B^f)}{t^l}$

Anhang H (zu Kapitel V)

Datenbeschreibung der Geldnachfragevariablen

Die meisten Serien sind der OECD Main Economic Indicators (MEI) CD-Rom 1/1996 entnommen worden. Teilweise wurden Variablen aus diversen Heften der IMF International Financial Statistics (IFS) benutzt. Schließlich mußten einige Daten geschätzt werden, da sie in keiner der zugänglichen Datenquellen verfügbar waren. Die Schätzfunktionen basieren weitgehend auf ADL-Modellen, welche unten für die betroffenen Variablen skizziert werden. Darüber hinaus wurde das Verfahren von Chow/Lin (1971) angewendet. Fehlende einzelne Werte wurden einfach als arithmetisches Mittel der vor- und nachgelagerten Werte berechnet und nicht weiter dokumentiert. Die Schätzung von Beobachtungen kann Einflüsse auf die Ergebnisse der in der Analyse verwendeten statistischen Verfahren haben.
Soweit nicht bereits geschehen (wie in der OECD-Datenbank), wurden die Werte der Vierteljahresdaten annualisiert. Die BIP und Geldmengengrößen sind in Millionen Einheiten der jeweiligen Währungen umgerechnet, Zinssätze sind in Prozent per annum und der Konsumentenpreisindex (CPI) ist zum Basisjahr 1990 berechnet worden. In Abhängigkeit von ihrer jeweiligen Verfügbarkeit in den statistischen Quellen gehen saisonal bereinigte Werte in die Berechnung ein. Da nicht für alle Länder korrespondierende Bereinigungsverfahren verwendet wurden, werden in allen empirischen Analysen saisonale Dummy-Variablen eingesetzt, um mögliche deterministische Saisonalitätseffekte aufzufangen.
Es ist kein systematischer Versuch unternommen worden, die Daten auf saisonale Einheitswurzeln zu untersuchen, obwohl das Vorliegen von nicht-stationärer Saisonalität zum Auftreten scheinbarer Korrelationen zwischen den Serien führen kann (s. Hylleberg et al. (1990) und Hylleberg et al. (1993)). Wesentliche Gründe für die Nichtanwendung dieser Tests sind ihre geringe Mächtigkeit, die Frage, ob saisonale Einheitswurzeln ökonomisch hier überhaupt Sinn machen, Schwierigkeiten in der Interpretation, wenn Einheitswurzeln in ungewöhnlichen Frequenzen erkannt werden und schließlich das Fehlen zuverlässiger Verfahren zur Schätzung saisonaler Kointegrationsbeziehungen (vergl. Osborn et al. (1988), Beaulieu/Miron (1993), Engle et al. (1993)).
In der folgenden Aufstellung werden, nach Ländern geordnet, wesentliche Informationen zu den einzelnen Variablen gegeben. Fehlende oder detailliertere Informationen können über den Autor bezogen werden:

Belgien

BIP: Schätzung nach dem Chow/Lin (1971)-Verfahren über den Index zur industriellen Produktion (OECD-MEI: Nr. 22205112) in Jahreswerten und Übertragung auf Quartalswerte. Werte für 1995 als Autoregression mit Lags [1,3,4,5].

CPI: OECD-MEI: Nr.22446102.

ZINS: „Yield of Government Bonds", OECD-MEI: Nr. 22557804.

M: „Money" aus IFS. Werte für 1991, 93-95 als AR(5) geschätzt.

MQ: „Money + Quasi Money" aus IFS. Werte für 1991, 93-95 als ADL (Money + Quasi-Money Lags [1,4] und Money [1,3,4]) geschätzt.

Dänemark

BIP: OECD-MEI: Nr. 30100310 ab 1990.
Vor 1990: Schätzung über den BIP-Volumen Index (OECD-MEI: Nr. 30100319) und CPI.

CPI: OECD-MEI: Nr. 30446102.

ZINS: „Government Bond Yield" aus IFS.

M: „Money" aus IFS.

MQ: „Money + Quasi Money" aus IFS.

Deutschland (vor 1991: nur West-Deutschland)

BIP: OECD-MEI: Nr. 12100310 und 13100310.

CPI: OECD-MEI: Nr. 12447002 und 13446102.

ZINS: „Public Sector Bonds", OECD-MEI: Nr. 12558104.

M: M1, OECD-MEI: Nr. 12548210.

MQ: M2, OECD-MEI: Nr. 12548312.

Finnland

BIP: OECD-MEI: Nr. 64100300 ab 1970.
Vor 1970: Schätzung über den BIP-Volumen Index (OECD-MEI: Nr. 64100319) und CPI.

CPI: OECD-MEI: Nr.64444102.

ZINS: Diskontsatz, OECD-MEI: Nr. 64556104.

M: „Money" aus IFS.

MQ: „Money + Quasi Money" aus IFS.

Frankreich

BIP: OECD-MEI: Nr. 14100310 ab 1970.
Vor 1970: Schätzung über den BIP-Volumen Index (OECD-MEI: Nr. 14100319) und CPI.

CPI: OECD-MEI: Nr. 14548210.

ZINS: „Yield for Bonds guaranteed by Government", OECD-MEI: Nr. 14557604.

M: „Money" aus IFS.

MQ: „Money + Quasi Money" aus IFS.

Griechenland

BIP: Schätzung über den Index zur industriellen Produktion (OECD-MEI: Nr. 34205112) und CPI in Jahreswerten und Übertragung auf Quartalswerte.

CPI: OECD-MEI: Nr. 34446102.

ZINS: „Discount Rate" aus IFS.

M: M1, OECD-MEI: Nr. 34548200.

MQ: M1 + „Quasi Money", OECD-MEI: Nr. 34548300.

Großbritannien

BIP: OECD-MEI: Nr. 26100310.

CPI: OECD-MEI: Nr. 26446102.

ZINS: „Central Government Bonds", OECD-MEI: Nr. 26557604.

M: „Money" aus IFS. Werte für 1992-95 als ADL-Modell geschätzt („Money" Lags [1,5] und M4 [0,1,5]).

MQ: M4, OECD-MEI: Nr. 26548510.

Irland

BIP: Schätzung nach dem Chow/Lin (1971)-Verfahren über den Index zur industriellen Produktion (OECD-MEI: Nr. 28205112) in Jahreswerten und Übertragung auf Quartalswerte.

CPI: OECD-MEI: Nr. 28446102.

ZINS: „Government Bond Yield" aus IFS.

M: M1, OECD-MEI: Nr. 28548200.

MQ: M3, OECD-MEI: Nr. 28548300.

Italien

BIP: OECD-MEI: Nr. 16100310 ab 1980.
Vor 1980: Schätzung über den BIP-Volumen Index (OECD-MEI: Nr. 16100319) und CPI.

CPI: OECD-MEI: Nr. 16446102.

ZINS: „Long-term Government Bonds", OECD-MEI: Nr. 16557804.

M: M1, OECD-MEI: Nr. 16548200 ab 1975. Vor 1975 Schätzung durch Verwendung des Index für M1, OECD-MEI: Nr. 16548210.

MQ: M2, OECD-MEI: Nr. 16548300 ab 1975. Vor 1975 Schätzung durch Verwendung des Index für M2, OECD-MEI: Nr. 16548310.

Niederlande

BIP: OECD-MEI: Nr. 18100310 ab 1977.
Vor 1977: Schätzung über den BIP-Volumen Index (OECD-MEI: Nr. 18100319) und CPI.

CPI: OECD-MEI: Nr. 18446102.

ZINS: „Government Bond Yield" aus IFS.

M: M1, OECD-MEI: Nr. 18548200.

MQ: M1 + „Quasi Money", OECD-MEI: Nr. 18548300.

Österreich

BIP: OECD-MEI: Nr. 70100300.

CPI: OECD-MEI: Nr. 70446102.

ZINS: „Public Sector Bonds", OECD-MEI: Nr. 70558104.

M: M1, OECD-MEI: Nr. 70548200.

MQ: M1 + „Quasi-Money", OECD-MEI: Nr. 70548300.

Portugal

BIP: OECD-MEI: Nr. 36100300 ab 1977.
Vor 1977: Schätzung über den Index zur industriellen Produktion (OECD-MEI: Nr. 36205102) und CPI.

CPI: OECD-MEI: Nr. 364445002.

ZINS: „Government Bond Yield" aus IFS.
Schätzungen für 1974-75 durch ADL (Diskontsatz und Lag [1] von „Government Bond Yield").
Schätzungen für 1986 durch „Treasury Bill Rate", OECD-MEI: Nr. 36556704.

M: „Money" aus IFS.

MQ: „Money + Quasi Money" aus IFS.

Schweden

BIP: OECD-MEI: Nr. 60100300 ab 1980.
Vor 1980: Schätzung über den BIP-Volumen Index (OECD-MEI: Nr. 60100319) und CPI.

CPI: OECD-MEI: Nr. 60446102.

ZINS: „Government Bond Yield" aus IFS bis 1987. Ab 1987 „Central Government Bonds", OECD-MEI: Nr. 60557604.

M: „Money" aus IFS bis 1980. Ab 1980 sind die Daten größtenteils durch ein ADL-Modell extrapoliert worden („Money" Lags [1] und M3 [0,3,4] für 1980-81, Lags [1] und [0,1,2,3] für 1984-86 und 1990-95).

MQ: M3, OECD-MEI: Nr. 60548300.

Spanien

BIP: OECD-MEI: Nr. 32100310 ab 1970.
Vor 1970: Schätzung über den BIP-Volumen Index (OECD-MEI: Nr. 32100319) und CPI.

CPI: OECD-MEI: Nr. 32446102.

ZINS: „Discount Rate" aus IFS.

M: M1, OECD-MEI: Nr. 32548200.

MQ: M3, OECD-MEI: Nr. 32548300.

Einheitswurzeltests für Geldnachfragevariablen

Die Zahlen in der Spalte „Lags“ geben die jeweils verwendeten Zeitverzögerungen an, dabei steht C für eine Konstante, T für einen deterministischen Trend und S für saisonale Dummy-Variablen. Bei * wird die Nullhypothese bei einem Signifikanzniveau von 5% verworfen. Die kritischen Werte stammen von MacKinnon (1991). Δ ist der einfache Differenzenoperator. Um die Mächtigkeit der Tests zu erhöhen, wurden die maximal zur Verfügung stehenden Beobachtungen zwischen 1960:1 und 1995:4 verwendet. Es gehen daher einige der nationalen Reihen über den in der aggregierten Analyse zugrunde gelegten Zeitraum (1964:1 - 1994:4) hinaus.
Auch wenn asymptotisch keine Abhängigkeit der ADF-Teststatistiken von der Annahme der Homoskedastizität besteht, so kann in kleinen Stichproben diese doch eine Rolle spielen. Daher wurde in Zweifelsfällen die ADF-Teststatistik zusätzlich mit den heteroskedastizitätskonsistenten Standardfehlern (nach Jack-knife-Verfahren) berechnet (JHCSE). Wenn sich die Schlußfolgerung der Tests dadurch ändert, dann wird das Resultat in kursiver Schrift in der Spalte „Integrationsgrad“ eingetragen.

Tab. A4: Einheitswurzeltests für Belgien

Variable	Lags	ADF-Wert	Variable	Lags	ADF-Wert	Integrationsgrad
LM	C,S,4	-2.81	ΔLM	C,S,2,3	-12.5*	I(1)
LMQ	C,S,T	-2.28	ΔLMQ	C,S	-10.3*	I(1)
LGDP	C,1,2,3,4,5,6,7	-2.25	ΔLGDP	C,1,2,3,4,5,6	-9.5*	I(1)
INT	1	-0.35	ΔINT		-7.0*	I(1)
INFL	1,2,5	-1.21	ΔINFL	1,5	-13.0*	I(1)

Tab. A5: Einheitswurzeltests für Dänemark

Variable	Lags	ADF-Wert	Variable	Lags	ADF-Wert	Integrationsgrad
LM	S,4,5	3.67	ΔLM	C,S,4	-11.1*	I(1)
LMQ	S,1,3,4,5	3.87	ΔLMQ	C,S,2,4	-9.6*	I(1)
LGDP	C,T,1,2,3,7,9, 12,13,14	-2.95	ΔLGDP	C,1,2,9,10,11	-12.9*	I(1)
INT	4	-0.26	ΔINT	6	-10.0*	I(1)
INFL	C,S,1,2	-3.29*	ΔINFL	S,1,2,3,4	-8.1*	I(0)

Tab. A6: Einheitswurzeltests für Deutschland

Variable	Lags	ADF-Wert	Variable	Lags	ADF-Wert	Integrationsgrad
LM	C,S,T,4	-2.58	ΔLM	C,S,4	-12.7*	I(1)
LMQ	C,T,3,4	-2.55	ΔLMQ	C,1,2	-4.88*	I(1)
LGDP	C,T,3,4	-2.58	ΔLGDP	C,2	-10.1*	I(1)
INT	C,1,2,3	-3.46*	ΔINT	4	-7.80*	I(0)
INFL	S,1,2,3	-3.44*	ΔINFL	C,S,1,2	-11.8*	I(0)

Tab. A7: Einheitswurzeltests für Finnland

Variable	Lags	ADF-Wert	Variable	Lags	ADF-Wert	Integrationsgrad
LM	S	3.55	ΔLM	C,S	-11.9*	I(1)
LMQ	C,S,T,1,4,12	-2.99	ΔLMQ	C,S	-9.8*	I(1)
LGDP	C,S,3	-1.74	ΔLGDP	C,S,1,2,6,7	-5.1*	I(1)
INT	C,2	-1.95	ΔINT	2	-10.5*	I(1)
INFL	S,1	-3.78*	ΔINFL	S,1,2	-9.7*	I(0)

Tab. A8: Einheitswurzeltests für Frankreich

Variable	Lags	ADF-Wert	Variable	Lags	ADF-Wert	Integrationsgrad
LM	C,S,T,4	-3.16	ΔLM	C,S,3	-11.8*	I(1)
LMQ	C,S	-1.67	ΔLMQ	C,S	-10.1*	I(1)
LGDP	C,1	-4,69*	ΔLGDP	C	-15.9*	*I(1)*
INT	2,4	-0.23	ΔINT	2,4	-9.7*	I(1)
INFL	1,2,3,5	-0.85	ΔINFL	1,2,4	-9.5*	I(1)

Hinweis: Die Verwendung des JHCSE-Schätzers ergibt: LGDP: ADF-Wert = -2.49.

Tab. A9: Einheitswurzeltests für Griechenland

Variable	Lags	ADF-Wert	Variable	Lags	ADF-Wert	Integrationsgrad
LM	C,S,1,3	-5.12*	ΔLM	C,S,1	-7.5*	I(0)
LMQ	C,S,1,2,5	-4.14*	ΔLMQ	C,S,1,4	-4.4*	I(0)
LGDP	C	-4.89*	ΔLGDP	C	-11.3*	I(0)
INT		0.89	ΔINT		-10.5*	I(1)
INFL	C,S,1,2,3	-2.31	ΔINFL	C,S,1,2	-11.5*	I(1)

Tab. A10: Einheitswurzeltests für Großbritannien

Variable	Lags	ADF-Wert	Variable	Lags	ADF-Wert	Integrationsgrad
LM	4	0.32	ΔLM		-11.1*	I(1)
LMQ	C,S,T,1,3,4	-2.24	ΔLMQ	C,S,1,3	-4.6*	I(1)
LGDP	C,S,T	-2.54	ΔLGDP	C,S	-12.6*	I(1)
INT	C,1	-2.71	ΔINT	1,2	-9.7*	I(1)
INFL	S,1	-2.95*	ΔINFL	S,1,2	-9.6*	*I(1)*

Hinweis: Die Verwendung des JHCSE-Schätzers ergibt: INFL: ADF-Wert = -1.73.

Tab. A11: Einheitswurzeltests für Irland

Variable	Lags	ADF-Wert	Variable	Lags	ADF-Wert	Integrationsgrad
LM	C,S,2,4	-1.66	ΔLM	C,S,1	-6.6*	I(1)
LMQ	S	5.50	ΔLMQ	C,S	-10.6*	I(1)
LGDP	C,S,T,1,2,3	-2.85	ΔLGDP	C,S,1,2	-13.8*	I(1)
INT	5	-0.11	ΔINT	4	-10.7*	I(1)
INFL	S,1,2,3	-2.79	ΔINFL	S,1,2	-11.4*	I(1)

Tab. A12: Einheitswurzeltests für Italien

Variable	Lags	ADF-Wert	Variable	Lags	ADF-Wert	Integrationsgrad
LM	2	-4.42*	ΔLM	1	-3.8*	I(0)
LMQ	C,1,2	-3.69*	ΔLMQ	1	-3.3*	I(0)
LGDP	C,1,4	-3.44*	ΔLGDP	C	-8.7*	I(0)
INT	1	-0.27	ΔINT	S	-7.2*	I(1)
INFL	C,S,1	-2.42	ΔINFL	C,S,1,2,3,4	-7.6*	I(1)

Tab. A13: Einheitswurzeltests für die Niederlande

Variable	Lags	ADF-Wert	Variable	Lags	ADF-Wert	Integrationsgrad
LM	C,S,T,4	-3.06	ΔLM	S,4,5	-12.1*	I(1)
LMQ	C,S,T,4	-3.16	ΔLMQ	C,4,5	-12.6*	I(1)
LGDP	C,1,2	-3.28*	ΔLGDP	C	-15.0*	*I(1)*
INT	C,1,2,3	-2.72	ΔINT	3,4	-8.6*	I(1)
INFL	1,2,3,5,7,10,12	-1.26	ΔINFL	1,2,3,4,8,9,10	-9.2*	I(1)

Hinweis: Die Verwendung des JHCSE-Schätzers ergibt: LGDP: ADF-Wert = -2.52.

Tab. A14: Einheitswurzeltests für Österreich

Variable	Lags	ADF-Wert	Variable	Lags	ADF-Wert	Integrationsgrad
LM	C,S,3,4,7	-1.44	ΔLM	C,S,3	-14.1*	I(1)
LMQ	C,S,3,4	-2.74	ΔLMQ	C,S,1,2,3	-3.15*	I(0)
LGDP	C,S,1,2,4,5	-2.16	ΔLGDP	C,S,2,3,5	-15.8*	I(1)
INT	C,1	-2.39	ΔINT	3	-6.55*	*I(1)*
INFL	S,1,2,3	-3.5*	ΔINFL	C,S,1,2	-18.3*	I(0)

Hinweis: Die Verwendung des JHCSE-Schätzers ergibt: INT: ADF-Wert = -2.46.

Tab. A15: Einheitswurzeltests für Portugal

Variable	Lags	ADF-Wert	Variable	Lags	ADF-Wert	Integrationsgrad
LM	C,S,T,4	-1.73	ΔLM	C,S,4	-11.0*	I(1)
LMQ	S	3.33	ΔLMQ	C,S	-11.5*	I(1)
LGDP	C,T,4	-3.35	ΔLGDP	C,4	-12.3*	I(1)
INT	2	-0.28	ΔINT	2,7,8,9,10	-11.6*	I(1)
INFL	C,S,1,2	-2.91*	ΔINFL	S,1,2	-12.6*	*I(1)*

Hinweis: Die Verwendung des JHCSE-Schätzers ergibt: INFL: ADF-Wert = -2.20.

Tab. A16: Einheitswurzeltests für Schweden

Variable	Lags	ADF-Wert	Variable	Lags	ADF-Wert	Integrationsgrad
LM	C,S,T,2	-3.52*	ΔLM	C,S,2	-13.5*	*I(1)*
LMQ	C,S,1,4	-2.83	ΔLMQ	C,S,4,5,6	-14.5*	I(1)
LGDP	C	-3.25*	ΔLGDP		-10.8*	I(0)
INT	4	0.27	ΔINT	1,2,3	-7.8*	I(1)
INFL	S,1,2	-2.97*	ΔINFL	S,1	-16.1*	I(0)

Hinweis: Die Verwendung des JHCSE-Schätzers ergibt: LM: ADF-Wert = -2.78.

Tab. A17: Einheitswurzeltests für Spanien

Variable	Lags	ADF-Wert	Variable	Lags	ADF-Wert	Integrationsgrad
LM	C,S,1,4	-1.84	ΔLM	C,S,1,2,3,4	-3.0*	I(1)
LMQ	C,S,1,4	-1.88	ΔLMQ	C,S,1,2,3	-2.6	I(2)
LGDP	C	-5.30*	ΔLGDP	C,1,2	-4.5*	I(0)
INT	1,2	-0.25	ΔINT	1	-10.4*	I(1)
INFL	C,1,2,3	-2.66	ΔINFL	1,2,3,4,5,6	-7.3*	I(1)

Hinweis: Der ADF-Wert für ΔΔLMQ = -15.1* [C,S,1,2].

Tab. A18: Einheitswurzeltests für EU3

Variable	Lags	ADF-Wert	Variable	Lags	ADF-Wert	Integrationsgrad
LM	S,4	4.02	ΔLM	C,S	-9.3*	I(1)
LMQ	S,1	6.31	ΔLMQ	C,S	-7.9*	I(1)
LGDP	C,S	-1.74	ΔLGDP	C,S,2	-10.7*	I(1)
INT	C	-2.38	ΔINT		-12.7*	I(1)
INFL	S,1,2	-2.39	ΔINFL	S,1	-11.9*	I(1)

Tab. A19: Einheitswurzeltests für EU6

Variable	Lags	ADF-Wert	Variable	Lags	ADF-Wert	Integrationsgrad
LM	C,S,T,4	-2.12	ΔLM	C,S	-9.2*	I(1)
LMQ	C,S,T,1	-2.23	ΔLMQ	C,S	-7.7*	I(1)
LGDP	C,S,T,3,4	-2.27	ΔLGDP	C,S,2,5	-11.2*	I(1)
INT	C,1	-2.37	ΔINT		-6.7*	I(1)
INFL	S,1,2	-2.80	ΔINFL	S,1	-15.7*	I(1)

Tab.A20: Einheitswurzeltests für EU10

Variable	Lags	ADF-Wert	Variable	Lags	ADF-Wert	Integrationsgrad
LM	S	6.41	ΔLM	C,S	-8.9*	I(1)
LMQ	S,1	8.80	ΔLMQ	C,S	-6.9*	I(1)
LGDP	C,S,T,3,4	-2.39	ΔLGDP	C,S,1,2,3,5	-3.6*	I(1)
INT	C	-2.13	ΔINT		-11.5*	I(1)
INFL	S,1,2	-2.20	ΔINFL	S,1	-12.3*	I(1)

Tab. A21: Einheitswurzeltests für EU14

Variable	Lags	ADF-Wert	Variable	Lags	ADF-Wert	Integrationsgrad
LM	S,4	5.10	ΔLM	C,S	-9.1*	I(1)
LMQ	C,S,1	-1.94	ΔLMQ	C,S	-6.22*	I(1)
LGDP	C,S,3	-2.40	ΔLGDP	C,S,1,2	-4.27*	I(1)
INT		0.07	ΔINT		-9.8*	I(1)
INFL	S,1	-1.62	ΔINFL	S	-19.84*	I(1)

Anhang I (zu Kapitel V)

Kointegrationsanalyse für nationale Geldnachfragen

In den folgenden Tabellen ist LR(r, r+1) die Teststatistik für den Maximum-Eigenwert-Test und LR(r, N) für den Spur-Test. Die kritischen Werte stammen von Osterwald-Lenum (1992). Bei * (**) wird die Nullhypothese für ein angelegtes Signifikanzniveau von 5% (1%) verworfen.

Tab. A22a: Schätzen und Testen der Kointegrationsvektoren für Belgien (1962:1-1995:3)

	M			MQ		
Anzahl der Lags	7			5		
H_0	Eigenwert	LR(r,r+1)	LR(r,N)	Eigenwert	LR(r,r+1)	LR(r,N)
r = 0	0.27	33.2**	48.1**	0.25	33.3**	47.0**
$r \leq 1$	0.08	9.7	14.8	0.09	11.3	13.7
$r \leq 2$	0.04	5.1	5.1	0.02	2.1	2.1
Standardisierte Eigenvektoren	LM	LGDP	INT	LMQ	LGDP	INT
$\hat{\beta}'$	1	-1.2	0.01	1	-1.003	0.007
$\hat{b}_1'$	-1.3	1	-0.35	-1.8	1	0.26
$\hat{b}_2'$	-54	-25	1	-14.6	-5.9	1
Standardisierte Ladungen						
$\hat{\alpha}'$	-0.11	1.5	1.1	-0.04	1.45	2.0
$\hat{a}_1'$	0.01	0.01	0.11	-0.01	-0.003	-0.15
$\hat{a}_2'$	0.0003	0.0003	-0.06	0.0002	0.001	-0.007

Hinweis: Eine deterministische Trendvariable wurde in die Kointegrationsbeziehung für M aufgenommen (In $\hat{\beta}$: Trend = 0.008).

Tab. A22b: Diagnostische Tests der VAR für Belgien

M:	AR	Normal	White	ARCH	MQ:	AR	Normal	White	ARCH
LM		**			LMQ				
LGDP		**			LGDP		**		
INT		**			INT		*		
Vektor		**			Vektor	*	**		
Chow1	$Chi^2(60)$ = 151**, F(60,89) = 2.5**				Chow1	$Chi^2(60)$= 132**, F(60,96) = 2.2**			
Chow2	$Chi^2(60)$ = 98.4**, F(60,89) = 1.6*				Chow2	$Chi^2(60)$ = 99.3**, F(60,96) = 1.7*			
Eink.El.	$Chi^2(3)$ = 19.8**				Eink.El.	$Chi^2(2)$ = 0.03			

Tab. A23a: Schätzen und Testen der Kointegrationsvektoren für Dänemark (1962:2-1995:2)

	M			MQ			
Anzahl der Lags	5			2			
H_0	Eigenwert	LR(r,r+1)	LR(r,N)	Eigenwert	LR(r,r+1)	LR(r,N)	
r = 0	0.27	35.1**	41.4**	0.28	37.1**	64.1**	
r ≤ 1	0.04	4.1	6.4	0.14	17.1	27.0	
r ≤ 2	0.02	2.3	2.3	0.06	7.3	9.9	
r ≤ 3				0.02	2.7	2.7	
Standardisierte Eigenvektoren	LM	LGDP	INFL	LMQ	LGDP	INT	INFL
$\hat{\beta}'$	1	-1.13	27.1	1	-1.1	0.002	17.5
$\hat{b}_1'$	-0.66	1	10.1	-0.63	1	-0.04	9.3
$\hat{b}_2'$	-0.0007	-0.05	1	1.74	-30.8	1	20.7
$\hat{b}_3'$				-0.08	0.07	0.009	1
Standardisierte Ladungen							
$\hat{\alpha}'$	-0.01	-0.13	-0.05	-0.04	-0.05	-0.33	-0.07
$\hat{a}_1'$	0.01	-0.07	0.003	-0.005	-0.19	2.68	0.005
$\hat{a}_2'$	0.38	0.25	-0.07	0.001	0.001	0.06	-0.0003
$\hat{a}_3'$				0.025	-0.20	-2.05	0.001

Tab. A23b: Diagnostische Tests der VAR für Dänemark

M:	AR	Normal	White	ARCH	**MQ:**	AR	Normal	White	ARCH
LM		**			LMQ				
LGDP		**	**	**	LGDP		**	**	**
INT		**			INT		*		
					INFL		**		
Vektor		**			Vektor		**		
Chow1	$Chi^2(60) = 64.2$, $F(60,94) = 1.1$				Chow1	$Chi^2(80) = 131$**, $F(80,89) = 1.6$*			
Chow2	$Chi^2(60) = 51.5$, $F(60,94) = 0.9$				Chow2	$Chi^2(80) = 101$, $F(80,89) = 1.26$			
Eink.El.	$Chi^2(2) = 3.1$				Eink.El.	$Chi^2(2) = 2.9$			

Tab. A24a: Schätzen und Testen der Kointegrationsvektoren für Deutschland (1963:4-1995:3)

	M			MQ		
Anzahl der Lags	11			14		
H_0	Eigenwert	LR(r,r+1)	LR(r,N)	Eigenwert	LR(r,r+1)	LR(r,N)
r = 0	0.18	21.8*	30.1*	0.18	21.8*	30.6*
r ≤ 1	0.07	7.7	8.3	0.07	8.1	8.8
r ≤ 2	0.005	0.52	0.52	0.006	0.7	0.7
Standardisierte Eigenvektoren	LM	LGDP	INT	LMQ	LGDP	INT
$\hat{\beta}'$	1	-1.2	0.08	1	-1.56	0.08
$\hat{b}_1'$	-0.89	1	-0.02	-0.61	1	0.04
$\hat{b}_2'$	13.8	-12.8	1	77.3	-98.2	1
Standardisierte Ladungen						
$\hat{\alpha}'$	-0.13	0.01	-3.96	-0.09	-0.006	-2.22
$\hat{a}_1'$	0.03	-0.07	-1.02	0.005	-0.03	-0.79
$\hat{a}_2'$	-0.002	0.00005	-0.02	0.0002	0.0001	-0.004

Tab. A24b: Diagnostische Tests der VAR für Deutschland

M:	AR	Normal	White	ARCH	MQ:	AR	Normal	White	ARCH
LM					LMQ				
LGDP					LGDP				
INT					INT				
Vektor					Vektor				
Chow1	$Chi^2(60)$ = 407**, F(60,71) = 6.8**				Chow1	$Chi^2(60)$= 397**, F(60,62) = 6.6**			
Chow2	$Chi^2(60)$ = 173**, F(60,71) = 2.9**				Chow2	$Chi^2(60)$= 183**, F(60,62) = 3.1**			
Eink.El.	$Chi^2(2)$ = 19.5**				Eink.El.	$Chi^2(2)$ = 17.3**			

Tab. A25a: Schätzen und Testen der Kointegrationsvektoren für Finnland (1962:2-1995:3)

	M			MQ		
Anzahl der Lags	2			3		
H_0	Eigenwert	LR(r,r+1)	LR(r,N)	Eigenwert	LR(r,r+1)	LR(r,N)
r = 0	0.21	26.6*	43.5*	0.23	30.9**	36.2**
$r \leq 1$	0.09	10.3	16.9	0.04	5.2	5.2
$r \leq 2$	0.06	6.6	6.6	0.000003	0.0003	0.0003
Standardisierte Eigenvektoren	LM	LGDP	INT	LMQ	LGDP	INT
$\hat{\beta}'$	1	-3.9	0.23	1	-1.35	0.13
$\hat{b}_1'$	-1.4	1	0.05	-0.74	1	-0.01
$\hat{b}_2'$	3.7	32.6	1	62.9	-65.3	1
Standardisierte Ladungen						
$\hat{\alpha}'$	-0.06	-0.01	-0.71	-0.05	-0.07	-2.28
$\hat{a}_1'$	0.11	-0.01	-0.45	0.02	-0.06	-0.03
$\hat{a}_2'$	-0.001	-0.002	0.004	0.000006	0.000002	-0.00008

Hinweis: Eine deterministische Trendvariable wurde in die Kointegrationsbeziehung für M aufgenommen (In $\hat{\beta}$: Trend = 0.024).

Tab. A25b: Diagnostische Tests der VAR für Finland

M:	AR	Normal	White	ARCH	**MQ:**	AR	Normal	White	ARCH
LM					LMQ				
LGDP		*	*		LGDP		**		
INT		**			INT		**		
Vektor		**	*		Vektor		**		
Chow1	$Chi^2(60)$=1234**, F(60,103)=21**				Chow1	$Chi^2(60)$=113**, F(60,104)= 1.9**			
Chow2	$Chi^2(60)$= 610**, F(60,103) = 10**				Chow2	$Chi^2(60)$ = 83*, F(60,104) = 1.4			
Eink.El.	$Chi^2(3)$ = 24.7**				Eink.El.	$Chi^2(2)$ = 21.7**			

Tab. A26a: Schätzen und Testen der Kointegrationsvektoren für Frankreich (1961:3-1995:3)

	M				MQ		
Anzahl der Lags	4				6		
H_0	Eigenwert	LR(r,r+1)	LR(r,N)		Eigenwert	LR(r,r+1)	LR(r,N)
r = 0	0.21	28.2*	55**		0.19	24.1*	47.6**
$r \leq 1$	0.13	17.3	26.8		0.15	19.0*	23.6**
$r \leq 2$	0.07	8.5	9.5		0.04	4.5*	4.5*
$r \leq 3$	0.008	0.97	0.97				
Standardisierte Eigenvektoren	LM	LGDP	INT	INFL	LMQ	LGDP	INT
$\hat{\beta}'$	1	-0.50	0.06	6.8	1	-0.80	0.27
$\hat{b}_1'$	-1.7	1	0.02	-15.7	-0.55	1	-0.02
$\hat{b}_2'$	16.7	-16.3	1	-151	-15.5	11.5	1
$\hat{b}_3'$	-0.04	-0.006	0.0003	1			
Standardisierte Ladungen							
$\hat{\alpha}'$	-0.05	-0.03	-0.41	-0.005	-0.01	-0.01	-0.1
$\hat{a}_1'$	0.06	-0.02	-1.09	0.003	0.34	-0.08	1.9
$\hat{a}_2'$	-0.001	0.002	-0.08	-0.0001	0.001	0.0001	-0.03
$\hat{a}_3'$	0.09	-0.007	-0.5	-0.04			

Tab. A26b: Diagnostische Tests der VAR für Frankreich

M:	AR	Normal	White	ARCH	**MQ:**	AR	Normal	White	ARCH
LM		**			LMQ		**		**
LGDP		**			LGDP		**		
INT		**			INT		**		**
INFL		*							
Vektor		**			Vektor		**		
Chow1	$Chi^2(80) = 95.5$, $F(80,97) = 1.2$				Chow1	$Chi^2(60) = 65.0$, $F(60,93) = 1.1$			
Chow2	$Chi^2(80) = 78.3$, $F(80,97) = 1.0$				Chow2	$Chi^2(60) = 52.2$, $F(60,93) = 0.9$			
Eink.El.	$Chi^2(3) = 18.3$**				Eink.El.	$Chi^2(2) = 0.05$			

Tab. A27a: Schätzen und Testen der Kointegrationsvektoren für Griechenland (1963:2-1995:2)

	M			MQ		
Anzahl der Lags	4			7		
H_0	Eigenwert	LR(r,r+1)	LR(r,N)	Eigenwert	LR(r,r+1)	LR(r,N)
r = 0	0.23	28.2**	42.8**	0.24	29.3**	38.7**
r ≤ 1	0.10	11.7	14.6	0.09	9.5	9.5
r ≤ 2	0.03	2.8	2.8	0.00002	0.003	0.003
Standardisierte Eigenvektoren	LM	LGDP	INT	LMQ	LGDP	INFL
$\hat{\beta}'$	1	-0.94	0.02	1	-2.12	27.7
$\hat{b}'_1$	-0.95	1	0.0004	-0.25	1	-10.6
$\hat{b}'_2$	22.5	-37.7	1	0.36	-0.68	1
Standardisierte Ladungen						
$\hat{\alpha}'$	-0.15	-0.02	2.65	-0.04	-0.03	0.01
$\hat{a}'_1$	-0.03	-0.06	-0.87	-0.05	-0.01	0.05
$\hat{a}'_2$	-0.002	0.00005	-0.02	0.002	-0.003	-0.0008

Tab. A27b: Diagnostische Tests der VAR für Griechenland

M:	AR	Normal	White	ARCH	MQ:	AR	Normal	White	ARCH
LM		**			LMQ				
LGDP					LGDP				
INT		**			INFL				*
Vektor		**			Vektor				
Chow1	$Chi^2(60)$ = 90.2**, F(60,93) = 1.5*				Chow1	$Chi^2(60)$= 257**, F(60,81) = 4.3**			
Chow2	$Chi^2(60)$ = 79.4*, F(60,93) = 1.3				Chow2	$Chi^2(60)$= 157**, F(60,81) = 2.6**			
Eink.El.	$Chi^2(2)$ = 0.30				Eink.El.	$Chi^2(2)$ = 6.4*			

Tab. A28a: Schätzen und Testen der Kointegrationsvektoren für Großbritannien (1962:1-1995:3)

	M			MQ		
Anzahl der Lags	1			12		
H_0	Eigenwert	LR(r,r+1)	LR(r,N)	Eigenwert	LR(r,r+1)	LR(r,N)
r = 0	0.32	43.8**	48.8**	0.22	27.7**	33.2**
$r \leq 1$	0.04	5.0	5.0	0.05	5.3	5.5
$r \leq 2$	0.00007	0.008	0.008	0.002	0.2	0.2
Standardisierte Eigenvektoren	LM	LGDP	INT	LMQ	LGDP	INT
$\hat{\beta}'$	1	-2.28	0.22	1	-2.44	0.06
$\hat{b}_1'$	-0.20	1	0.0007	-0.50	1	-0.04
$\hat{b}_2'$	81.5	16.7	1	-27.7	28.2	1
Standardisierte Ladungen						
$\hat{\alpha}'$	-0.03	0.0003	-2.51	-0.04	0.03	7.96
$\hat{a}_1'$	0.13	-0.005	-0.16	0.05	0.03	0.63
$\hat{a}_2'$	-0.006	0.000003	-0.0002	-0.00001	-0.0002	0.01

Tab. A28b: Diagnostische Tests der VAR für Großbritannien

M:	AR	Normal	White	ARCH	MQ:	AR	Normal	White	ARCH
LM		**			LMQ				
LGDP		**		**	LGDP		**		
INT		**	*	*	INT		**		
Vektor		**	**		Vektor		**		
Chow1	$Chi^2(60)$ = 13.2, F(60,108) = 0.22				Chow1	$Chi^2(60)$ = 73.2, F(60,69) = 1.2			
Chow2	$Chi^2(60)$ = 11.9, F(60,108) = 0.20				Chow2	$Chi^2(60)$ = 42.5, F(60,69) = 0.71			
Eink.El.	$Chi^2(2)$ = 12.9**				Eink.El.	$Chi^2(2)$ = 19.9**			

Tab. A29a: Schätzen und Testen der Kointegrationsvektoren für Irland (1965:1-1995:3)

	M			MQ		
Anzahl der Lags	11			6		
H_0	Eigenwert	LR(r,r+1)	LR(r,N)	Eigenwert	LR(r,r+1)	LR(r,N)
r = 0	0.25	29.6*	43.3*	0.20	25.7*	44.4*
$r \leq 1$	0.10	10.4	13.8	0.12	14.7	18.7
$r \leq 2$	0.03	3.4	3.4	0.03	4.0	4.0
Standardisierte Eigenvektoren	LM	LGDP	INT	LMQ	LGDP	INT
$\hat{\beta}'$	1	-8.5	0.20	1	-2.5	0.02
$\hat{b}_1'$	-2.3	1	-0.03	-4.7	1	0.12
$\hat{b}_2'$	86.6	-372	1	-2.5	13.0	1
Standardisierte Ladungen						
$\hat{\alpha}'$	-0.01	0.06	-1.34	-0.04	0.44	-1.35
$\hat{a}_1'$	0.06	-0.15	-0.93	0.002	-0.06	-0.95
$\hat{a}_2'$	-0.00006	0.0004	-0.0001	-0.001	-0.003	0.0001

Hinweis: Eine deterministische Trendvariable wurde in die Kointegrationsbeziehung für M (Trend = 0.08) und MQ (Trend = 0.017) aufgenommen.

Tab. A29b: Diagnostische Tests der VAR für Irland

M:	AR	Normal	White	ARCH	MQ:	AR	Normal	White	ARCH
LM					LMQ				
LGDP		**			LGDP		**		
INT					INT				
Vektor		**			Vektor		**		
Chow1	$Chi^2(60)$ = 81.4*, F(60,65) = 1.4				Chow1	$Chi^2(60)$= 453**, F(60,92) = 7.6**			
Chow2	$Chi^2(60)$ = 50.8, F(60,65) = 0.9				Chow2	$Chi^2(60)$= 240**, F(60,92) = 4.0**			
Eink.El.	$Chi^2(3)$ = 24.7**				Eink.El.	$Chi^2(3)$ = 22.3**			

Tab. A30a: Schätzen und Testen der Kointegrationsvektoren für Italien (1964:2-1995:3)

	M			MQ		
Anzahl der Lags	6			7		
H_0	Eigenwert	LR(r,r+1)	LR(r,N)	Eigenwert	LR(r,r+1)	LR(r,N)
$r = 0$	0.19	21.7	43.9*	0.17	20.4	37.2**
$r \leq 1$	0.12	14.0	22.2	0.13	15.5*	16.8*
$r \leq 2$	0.07	8.2	8.2	0.01	1.4	1.4
Standardisierte Eigenvektoren	LM	LGDP	INT	LMQ	LGDP	INT
$\hat{\beta}'$	1	-2.2	0.07	1	-1.04	0.12
$\hat{b}_1'$	-0.2	1	-0.007	-1.3	1	0.06
$\hat{b}_2'$	-286	667	1	51.9	-87.2	1
Standardisierte Ladungen						
$\hat{\alpha}'$	-0.02	0.003	-0.04	-0.01	-0.0004	-0.13
$\hat{a}_1'$	-0.09	-0.1	6.7	0.01	-0.003	-1.32
$\hat{a}_2'$	-0.000004	-0.0002	-0.008	-0.000005	0.002	-0.0001

Hinweis: Eine deterministische Trendvariable wurde in die Kointegrationsbeziehung für M aufgenommen (Trend = 0.02).

Tab. A30b: Diagnostische Tests der VAR für Italien

M:	AR	Normal	White	ARCH	**MQ:**	AR	Normal	White	ARCH
LM					LMQ		**		
LGDP		**			LGDP		**		
INT		**			INT		**		
Vektor		**			Vektor		**		
Chow1	$Chi^2(60)$ = 144**, F(60,83) = 2.4**				Chow1	$Chi^2(60)$ = 74.7, F(60,82) = 2.4			
Chow2	$Chi^2(60)$ = 93.1**, F(60,83) = 1.6*				Chow2	$Chi^2(60)$ = 55.1, F(60,82) = 0.9			
Eink.El.	$Chi^2(3)$ = 3.3				Eink.El.	$Chi^2(2)$ = 0.01			

Tab. A31a: Schätzen und Testen der Kointegrationsvektoren für die Niederlande (1963:2-1995:3)

	M			MQ		
Anzahl der Lags	11			9		
H_0	Eigenwert	LR(r,r+1)	LR(r,N)	Eigenwert	LR(r,r+1)	LR(r,N)
r = 0	0.23	28.4**	45.6**	0.18	21.8*	29.8*
$r \leq 1$	0.14	16.4*	17.2*	0.07	7.7	8.1
$r \leq 2$	0.007	0.82	0.82	0.004	0.41	0.41
Standardisierte Eigenvektoren	LM	LGDP	INT	LMQ	LGDP	INT
$\hat{\beta}'$	1	-1.55	0.05	1	-1.78	0.29
$\hat{b}_1'$	-1.07	1	0.05	-0.38	1	-0.05
$\hat{b}_2'$	18.5	-23.4	1	38.2	-56.2	1
Standardisierte Ladungen						
$\hat{\alpha}'$	-0.03	0.14	-0.54	-0.01	-0.03	-0.28
$\hat{a}_1'$	-0.03	-0.04	-1.23	0.01	-0.03	1.71
$\hat{a}_2'$	-0.004	-0.0002	0.05	-0.0004	-0.00001	0.00001

Tab. A31b: Diagnostische Tests der VAR für die Niederlande

M:	AR	Normal	White	ARCH	**MQ:**	AR	Normal	White	ARCH
LM					LMQ		**		
LGDP					LGDP		**		
INT					INT				
Vektor					Vektor		**		
Chow1	$Chi^2(60) = 93.2^*$, $F(60,73) = 1.6^*$				Chow1	$Chi^2(60) = 28.8$, $F(60,79) = 0.5$			
Chow2	$Chi^2(60) = 60.4$, $F(60,73) = 1.0$				Chow2	$Chi^2(60) = 23.9$, $F(60,79) = 0.4$			
Eink.El.	$Chi^2(2) = 16.4^{**}$				Eink.El.	$Chi^2(2) = 1.8$			

Tab. A32a: Schätzen und Testen der Kointegrationsvektoren für Österreich (1965:3-1995:4)

	M			MQ		
Anzahl der Lags	6			7		
H_0	Eigenwert	LR(r,r+1)	LR(r,N)	Eigenwert	LR(r,r+1)	LR(r,N)
r = 0	0.26	28.3**	40.22**	0.23	24.4*	34.4*
$r \leq 1$	0.10	9.80	11.88	0.08	6.1	9.1
$r \leq 2$	0.02	2.08	2.08	0.02	3.0	3.0
Standardisierte Eigenvektoren	LM	LGDP	INT	LMQ	LGDP	INT
$\hat{\beta}'$	1	-0.88	-0.016	1	-0.95	0.22
$\hat{b}_1'$	-1.06	1	-0.19	-0.57	1	-0.009
$\hat{b}_2'$	-14.6	-14.3	1	-2.12	-2.97	1
Standardisierte Ladungen						
$\hat{\alpha}'$	-0.26	0.10	2.21	-0.02	-0.03	-0.25
$\hat{a}_1'$	0.04	0.01	0.24	0.04	-0.11	1.68
$\hat{a}_2'$	-0.0002	0.0006	-0.007	0.0009	-0.0005	-0.02

Hinweis: Eine deterministische Stufen-Dummy-Variable (von 1979:2 an) wurde in das System für M aufgenommen und eine Dummy-Variable für das Jahr 1967 in MQ. Es wurden 24 Beobachtungen für Vorhersagetests reserviert.

Tab. A32b: Diagnostische Tests der VAR für Österreich

M:	AR	Normal	White	ARCH	**MQ:**	AR	Normal	White	ARCH
LM					LMQ				
LGDP					LGDP				
INT					INT				
Vektor				*	Vektor				
Chow1	$Chi^2(72) = 122.6^{**}$, $F(72,71) = 1.7^*$				Chow1	$Chi^2(72) = 168^{**}$, $F(72,66) = 2.3^{**}$			
Chow2	$Chi^2(72) = 83.6$, $F(72,71) = 1.16$				Chow2	$Chi^2(72) = 100^{**}$, $F(72,66) = 1.4$			
Eink.El.	$Chi^2(2) = 4.86$ (+ Zinselast. = 0)				Eink.El.	$Chi^2(2) = 0.004$			

Tab. A33a: Schätzen und Testen der Kointegrationsvektoren für Portugal (1962:1-1994:4)

	M			MQ		
Anzahl der Lags	8			14		
H_0	Eigenwert	LR(r,r+1)	LR(r,N)	Eigenwert	LR(r,r+1)	LR(r,N)
$r = 0$	0.18	21.9*	31.9*	0.21	24.4*	34.4*
$r \leq 1$	0.09	10.0	10.0	0.08	9.2	10.0
$r \leq 2$	0.0002	0.02	0.02	0.008	0.82	0.82
Standardisierte Eigenvektoren	LM	LGDP	INT	LMQ	LGDP	INFL
$\hat{\beta}'$	1	-0.51	0.06	1	-1.4	5.3
$\hat{b}_1'$	0.69	1	-0.06	0.91	1	-84.3
$\hat{b}_2'$	14.4	-18.9	1	-0.08	-0.02	1
Standardisierte Ladungen						
$\hat{\alpha}'$	-0.13	0.02	-1.4	-0.01	0.08	0.002
$\hat{a}_1'$	-0.03	0.01	0.78	0.005	-0.00005	0.003
$\hat{a}_2'$	0.0001	0.0001	-0.002	0.12	0.004	-0.06

Tab. A33b: Diagnostische Tests der VAR für Portugal

M:	AR	Normal	White	ARCH	**MQ:**	AR	Normal	White	ARCH
LM					LMQ		**		
LGDP		**			LGDP		*		
INT		**			INFL		**		
Vektor		**			Vektor		**		
Chow1	$Chi^2(60) = 220^{**}$, $F(60,84) = 3.7^{**}$				Chow1	$Chi^2(60)= 249^{**}$, $F(60,59) = 4.2^{**}$			
Chow2	$Chi^2(60) = 121^{**}$, $F(60,84) = 2.0^{**}$				Chow2	$Chi^2(60)= 125^{**}$, $F(60,59) = 2.1^{**}$			
Eink.El.	$Chi^2(2) = 21.3^{**}$				Eink.El.	$Chi^2(2) = 9.9^{**}$			

Tab. A34a: Schätzen und Testen der Kointegrationsvektoren für Schweden (1961:3-1995:3)

	M			MQ		
Anzahl der Lags				5		
H_0	Eigenwert	LR(r,r+1)	LR(r,N)	Eigenwert	LR(r,r+1)	LR(r,N)
r = 0				0.19	24.3*	45.6**
r ≤ 1				0.13	15.9*	21.3**
r ≤ 2				0.05	5.5*	5.5*
Standardisierte Eigenvektoren				LMQ	LGDP	INFL
$\hat{\beta}'$				1	-0.95	33.7
$\hat{b}_1'$				-1.94	1	25.3
$\hat{b}_2'$				0.35	-0.61	1
Standardisierte Ladungen						
$\hat{\alpha}'$				-0.02	-0.03	-0.006
$\hat{a}_1'$				0.04	-0.008	-0.01
$\hat{a}_2'$				-0.02	0.09	-0.02

Tab. A34b: Diagnostische Tests der VAR für Schweden

M:	AR	Normal	White	ARCH	MQ:	AR	Normal	White	ARCH
					LMQ		*		
					LGDP		**		
					INFL		**		
					Vektor		**		
Chow1					Chow1	$Chi^2(60)$= 136**, F(60,98) = 2.3**			
Chow2					Chow2	$Chi^2(60)$= 109**, F(60,98) = 1.8**			
Eink.El.					Eink.El.	$Chi^2(2)$ = 0.03			

Tab. A35a: Schätzen und Testen der Kointegrationsvektoren für Spanien (1963:2-1995:3)

	M			MQ			
Anzahl der Lags	5			11			
H_0	Eigenwert	LR(r,r+1)	LR(r,N)	Eigenwert	LR(r,r+1)	LR(r,N)	
r = 0	0.21	26.5*	56.6**	0.27	32.1*	70.6**	
r ≤ 1	0.16	19.5*	30.2*	0.22	25.1*	38.5**	
r ≤ 2	0.09	9.2	9.2	0.12	13.3	13.4	
r ≤ 3				0.0006	0.06	0.06	
Standardisierte Eigenvektoren	LM	LGDP	INT	LMQ	LGDP	INT	INFL
$\hat{\beta}'$	1	-2.95	0.05	1	-1.6	0.03	5.3
$\hat{b}_1'$	-0.62	1	0.03	-0.61	1	-0.002	6.1
$\hat{b}_2'$	29.6	-50.8	1	-91.7	110	1	390
$\hat{b}_3'$				0.13	-0.26	0.02	1
Standardisierte Ladungen							
$\hat{\alpha}'$	-0.05	0.03	-4.45	-0.13	0.002	-5.7	0.05
$\hat{a}_1'$	0.22	-0.03	-5.13	-0.08	-0.12	0.76	0.06
$\hat{a}_2'$	-0.002	-0.002	-0.02	0.0005	-0.0004	-0.05	-0.0004
$\hat{a}_3'$				-0.002	-0.003	-0.33	0.009

Hinweis: Eine deterministische Trendvariable sowie deren Quadrat wurden in die Kointegrationsbeziehung für M aufgenommen (Trend = 0.05, $Trend^2$ = -0.0002).

Tab. A35b: Diagnostische Tests der VAR für Spanien

M:	AR	Normal	White	ARCH	MQ:	AR	Normal	White	ARCH
LM					LMQ		*		
LGDP					LGDP				
INT		**			INT		**		
					INFL		*		
Vektor		**			Vektor	**	**		
Chow1	$Chi^2(60)$ = 571**, F(60,89) = 9.5**				Chow1	$Chi^2(80)$= 236**, F(60,55) = 2.9**			
Chow2	$Chi^2(60)$ = 192**, F(60,89) = 3.2**				Chow2	$Chi^2(80)$ = 109*, F(60,55) = 1.4			
Eink.El.	$Chi^2(4)$ = 14.6**				Eink.El.	$Chi^2(3)$ = 17.2**			

Abkürzungsverzeichnis

ADF-Test	Erweiterter Dickey-Fuller-Test
AL	Arbeitslosigkeit
AleSu	Index für Zentralbankunabhängigkeit nach Alesina/Summers (1993)
α-Wert	Ladungsparameter eines Kointegrationsvektors
Bade	Index für Zentralbankunabhängigkeit nach Bade/Parkin (1982)
BeInf	Inflation in Belgien
BIP	Bruttoinlandsprodukt
BIZ	Bank für internationalen Zahlungsausgleich
CENBANK	Einstellungsfrage zum Maastrichter Vertrag
d.h.	das heißt
DenInf	Inflation in Dänemark
DGP	Daten-generierender Prozeß
EB	Eurobarometer
ECLMEU?	Fehlerkorrekturterm für enges Geld und Länderaggregat EU?
ECLMQEU?	Fehlerkorrekturterm für weites Geld und Länderaggregat EU?
ECM	Fehlerkorrekturmodell
EnInf	Inflation in Großbritannien
EP	Europäisches Parlament
ESZB	Europäischen Systems von Zentralbanken
EU10	Länderaggregat aus zehn EU-Mitgliedsländern
EU14	Länderaggregat aus vierzehn EU-Mitgliedsländern
EU3	Länderaggregat aus drei EU-Mitgliedsländern
EU6	Länderaggregat aus sechs EU-Mitgliedsländern
EWS	Europäisches Währungssystem
EWU	Europäischen Währungsunion
EWUFAC	Faktor aus SINGCUR, MAASTRI und CENBANK
EZB	Europäische Zentralbank
FIML	„Full-Information-Maximum-Likelihood"-Schätzer
H_0	Nullhypothese
HCSE	Heteroskedastizitätskonsistente-Standardfehler
I(d)	Integriert vom Grade d
i. allg.	im allgemeinen
INFL	Inflation
INT	Zinssatz
KKP	Kaufkraftparitäten
KNOWIND	Wissensindex zur EU
LGDP	Logarithmus des realen Einkommens
LM	Logarithmus des realen (engen) Geldmengenaggregates
LMQ	Logarithmus des realen (weiten) Geldmengenaggregates
LR-Test	Likelihood-Ratio-Test

M	Enges reales Geldmengenaggregat
MQ	Weites reales Geldmengenaggregat
MAASTRI	Einstellungsfrage zum Maastrichter Vertrag
OECD	Organisation for Economic Cooperation and Development
ÖkoIn	ökonomische Unabhängigkeit der Zentralbank nach Grilli et al. (1991)
PolIn	politische Unabhängigkeit der Zentralbank nach Grilli et al. (1991)
RALS	Residual autoregressive least squares
RDW	Rest der Welt
SINGCUR	Einstellungsfrage zur gemeinsamen Europäischen Währung
SURE	Seemingly unrelated regression estimator
u.a.	unter anderem
VAR	Vektor-Autoregressions
$Wichtig_1$	Anteil der Befragten, die Inflationsbekämpfung als erstes Ziel erachten
$Wichtig_{12}$	Anteil der Befragten, die Inflationsbek. als erstes oder zweites Ziel erachten
WU	Währungsunion
z.B.	zum Beispiel
z.Zt.	zur Zeit

Verzeichnis wichtiger Symbole

Kein Index	Variable oder Parameter für das Inland der WU
Index *	Variable oder Parameter für das Ausland der WU
Index ^{w}	Variable oder Parameter für den Rest der Welt (RDW)
Index ^{u}	Variable oder Parameter für die Unionsebene in der WU
*	Teststatistik signifikant bei einem Niveau von 5%
**	Teststatistik signifikant bei einem Niveau von 1%
a	geometrisches Gewicht der inländischen Güter am Preisindex
a^{port}	ln (Bestand an WU-Bonds)
$a^{port'}$	ln (Nachfrage nach WU-Bonds)
a^{u}	Ausgabenverteilungsparameter der Union
$\hat{\alpha}$	Ladungsvektor für den Kointegrationsvektor $\hat{\beta}'$
b	Anteil der inländischen Güterpreise am realen Wechselkurs des Auslands
B	ln (Leistungsbilanz) bzw. Bonds in Modellen mit staatlicher Budgetrestriktion
b*	Anteil der ausländischen Güterpreise am realen Wechselkurs des Inlands
$\hat{\beta}'$	Als Geldnachfrage interpretierter Kointegrationsvektor
$\hat{b}'$	Anderer Kointegrationsvektor
C	Konsumfunktion, mit: c = marginale Konsumquote
c(y)	ln (Konsumfunktion)
Δ	Einfacher Differenzenoperator
e	ln (nominaler Wechselkurs)
E	Wechselkurs mit der Währung des RDW in Preisnotierung
F	Aufschlag auf die Lohnkosten bei der Preisbildung
G	inländische Staatsausgaben
g	ln (Staatsausgaben)
GG	Staatsausgaben für Güter und Dienstleistungen.
G^{u}	Ausgaben der Union
h	$= \frac{(1-\mu)}{\mu}\frac{1}{(1-o)}$
I	Investitionen
i	ln (Investitionen)
k	ln (Kapitaleinsatz)
L	Geldnachfragefunktion der Länder
l	ln (Geldnachfrage)
LB	Leistungsbilanz mit dem RDW
M	Geldangebot der Union
m	inländische Importquote
mo	ln (Geldmenge)
mpn	ln (Grenzprodukt der Arbeit)
μ	Outputelastizität der Arbeit

n	ln (Arbeitseinsatz)
nat	ln (Erwerbspersonen - natürliche Arbeitslosigkeit)
n_{wa}	ln (Grenzprodukt der Arbeit)
o	Gewichtungsfaktor der Reallohnes in der gewerkschaftlichen Nutzenfunktion
p	ln (Konsumentenpreisindex)
p^d	ln (Produzentenpreis)
p^u	ln (Preisniveau der WU)
r	Zinssatz
re	ln (realer Wechselkurs) = $p^d - b\, p^{d*} - (1 - b)\,(p^w + e)$
σ	Standardabweichungen oder Standardfehler
s	Sparquote
t	Steuersatz
tr	ln (Transfer an das Ausland der WU)
tr^w	ln (Transfer an den RDW)
t^u	Steuersatz der Union
wa	ln (Lohnsatz)
$\bar{x}$	Mittelwert
Y	Einkommen
y	ln (Output oder Realeinkommen)
y^{nat}	ln (Einkommen bei natürlicher AL)
Y_v	verfügbares Einkommen

Abbildungsverzeichnis

Abbildungen zu Kapitel II:

Abbildungen zu Kapitel III:

Abbildungen zu Kapitel IV:

Abbildungen zu Kapitel V:

Tabellenverzeichnis

Tabellen zu Kapitel II:

Tabellen zu Kapitel III:

Tabellen zu Kapitel IV:

Tabellen zu Kapitel V:

Literaturverzeichnis

Achen, C.H. (1975), Mass Political Attitudes and the Survey Response, *American Political Science Review* 69, S. 1218-1231.

Alesina, A. (1988), Macroeconomics and Politics, *NBER Macroeconomic Annual*, Cambridge (Mass.): MIT-Press, S. 13-52.

Alesina, A. (1989), Politics and business cycles in industrial countries, *Economic Policy*, April, S. 57-98.

Alesina, A./Grilli, V. (1992), The European Central Bank: reshaping monetary politics in Europe, in: M.B. Canzoneri/V. Grilli/P.R. Masson (Hrsg.), *Establishing a Central Bank: Issues in Europe and Lessons from the US*, Cambridge: Cambridge University Press, S. 49-77.

Alesina, A./Summers, L.H. (1993), Central Bank Independence and Macroeconomic Performance: Some Comparative Evidence, *Journal of Money, Credit, and Banking* 25, S. 151-162.

Aliber, R.Z. (1988), *The International Money Game*, 5. Aufl., Houndsmill: MacMillan.

Allen, R. (1966), *Mathematical Economics*, London: MacMillan.

Almond, G.A./Verba, S. (1963), *The Civic Culture*, Princeton: Princeton University Press.

Andersen, T.M./Sorensen, J.R. (1995), Unemployment and fiscal policy in an economic and monetary union, *European Journal of Political Economy* 11, S. 27-43.

Anderson, M./den Boer, M./Miller, G. (1994), European Citizenship and Cooperation in Justice and Home Affairs, in: A. Duff/J. Pinder/R. Pryce (Hrsg.), *Maastricht and Beyond*, London: Routledge, S. 104-122.

Angeloni, I./Cotarelli, C./Levy, A. (1994), Cross-Border Deposits, Aggregation, and Money Demand in the Transition to EMU, *Journal of Policy Modeling* 16, S. 27-54.

Apter, D.E. (1969), *The Politics of Modernization*, Chicago: University of Chicago Press.

Arnold, I.J.M. (1992), The Derivation of the Liquidity Ratio in the EMS, *IMF Staff Papers* 39, S. 195-202.

Arnold, I.J.M. (1994), The Myth of a Stable European Money Demand, *Open Economies Review* 5, S. 249-259.

Artis, M. (1994), European Monetary Union, in: M.J. Artis/N.Lee (Hrsg.), *The Economics of the European Union*, Oxford: Oxford University Press, S. 346-367.

Artis, M.J. (1994), Stage Two: Feasible Transitions to EMU, *CEPR Discussion Paper* No. 928, March.

Artis, M.J./Bladen-Hovell, R.C./Zhang, W. (1993), A European Money Demand Function, in: P.R. Masson/M.P. Taylor (Hrsg.), *Policy Issues in the Operation of Currency Unions*, Cambridge: Cambridge University Press, S. 240-263.

Baba, Y./Hendry, D.F./Starr, R.M. (1992), The Demand for M1 in the USA, 1960-1988, *Review of Economic Studies* 59, S. 25-61.

Backhouse, R.E. (1994), *New Directions in Economic Methodology*, (Hrsg.), London: Routledge.

Bacon, R.W. (1977), Some Evidence on the Largest Squared Correlation Coefficient from Several Samples, *Econometrica* 45, S. 1997-2001.

Bade, R./Parkin, M. (1982), Central Bank Laws and Monetary Policy, *mimeo*.

Banerjee, A./Dolado, J./Galbraith, J.W./Hendry, D.F. (1993), *Co-Integration, Error-Correction, and the Econometric Analysis of Non-Stationary Data*, Oxford: Oxford University Press.

Barr, D. (1992), The Demand for Money in Europe, *IMF Staff Papers* 39, S. 718-729.

Barro, R.J. (1994), The Aggregate-Supply/Aggregate-Demand Model, *Eastern Economic Journal* 20, S. 1-6.

Barro, R.J. and Gordon, D.B. (1983), Rules, Discretion and Reputation in a Model of Monetary Policy, *Journal of Monetary Economics* 12, S. 101-122.

Baumol, W.J. (1952), The Transaction Demand for Cash: An Inventory Theoretic Approach, *Quarterly Journal of Economics* 66, S. 545-556.

Baumol, W.J./Blinder, A.S. (1988), *Economics*, 4. Aufl., San Diego: Harcourt Brace Jovanovich.

Bayoumi, T.A./Kenen, P.B. (1992), Using an EC-wide Monetary Aggregate in Stage Two of EMU, *IMF Working Paper* No. WP/92/56.

Bayoumi, T.A./Masson, P.R. (1994), Fiscal Flows in the United States and Canada: Lessons for Monetary Union in Europe, *CEPR Discussion Paper* No. 1057, November.

Bayoumi, T.A./Prasad, E. (1995), Currency Unions, Economic Fluctuations and Adjustment: Some Empirical Evidence, *CEPR Discussion Paper* No. 1172, May.

Bean, C.R. (1992), Economic and Monetary Union in Europe, *Journal of Economic Perspectives* 6, S. 31-52.

Beaulieu, J.J./Miron, J.A. (1993), Seasonal Unit Roots in Aggregate U.S. Data, *Journal of Econometrics* 55, S. 305-328.

Becker, W.E./Kennedy, P.E. (1992), A Graphical Exposition of the Ordered Probit, *Econometric Theory* 8, S. 127-131.

Belsley, D.A./Kuh, E./Welsch, R.E. (1980), *Regression Diagnostics*, New York: John Wiley.

Beyer, A. (1996), Modelling Money Demand in Germany, *mimeo*, University of Southampton, Vortrag auf der jährlichen Konferenz der Money, Macro and Finance Group in der London Business School, September.

Blake, A.P./Westaway, P.F. (1993), Should the Bank of England be Independent?, *National Institute Economic Review* No. 143, S. 72-80.

Blanchard, O.J. (1989), A Traditional Interpretation of Macroeconomic Fluctuations, *American Economic Review* 79, S. 1146-1164.

Blinder, A./Solow, R. (1973), Does Fiscal Policy Matter?, *Journal of Public Economics* 2, S. 319-337.

Blinder, A./Solow, R. (1976), Does Fiscal Policy Matter? A Correction, *Journal of Public Economics* 5, S. 183-184.

Bofinger, P. (1992), Discussion, in: M.B. Canzoneri/V. Grilli/P.R. Masson (Hrsg.), *Establishing a Central Bank: Issues in Europe and Lessons from the US*, Cambridge: Cambridge University Press, S. 77-80.

Boland, L.A. (1992), *The Principles of Economics*, London: Routledge.

Bovenberg, A.L./Kremers, J.J.M./Masson, P.R. (1991), Economic and Monetary Union in Europe and Constraints on National Budgetary Policies, *IMF Staff Papers* 38, S. 374-398.

Branson, W.H. (1977), Asset Markets and Relative Prices in Exchange Rate Determination, *Sozialwissenschaftliche Annalen des Instituts für Höhere Studien* 1, S. 69-89.

Branson, W.H./Henderson, D.W. (1985), The Specification and Influence of Asset Markets, in: R.W. Jones/P.B. Kenen (Hrsg.), *Handbook of International Economics*, Vol. II, Amsterdam: Elsevier, S. 749-805.

Bryson, J.H. (1994), Fiscal Policy Coordination and Flexibility under European Monetary Union: Implications for Macroeconomic Stabilization, *Journal of Policy Modeling* 16, S. 541-557.

Buchanan, J.M. (1977), *Freedom in Constitutional Contract*, College Station: Texas A&M University Press.

Buiter, W.H. (1995), Macroeconomic Policy During a Transition to Monetary Union, *CEPR Discussion Paper* No. 1222, August.

Buiter, W.H./Corsetti, G./Roubini, N. (1993), Excessive Deficits: Sense and Nonsense in the Treaty of Maastricht, *Economic Policy* 16, S. 57-100.

Bundesbank (1993), Entwicklung und Bestimmungsfaktoren des Außenwertes der D-Mark, *Bundesbank Monatsbericht* November, S. 41-60.

Bundesbank (1996), Reaktionen der Geldmarkt- und kurzfristigen Bankzinsen auf Änderungen der Notenbanksätze, *Bundesbank Monatsbericht* Oktober, S. 33-48.

Caldwell, B.J. (1994), *Beyond Positivism*, rev. ed., London: Routledge.

Calmfors, L. (1994), Active Labour Market Policy and Unemployment - A Framework for the Analysis of Crucial Design Features, *Institute for International Economic Studies, Seminar Paper* No. 563, January.

Campbell, J.Y./Perron, P. (1991), Pitfalls and Opportunities: What Macroeconomists Should Know about Unit Roots, *NBER Macroeconomic Annual*, Cambridge (Mass.): MIT-Press, S. 141-201.

Charemza, W.W./Deadman, D.F. (1992), *New Directions in Econometric Practice*, Aldershot: Edward Elgar.

Chow, G.C./Lin, A. (1971), Best Linear Unbiased Interpolation, Distribution, and Extrapolation of Time Series by Related Series, *Review of Economics and Statistics* 53, S. 372-375.

Christ, C.F. (1979), On Fiscal and Monetary Policies and the Government Restraint, *American Economic Review* 69, S. 526-538.

Clements, M.P./Mizon, G.E. (1991), Empirical Analysis of Macroeconomic Time Series, *European Economic Review* 35, S. 887-932.

Cochrane, J.H. (1991), Comment, *NBER Macroeconomic Annual*, Cambridge (Mass.): MIT-Press, S. 201-210.

Colander, D. (1994), The Art of Economics by the Numbers, in: R.E. Backhouse (Hrsg.), *New Directions in Economic Methodology*, London: Routledge, S. 35-49.

Collignon, S. (1994), with P. Bofinger/C. Johnson/B. DeMaigret, *Europe's Monetary Future*, London: Pinter.

Collins, S.M./Giavazzi, F. (1993), Attitudes Towards Inflation and the Viability of Fixed Exchange Rates: Evidence From the EMS, in: M. Bordo/B. Eichengreen (Hrsg.), *A Retrospective on the Bretton Woods System: Lessons for International Monetary Reform*, Chicago: University of Chicago Press, S. 547-577.

Converse, P.E. (1970), Attitudes and Non-Attitudes: Continuation of a Dialogue, in: E.R. Tufte (Hrsg.), *The Quantitative Analysis of Social Problems*, Reading (Mass.): Addison-Wesley, S. 168-190.

Cooper, R.N. (1986), *Economic Policy in an Interdependent World*, Cambridge (Mass.): MIT-Press.

Corbett, R. (1994), Representing the People, in: A. Duff/J. Pinder/R. Pryce (Hrsg.), *Maastricht and Beyond*, London: Routledge, S. 207-228.

Cukierman, A. (1992), *Central Bank Strategy, Credibility, and Independence: Theory and Evidence*, Cambridge (Mass.): MIT-Press.

Cukierman, A. (1994), Central Bank Independence and Monetary Control, *Economic Journal* 104, S. 1437-1448.

Darnell, A.C. (1994), *A Dictionary of Econometrics*, Aldershot: Edward Elgar.

Daseking, C. (1994), *Makroökonomische Interdependenzen in einer Wechselkursunion*, Frankfurt: Peter Lang.

Daseking, C. (1996), Stabilization Policy in a Currency Area and the Impact of Wage Rigidities, *Jahrbücher für Nationalökonomie und Statistik* 215, S. 171-187.

De Grauwe, P. (1994), The Need for Real Convergence in a Monetary Union, in: C. Johnson/S. Collignon (Hrsg.), *The Monetary Economics of Europe*, London: Pinter, S. 269-279.

De Grauwe, P. (1995), The Economics of Convergence Towards Monetary Union in Europe, *CEPR Discussion Paper* No. 1213, July.

Decressin, J./Fatas, A. (1994), Regional Labour Market Dynamics in Europe, *CEPR Discussion Paper* No. 1085, December.

Dickey, D.A./Fuller, W.A. (1979), Distribution of the Estimators for Autoregressive Time Series with a Unit Root, *Journal of the American Statistical Association* 74, S. 427-431.

Doornik, J.A./Hendry, D.F. (1994a), *PcGive 8.0*, London: International Thomson Publishing.

Doornik, J.A./Hendry, D.F. (1994b), *PcFiml 8.0*, London: International Thomson Publishing.

Dornbusch, R. (1976), Expectations and Exchange Rate Dynamics, *Journal of Political Economy* 84, S. 1161-1176.

Dornbusch, R./Fischer, S. (1989), *Makroökonomik*, 4. Aufl., München: Oldenbourg.

Dowd, K./Greenaway, D. (1993), Currency Competition Network Externalities and Switching Costs: Towards an Alternative View of Optimum Currency Areas, *Economic Journal* 103, S. 1180-1189.

Downs, A. (1957), *An Economic Theory of Democracy*, New York: Harper & Row.

Duff, A./Pinder, J./Pryce, R. (Hrsg.), *Maastricht and Beyond*, London: Routledge.

Duff, A. (1994), The Main Reforms, in: A. Duff/J. Pinder/R. Pryce (Hrsg.), *Maastricht and Beyond*, London: Routledge, S. 19-35.

Dunlop, J.T. (1944), *Wage Determination under Trade Unions*, New York: MacMillan.

Easton, D. (1979), *A Systems Analysis of Political Life*, Phoenix edition, Chicago: University of Chicago Press.

Edwards, G./Nuttall, S. (1994), Common Foreign and Security Policy, in: A. Duff/J. Pinder/R. Pryce (Hrsg.), *Maastricht and Beyond*, London: Routledge, S. 84-103.

Eichengreen, B. (1993), European Monetary Unification, *Journal of Economic Literature* 31, S. 1321-1357.

Eichengreen, B./Frieden, J.A. (1995), The Political Economy of European Monetary Unification, in: J.A. Frieden/D.A. Lake (Hrsg.), *International Political Economy*, 3. Aufl., London: Routledge, S. 267-281.

Eichengreen, B./von Hagen, J. (1995), Fiscal Policy and Monetary Union: Federalism, Fiscal Restrictions and the Non-Bailout Rule, *CEPR Discussion Paper* No. 1247, September.

Elyasiani, E./Zadeh, A.H.M. (1995), Generalized Functional Forms and Demand for Money in an Open Economy: The Case for the United Kingdom, *Applied Economics* 27, S. 737-743.

Engle, R.F. (1982), Autoregressive Conditional Heteroskedasticity with Estimates of the Variance of United Kingdom Inflation, *Econometrica* 50, S. 987-1008.

Engle, R.F./Hendry, D.F. (1993), Testing Superexogeneity and Invariance in Regression Models, *Journal of Econometrics* 56, S. 119-139.

Engle, R.F./Granger, C. (1987), Co-integration and Error Correction: Representation, Estimation and Testing, *Econometrica* 55, S. 251-276.

Engle, R.F./Granger, C. (1991), *Long-Run Economic Relationships*, Oxford: Oxford University Press.

Engle, R.F./Granger, C.W.J./Hylleberg, S./Lee, H.S. (1993), Seasonal Cointegration. The Japanese Consumption Function, *Journal of Econometrics* 55, S. 275-298.

Engle, R.F./Hendry, D.F./Richard, J.-F. (1983), Exogeneity, *Econometrica* 51, S. 277-304.

Europäische Kommission (1993), *Eurobarometer* 40, Brüssel.

Europäische Kommission (1994), *Eurobarometer* 41, Brüssel.

Europäische Kommission (1995), *Eurobarometer* 42, Brüssel.

Europäische Kommission (1995), *Eurobarometer* 43, Brüssel.

Fair, R.C. (1987), International Evidence on the Demand for Money, *The Review of Economics and Statistics* 69, S. 473-480.

Falk, M./Funke, N. (1995), The Stability of Money Demand in Germany and in the EMS: Impact of German Unification, *Weltwirtschaftliches Archiv* 131, S. 470-488.

Fase, M.M.G. (1994), In Search for Stability: An Empirical Appraisal of the Demand for Money in the G7 and EC Countries, *De Economist* 142, S. 421-454.

Feuerstein, S./Siebke, J. (1990), Wechselkursunion und Stabilitätspolitik, *Zeitschrift für Wirtschafts- und Sozialwissenschaften* 110, S. 359-379.

Fischer, S. (1995), Central-Bank Independence Revisited, *American Economic Review* 85, Papers and Proceedings, S. 201-206.

Fischer, S./Huizinga, J. (1982), Inflation, Unemployment, and Public Opinion Polls, *Journal of Money, Credit, and Banking* 14, S. 1-19.

Fleming, M. (1962), Domestic Financial Policies Under Fixed and Under Floating Exchange Rates, *IMF Staff Papers* 9, S. 369-379.

Frankel, J. (1973), *Contemporary International Theory and the Behaviour of States*, Oxford: Oxford University Press.

Frankel, J.A./Rose, A.K. (1995), A Panel Project on Purchasing Power Parity: Mean Reversion within and Between Countries, *CEPR Discussion Paper* No. 1128, February.

Fratianni, M. (1993), Comment, in: M. Bordo/B. Eichengreen (Hrsg.), *A Retrospective on the Bretton Woods System: Lessons for International Monetary Reform*, Chicago: University of Chicago Press, S. 577-582.

Frey, B.S. (1983), *Democratic Economic Policy: A Theoretical Introduction*, New York: St. Martin's Press.

Friedman, M. (1953), *Essays in Positive Economics*, Chicago: University of Chicago Press.

Fuller, A.T. (1968), Conditions for a Matrix to Have Only Characteristic Roots with Negative Real Parts, *Journal of Mathematical Analysis and Applications* 23, S. 71-98.

Funke, N. (1996), The Stability of the Demand for Money Function in Germany: Myth or Reality?, *Zeitschrift für Wirtschafts- und Sozialwissenschaften* 116, S. 185-198.

Gabriel, O.W. (1992), *Die EG-Staaten im Vergleich*, (Hrsg.), Opladen: Westdeutscher Verlag.

Gali, J. (1992), How well does the IS-LM Model Fit the Postwar U.S. Data?, *Quarterly Journal of Economics* 107, S. 709-738.

Gilbert, C.L. (1986), Professor Hendry's Econometric Methodology, *Oxford Bulletin of Economics and Statistics* 48, S. 283-307.

Golden, L.L./Brockett, P.L. (1987), The Effect of Alternative Scoring Methods on the Analysis of Rank Order Categorial Data, *Journal of Mathematical Sociology* 12, S. 383-414.

Goldfeld, S.M. (1973), The Demand for Money Revisited, *Brookings Papers on Economic Activity* 3, S. 577-638.

Goldfeld, S.M./Sichel, D.E. (1990), The Demand for Money, in: B.M. Friedman/F.H. Hahn (Hrsg.), *Handbook of Monetary Economics*, Vol. I, Amsterdam: Elsevier, S. 299-356.

Goodhart, C.A.E. (1995), The Political Economy of Monetary Union, in: P.B. Kenen (Hrsg.), *Understanding Interdepence*, Princeton: Princeton University Press, S. 448-505.

Gordon, R.J. (1987), *Macroeconomics*, 4. Aufl., Boston: Little, Brown.

Granger, C.W.J. (1969), Investigating Causal Relations by Econometric Models and Cross-spectral Methods, *Econometrica* 37, S. 24-36.

Granger, C.W.J./Newbold, P. (1974), Spurious Regressions in Econometrics, *Journal of Econometrics* 2, S. 111-120.

Grassinger, R. (1994), Stabilization Policy in a Monetary Union: Does Stimulating Demand Shrink Total Output of the Union?, *Münchner Wirtschaftswissenschaftliche Beiträge*, January.

Greene, W.H. (1990), *Econometric Analysis*, New York: MacMillan.

Greenacre, M. (1984), *Theory and Applications of Correspondence Analysis*, London: Academic Press.

Grilli, V./Masciandaro, D./Tabellini, G. (1991), Institutions and Policies, *Economic Policy* 6, S. 341-392.

Grimwade, N. (1989), *International Trade*, London: Routledge.

Grunfeld, Y./Griliches, Z. (1960), Is Aggregation Necessarily Bad?, *The Review of Economics and Statistics* 17, S. 1-13.

Hamaui, R. (1996), Why People Fear the European Single Currency?, S. 69-81, in: *Banca Nazionale del Lavoro Quarterly Review*, Special Issue: „European Monetary Union", March.

Hamilton, J.D. (1994), *Time Series Analysis*, Princeton: Princeton University Press.

Hands, D.W. (1988), Ad Hocness in Economics and the Popperian Tradition, in: N. de Marchi (Hrsg.), *The Popperian Legacy in Economics*, Cambridge: Cambridge University Press, S. 121-137.

Hansen, B.E. (1992), Testing for Parameter Instability in Linear Models, *Journal of Policy Modeling* 14, S. 517-533.

Hansen, G./Kim, J.-R. (1995), The Stability of German Money Demand: Tests of the Cointegrating Relation, *Weltwirtschaftliches Archiv* 131, S. 386-301.

Hassler, U. (1994), Einheitswurzeltests - Ein Überblick, *Allgemeines Statistisches Archiv* 78, S. 207-228.

Hausman, D. (1992), *The Inexact and Separate Science of Economics*, Cambridge: Cambridge University Press.

Hayo, B. (1994), No Further Evidence for Wagner's Law for Mexico, *Public Finance* 49, S. 287-294.

Hayo, B. (1995), Some Facts on Public Opinion During Early Stages of Transformation in Eastern Europe, in: H.-D. Wenzel (Hrsg.), *Problems and Perspectives of the Transformation Process in Eastern Europe*, BERG Working Paper No. 9, Conference Volume, Universität Bamberg, S. 155-181.

Hayo, B. (1996), Testing Wagner's Law for Germany: An Exercise in Applied Time Series Analysis, *Jahrbücher für Nationalökonomie und Statistik* 215, S. 328-343.

Hayo, B. (1997a), Alternative Methodologische Ansätze in der Ökonometrie, *Allgemeines Statistisches Archiv* 81, S. 266-289.

Hayo, B. (1997b), Eastern European Public Opinion on Economic Issues: Privatization and Transformation, *American Journal of Economics and Sociology* 56(1), S. 85-102.

Hayo, B. (1997c), Zur Bedeutung der Maastrichter Konvergenzkriterien aus deutscher Sicht: Polit-ökonomische Anmerkungen, erscheint in: *Homo Oeconomicus*.

Hayo, B. (1998): Inflation Culture, Central Bank Independence and Price Stability, erscheint in: *European Journal of Political Economy*.

Hayo, B./Wrede, M. (1996), Fiscal Policy in a Federation: Considering Dynamic Budget Constraints, *Jahrbuch für Wirtschaftswissenschaften* 47, S. 103-129.

Helliwell, J.F./Padmore, T. (1985), Empirical Studies of Macroeconomic Interdependence, in: R.W. Jones/P.B. Kenen (Hrsg.), *Handbook of International Economics*, Vol. II, Amsterdam: Elsevier, S. 1107-1151.

Hendry, D.F. (1993), *Econometrics: Alchemy or Science?*, Oxford: Blackwell.

Hendry, D.F. (1995), *Dynamic Econometrics*, Oxford: Oxford University Press.

Hendry, D.F./Mizon, G.E. (1993), Evaluating Dynamic Econometric Models by Encompassing the VAR, in: P.C.B. Phillips (Hrsg.), *Models, Methods, and Applications of Econometrics*, Cambridge (Mass.): Blackwell, S. 272-300.

Hibbs, D.A. (1979), The Mass Public and Macroeconomic Performance: The Dynamics of Public Opinion Toward Unemployment and Inflation, *American Journal of Political Science* 23, S. 705-731.

Hibbs, D.A. (1982), Public Concern about Inflation and Unemployment in the United States: Trends, Correlates, and Political Implications, in: R.E. Hall (Hrsg.), *Inflation: Causes and Effects*, Chicago: University of Chicago Press, S. 211-231.

Hoffman, D.L./Rasche, R.H. (1996), *Aggregate Money Demand Functions*, Boston: Kluwer.

Hoffman, D.L./Rasche, R.H./Tieslau, M.A. (1995), The Stability of Long-run Money Demand in Five Industrial Countries, *Journal of Monetary Economics* 35, S. 317-339.

Holland, P.W. (1986), Statistics and Causal Inference, *Journal of the American Statistical Association* 81, S. 945-960.

Hughes Hallett, A./McAdam, P. (1996), Fiscal Deficit Reductions in Line with the Maastricht Criteria for Monetary Union: An Empirical Analysis, *CEPR Discussion Paper* No. 1351, February.

Huntington, S.P. (1968), *Political Order in Changing Societies*, New Haven: Yale University Press.

Hylleberg, S./Engle, R.F./Granger, C.W.J./Yoo, B.S. (1990), Seasonal Integration and Cointegration, *Journal of Econometrics* 44, S. 215-238.

Hylleberg, S./Jorgensen, C./Sorensen, N.K. (1993), Seasonality in Macroeconomic Time Series, *Empirical Economics* 18, S. 321-335.

Inglehard, R. (1977), *The Silent Revolution. Changing Values and Political Styles Among Western Publics*, Princeton: Princeton University Press.

Issing, O./Masuch, K. (1989), Zur Frage der normativen Interpretation von Leistungsbilanzsalden, *Kredit und Kapital* 22, S. 1-17.

Iyengar, S. (1990), Shortcuts to Political Knowledge: The Role of Selective Attention and Accessability, in: J. Ferejohn/J. Kiklinski (Hrsg.), *Information and Democratic Processes*, Urbana: University of Illinois Press, S. 160-185.

Jarchow, H.-J. (1993), Fiskalpolitik in einer Währungsunion, *Finanzarchiv* 50, S. 187-202.

Jarchow, H.-J. (1994), Eine asymmetrische Währungsunion im Dornbusch-Modell, *Ifo Studien* 40, S. 205-226.

Johansen, S. (1988), Statistical Analysis of Cointegration Vectors, *Journal of Economic Dynamics and Control* 12, S. 231-254.

Johansen, S. (1992a), Cointegration in Partial Systems and the Efficiency of Single-Equation Analysis, *Journal of Econometrics* 52, S. 389-402.

Johansen, S. (1992b), Testing Weak Exogeneity and the Order of Cointegration in UK Money Demand Data, *Journal of Policy Modeling* 14, S. 313-334.

Johansen, S./Juselius, K. (1990), Maximum Likelihood Estimation and Inference on Cointegration - With Applications to the Demand for Money, *Oxford Bulletin of Economics and Statistics* 52, S.169-210.

Johnson, C. (1994), Fiscal and Monetary Policy in Economic and Monetary Union, in: A. Duff/J. Pinder/R. Pryce (Hrsg.), *Maastricht and Beyond*, London: Routledge, S. 71-83.

Judd, J./Scadding, J. (1982), The Search for a Stable Money Demand Function: A Survey of the Post-1973 Literature, *Journal of Economic Literature* 20, S. 993-1023.

Kenen, P.B. (1995), *Economic and Monetary Union in Europe*, Cambridge: Cambridge University Press.

Keuzenkamp, H.A./Magnus, J.R. (1995), On tests and significants in econometrics, *Journal of Econometrics* 67, S. 5-24.

Kneebone, R. (1989), Does Fiscal Policy Matter in a Federal Economy?, *Journal of Macroeconomics* 11, S. 599-607.

Kremers, J.J.M./Lane, T. D. (1990), Economic and Monetary Integration and the Aggregate Demand for Money in the EMS, *IMF Staff Papers* 37, S. 777-805.

Krugman, P. (1994), Competitiveness: A Dangerous Obsession, *Foreign Affairs* (March/April), S. 28-44.

Kydland, F.E./Prescott, E.C. (1977), Rules rather than Discretion: The Inconsistency of Optimal Plans, *Journal of Political Economy* 85, S. 473-491.

Labovitz, S. (1970), The Assignment of Numbers to Rank Order Categories, *American Sociological Review* 35, S. 515-524.

Laidler, D.E.W. (1993), *The Demand for Money*, 4. Aufl., New York: Harper Collins College Publishers.

Lane, T.D./Poloz, S.S. (1992), Currency Substitution and Cross-Border Monetary Aggregation: Evidence from the G-7, *IMF Working Paper* No. 81, October.

Läufer, N.K.A. (1991), Die relative Stabilität der europäischen Geldnachfragefunktion, *Diskussionsbeitrag* Nr. 144, Sonderforschungsbereich 178 „Internationalisierung der Wirtschaft", Universität Konstanz.

Layard, R./Nickel, S./Jackman, R. (1991), *Unemployment*, Oxford: Oxford University Press.

Leamer, E.E. (1978), *Specification Searches*, New York: John Wiley.

Levin, J.H. (1983), A Model of Stabilization Policy in a Jointly Floating Currency Area, in: J.S. Bhandari/B.H. Putnam (Hrsg.), *Economic Interdependence and Flexible Exchange Rates*, Cambridge (Mass.): MIT Press, S. 329-349.

Levine, P. (1993), Fiscal Policy Co-ordination under EMU and the Choice of Monetary Instruments, *Manchester School* 61, S. 1-12.

Lindert, P.H. (1986), *International Economics*, 8. Aufl., Homewood: Irwing.

Lipset, S. M. (1988), *Political Man. The Social Bases of Politics*, erweiterte Auflage, Baltimore: John Hopkins University Press.

Lipsey, R.G./Steiner, P.O./Purvis, D.D. (1987), *Economics*, 8. Aufl., New York: Harper & Row.

Litterman, R.B. (1986), Forecasting with Bayesian Vector Autoregressions - Five Years of Experience, *Journal of Business & Economic Statistics* 4, S. 25-38.

Lovell, C.A.K. (1973), A Note on Aggregation Biases and Loss, *Journal of Econometrics* 1, S. 301-311.

Lovell, M.C. (1983), Data Mining, *The Review of Economics and Statistics* 65, S. 1-12.

Lucas, R.E. (1976), Econometric Policy Evaluation: A Critique, *Carnegie-Rochester Conferences on Public Policy* 1, S. 19-46.

MacDonald, R. (1996), Panel Unit Root Tests and Real Exchange Rates, *Economics Letters* 50, S. 7-11.

MacKinnon, J.G. (1991), Critical Values for Cointegration Tests, in: R.F. Engle/C. Granger (Hrsg.), *Long-Run Economic Relationships*, Oxford: Oxford University Press, S. 267-276.

Maddala, G.S. (1983), *Limited-Dependent and Qualitative Variables in Econometrics*, Cambridge: Cambridge University Press.

Mäki, U. (1994), Methodology might Matter, but Weintraub's meta-Methodology shouldn't, *Journal of Economic Methodology* 1, S. 215-231.

Mankiw, N.G. (1992), *Macroeconomics*, New York: Worth Publishers.

Masson, P./Melitz, J. (1991), Fiscal Policy Independence in a European Monetary Union, *Open Economies Review* 2, S. 113-136.

Masson, P.R./Taylor, M.P. (1993), Fiscal Policy within Common Currency Areas, *Journal of Common Market Studies* 31, S. 29-44.

Maußner, A./Küppers, M. (1996), Partisan Profiles in Government Policies. A Comparative Study for Germany and the United States, *Jahrbuch für Wirtschaftswissenschaften* 47, S. 298-309.

Mayer, T. (1975), Selecting Economic Hypothesis by Goodness of Fit, *Economic Journal* 85, S. 877-883.

Mayer, T. (1993), *Truth versus Precision in Economics*, Aldershot: Edward Elgar.

McCallum, B.T. (1995), Two Fallacies Concerning Central-Bank Independence, *American Economic Review* 85, Papers and Proceedings, S. 207-211.

McCloskey, D.N. (1994), *Knowledge and Persuasion in Economics*, Cambridge: Cambridge University Press.

McCloskey, D.N./Ziliak, S.T. (1996), The Standard Error of Regression, *Journal of Economic Literature* 34, S. 97-114.

Meister, P./Wenzel, H.-D. (1994), Budgetfinanzierung in einem föderalen System, *BERG Working Paper* No. 6, Universität Bamberg, Oktober.

Meltzer, A.H. (1963), The Demand for Money: The Evidence from Time Series, *Journal of Political Economy* 71, S. 219-246.

Miron, J.A. (1991), Comment, *NBER Macroeconomic Annual*, Cambridge (Mass.): MIT-Press, S. 210-218.

Monticelli, C./Strauss-Khan, M.-O. (1992), Broad Monetary Aggregates and national Money Demand in Europe, *Economies et Sociétés*, Série Economie monétaire No. 9, S. 147-197.

Monticelli, C./Strauss-Khan, M.-O. (1993), European Integration and the Demand for Broad Money, *Manchester School* 61, S. 345-366.

Morales, A.J./Padilla, A.J. (1995), Designing Institutions For International Monetary Policy Coordination, *CEPR Discussion Paper* No. 1180, May.

Morris, S. (1985), *Deficits and the Dollar: The World Economy at Risk*, Washington: Institute for International Economics.

Mortensen, D.T. (1986), Job Search and Labor Market Analysis, in: O. Ashenfelter/R. Layard (Hrsg.), *Handbook of Labor Economics*, Vol. II, Amsterdam: Elsevier, S. 849-919.

Moutos, T. (1993), Fiscal and Monetary Policy Rules in a Monetary Union, *mimeo*, University of Stirling.

Mueller, D.C. (1993), *Public Choice II*, Cambridge: University of Cambridge Press.

Mundell, R.A. (1963), Capital Mobility and Size, *Canadian Journal of Economics and Political Science* 29, S. 475-485.

Mundell, R.A. (1964), Capital Mobility and Stabilization Policy Under Fixed and Flexible Exchange Rates, *Canadian Journal of Economics and Political Science* 30, S. 421-431.

Nordhaus, W.D. (1975), The Political Business Cycle, *Review of Economic Studies* 42, S. 169-190.

Norpoth, H./Lodge, M. (1984), The Difference between Attitudes and Nonattitudes in the Mass Public: Just Measurement?, *American Journal of Political Science* 29, S. 291-305.

OECD (1988), *Economic Outlook*, December, Paris: OECD.

OECD (1993), *Economic Surveys: Germany*, Paris: OECD.

OECD (1995), *Economic Outlook*, June, Paris: OECD.

Olson, M. (1965), *The Logic of Collective Action*, Cambridge (Mass.): Harvard University Press.

Osborn, D.R./Chui, A.P.L./Smith, J.P./Birchenhall, C.R. (1988), Seasonality and the Order of Integration for Consumption, *Oxford Bulletin of Economics and Statistics* 50, S. 361-377.

Osterwald-Lenum, M. (1992), A Note With Quantiles of the Asymptotic Distribution of the Maximum Likelihood Cointegration Rank Test Statistics, *Oxford Bulletin of Economics and Statistics* 54, S. 461-471.

Oswald, A.J. (1982), The Microeconomic Theory of the Trade Union, *Economic Journal* 92, S. 269-283.

Pagan, A. (1987), Three Econometric Methodologies: A Critical Appraisal, *Journal of Economic Surveys* 1, S. 3-24.

Papadopoulou, D.-M. (1993), Makroökonomische Implikationen expansiver Wirtschaftspolitik in der Wechselkursunion, *Jahrbücher für Nationalökonomie und Statistik* 212, S. 227-247.

Peffekoven, R. (1994), *Die Finanzen der Europäischen Union*, Mannheim: B.I. Taschenbuchverlag.

Pesaran, M.H./Pierse, R.G./Kumar, M.S. (1989), Econometric Analysis of Aggregation in the Context of Linear Prediction Models, *Econometrica* 57, S. 861-888.

Pfleiderer, O. (1976), Die Reichsbank in der Zeit der großen Inflation, die Stabilisierung der Mark und die Aufwertung von Kapitalforderungen, in: Deutsche Bundesbank (Hrsg.), *Währung und Wirtschaft in Deutschland 1876-1975*, Frankfurt: Deutsche Bundesbank, S. 157-201.

Phillips, P.C.B. (1994), Some Exact Distribution Theory for Maximum Likelihood Estimators of Cointegrating Coefficients in Error Correction Models, *Econometrica* 62, S. 73-93.

Poole, W. (1988), Monetary Policy Lessons of Recent Inflation and Disinflation, *Journal of Economic Perspectives* 2, S. 73-100.

Posen, A.S. (1993), Why Central Bank Independence Does Not Cause Low Inflation, in: R. O'Brian (Hrsg.), *Finance and the International Economy*: 7, The Amex Bank Review Prize Essays, Oxford: Oxford University Press, S. 40-65.

Pryce, R. (1994), The Maastricht Treaty and the New Europe, in: A. Duff/J. Pinder/R. Pryce (Hrsg.), *Maastricht and Beyond*, London: Routledge, S. 3-16.

Psaradakis, Z. (1993), The Demand for Money in Greece: An Exercise in Econometric Modelling with Cointegrated Variables, *Oxford Bulletin of Economics and Statistics* 55, S. 215-236.

Psaradakis, Z./Sola, M. (1996), On the Power of Tests for Superexogeneity and Structural Invariance, *Journal of Econometrics* 72, S. 151-175.

Radecki, C.M./Jaccard, J. (1995), Perceptions of Knowledge, Actual Knowledge, and Information Search Behaviour, *Journal of Experimental Social Psychology* 31, S. 107-138.

Radü, A. (1994), *Fiskalpolitik in einer EG-Währungsunion*, Frankfurt: Peter Lang.

Rawls, J. (1971), *A Theory of Justice*, Cambridge (Mass.): Harvard University Press.

Redman, D.A. (1994), Karl Popper's Theory of Science and Econometrics: The Rise and Decline of Social Engineering, *Journal of Economic Issues* 28, S. 67-99.

Riet, A.G. van (1993), Studies of EC Money Demand: Survey and Assessment, *De Nederlandsche Bank Quarterly Bulletin*, S. 63-75.

Rogoff, K. (1985), The Optimal Degree of Commitment to an Intermediate Monetary Target, *Quarterly Journal of Economics* 100, S. 1169-1189.

Rogoff, K. (1996), The Purchasing Power Parity Puzzle, *Journal of Ecnomic Literature* 34, S. 647-668.

Rose, K./Sauernheimer, K. (1983), Zur Theorie eines „Mischwechselkurssystems, in: M. Feldsieper/R. Gross (Hrsg.), *Wirtschaftspolitik in einer weltoffenen Wirtschaft*, Berlin: Duncker & Humblot“, S. 16-28.

Roy, S. (1989), *Philosophy of Economics*, London: Routledge.

Sala-i-Martin, X./Sachs, J. (1992), Fiscal Federalism and Optimum Currency Areas: Evidence for Europe from the United States, in: M.B. Canzoneri/V. Grilli/P.R. Masson (Hrsg.), *Establishing a Central Bank: Issues in Europe and Lessons from the US*, Cambridge: Cambridge University Press, S. 195-219.

Sargent, T.J. (1984), Autoregressions, Expectations, and Advice, *American Economic Review* 74, Papers and Proceedings, S. 408-415.

Schuman, H./Presser, S. (1981), *Questions and Answers in Attitude Surveys*, New York: Academic Press.

Sims, C.A. (1987), A Rational Expectations Framework for Short-Run Policy Analysis, in: W.A. Barnett/K.J. Singleton (Hrsg.), *New Approaches to Monetary Economics*, Cambridge: Cambridge University Press, S. 293-308.

Sinn, H.-W. (1983), International Capital Movements, Flexible Exchange Rates, and the IS-LM Model: A Comparison Between the Portfolio-Balance and the Flow Hypothesis, *Weltwirtschaftliches Archiv* 119, S. 36-63.

Spanos, A. (1986), *Statistical Foundations of Econometric Modelling*, Cambridge: Cambridge University Press.

Stock, J.H. (1987), Asymptotic Properties of Least-Square Estimators of Co-integrated Vectors, *Econometrica* 55, S. 1035-1056.

Thornton, D.L./Batten, D.S. (1985), Lag-Length Selection and Tests of Granger Causality between Money and Income, *Journal of Money, Credit, and Banking* 17, S. 164-178.

Thygesen, N. (1993), Comment, in: M. Bordo/B. Eichengreen (Hrsg.), *A Retrospective on the Bretton Woods System: Lessons for International Monetary Reform*, Chicago: University of Chicago Press, S. 582-585.

Tobin, J./Buiter, W. (1976), Long-Run Effects of Fiscal and Monetary Policy on Aggregate Demand, in: J. Stein (Hrsg.), *Monetarism*, Amsterdam: North-Holland, S. 273-309.

Treutler, H.-J. (1993), Five Years to prepare the Final Stage of EMU: A German View, in: W. Gebauer (Hrsg.), *Foundations of European Central Bank Policy*, Heidelberg: Physica, S. 105-118.

Unger, B. (1995), Handlungsspielräume kleiner Länder bei fixem Wechselkurs und in einer Währungsunion, in: C. Thomasberger (Hrsg.), *Europäische Geldpolitik zwischen Marktzwängen und neuen institutionellen Regelungen*, Marburg: Metropolis, S. 219-239.

van der Ploeg, F. (1990), International Interdependence and Policy Coordination in Economies with Real and Nominal Wage Rigidity, in: A.S. Courakis/M.P. Taylor, (Hrsg.), *Private Behaviour and Government Policy in Interdependent Economies*, Oxford: Clarendon Press, S. 409-450.

Vaubel, R. (1986), A Public Choice Approach to International Organization, *Public Choice* 51, S. 39-57.

Vinals, J. (1996), European Monetary Integration: A Narrow or Wide EMU?, *European Economic Review* 40, S. 1103-1109.

von Hagen, J. (1993), Monetary Union, Money Demand, and Money Supply, *European Economic Review* 37, S. 803-836.

von Hagen, J./Süppel, R. (1994), Central Bank Constitutions for Monetary Unions, *CEPR-Discussion Paper* No. 919, March.

Weintraub, E.R. (1989), Methodology doesn't matter, but the history of thought might, *Scandinavian Journal of Economics* 91, S. 477-493.

Wenzel, H.-D. (1983), *Defizitfinanzierung als Instrument einer zielorientierten Finanzpolitik: Eine dynamische Analyse*, Baden-Baden: Nomos-Verlagsgesellschaft.

Wenzel, H.-D. (1994), Die wirtschaftliche Entwicklung im vereinigten Deutschland, *Volkswirtschaftliche Diskussionsbeiträge der Universität Bamberg* Nr. 65, Februar.

Wesche, K. (1994), Aggregierte Geldnachfrage in Europa, *SFB Discussion Paper* No. B-296, Universität Bonn, Februar.

White, H. (1980), A Heteroskedasticity-Consistent Covariance Matrix Estimator and a Direct Test for Heteroskedasticity, *Econometrica* 48, S. 817-838.

Wohltmann, H.-W. (1993), Transmission nationaler Wirtschaftspolitiken in einer Wechselkursunion, *Jahrbücher für Nationalökonomie und Statistik* 211, S. 73-89.

FSC
www.fsc.org
MIX
Papier | Fördert gute Waldnutzung
FSC® C083411

Kolibri 360 GmbH
Ferdinand-Jühlke-Straße 7
99095 Erfurt, Deutschland
produktsicherheit@kolibri360.de

Druck:
CPI Druckdienstleistungen GmbH
im Auftrag der
Kolibri 360 GmbH
Ferdinand-Jühlke-Str. 7
99095 Erfurt